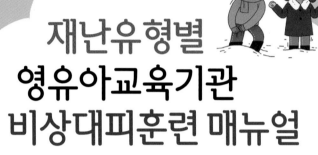

재난유형별
영유아교육기관
비상대피훈련 매뉴얼

| 성미영 저 |

Child Care Centers'
Emergency Evacuation Training Manual
by Disaster Types

학지사

이 저서는 2018년 대한민국 교육부와 한국연구재단의 지원을 받아 수행된 연구임
(NRF-2018S1A5A2A01037106)

최근 들어 우리나라에서 화재, 지진, 폭설, 집중호우 등의 재난이 빈번하게 발생하고 있어 재난발생 시 대피를 위한 훈련 매뉴얼 개발의 필요성이 강조되고 있다. 또한 다양한 재난유형 중 주로 특정 재난에 초점을 둔 일부 비상대피훈련 매뉴얼이 개발되었을 뿐 재난유형을 세분화하여 유형별로 구분한 비상대피훈련 매뉴얼은 아직 개발되지 않았다. 특히 재난취약 집단인 영유아가 하루 종일 머무르는 어린이집의 경우 세분화된 비상대피훈련 매뉴얼이 필요함에도 불구하고, 정원 규모, 건물 유형 및 층수 등에 따라 어린이집 유형에 적합하게 구성된 재난유형별 비상대피훈련 매뉴얼은 해외에서도 찾아보기 어려운 상황이다. 이러한 필요성과 더불어 저자는 다년간 영유아의 재난안전에 관한 연구를 수행하면서 매뉴얼 개발의 필요성을 한번 더 체감하였고, 이에 2018년 대한민국 교육부와 한국연구재단의 지원을 받아『재난유형별 영유아교육기관 비상대피훈련 매뉴얼』개발을 수행하였다.

본 연구에서는 먼저 비상대피훈련 매뉴얼을 개발하기 위해 2018년 7월 기준 서울시 어린이집을 대상으로 정원 규모, 설립 유형, 건물 유형, 층수 현황을 조사하였다. 현황 조사 결과를 토대로 어린이집 유형을 정원 규모에 따라 크게 50명 미만, 50명 이상 100명 미만, 100명 이상으로 구분하고, 연령별 반구성 및 보육교직원 구성을 고려하여 총 21개 유형의 어린이집에 적합한 비상대피훈련 매뉴얼을 구성하였다.

『재난유형별 영유아교육기관 비상대피훈련 매뉴얼』은 21개 어린이집 유형별로 '가. 기본현황, 나. 평상시 재난 관련 업무분담표, 다. 재난 시 업무분담표, 라. 재난유형별 비상대피훈련 계획, 마. 재난유형별 비상대피훈련 시나리오, 바. 비상대피도, 사. 개인별 업무카드 및 비상연락망'으로 구성되어 있다. 라. 재난유형별 비상대피훈련 계획은 보건복지부보육기반과(2016)의『비상대피훈련 시나리오』내용을 21개 어린이집 유형에 맞게 재구성하였다.

본 매뉴얼의 특징은 다음과 같다. 첫째, 가정 어린이집의 경우 원장의 보육교사 겸직 여부, 조리원 유무에 따라 재난 시 역할이 다르게 분담되었다. 둘째, 간호사, 영양사, 사무원, 조리원 등 추가적인 인력이 배치되는 100명 이상 규모 어린이집의 경우 재난 발생 시 신속한 대처가 가능하도록 평상시 및 재난 시 역할을 체계적으로 분담하였다. 특히 보육을 담당하는 담임교사는 영유아의 안전한 대피에 초점을 맞추어 대처하도록 역할을 배정하였다. 셋째, 재난유형별 비상대피훈련 계획뿐만 아니라 이를 시나리오 형태로 작성하여 매뉴얼에 포함시킴으로써 매뉴얼 활용의 실효성을 강조하였다. 재난유형별로 구체적인 시나리오를 작성하여 21개 어린이집 유형별 훈련 매뉴얼을 제공함으로써 실제적이고 체계적인 대피훈련이 실행될 수 있도록 하였다.

이 매뉴얼이 어린이집 현장에서 유용하게 활용되기를 기대해 본다. 이 책이 나오기까지 적극적으로 지원해 주신 학지사 김진환 사장님, 박나리 선생님께 깊이 감사드린다.

2019년 6월
동덕여대 월곡 캠퍼스에서

어린이집 유형별 현황표(21개 유형)

규모구분	정원규모	설립유형	건물유형	층수	만0세반 인원	만0세반 반수	만1세반 인원	만1세반 반수	만2세반 인원	만2세반 반수	만3세반 인원	만3세반 반수	만4세반 인원	만4세반 반수	만5세반 인원	만5세반 반수	전체 교직원	원장	보육교사	영양사	간호사	조리원	사무원
50명 미만	① 15명	가정	공용	1	3	1	5	1	7	1	–	–	–	–	–	–	4	1*	2	–	–	1	–
	② 15명	가정	공용	1	3	1	5	1	7	1	–	–	–	–	–	–	3	1*	2	–	–	–	–
	③ 17명	가정	공용	1	–	–	10	2	7	1	–	–	–	–	–	–	4	1*	2	–	–	1	–
	④ 17명	가정	공용	1	–	–	10	2	7	1	–	–	–	–	–	–	3	1*	2	–	–	–	–
	⑤ 20명	가정	공용	1	3	1	10	2	7	1	–	–	–	–	–	–	5	1*	3	–	–	1	–
	⑥ 20명	가정	공용	1	3	1	10	2	7	1	–	–	–	–	–	–	4	1*	3	–	–	–	–
	⑦ 37명	협동	전용	1	–	–	5	1	7	1	10	1	15	1	–	–	6	1	4	–	–	1	–
	⑧ 42명	민간	공용	1	–	–	5	1	7	1	15	1	15	1	–	–	6	1	4	–	–	1	–
	⑨ 47명	직장	공용	1	–	–	5	1	7	1	15	1	20	1	–	–	6	1	4	–	–	1	–
	⑩ 49명	국공립	공용	1	3	1	5	1	7	1	15	1	19	1	–	–	7	1	5	–	–	1	–
	⑪ 49명	협동	전용	2	3	1	5	1	7	1	15	1	19	1	–	–	7	1	5	–	–	1	–
50명 이상 100명 미만	⑫ 70명	민간	공용	1	3	1	5	1	7	1	15	1	20	1	20	1	9	1	6	–	–	2	–
	⑬ 94명	직장	공용	1	–	–	10	2	14	2	30	2	20	1	20	1	11	1	8	–	–	2	–
	⑭ 97명	국공립	공용	1	3	1	10	2	14	2	30	2	20	1	20	1	12	1	9	–	–	2	–
100명 이상	⑮ 118명	직장	전용	2	–	–	20	4	28	4	30	2	20	1	20	1	20	1	12	1	1	4	1
	⑯ 138명	국공립	전용	2	–	–	20	4	28	4	30	2	40	2	20	1	21	1	13	1	1	4	1
	⑰ 178명	민간	전용	2	6	2	20	4	42	6	30	2	40	2	40	2	26	1	18	1	1	4	1
	⑱ 212명	직장	전용	3**	–	–	30	6	42	6	60	4	40	2	40	2	29	1	20	1	1	5	1
	⑲ 233명	국공립	전용	3**	–	–	30	6	63	9	60	4	40	2	40	2	29	1	20	1	–	5	1
	⑳ 245명	민간	전용	3**	12	4	30	6	63	9	60	4	40	2	40	2	36	1	27	1	1	5	1
	㉑ 300명	직장	전용	3**	6	2	30	6	84	12	60	4	60	3	60	3	41	1	30	1	1	7	1

*보육교사 겸직, **지하 1층 포함

차례

50명 미만 어린이집의
재난유형별 비상대피훈련 매뉴얼

50명 미만 어린이집	50명 이상 100명 미만 어린이집	100명 이상 어린이집

1	15명	가정 어린이집	공용	1층	조리원 ○

가. 기본현황

보육 정원	연령별 반구성			교직원	보육교직원 구성		
	①반 (만 0세)	②반 (만 1세)	③반 (만 2세)		원장	보육교사	조리원
15명	3명	5명	7명	4명	1명*	2명	1명

*교사 겸직

나. 평상시 재난 관련 업무분담표

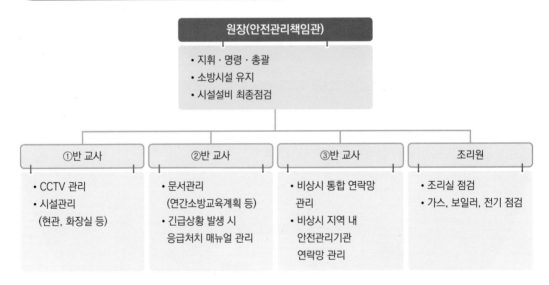

원장(안전관리책임관)
- 지휘 · 명령 · 총괄
- 소방시설 유지
- 시설설비 최종점검

①반 교사
- CCTV 관리
- 시설관리
  (현관, 화장실 등)

②반 교사
- 문서관리
  (연간소방교육계획 등)
- 긴급상황 발생 시
  응급처치 매뉴얼 관리

③반 교사
- 비상시 통합 연락망
  관리
- 비상시 지역 내
  안전관리기관
  연락망 관리

조리원
- 조리실 점검
- 가스, 보일러, 전기 점검

다. 재난 시 업무분담표

담당자	화재 발생 시	지진 발생 시	폭설 발생 시	집중호우 발생 시
①반 교사 (만 0세) (겸직 원장)	• 지휘 · 명령 · 총괄 • 응급기관 연락 • 화재 장소 확인 • 지자체 보고 및 보고서 작성 • 비상시 비상벨 작동 및 원내 전달 • 관계기관 통보 • ①반 대피유도	• 지휘 · 명령 · 총괄 • 응급기관 연락 • 지진 진원지 확인 • 지자체 보고 및 보고서 작성 • 비상시 비상벨 작동 및 원내 전달 • 관계기관 통보 • ①반 대피유도	• 지휘 · 명령 · 총괄 • 지자체 보고 및 보고서 작성	• 지휘 · 명령 · 총괄 • 지자체 보고 및 보고서 작성
②반 교사 (만 1세)	• (대피 후 영아 보육 총괄) • ②반 대피유도 및 최종점검 • 주요 서류 및 물건 반출 • 화재 발생 상황 수시 파악 • 현관문 개방	• (대피 후 영아 보육 총괄) • ②반 대피유도 및 최종점검 • 주요 서류 및 물건 반출 • 지진 발생 상황 수시 파악 • 현관문 개방	• (영아 보육 총괄) • 폭설 상황 수시 파악 • 현관문, 창문 점검	• (영아 보육 총괄) • 호우 상황 수시 파악 • 현관문, 창문 점검
③반 교사 (만 2세)	• ③반 대피유도 • 응급처치 및 지정 병원으로 긴급후송 • 구급약품 관리 • 비상문 개방	• ③반 대피유도 • 응급처치 및 지정 병원으로 긴급후송 • 구급약품 관리 • 비상문 개방	• 미끄럼주의 표지판 설치 • 제설작업 • 응급처치 및 지정 병원으로 긴급후송 • 구급약품 관리	• 하수구, 배수구 점검 • 응급처치 및 지정 병원으로 긴급후송 • 구급약품 관리
조리원	• 대피유도 및 보육 보조 • 가스 차단 • 전기 차단	• 대피유도 및 보육 보조 • 가스 차단 • 전기 차단	• 비상식량 확인 • 난방시설 확인	• 비상식량 확인 • 냉방시설 확인 • 가스 점검 • 전기콘센트 점검

50명 미만 어린이집	50명 이상 100명 미만 어린이집	100명 이상 어린이집

👆 라. 재난유형별 비상대피훈련 계획   화재 | 지진 | 폭설 | 집중호우

훈련명	비상대피훈련	훈련일	○○○○년 ○○월 ○○일
훈련 참가자	보육교직원 (4) 명 / 영유아 (15) 명	훈련시간	○○시 ○○분
훈련종류	화재 대피 실제 훈련		
훈련목표	• 화재 발생 시 행동요령을 이해한다. • 훈련을 통해 안전한 대피방법을 연습한다. • 실제 화재 발생 시 안전하게 대피한다.		
재난상황 시나리오	조리실에서 점심식사 준비 중 화재 발생으로 대피		
훈련 전 점검	• 훈련 계획의 내용 숙지 • 재난 시 업무분담 숙지 • 대피로 동선 파악	• 소화기 위치 파악 • 어린이집 앞 표지판 부착 　(비상대피훈련 중-집결지 안내)	
훈련내용	1. 화재경보 사이렌 2. 대피경로로 대피, 대피장소 집결 　(영유아 인원 확인)	3. 부상자, 사상자 확인 및 응급처치 4. 부모에게 연락 5. 훈련 종료	

훈련계획 세부내용	훈련	평가 중점 내용
	1. 화재 상황 인지 및 알림(화재경보 사이렌)	
	❶ 조리원 발화 발견 　• 화재 첫 발견자는 불이 났음을 주변에 신속하게 알림 　• 소화기 사용하여 조기 진화 시도 　• 가스 및 전기 차단 　• 조리실 문 닫고 ③반(만 2세)으로 이동	육성 및 경보기 소리 전달 여부 소화기 사용
	❷ 원장(지휘 · 명령 · 총괄) 　• 화재장소 파악 후 응급기관(119) 연락	위치, 상황 설명
	2. 화재 시 매뉴얼 진행	
	[1단계] 각 반 영유아 대피 시작 　• 화재경보 사이렌과 동시에 대피 시작 　• 대피 시 양쪽 벽으로 이동하여 통로 가운데 소화출입로를 확 　　보함 　• 보행이 어려운 영아는 교사가 안고 대피 　• 각 반 교사는 비상연락망을 가지고 대피 　• 현관문, 비상문에 먼저 도착한 교사가 현관문, 비상문 개방 　• 각 반 인원 확인 후 원장에게 보고	질서 유지하며 대피

훈련				평가 중점 내용
훈련계획 세부내용	1-❶	각 반 대피 시작		대피시간
		대피로	현관문	①, ②반	
			비상문	③반	
		영유아 선두 대피유도	①, ③반 교사	
		영유아 후미 대피유도	②반 교사, 조리원	
		구급약품 소지	③반 교사	
	1-❷	현관문, 비상문 개방		대피한 영유아 수
		현관문 개방	②반 교사	
		비상문 개방	③반 교사	
	1-❸	각 반 대피 완료		
		영유아 후미 대피유도, 각 반 보육실 문 닫고 대피	①, ②반 교사	
		최종점검 후 대피	②반 교사	
		영유아와 정해진 장소에 집결	전체 보육교직원	
	[2단계] 부상자, 사상자 확인 및 응급처치			부상자 응급처치/ 구급차 후송
	2-❶	응급처치		
		부상자 확인 후 응급처치 실시, 구급차 후송	③반 교사	
		관련기관(인근 병원 등) 연락, 사상자 확인	①반 교사	
	2-❷	각 반 대피 지속		
		영유아와 안전한 곳에서 대피 지속	②반 교사, 조리원	
	[3단계] 각 반 영유아 부모에게 연락			연락시간/ 응대 태도
	3-❶	부모 연락		
		비상연락망 이용하여 부모에게 연락	①, ②, ③반 교사	
	3. 화재 대피 훈련 종료			
	• 화재 대피 훈련 종료 안내			대피시간

※ 부상자가 없을 경우 [1-❶ → 1-❷ → 1-❸ → 3-❶] 순으로 진행

출처: 보건복지부보육기반과(2016). 비상대피훈련 시나리오를 재구성하여 제시함.

50명 미만 어린이집	50명 이상 100명 미만 어린이집	100명 이상 어린이집

| 화재 | 지진 | 폭설 | 집중호우 |

훈련명	비상대피훈련	훈련일	○○○○년 ○○월 ○○일
훈련 참가자	보육교직원 (4) 명 / 영유아 (15) 명	훈련시간	○○시 ○○분
훈련종류	지진 대피 실제 훈련		
훈련목표	• 지진 발생 시 행동요령을 이해한다. • 훈련을 통해 안전한 대피방법을 연습한다. • 실제 지진 발생 시 안전하게 대피한다.		
재난상황 시나리오	②반 보육실에서 먼저 흔들림을 감지하여 어린이집 전체에 알리고 대피(강도 4.5)		
훈련 전 점검	• 훈련 계획의 내용 숙지 • 소화기 위치 파악 • 재난 시 업무분담 숙지 • 어린이집 앞 표지판 부착 • 대피로 동선 파악 (비상대피훈련 중-집결지 안내)		
훈련내용	1. 재난위험경보 사이렌 4. 부상자, 사상자 확인 및 응급처치 2. 지진 행동요령 진행 5. 부모에게 연락 3. 대피경로로 대피, 대피장소 집결 6. 훈련 종료 (영유아 인원 확인)		

훈련계획 세부내용	훈련	평가 중점 내용
	1. 지진 상황 인지 및 알림	
	❶ ②교사 지진 감지 • 지진 첫 감지자는 지진이 발생했음을 주변 및 원장에게 신속하게 알리고 지진 시 행동요령을 진행함	지진 상황 전달 여부
	❷ 원장(지휘 · 명령 · 총괄) • 어린이집 전체에 지진 비상상황 알림(재난위험경보 사이렌 울림)	
	❸ 조리원 • 가스 및 전기 차단 • 조리실 문 개방 • ③반(만 2세)으로 이동	어린이집 전체에 지진 상황 알림
	2. 지진 시 매뉴얼 진행	
	[1단계] 지진 시 행동요령 진행 • 주변에 방석이나 이불 등 쿠션감 있는 것으로 머리 보호	

1-❶	문 개방	
	각 반 보육실 문 개방	①, ②, ③반 교사
	현관문 개방	②반 교사
	비상문 개방	③반 교사

훈련				평가 중점 내용
1-❷	**전체 영유아가 자세를 낮추고 머리 보호**			지진 시 행동요령 숙지
	쿠션 아래로(이불 속 등) 대피		①, ②, ③반(영아반)	
1-❸	**흔들림이 멈출 때까지 대기(2분 정도)**			
	흔들림의 정도를 살핀 후 흔들림이 멈추면 대피경보 사이렌 울림		원장(안전관리책임관)	

[2단계] 각 반 영유아 대피 시작(대피경보 사이렌)

- 흔들림이 멈춘 후 사이렌이 울림과 동시에 대피 시작
- 보행이 어려운 영아는 교사가 안고 대피
- 각 반 교사 비상연락망 가지고 대피
- 각 반 인원 확인하여 원장에게 보고

	각 반 대피 시작			
2-❶	대피로	현관문	①, ②반	대피시간
		비상문	③반	
	영유아 선두 대피유도		①, ③반 교사	
	영유아 후미 대피유도		②반 교사, 조리원	
	구급약품 소지		③반 교사	
	각 반 대피 완료			
2-❷	최종 점검 후 대피		②반 교사	대피한 영유아 수
	영유아와 정해진 장소에 집결		전체 보육교직원	

평가 중점 내용 (질서 유지하며 대피)

[3단계] 부상자, 사상자 확인 및 응급처치

	응급처치			
3-❶	부상자 확인 후 응급처치 실시, 구급차 후송		③반 교사	부상자 응급처치/ 구급차 후송
	관련기관(인근 병원 등) 연락, 사상자 확인		①반 교사	
	각 반 대피 지속			
3-❷	영유아와 안전한 곳에서 대피 지속		②반 교사, 조리원	

[4단계] 각 반 영유아 부모에게 연락

	부모 연락			
4-❶	비상연락망 이용하여 부모에게 연락		①, ②, ③반 교사	연락시간/ 응대 태도

3. 지진 대피 훈련 종료				
• 지진 대피 훈련 종료 안내				대피시간

훈련계획 세부내용

※ [1-❶]에서 현관문 및 비상문 개방에 실패했을 경우 대피유도자는 동선을 변경하여 대비
※ 부상자가 없을 경우 [1-❶ → 1-❷ → 2-❶ → 2-❷ → 1-❸ → 4-❶] 순으로 진행
출처: 보건복지부보육기반과(2016). 비상대피훈련 시나리오를 재구성하여 제시함.

화재	지진	폭설	집중호우

훈련명	비상대응훈련	훈련일	○○○○년 ○○월 ○○일
훈련 참가자	보육교직원 (4) 명 / 영유아 (15) 명	훈련시간	○○시 ○○분
훈련종류	폭설 대응 실제 훈련		

훈련목표	• 대설 발생 시 행동요령을 이해한다. • 훈련을 통해 안전한 대비방법을 연습한다. • 실제 대설 상황 시 안전하게 대비한다.
재난상황 시나리오	등원 후 눈이 내려 5cm 두께의 눈이 쌓이고 눈이 계속 오는 상황 • 대설주의보: 24시간 신적설량이 5cm 이상 예상될 때 • 대설경보: 24시간 신적설량이 20cm 이상 예상될 때 (산지는 30cm 이상 예상될 때)
훈련 전 점검	• 제설작업 도구 점검(빗자루, 염화칼슘 또는 모래, 미끄럼주의 표지판)
훈련내용	1. 대설 상황 알림 5. 각 반 상황 파악 2. 대설 시 매뉴얼 진행 6. 제설작업 3. 기상정보 청취 7. 종료 4. 부모에게 연락

훈련계획 세부내용	훈련	평가 중점 내용
	1. 대설 상황 인지 및 알림	
	❶ 원장(지휘 · 명령 · 총괄) • 기상청 홈페이지 및 일기예보 참고하여 상황 예측 • 어린이집 전체에 대설 상황 알림	어린이집 전체에 대설 상황 알림
	2. 대설 시 매뉴얼 진행	
	[1단계] 대설 시 행동요령 진행 • 마실 수 있는 물 공급처가 동결될 것에 대비 • 미끄럼주의 표지판 설치	연락시간/ 응대 태도

		어린이집 시설점검	
	1-❶	기상정보 들으며 기상상황 수시 파악	②반 교사
		현관에 미끄럼 방지대 깔기	

		각 반 부모 전화 연락		
	1-❷	대설주의보(대설경보) 상황 안내	①, ②, ③반 교사	비상식량 및 식수 확보 보일러 상태 점검
		하원 가능 시간 문의 (석식 준비 및 비상식량 예측)		
		하원 시 어린이집에 안전하게 도착할 수 있도록 주의사항 안내		

훈련계획 세부내용	훈련			평가 중점 내용
	식량 및 보일러 확인			제설작업 숙지
	1-❸	비상식량 및 식수 확인, 보일러 상태 점검	조리원	
	상황 보고			
	1-❹	각 반 정보 취합하여 원장에게 보고	①반 교사 (원장)	
		연장보육 및 비상식량 등 상황 정리하여 보고		
	보육 지속 및 제설작업 진행			
	1-❺	영유아 안전 보육 담당	②반 교사	
		제설작업 담당	③반 교사	
	3. 대설 상황 훈련 종료			
	• 대설 상황 훈련 종료 안내			

출처: 보건복지부보육기반과(2016). 비상대피훈련 시나리오를 재구성하여 제시함.

| 화재 | 지진 | 폭설 | **집중호우** |

훈련명	비상대응훈련	훈련일	○○○○년 ○○월 ○○일
훈련 참가자	보육교직원 (4) 명 / 영유아 (15) 명	훈련시간	○○시 ○○분
훈련종류	집중호우 대응 실제 훈련		
훈련목표	• 집중호우 발생 시 행동요령을 이해한다. • 훈련을 통해 안전한 대비방법을 연습한다. • 실제 집중호우 상황 시 안전하게 대비한다.		
재난상황 시나리오	등원 후 비가 내려 60mm 높이로 잠기고 비가 계속 오는 상황 • 호우주의보: 3시간 강우량이 60mm 이상 예상될 때 또는 12시간 강우량이 110mm 이상 예상될 때 • 호우경보: 3시간 강우량이 90mm 이상 예상될 때 또는 12시간 강우량이 180mm 이상 예상될 때		
훈련 전 점검	• 하수구, 배수구 관리 도구 점검(집게)		
훈련내용	1. 집중호우 상황 알림 5. 각 반 상황 파악 2. 집중호우 시 매뉴얼 진행 6. 하수구, 배수구 점검 3. 기상정보 청취 7. 종료 4. 부모에게 연락		

훈련	평가 중점 내용
1. 집중호우 상황 인지 및 알림	
❶ 원장(지휘 · 명령 · 총괄) • 기상청 홈페이지 및 일기예보 참고하여 상황 예측 • 어린이집 전체에 집중호우 상황 알림	어린이집 전체에 집중호우 상황 알림
2. 집중호우 시 매뉴얼 진행	

훈련계획 세부내용

[1단계] 집중호우 시 행동요령 진행
• 빗물이 범람될 것에 대비

	기상상황 파악 및 시설점검		
1-❶	기상정보 들으며 기상상황 수시 파악	②반 교사	
	하수구, 배수구 점검	③반 교사	

	각 반 부모 전화 연락	
1-❷	호우주의보(호우경보) 상황 안내	
	하원 가능 시간 문의 (석식 준비 및 비상식량 예측)	①, ②, ③반 교사
	하원 시 어린이집에 안전하게 도착할 수 있도록 주의사항 안내	

평가 중점 내용: 연락시간/응대 태도

훈련			평가 중점 내용
훈련계획 세부내용	1-❸	**식량 및 실외기 확인**	비상식량 및 식수 확보 실외기 상태 점검
		비상식량 및 식수 확인, 실외기 상태 점검	조리원	
	1-❹	**상황 보고**	
		각 반 정보 취합하여 원장에게 보고	①반 교사 (원장)	
		연장보육 및 비상식량 등 상황 정리하여 보고		
	3. 집중호우 상황 훈련 종료		
• 집중호우 상황 훈련 종료 안내			

출처: 보건복지부보육기반과(2016). 비상대피훈련 시나리오를 재구성하여 제시함.

마. 재난유형별 비상대피훈련 시나리오   화재 지진 폭설 집중호우

#1. 조리실

조 리 원: (조리실의 발화를 발견하고 화재경보기를 울리며) 불이야! 불이야!

#2. 원장실

원   장: (119에 연락을 하며) 여기 ○○구 ○○동 ○○어린이집에서 불이 났습니다.

불은 점심식사를 준비하던 조리실에서 발화한 것으로 보입니다.

근처에는 (알기 쉬운 큰 건물)이 있습니다.

제 전화번호는 ○○○-○○○○-○○○○입니다. 어린이집에는 보육교직원 4명
과 영유아 15명이 있습니다.

#3. 보육실

모든 보육교직원, 영유아: 불이야! 불이야!

①반 교사: ①, ②반은 현관문으로 대피하겠습니다.

저는 선두에서 대피를 유도할 테니, ②반 선생님은 후미에서 대피를 유도해 주세요.

②반 교사: (후미에서 잔류인원 확인 후 대피하며) 저는 후미에서 대피를 유도합니다.

③반 교사: ③반은 비상문으로 대피하겠습니다.

저는 선두에서 대피를 유도할 테니, 조리원은 후미에서 대피를 유도해 주세요.

조 리 원: (후미에서 잔류인원 확인 후 대피하며) 저는 후미에서 대피를 유도합니다.

②반 교사: (비상연락망, 비상연락 휴대폰을 챙기며) 저는 비상연락망과 비상연락 휴대폰을 가지고
대피하겠습니다.

③반 교사: (비상구급함을 챙기며) 저는 비상구급함을 가지고 대피하겠습니다.

#4. 대피 장소

②반 교사: 어린이집 전체 인원 최종점검하겠습니다.

최종점검 결과, 모든 인원 대피 완료했습니다. 이상 없습니다.

원　　장: (각 반 교사를 향해) 각 반 담임교사는 각 반 인원을 확인해서 알려 주세요.

①반 교사: ①반은 교사 1명 중 1명, 영아 출석인원 3명 중 3명으로 이상 없습니다.

②반 교사: ②반은 교사 1명 중 1명, 영아 출석인원 5명 중 5명으로 이상 없습니다.

③반 교사: ③반은 교사 1명 중 1명, 조리원 1명 중 1명, 영아 출석인원 7명 중 6명은 이상 없으나,
　　　　　　영아 1명 부상자가 있습니다.

③반 교사: ③반에 부상자가 있습니다. 응급처치를 실시하겠습니다. 구급차를 불러 주세요.

①반 교사: (지정 병원에 연락을 하며) 여기는 ○○구 ○○동 ○○어린이집입니다.
　　　　　　오늘 화재로 인하여 대피하던 중 부상자가 발생했습니다.

나머지 보육교직원: 모두 여기에서 계속 대피해 주세요.

③반 교사: (부상자가 있을 때) 안녕하세요. ○○○학부모님 맞으시죠?
　　　　　　○○어린이집 ③반 담임교사입니다.
　　　　　　점심식사 준비 중 조리실에서 발화를 발견하여 어린이집 외부 지정장소로 대피했습니다.
　　　　　　대피를 하는 도중 ○○○이 부상을 입어 지정 병원으로 후송하였습니다.

①, ②반 교사: (부상자가 없을 때) 안녕하세요. ○○○학부모님 맞으시죠?
　　　　　　○○어린이집 ○반 담임교사입니다.
　　　　　　점심식사 준비 중 조리실에서 발화를 발견하여 어린이집 외부 지정장소로 대피했습니다.
　　　　　　○반 모두 부상자 없이 지정장소로 안전하게 대피 완료했습니다.

원　　장: 오늘 ○○구 ○○동 ○○어린이집에서 불이 났으며, 불은 점심식사를 준비하던 조리
　　　　　　실에서 발화한 것으로 보입니다.
　　　　　　어린이집에는 보육교직원 4명과 영유아 15명이 있었습니다.
　　　　　　(시계를 확인하며) 오늘 화재 대피 훈련 시간은 총 ○○분 소요되었습니다.
　　　　　　차례를 지켜 다시 각 반으로 돌아가시기 바랍니다.

#1. ②반 보육실

②반 교사: (②반 보육실에서 흔들림을 감지하고) 어린이집 건물이 흔들리고 있습니다.
지진 시 행동요령을 진행하겠습니다.

#2. 원장실

원　　장: (재난위험경보 사이렌을 울리며) 현재시각 우리나라 전역에 지진재난경보가 발령되었습니다.
강도 4.5의 지진이 발생하였습니다.

#3. 조리실

조 리 원: (가스 및 전기 차단기를 내린 후) 조리실 내의 가스 및 전기 차단을 완료했습니다.
조리실 문을 열고 ③반으로 이동하겠습니다.

#4. 보육실

①, ②, ③반 교사: (쿠션과 이불로 머리를 보호하며) ○반 친구들! 모두 쿠션 아래와 이불 속으로 대
피하세요.

#5. 원장실

원　　장: (대피경보기를 작동하며) 지진의 흔들림이 멈추었습니다.
모두 어린이집 밖 지정장소로 대피하세요.

#6. 보육실

①반 교사: ①, ②반은 현관문으로 대피하겠습니다.
저는 선두에서 대피를 유도할 테니, ②반 선생님은 후미에서 대피를 유도해 주세요.
②반 교사: (후미에서 잔류인원 확인 후 대피하며) 저는 후미에서 대피를 유도합니다.
③반 교사: ③반은 비상문으로 대피하겠습니다.
저는 선두에서 대피를 유도할 테니, 조리원은 후미에서 대피를 유도해 주세요.
조 리 원: (후미에서 잔류인원 확인 후 대피하며) 저는 후미에서 대피를 유도합니다.

②반 교사: (비상연락망, 비상연락 휴대폰을 챙기며) 저는 비상연락망과 비상연락 휴대폰을 가지고 대피하겠습니다.

③반 교사: (비상구급함을 챙기며) 저는 비상구급함을 가지고 대피하겠습니다.

#7. 대피 장소

②반 교사: 어린이집 전체 인원 최종점검하겠습니다.

　　　　　최종점검 결과, 모든 인원 대피 완료했습니다. 이상 없습니다.

원　　장: (각 반 교사를 향해) 각 반 담임교사는 각 반 인원을 확인해서 알려 주세요.

①반 교사: ①반은 교사 1명 중 1명, 영아 출석인원 3명 중 3명으로 이상 없습니다.

②반 교사: ②반은 교사 1명 중 1명, 영아 출석인원 5명 중 5명으로 이상 없습니다.

③반 교사: ③반은 교사 1명 중 1명, 조리원 1명 중 1명, 영아 출석인원 7명 중 6명은 이상 없으나, 영아 1명 부상자가 있습니다.

③반 교사: ③반에 부상자가 있습니다. 응급처치를 실시하겠습니다. 구급차를 불러 주세요.

①반 교사: (지정 병원에 연락을 하며) 여기는 ○○구 ○○동 ○○어린이집입니다.

　　　　　오늘 지진으로 인하여 대피하던 중 부상자가 발생했습니다.

나머지 보육교직원: 모두 여기에서 계속 대피해 주세요.

③반 교사: (부상자가 있을 때) 안녕하세요. ○○○학부모님 맞으시죠?

　　　　　○○어린이집 ③반 담임교사입니다.

　　　　　어린이집 내에서 흔들림을 감지하고, 강도 4.5의 지진이 발생하여 어린이집 외부 지정 장소로 대피했습니다.

　　　　　대피를 하는 도중 ○○○이 부상을 입어 지정 병원으로 후송하였습니다.

①, ②반 교사: (부상자가 없을 때) 안녕하세요. ○○○학부모님 맞으시죠?

　　　　　○○어린이집 ○반 담임교사입니다.

　　　　　어린이집 내에서 흔들림을 감지하고, 강도 4.5의 지진이 발생하여 어린이집 외부 지정 장소로 대피했습니다.

　　　　　○반 모두 부상자 없이 지정장소로 안전하게 대피 완료했습니다.

원　　장: 오늘 우리나라 전역에 강도 4.5의 지진이 발생하여 지진재난경보가 발령되었습니다.

　　　　　어린이집에는 보육교직원 4명과 영유아 15명이 있었습니다.

　　　　　(시계를 확인하며) 오늘 지진 대피 훈련 시간은 총 ○○분 소요되었습니다.

　　　　　차례를 지켜 다시 각 반으로 돌아가시기 바랍니다.

#1. 원장실

원 장: (기상청 홈페이지를 확인하며) 모든 교직원 여러분께 안내말씀 드립니다.

우리 ○○어린이집이 있는 ○○ 지역에 오늘 오전 9시 30분부터 대설주의보가 발효되었습니다.

#2. 교사실

②반 교사: (일기예보를 보며) 기상청 홈페이지와 일기예보에 의하면 앞으로 5cm 이상의 눈이 더 쌓일 것으로 예상됩니다.

#3. 현관

②반 교사: (미끄럼 방지대와 미끄럼주의 표지판을 설치한 후) 현관에도 눈이 쌓여 미끄러지는 사고를 방지하기 위해 미끄럼 방지대와 미끄럼주의 표지판 설치를 완료하였습니다.

#4. 보육실

②반 교사: (비상연락망, 비상연락 휴대폰을 챙기며) 저는 비상연락망과 비상연락 휴대폰을 확인했습니다.

③반 교사: (비상구급함을 챙기며) 저는 비상구급함을 확인했습니다.

①, ②, ③반 교사: (부모에게 연락하며) 안녕하세요. ○○어린이집 ○반 교사입니다.

오늘 오전 9시 30분부터 ○○ 지역에 대설주의보가 발효되었습니다.

기상청에 따르면 앞으로 5cm 이상의 눈이 더 쌓인다고 합니다.

폭설로 인해 ○○○이 안전하게 귀가하도록 어린이집에 직접 오셔서 하원을 도와주셨으면 합니다.

○○○의 하원은 몇 시쯤 가능하겠습니까?

눈이 많이 와서 길이 미끄러우니 가급적 대중교통을 이용해 주시기 바랍니다.

#5. 식당

원　　장: 비상식량과 식수, 보일러 상태를 확인해 주세요.

조 리 원: (비상식량과 식수를 확인하며) 비상식량 ○○개, 생수 ○○병을 조리실에 보관 중입니다.
　　　　　(보일러 상태를 확인하며) 보일러실 안 보일러 작동에 이상 없음을 확인했습니다.

#6. 보육실

원　　장: 각 반 인원현황을 보고해 주세요.

①반 교사(원장): 현재 ①반 3명 중 2명 등원하였습니다.

②반 교사: 현재 ②반 5명 중 4명 등원하였습니다.

③반 교사: 현재 ③반 7명 중 4명 등원하였습니다.

원　　장: 연장보육이 필요한 인원은 몇 명인가요?

①반 교사(원장): ①반 출석인원 2명 중 1명이 연장보육 필요합니다.

②반 교사: ②반 출석인원 4명 중 2명이 연장보육 필요합니다.

③반 교사: ③반 출석인원 4명 중 1명이 연장보육 필요합니다.

#7. ②반 보육실

원　　장: 현재 보육 인원 보고해 주세요.

②반 교사: 현재 출석인원 10명 중 10명은 ②반에서 보육 중입니다.

#8. ③반 보육실

원　　장: 제설작업 진행상황 보고해 주세요.

③반 교사: 어린이집 현관과 실외놀이터, 어린이집 주변 인도까지 제설작업 완료하였습니다.

#9. 유희실

원　　장: 오늘 ○○ 지역에 발효되었던 대설주의보가 해제되었습니다.
　　　　　지금까지 대설 상황 훈련을 실시하였습니다.
　　　　　이상으로 대설 상황 훈련을 마치겠습니다.

화재   지진   폭설   집중호우

#1. 원장실

원　　장: (기상청 홈페이지를 확인하며) 모든 교직원 여러분께 안내말씀 드립니다.

우리 ○○어린이집이 있는 ○○ 지역에 오늘 오전 9시 30분부터 호우주의보가 발효되었습니다.

#2. 교사실

②반 교사: (일기예보를 보며) 기상청 홈페이지와 일기예보에 의하면 앞으로 3시간 이내에 60mm 이상의 비가 더 내릴 것으로 예상됩니다.

#3. 현관

③반 교사: (하수구와 배수구를 점검하며) 하수구와 배수구에 누수된 곳이나 막힌 곳이 없는지 확인하였습니다.

#4. 보육실

②반 교사: (비상연락망, 비상연락 휴대폰을 챙기며) 저는 비상연락망과 비상연락 휴대폰을 확인했습니다.

③반 교사: (비상구급함을 챙기며) 저는 비상구급함을 확인했습니다.

①, ②, ③반 교사: (부모에게 연락하며) 안녕하세요. ○○어린이집 ○반 교사입니다.

오늘 오전 9시 30분부터 ○○ 지역에 호우주의보가 발효되었습니다.

기상청에 따르면 앞으로 3시간 이내에 60mm 이상의 비가 더 내린다고 합니다.

집중호우로 인해 ○○○이 안전하게 귀가하도록 어린이집에 직접 오셔서 하원을 도와주셨으면 합니다. ○○○의 하원은 몇 시쯤 가능하겠습니까?

비가 많이 와서 길이 미끄러우니 가급적 대중교통을 이용해 주시기 바랍니다.

#5. 식당

원　　장: 비상식량과 식수, 에어컨 실외기 상태를 확인해 주세요.

조 리 원: (비상식량과 식수를 확인하며) 비상식량 ○○개, 생수 ○○병을 조리실에 보관 중입니다.
(에어컨 실외기 상태를 확인하며) 에어컨 실외기 작동에 이상 없음을 확인했습니다.

#6. 보육실

원　　장: 각 반 인원현황을 보고해 주세요.

①반 교사(원장): 현재 ①반 3명 중 2명 등원하였습니다.

②반 교사: 현재 ②반 5명 중 2명 등원하였습니다.

③반 교사: 현재 ③반 7명 중 4명 등원하였습니다.

원　　장: 연장보육이 필요한 인원은 몇 명인가요?

①반 교사(원장): ①반 출석인원 2명 중 1명이 연장보육 필요합니다.

②반 교사: ②반 출석인원 2명 중 2명이 연장보육 필요합니다.

③반 교사: ③반 출석인원 4명 중 3명이 연장보육 필요합니다.

#7. 유희실

원　　장: 오늘 ○○ 지역에 발효되었던 호우주의보가 해제되었습니다.
지금까지 집중호우 상황 훈련을 실시하였습니다.
이상으로 집중호우 상황 훈련을 마치겠습니다.

바. 비상대피도

지하 1층 | 1층 | 2층

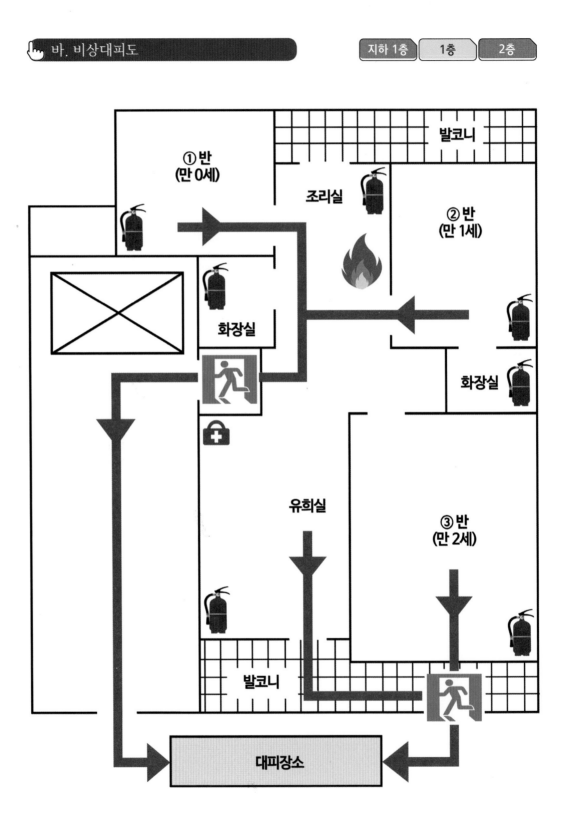

사. 개인별 업무카드 및 비상연락망

| 업무카드 | 비상연락망 | 비상대피도 |

─── 반 교사 ───

원 장☎__-__-__   소방서☎__-__-__
경찰서☎__-__-__   병 원☎__-__-__

상황		업무
평상시		
재난시	공통	1. 위기상황 전파 2. 현 위치 초동대응 3. 비상대피로 확보 및 대피 유도
	화재·지진	
	폭설·집중호우	

| 업무카드 | 비상연락망 | 비상대피도 |

─── 반 비상연락망

원 장☎__-__-__   소방서☎__-__-__
경찰서☎__-__-__   병 원☎__-__-__

이름	연락처

| 업무카드 | 비상연락망 | 비상대피도 |

어린이집 비상연락망

원 장☎__-__-__   소방서☎__-__-__
경찰서☎__-__-__   병 원☎__-__-__

교직원 구성	성명	연락처

| 업무카드 | 비상연락망 | 비상대피도 |

1층 비상대피도

원 장☎__-__-__   소방서☎__-__-__
경찰서☎__-__-__   병 원☎__-__-__

※ 개인별 업무카드는 소책자 형태로 제작하여 휴대
※ [부록]의 사례를 참조하여 재난발생 시 개인별 역할을 구체적으로 분담하되, 상황에 따라 유동적으로 대처할 수 있도록 작성

27

50명 미만 어린이집	50명 이상 100명 미만 어린이집	100명 이상 어린이집

2	15명	가정 어린이집	공용	1층	조리원 ×

가. 기본현황

보육 정원	연령별 반구성			교직원	보육교직원 구성		
	①반 (만 0세)	②반 (만 1세)	③반 (만 2세)		원장	보육교사	조리원
15명	3명	5명	7명	3명	1명*	2명	0명

*교사 겸직

나. 평상시 재난 관련 업무분담표

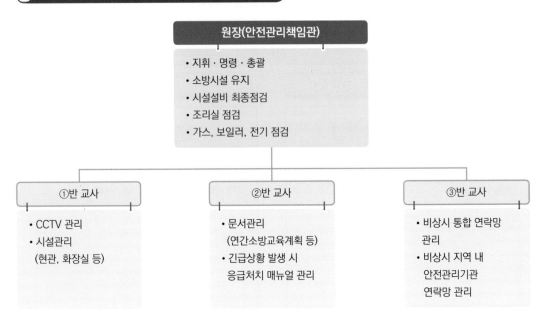

원장(안전관리책임관)

- 지휘 · 명령 · 총괄
- 소방시설 유지
- 시설설비 최종점검
- 조리실 점검
- 가스, 보일러, 전기 점검

①반 교사
- CCTV 관리
- 시설관리 (현관, 화장실 등)

②반 교사
- 문서관리 (연간소방교육계획 등)
- 긴급상황 발생 시 응급처치 매뉴얼 관리

③반 교사
- 비상시 통합 연락망 관리
- 비상시 지역 내 안전관리기관 연락망 관리

다. 재난 시 업무분담표

담당자	화재 발생 시	지진 발생 시	폭설 발생 시	집중호우 발생 시
①반 교사 (만 0세) (겸직 원장)	• 지휘 · 명령 · 총괄 • 응급기관 연락 • 화재 장소 확인 • 지자체 보고 및 보고서 작성 • 비상시 비상벨 작동 및 원내 전달 • 관계기관 통보 • 가스, 전기 차단 • ①반 대피유도	• 지휘 · 명령 · 총괄 • 응급기관 연락 • 지진 진원지 확인 • 지자체 보고 및 보고서 작성 • 비상시 비상벨 작동 및 원내 전달 • 관계기관 통보 • 가스, 전기 차단 • ①반 대피유도	• 지휘 · 명령 · 총괄 • 지자체 보고 및 보고서 작성 • 비상식량 확인 • 난방시설 확인	• 지휘 · 명령 · 총괄 • 지자체 보고 및 보고서 작성 • 비상식량 확인 • 냉방시설 확인 • 가스 점검 • 전기콘센트 점검
②반 교사 (만 1세)	• (대피 후 영아 보육 총괄) • ②반 대피유도 및 최종점검 • 주요 서류 및 물건 반출 • 화재 발생 상황 수시 파악 • 현관문 개방	• (대피 후 영아 보육 총괄) • ②반 대피유도 및 최종점검 • 주요 서류 및 물건 반출 • 지진 발생 상황 수시 파악 • 현관문 개방	• (영아 보육 총괄) • 폭설 상황 수시 파악 • 현관문, 창문 점검	• (영아 보육 총괄) • 호우 상황 수시 파악 • 현관문, 창문 점검
③반 교사 (만 2세)	• ③반 대피유도 • 응급처치 및 지정 병원으로 긴급후송 • 구급약품 관리 • 비상문 개방	• ③반 대피유도 • 응급처치 및 지정 병원으로 긴급후송 • 구급약품 관리 • 비상문 개방	• 미끄럼주의 표지판 설치 • 제설작업 • 응급처치 및 지정 병원으로 긴급후송 • 구급약품 관리	• 하수구, 배수구 점검 • 응급처치 및 지정 병원으로 긴급후송 • 구급약품 관리

라. 재난유형별 비상대피훈련 계획 [화재] [지진] [폭설] [집중호우]

훈련명	비상대피훈련	훈련일	○○○○년 ○○월 ○○일
훈련 참가자	보육교직원 (3) 명 / 영유아 (15) 명	훈련시간	○○시 ○○분
훈련종류	화재 대피 실제 훈련		
훈련목표	• 화재 발생 시 행동요령을 이해한다. • 훈련을 통해 안전한 대피방법을 연습한다. • 실제 화재 발생 시 안전하게 대피한다.		
재난상황 시나리오	조리실에서 점심식사 준비 중 화재 발생으로 대피		
훈련 전 점검	• 훈련 계획의 내용 숙지 • 재난 시 업무분담 숙지 • 대피로 동선 파악	• 소화기 위치 파악 • 어린이집 앞 표지판 부착 　(비상대피훈련 중-집결지 안내)	
훈련내용	1. 화재경보 사이렌 2. 대피경로로 대피, 대피장소 집결 　(영유아 인원 확인)	3. 부상자, 사상자 확인 및 응급처치 4. 부모에게 연락 5. 훈련 종료	

훈련계획 세부내용	훈련	평가 중점 내용
	1. 화재 상황 인지 및 알림(화재경보 사이렌)	
	❶ 원장 발화 발견 　• 화재 첫 발견자는 불이 났음을 주변에 신속하게 알림 　• 소화기 사용하여 조기 진화 시도 　• 가스 및 전기 차단 　• 조리실 문 닫고 ①반(만 0세)으로 이동	육성 및 경보기 소리 전달 여부 소화기 사용
	❷ 원장(지휘·명령·총괄) 　• 화재장소 파악 후 응급기관(119) 연락	위치, 상황 설명
	2. 화재 시 매뉴얼 진행	
	[1단계] 각 반 영유아 대피 시작 • 화재경보 사이렌과 동시에 대피 시작 • 대피 시 양쪽 벽으로 이동하여 통로 가운데 소화출입로를 확보함 • 보행이 어려운 영아는 교사가 안고 대피 • 각 반 교사는 비상연락망을 가지고 대피 • 현관문, 비상문에 먼저 도착한 교사가 현관문, 비상문 개방 • 각 반 인원 확인 후 원장에게 보고	질서 유지하며 대피

훈련				평가 중점 내용
훈련계획 세부내용	1-❶	각 반 대피 시작		대피시간
		대피로	현관문	①, ②반	
			비상문	③반	
		영유아 선두 대피유도	원장(①반), ③반 교사	
		영유아 후미 대피유도	②반 교사	
		구급약품 소지	③반 교사	
	1-❷	현관문, 비상문 개방		대피한 영유아 수
		현관문 개방	②반 교사	
		비상문 개방	③반 교사	
	1-❸	각 반 대피 완료		
		영유아 후미 대피유도, 각 반 보육실 문 닫고 대피	원장(①반), ②반 교사	
		최종점검 후 대피	②반 교사	
		영유아와 정해진 장소에 집결	전체 보육교직원	
	[2단계] 부상자, 사상자 확인 및 응급처치			
	2-❶	응급처치		부상자 응급처치/ 구급차 후송
		부상자 확인 후 응급처치 실시, 구급차 후송	③반 교사	
		관련기관(인근 병원 등) 연락, 사상자 확인	원장(①반 교사)	
	2-❷	각 반 대피 지속		
		영유아와 안전한 곳에서 대피 지속	②반 교사	
	[3단계] 각 반 영유아 부모에게 연락			연락시간/ 응대 태도
	3-❶	부모 연락		
		비상연락망 이용하여 부모에게 연락	①, ②, ③반 교사	
	3. 화재 대피 훈련 종료			
	• 화재 대피 훈련 종료 안내			대피시간

※ 부상자가 없을 경우 [1-❶ → 1-❷ → 1-❸ → 3-❶] 순으로 진행
출처: 보건복지부보육기반과(2016). 비상대피훈련 시나리오를 재구성하여 제시함.

| 화재 | 지진 | 폭설 | 집중호우 |

훈련명	비상대피훈련	훈련일	○○○○년 ○○월 ○○일
훈련 참가자	보육교직원 (3) 명 / 영유아 (15) 명	훈련시간	○○시 ○○분
훈련종류	지진 대피 실제 훈련		

훈련목표	• 지진 발생 시 행동요령을 이해한다. • 훈련을 통해 안전한 대피방법을 연습한다. • 실제 지진 발생 시 안전하게 대피한다.
재난상황 시나리오	②반 보육실에서 먼저 흔들림을 감지하여 어린이집 전체에 알리고 대피(강도 4.5)
훈련 전 점검	• 훈련 계획의 내용 숙지 • 소화기 위치 파악 • 재난 시 업무분담 숙지 • 어린이집 앞 표지판 부착 • 대피로 동선 파악 (비상대피훈련 중-집결지 안내)
훈련내용	1. 재난위험경보 사이렌 4. 부상자, 사상자 확인 및 응급처치 2. 지진 행동요령 진행 5. 부모에게 연락 3. 대피경로로 대피, 대피장소 집결 6. 훈련 종료 (영유아 인원 확인)

	훈련	평가 중점 내용
	1. 지진 상황 인지 및 알림	

훈련계획
세부내용
	❶ ②교사 지진 감지
	   • 지진 첫 감지자는 지진이 발생했음을 주변 및 원장에게 신속하게 알리고 지진 시 행동요령을 진행함
	❷ 원장(지휘·명령·총괄)
	   • 어린이집 전체에 지진 비상상황 알림(재난위험경보 사이렌 울림)
	   • 가스 및 전기 차단
	   • 조리실 문 개방
		지진 상황
		전달 여부
		
		어린이집 전체에
		지진 상황 알림

	2. 지진 시 매뉴얼 진행	
	[1단계] 지진 시 행동요령 진행 • 주변에 방석이나 이불 등 쿠션감 있는 것으로 머리 보호	

1-❶	문 개방	
	각 반 보육실 문 개방	원장(①반), ②, ③반 교사
	현관문 개방	②반 교사
	비상문 개방	③반 교사

1-❷	전체 영유아가 자세를 낮추고 머리 보호	
	쿠션 아래로(이불 속 등) 대피	①, ②, ③반(영아반)

훈련				평가 중점 내용
훈련계획 세부내용	1-❸	흔들림이 멈출 때까지 대기(2분 정도)		지진 시 행동요령 숙지
		흔들림의 정도를 살핀 후 흔들림이 멈추면 대피경보 사이렌 울림	원장(안전관리책임관)	

[2단계] 각 반 영유아 대피 시작(대피경보 사이렌)
- 흔들림이 멈춘 후 사이렌이 울림과 동시에 대피 시작
- 보행이 어려운 영아는 교사가 안고 대피
- 각 반 교사 비상연락망 가지고 대피
- 각 반 인원 확인하여 원장에게 보고

평가 중점: 질서 유지하며 대피

2-❶	각 반 대피 시작			대피시간
	대피로	현관문	①, ②반	
		비상문	③반	
	영유아 선두 대피유도		원장(①반), ③반 교사	
	영유아 후미 대피유도		②반 교사	
	구급약품 소지		③반 교사	

2-❷	각 반 대피 완료		대피한 영유아 수
	최종점검 후 대피	②반 교사	
	영유아와 정해진 장소에 집결	전체 보육교직원	

[3단계] 부상자, 사상자 확인 및 응급처치

3-❶	응급처치		부상자 응급처치/ 구급차 후송
	부상자 확인 후 응급처치 실시, 구급차 후송	③반 교사	
	관련기관(인근 병원 등) 연락, 사상자 확인	원장(①반 교사)	

3-❷	각 반 대피 지속	
	영유아와 안전한 곳에서 대피 지속	②반 교사

[4단계] 각 반 영유아 부모에게 연락

4-❶	부모 연락		연락시간/ 응대 태도
	비상연락망 이용하여 부모에게 연락	①, ②, ③반 교사	

3. 지진 대피 훈련 종료	
• 지진 대피 훈련 종료 안내	대피시간

※ [1-❶]에서 현관문 및 비상문 개방에 실패했을 경우 대피유도자는 동선을 변경하여 대비
※ 부상자가 없을 경우 [1-❶ → 1-❷ → 2-❶ → 2-❷ → 1-❸ → 4-❶] 순으로 진행
출처: 보건복지부보육기반과(2016). 비상대피훈련 시나리오를 재구성하여 제시함.

50명 미만 어린이집	50명 이상 100명 미만 어린이집	100명 이상 어린이집

화재	지진	폭설	집중호우

훈련명	비상대응훈련	훈련일	○○○○년 ○○월 ○○일
훈련 참가자	보육교직원 (3) 명 / 영유아 (15) 명	훈련시간	○○시 ○○분
훈련종류	폭설 대응 실제 훈련		
훈련목표	• 대설 발생 시 행동요령을 이해한다. • 훈련을 통해 안전한 대비방법을 연습한다. • 실제 대설 상황 시 안전하게 대비한다.		
재난상황 시나리오	등원 후 눈이 내려 5cm 두께의 눈이 쌓이고 눈이 계속 오는 상황 • 대설주의보: 24시간 신적설량이 5cm 이상 예상될 때 • 대설경보: 24시간 신적설량이 20cm 이상 예상될 때 (산지는 30cm 이상 예상될 때)		
훈련 전 점검	• 제설작업 도구 점검(빗자루, 염화칼슘 또는 모래, 미끄럼주의 표지판)		
훈련내용	1. 대설 상황 알림 2. 대설 시 매뉴얼 진행 3. 기상정보 청취 4. 부모에게 연락	5. 각 반 상황 파악 6. 제설작업 7. 종료	

	훈련		평가 중점 내용
훈련계획 세부내용	**1. 대설 상황 인지 및 알림**		
	❶ 원장(지휘 · 명령 · 총괄) • 기상청 홈페이지 및 일기예보 참고하여 상황 예측 • 어린이집 전체에 대설 상황 알림		어린이집 전체에 대설 상황 알림
	2. 대설 시 매뉴얼 진행		
	[1단계] 대설 시 행동요령 진행 • 마실 수 있는 물 공급처가 동결될 것에 대비 • 미끄럼주의 표지판 설치		연락시간/ 응대 태도
	1-❶	**어린이집 시설점검** 기상정보 들으며 기상상황 수시 파악 / ②반 교사 현관에 미끄럼 방지대 깔기	
	1-❷	**각 반 부모 전화 연락** 대설주의보(대설경보) 상황 안내 하원 가능 시간 문의 (석식 준비 및 비상식량 예측) / ①, ②, ③반 교사 하원 시 어린이집에 안전하게 도착할 수 있도록 주의사항 안내	비상식량 및 식수 확보 보일러 상태 점검

훈련계획 세부내용	훈련			평가 중점 내용
	식량 및 보일러 확인			
	1-❸	비상식량 및 식수 확인, 보일러 상태 확인	①반 교사 (원장)	제설작업 숙지
	상황 보고			
	1-❹	각 반 정보 취합하여 원장에게 보고	①반 교사 (원장)	
		연장보육 및 비상식량 등 상황 정리하여 보고		
	보육 지속 및 제설작업 진행			
	1-❺	영유아 안전 보육 담당	②반 교사	
		제설작업 담당	③반 교사	
	3. 대설 상황 훈련 종료			
	• 대설 상황 훈련 종료 안내			

출처: 보건복지부보육기반과(2016). 비상대피훈련 시나리오를 재구성하여 제시함.

훈련명	비상대응훈련	훈련일	○○○○년 ○○월 ○○일
훈련 참가자	보육교직원 (3) 명 / 영유아 (15) 명	훈련시간	○○시 ○○분
훈련종류	집중호우 대응 실제 훈련		
훈련목표	• 집중호우 발생 시 행동요령을 이해한다. • 훈련을 통해 안전한 대비방법을 연습한다. • 실제 집중호우 상황 시 안전하게 대비한다.		
재난상황 시나리오	등원 후 비가 내려 60mm 높이로 잠기고 비가 계속 오는 상황 • 호우주의보: 3시간 강우량이 60mm 이상 예상될 때 또는 12시간 강우량이 110mm 이상 예상될 때 • 호우경보: 3시간 강우량이 90mm 이상 예상될 때 또는 12시간 강우량이 180mm 이상 예상될 때		
훈련 전 점검	• 하수구, 배수구 관리 도구 점검(집게)		
훈련내용	1. 집중호우 상황 알림 2. 집중호우 시 매뉴얼 진행 3. 기상정보 청취 4. 부모에게 연락	5. 각 반 상황 파악 6. 하수구, 배수구 점검 7. 종료	

훈련		평가 중점 내용
1. 집중호우 상황 인지 및 알림		
❶ 원장(지휘 · 명령 · 총괄) • 기상청 홈페이지 및 일기예보 참고하여 상황 예측 • 어린이집 전체에 집중호우 상황 알림		어린이집 전체에 집중호우 상황 알림
2. 집중호우 시 매뉴얼 진행		

훈련계획 세부내용

[1단계] 집중호우 시 행동요령 진행
• 빗물이 범람될 것에 대비

	기상상황 파악 및 시설점검	
1-❶	기상정보 들으며 기상상황 수시 파악	②반 교사
	하수구, 배수구 점검	③반 교사

	각 반 부모 전화 연락	
1-❷	호우주의보(호우경보) 상황 안내	①, ②, ③반 교사
	하원 가능 시간 문의 (석식 준비 및 비상식량 예측)	
	하원 시 어린이집에 안전하게 도착할 수 있도록 주의사항 안내	

평가 중점 내용: 연락시간/ 응대 태도

훈련			평가 중점 내용
훈련계획 세부내용	1-❸	식량 및 실외기 확인		비상식량 및 식수 확보 실외기 상태 점검
		비상식량 및 식수 확인, 실외기 상태 점검	①반 교사 (원장)	
	1-❹	상황 보고		
		각 반 정보 취합하여 원장에게 보고	①반 교사 (원장)	
		연장보육 및 비상식량 등 상황 정리하여 보고		
3. 집중호우 상황 훈련 종료				
• 집중호우 상황 훈련 종료 안내				

출처: 보건복지부보육기반과(2016). 비상대피훈련 시나리오를 재구성하여 제시함.

마. 재난유형별 비상대피훈련 시나리오

#1. 조리실

조 리 원: (조리실의 발화를 발견하고 화재경보기를 울리며) 불이야! 불이야!

#2. 원장실

원　　장: (119에 연락을 하며) 여기 ○○구 ○○동 ○○어린이집에서 불이 났습니다.

불은 점심식사를 준비하던 조리실에서 발화한 것으로 보입니다.

근처에는 (알기 쉬운 큰 건물)이 있습니다.

제 전화번호는 ○○○-○○○○-○○○○입니다. 어린이집에는 보육교직원 3명과 영유아 15명이 있습니다.

#3. 보육실

모든 보육교직원, 영유아: 불이야! 불이야!

①반 교사: ①, ②반은 현관문으로 대피하겠습니다.

저는 선두에서 대피를 유도할 테니, ②반 선생님은 후미에서 대피를 유도해 주세요.

②반 교사: (후미에서 잔류인원 확인 후 대피하며) 저는 후미에서 대피를 유도합니다.

③반 교사: ③반은 비상문으로 대피하겠습니다.

저는 선두에서 대피를 유도할 테니, 조리원은 후미에서 대피를 유도해 주세요.

②반 교사: (비상연락망, 비상연락 휴대폰을 챙기며) 저는 비상연락망과 비상연락 휴대폰을 가지고 대피하겠습니다.

③반 교사: (비상구급함을 챙기며) 저는 비상구급함을 가지고 대피하겠습니다.

#4. 대피 장소

②반 교사: 어린이집 전체 인원 최종점검하겠습니다.

최종점검 결과, 모든 인원 대피 완료했습니다. 이상 없습니다.

원   장: (각 반 교사를 향해) 각 반 담임교사는 각 반 인원을 확인해서 알려 주세요.

①반 교사: ①반은 교사 1명 중 1명, 영아 출석인원 3명 중 3명으로 이상 없습니다.

②반 교사: ②반은 교사 1명 중 1명, 영아 출석인원 5명 중 5명으로 이상 없습니다.

③반 교사: ③반 교사 1명 중 1명, 영아 출석인원 7명 중 6명은 이상 없으나, 영아 1명 부상자가 있습니다.

③반 교사: ③반에 부상자가 있습니다. 응급처치를 실시하겠습니다. 구급차를 불러 주세요.

①반 교사: (지정 병원에 연락을 하며) 여기는 ○○구 ○○동 ○○어린이집입니다.
오늘 화재로 인하여 대피하던 중 부상자가 발생했습니다.

나머지 보육교직원: 모두 여기에서 계속 대피해 주세요.

③반 교사: (부상자가 있을 때) 안녕하세요. ○○○학부모님 맞으시죠?
○○어린이집 ③반 담임교사입니다.
점심식사 준비 중 조리실에서 발화를 발견하여 어린이집 외부 지정장소로 대피했습니다.
대피를 하는 도중 ○○○이 부상을 입어 지정 병원으로 후송하였습니다.

①, ②반 교사: (부상자가 없을 때) 안녕하세요. ○○○학부모님 맞으시죠?
○○어린이집 ○반 담임교사입니다.
점심식사 준비 중 조리실에서 발화를 발견하여 어린이집 외부 지정장소로 대피했습니다.
○반 모두 부상자 없이 지정장소로 안전하게 대피 완료했습니다.

원   장: 오늘 ○○구 ○○동 ○○어린이집에서 불이 났으며, 불은 점심식사를 준비하던 조리실에서 발화한 것으로 보입니다.
어린이집에는 보육교직원 3명과 영유아 15명이 있었습니다.
(시계를 확인하며) 오늘 화재 대피 훈련 시간은 총 ○○분 소요되었습니다.
차례를 지켜 다시 각 반으로 돌아가시기 바랍니다.

#1. ②반 보육실

②반 교사: (②반 보육실에서 흔들림을 감지하고) 어린이집 건물이 흔들리고 있습니다.
지진 시 행동요령을 진행하겠습니다.

#2. 원장실

원   장: (재난위험경보 사이렌을 울리며) 현재시각 우리나라 전역에 지진재난경보가 발령되었습니다.
강도 4.5의 지진이 발생하였습니다.

#3. 조리실

원   장: (가스 및 전기 차단기를 내린 후) 조리실 내의 가스 및 전기 차단을 완료했습니다.

#4. 보육실

①, ②, ③반 교사: (쿠션과 이불로 머리를 보호하며) ○반 친구들! 모두 쿠션 아래와 이불 속으로 대
피하세요.

#5. 원장실

원   장: (대피경보기를 작동하며) 지진의 흔들림이 멈추었습니다.
모두 어린이집 밖 지정장소로 대피하세요.

#6. 보육실

①반 교사: ①, ②반은 현관문으로 대피하겠습니다.
저는 선두에서 대피를 유도할 테니, ②반 선생님은 후미에서 대피를 유도해 주세요.
②반 교사: (후미에서 잔류인원 확인 후 대피하며) 저는 후미에서 대피를 유도합니다.
③반 교사: ③반은 비상문으로 대피하겠습니다.
저는 선두에서 대피를 유도합니다.
②반 교사: (비상연락망, 비상연락 휴대폰을 챙기며) 저는 비상연락망과 비상연락 휴대폰을 가지고
대피하겠습니다.
③반 교사: (비상구급함을 챙기며) 저는 비상구급함을 가지고 대피하겠습니다.

#7. 대피 장소

②반 교사: 어린이집 전체 인원 최종점검하겠습니다.

최종점검 결과, 모든 인원 대피 완료했습니다. 이상 없습니다.

원　　장: (각 반 교사를 향해) 담임교사는 각 반 인원을 확인해서 알려 주세요.

①반 교사: ①반 교사 1명 중 1명, 영아 출석인원 3명 중 3명으로 이상 없습니다.

②반 교사: ②반 교사 1명 중 1명, 영아 출석인원 5명 중 5명으로 이상 없습니다.

③반 교사: ③반 교사 1명 중 1명, 영아 출석인원 7명 중 6명은 이상 없으나, 영아 1명 부상자가 있습니다.

③반 교사: ③반에 부상자가 있습니다. 응급처치를 실시하겠습니다. 구급차를 불러 주세요.

①반 교사: (지정 병원에 연락을 하며) 여기는 ○○구 ○○동 ○○어린이집입니다.

오늘 지진으로 인하여 대피하던 중 부상자가 발생했습니다.

나머지 보육교직원: 모두 여기에서 계속 대피해 주세요.

③반 교사: (부상자가 있을 때) 안녕하세요. ○○○학부모님 맞으시죠?

○○어린이집 ③반 담임교사입니다.

어린이집 내에서 흔들림을 감지하고, 강도 4.5의 지진이 발생하여 어린이집 외부 지정 장소로 대피했습니다.

대피를 하는 도중 ○○○이 부상을 입어 지정 병원으로 후송하였습니다.

①, ②반 교사: (부상자가 없을 때) 안녕하세요. ○○○학부모님 맞으시죠?

○○어린이집 ○반 담임교사입니다.

어린이집 내에서 흔들림을 감지하고, 강도 4.5의 지진이 발생하여 어린이집 외부 지정 장소로 대피했습니다.

○반 모두 부상자 없이 지정장소로 안전하게 대피 완료했습니다.

원　　장: 오늘 우리나라 전역에 강도 4.5의 지진이 발생하여 지진재난경보가 발령되었습니다.

어린이집에는 보육교직원 3명과 영유아 15명이 있었습니다.

(시계를 확인하며) 오늘 지진 대피 훈련 시간은 총 ○○분 소요되었습니다.

차례를 지켜 다시 각 반으로 돌아가시기 바랍니다.

#1. 원장실

원   장: (기상청 홈페이지를 확인하며) 모든 교직원 여러분께 안내말씀 드립니다.

우리 ○○어린이집이 있는 ○○ 지역에 오늘 오전 9시 30분부터 대설주의보가 발효되었습니다.

#2. 교사실

②반 교사: (일기예보를 보며) 기상청 홈페이지와 일기예보에 의하면 앞으로 5cm 이상의 눈이 더 쌓일 것으로 예상됩니다.

#3. 현관

②반 교사: (미끄럼 방지대와 미끄럼주의 표지판을 설치한 후) 현관에도 눈이 쌓여 미끄러지는 사고를 방지하기 위해 미끄럼 방지대와 미끄럼주의 표지판 설치를 완료하였습니다.

#4. 보육실

②반 교사: (비상연락망, 비상연락 휴대폰을 챙기며) 저는 비상연락망과 비상연락 휴대폰을 확인했습니다.

③반 교사: (비상구급함을 챙기며) 저는 비상구급함을 확인했습니다.

①, ②, ③반 교사: (부모에게 연락하며) 안녕하세요. ○○어린이집 ○반 교사입니다.

오늘 오전 9시 30분부터 ○○ 지역에 대설주의보가 발효되었습니다.

기상청에 따르면 앞으로 5cm 이상의 눈이 더 쌓인다고 합니다.

폭설로 인해 ○○○이 안전하게 귀가하도록 어린이집에 직접 오셔서 하원을 도와주셨으면 합니다.

○○○의 하원은 몇 시쯤 가능하겠습니까?

눈이 많이 와서 길이 미끄러우니 가급적 대중교통을 이용해 주시기 바랍니다.

#5. 식당

원　　장: (비상식량과 식수를 확인하며) 비상식량 ○○개, 생수 ○○병을 조리실에 보관 중입니다.
　　　　　(보일러 상태를 확인하며) 보일러실 안 보일러 작동에 이상 없음을 확인했습니다.

#6. 보육실

원　　장: 각 반 인원현황 보고해 주세요.
①반 교사(원장): 현재 ①반 3명 중 2명 등원하였습니다.
②반 교사: 현재 ②반 5명 중 4명 등원하였습니다.
③반 교사: 현재 ③반 7명 중 4명 등원하였습니다.
원　　장: 연장보육이 필요한 인원은 몇 명인가요?
①반 교사(원장): ①반 출석인원 2명 중 1명이 연장보육 필요합니다.
②반 교사: ②반 출석인원 4명 중 2명이 연장보육 필요합니다.
③반 교사: ③반 출석인원 4명 중 1명이 연장보육 필요합니다.

#7. ②반 보육실

원　　장: 현재 보육 인원 보고해 주세요.
②반 교사: 현재 출석인원 10명 중 10명은 ②반에서 보육 중입니다.

#8. ③반 보육실

원　　장: 제설작업 진행상황 보고해 주세요.
③반 교사: 어린이집 현관과 실외놀이터, 어린이집 주변 인도까지 제설작업 완료하였습니다.

#9. 유희실

원　　장: 오늘 ○○ 지역에 발효되었던 대설주의보가 해제되었습니다.
　　　　　지금까지 대설 상황 훈련을 실시하였습니다.
　　　　　이상으로 대설 상황 훈련을 마치겠습니다.

#1. 원장실

원   장: (기상청 홈페이지를 확인하며) 모든 교직원 여러분께 안내말씀 드립니다.
  우리 ○○어린이집이 있는 ○○ 지역에 오늘 오전 9시 30분부터 호우주의보가 발효
  되었습니다.

#2. 교사실

②반 교사: (일기예보를 보며) 기상청 홈페이지와 일기예보에 의하면 앞으로 3시간 이내에 60mm
  이상의 비가 더 내릴 것으로 예상됩니다.

#3. 현관

③반 교사: (하수구와 배수구를 점검하며) 하수구와 배수구에 누수된 곳이나 막힌 곳이 없는지 확
  인하였습니다.

#4. 보육실

②반 교사: (비상연락망, 비상연락 휴대폰을 챙기며) 저는 비상연락망과 비상연락 휴대폰을 확인했
  습니다.
③반 교사: (비상구급함을 챙기며) 저는 비상구급함을 확인했습니다.

①, ②, ③반 교사: (부모에게 연락하며) 안녕하세요. ○○어린이집 ○반 교사입니다.
  오늘 오전 9시 30분부터 ○○ 지역에 호우주의보가 발효되었습니다.
  기상청에 따르면 앞으로 3시간 이내에 60mm 이상의 비가 더 내린다고 합니다.
  집중호우로 인해 ○○○이 안전하게 귀가하도록 어린이집에 직접 오셔서 하원을 도
  와주셨으면 합니다. ○○○의 하원은 몇 시쯤 가능하겠습니까?
  비가 많이 와서 길이 미끄러우니 가급적 대중교통을 이용해 주시기 바랍니다.

#5. 식당

원　　장: (비상식량과 식수를 확인하며) 비상식량 ○○개, 생수 ○○병을 조리실에 보관 중입니다.
　　　　　(에어컨 실외기 상태를 확인하며) 에어컨 실외기 작동에 이상 없음을 확인했습니다.

#6. 보육실

원　　장: 각 반 인원현황을 보고해 주세요.
①반 교사(원장): 현재 ①반 3명 중 2명 등원하였습니다.
②반 교사: 현재 ②반 5명 중 2명 등원하였습니다.
③반 교사: 현재 ③반 7명 중 4명 등원하였습니다.
원　　장: 연장보육이 필요한 인원은 몇 명인가요?
①반 교사(원장): ①반 출석인원 2명 중 1명이 연장보육 필요합니다.
②반 교사: ②반 출석인원 2명 중 2명이 연장보육 필요합니다.
③반 교사: ③반 출석인원 4명 중 3명이 연장보육 필요합니다.

#7. 유희실

원　　장: 오늘 ○○ 지역에 발효되었던 호우주의보가 해제되었습니다.
　　　　　지금까지 집중호우 상황 훈련을 실시하였습니다.
　　　　　이상으로 집중호우 상황 훈련을 마치겠습니다.

바. 비상대피도

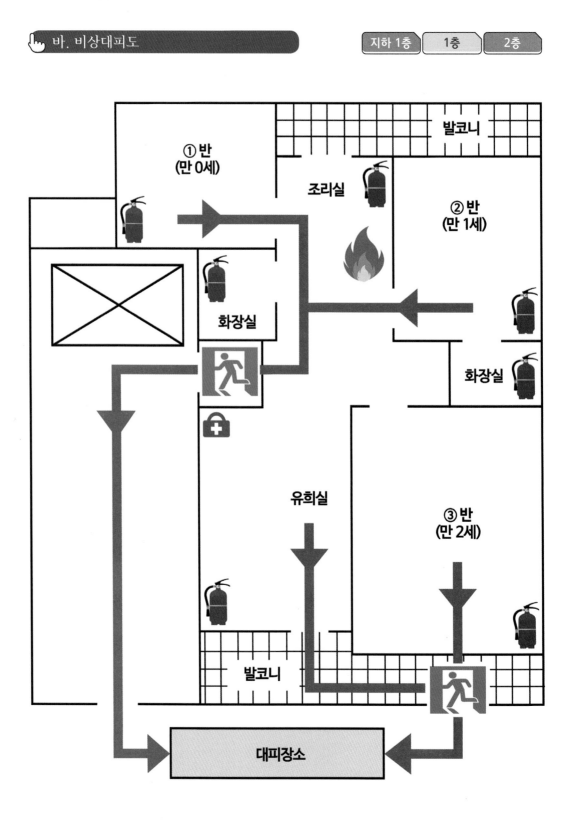

👆 사. 개인별 업무카드 및 비상연락망

| 업무카드 | 비상연락망 | 비상대피도 |

___ 반 교사 ___

원 장☎__-__-__   소방서☎__-__-__
경찰서☎__-__-__   병 원☎__-__-__

상황		업무
평상시		
재난 시	공통	1. 위기상황 전파 2. 현 위치 초동대응 3. 비상대피로 확보 및 대피 유도
	화재·지진	
	폭설·집중호우	

| 업무카드 | 비상연락망 | 비상대피도 |

___ 반 비상연락망

원 장☎__-__-__   소방서☎__-__-__
경찰서☎__-__-__   병 원☎__-__-__

이름	연락처

| 업무카드 | 비상연락망 | 비상대피도 |

어린이집 비상연락망

원 장☎__-__-__   소방서☎__-__-__
경찰서☎__-__-__   병 원☎__-__-__

교직원구성	성명	연락처

| 업무카드 | 비상연락망 | 비상대피도 |

1층 비상대피도

원 장☎__-__-__   소방서☎__-__-__
경찰서☎__-__-__   병 원☎__-__-__

※ 개인별 업무카드는 소책자 형태로 제작하여 휴대
※ [부록]의 사례를 참조하여 재난발생 시 개인별 역할을 구체적으로 분담하되, 상황에 따라 유동적으로 대처할
   수 있도록 작성

50명 미만 어린이집	50명 이상 100명 미만 어린이집	100명 이상 어린이집

3	17명	가정 어린이집	공용	1층	조리원 ○

가. 기본현황

보육 정원	연령별 반구성		교직원	보육교직원 구성		
	①반 (만 1세)	②반 (만 2세)		원장	보육교사	조리원
17명	10명	7명	4명	1명*	2명	1명

*교사 겸직

나. 평상시 재난 관련 업무분담표

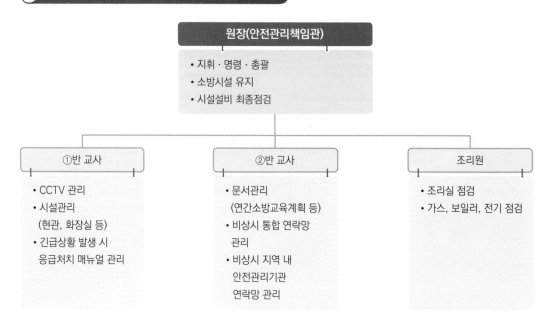

원장(안전관리책임관)
- 지휘 · 명령 · 총괄
- 소방시설 유지
- 시설설비 최종점검

①반 교사
- CCTV 관리
- 시설관리
  (현관, 화장실 등)
- 긴급상황 발생 시
  응급처치 매뉴얼 관리

②반 교사
- 문서관리
  (연간소방교육계획 등)
- 비상시 통합 연락망
  관리
- 비상시 지역 내
  안전관리기관
  연락망 관리

조리원
- 조리실 점검
- 가스, 보일러, 전기 점검

다. 재난 시 업무분담표

담당자	화재 발생 시	지진 발생 시	폭설 발생 시	집중호우 발생 시
①반 교사 (만 1세) (겸직 원장)	• 지휘 · 명령 · 총괄 • 응급기관 연락 • 화재 장소 확인 • 지자체 보고 및 보고서 작성 • 비상시 비상벨 작동 및 원내 전달 • 관계기관 통보	• 지휘 · 명령 · 총괄 • 응급기관 연락 • 지진 진원지 확인 • 지자체 보고 및 보고서 작성 • 비상시 비상벨 작동 및 원내 전달 • 관계기관 통보	• 지휘 · 명령 · 총괄 • 지자체 보고 및 보고서 작성	• 지휘 · 명령 · 총괄 • 지자체 보고 및 보고서 작성
①반 교사 (만 1세)	• (대피 후 영아 보육 총괄) • ①반 대피유도 및 최종점검 • 주요 서류 및 물건 반출 • 화재 발생 상황 수시 파악 • 비상문 개방	• (대피 후 영아 보육 총괄) • ①반 대피유도 및 최종점검 • 주요 서류 및 물건 반출 • 지진 발생 상황 수시 파악 • 비상문 개방	• (영아 보육 총괄) • 폭설 상황 수시 파악 • 현관문, 창문 점검	• (영아 보육 총괄) • 호우 상황 수시 파악 • 현관문, 창문 점검
②반 교사 (만 2세)	• ②반 대피유도 • 응급처치 및 지정 병원으로 긴급후송 • 구급약품 관리 • 현관문 개방	• ②반 대피유도 • 응급처치 및 지정 병원으로 긴급후송 • 구급약품 관리 • 현관문 개방	• 미끄럼주의 표지판 설치 • 제설작업 • 응급처치 및 지정 병원으로 긴급후송 • 구급약품 관리	• 하수구, 배수구 점검 • 응급처치 및 지정 병원으로 긴급후송 • 구급약품 관리
조리원	• 대피유도 및 보육 보조 • 가스 차단 • 전기 차단	• 대피유도 및 보육 보조 • 가스 차단 • 전기 차단	• 비상식량 확인 • 난방시설 확인	• 비상식량 확인 • 냉방시설 확인 • 가스 점검 • 전기콘센트 점검

라. 재난유형별 비상대피훈련 계획   화재   지진   폭설   집중호우

훈련명	비상대피훈련	훈련일	○○○○년 ○○월 ○○일
훈련 참가자	보육교직원 (4) 명 / 영유아 (17) 명	훈련시간	○○시 ○○분
훈련종류	화재 대피 실제 훈련		
훈련목표	• 화재 발생 시 행동요령을 이해한다. • 훈련을 통해 안전한 대피방법을 연습한다. • 실제 화재 발생 시 안전하게 대피한다.		
재난상황 시나리오	조리실에서 점심식사 준비 중 화재 발생으로 대피		
훈련 전 점검	• 훈련 계획의 내용 숙지　　　• 소화기 위치 파악 • 재난 시 업무분담 숙지　　　• 어린이집 앞 표지판 부착 • 대피로 동선 파악　　　　　　(비상대피훈련 중-집결지 안내)		
훈련내용	1. 화재경보 사이렌　　　　　　3. 부상자, 사상자 확인 및 응급처치 2. 대피경로로 대피, 대피장소 집결　　4. 부모에게 연락 　(영유아 인원 확인)　　　　　5. 훈련 종료		

훈련	평가 중점 내용
1. 화재 상황 인지 및 알림(화재경보 사이렌)	
❶ 조리원 발화 발견 　• 화재 첫 발견자는 불이 났음을 주변에 신속하게 알림 　• 소화기 사용하여 조기 진화 시도 　• 가스 및 전기 차단 　• 조리실 문 닫고 ②반(만 2세)으로 이동	육 성 및 경보기 소리 전달 여부 소화기 사용
❷ 원장(지휘 · 명령 · 총괄) 　• 화재장소 파악 후 응급기관(119) 연락	위치, 상황 설명
2. 화재 시 매뉴얼 진행	
[1단계] 각 반 영유아 대피 시작 • 화재경보 사이렌과 동시에 대피 시작 • 대피 시 양쪽 벽으로 이동하여 통로 가운데 소화출입로를 확보함 • 보행이 어려운 영아는 교사가 안고 대피 • 각 반 교사는 비상연락망을 가지고 대피 • 현관문, 비상문에 먼저 도착한 교사가 현관문, 비상문 개방 • 각 반 인원 확인 후 원장에게 보고	질서 유지하며 대피

(훈련계획 세부내용)

3

훈련				평가 중점 내용
훈련계획 세부내용	1-❶	각 반 대피 시작		대피시간
		대피로	현관문	①, ②반	
			비상문	①반	
		영유아 선두 대피유도	①, ②반 교사	
		영유아 후미 대피유도	원장, 조리원	
		구급약품 소지	②반 교사	
	1-❷	현관문, 비상문 개방		대피한 영유아 수
		현관문 개방	②반 교사	
		비상문 개방	①반 교사	
	1-❸	각 반 대피 완료		
		영유아 후미 대피유도, 각 반 보육실 문 닫고 대피	원장, 조리원	
		최종점검 후 대피	①반 교사	
		영유아와 정해진 장소에 집결	전체 보육교직원	
	[2단계] 부상자, 사상자 확인 및 응급처치			
	2-❶	응급처치		부상자 응급처치/ 구급차 후송
		부상자 확인 후 응급처치 실시, 구급차 후송	②반 교사	
		관련기관(인근 병원 등) 연락, 사상자 확인	원장	
	2-❷	각 반 대피 지속		
		영유아와 안전한 곳에서 대피 지속	①반 교사, 조리원	
	[3단계] 각 반 영유아 부모에게 연락			연락시간/ 응대 태도
	3-❶	부모 연락		
		비상연락망 이용하여 부모에게 연락	①, ②반 교사	
	3. 화재 대피 훈련 종료			
	• 화재 대피 훈련 종료 안내			대피시간

※ 부상자가 없을 경우 [1-❶ → 1-❷ → 1-❸ → 3-❶] 순으로 진행

출처: 보건복지부보육기반과(2016). 비상대피훈련 시나리오를 재구성하여 제시함.

| 화재 | 지진 | 폭설 | 집중호우 |

훈련명	비상대피훈련	훈련일	○○○○년 ○○월 ○○일
훈련 참가자	보육교직원 (4) 명 / 영유아 (17) 명	훈련시간	○○시 ○○분
훈련종류	지진 대피 실제 훈련		
훈련목표	• 지진 발생 시 행동요령을 이해한다. • 훈련을 통해 안전한 대피방법을 연습한다. • 실제 지진 발생 시 안전하게 대피한다.		
재난상황 시나리오	②반 보육실에서 먼저 흔들림을 감지하여 어린이집 전체에 알리고 대피(강도 4.5)		
훈련 전 점검	• 훈련 계획의 내용 숙지 • 재난 시 업무분담 숙지 • 대피로 동선 파악	• 소화기 위치 파악 • 어린이집 앞 표지판 부착 (비상대피훈련 중-집결지 안내)	
훈련내용	1. 재난위험경보 사이렌 2. 지진 행동요령 진행 3. 대피경로로 대피, 대피장소 집결 (영유아 인원 확인)	4. 부상자, 사상자 확인 및 응급처치 5. 부모에게 연락 6. 훈련 종료	

	훈련	평가 중점 내용
훈련계획 세부내용	**1. 지진 상황 인지 및 알림** ❶ ②교사 지진 감지 • 지진 첫 감지자는 지진이 발생했음을 주변 및 원장에게 신속하게 알리고 지진 시 행동요령을 진행함 ❷ 원장(지휘·명령·총괄) • 어린이집 전체에 지진 비상상황 알림(재난위험경보 사이렌 울림) ❸ 조리원 • 가스 및 전기 차단 • 조리실 문 개방 • ①반(만 1세)으로 이동	지진 상황 전달 여부 어린이집 전체에 지진 상황 알림

	2. 지진 시 매뉴얼 진행	

[1단계] 지진 시 행동요령 진행
• 주변에 방석이나 이불 등 쿠션감 있는 것으로 머리 보호

	문 개방	
1-❶	각 반 보육실 문 개방	①, ②반 교사
	현관문 개방	②반 교사
	비상문 개방	①반 교사

훈련			평가 중점 내용
1-❷	전체 영유아가 자세를 낮추고 머리 보호		지진 시 행동요령 숙지
	쿠션 아래로(이불 속 등) 대피	①, ②반 (영아반)	
1-❸	흔들림이 멈출 때까지 대기(2분 정도)		
	흔들림의 정도를 살핀 후 흔들림이 멈추면 대피경보 사이렌 울림	원장(안전관리책임관)	

훈련계획 세부내용

[2단계] 각 반 영유아 대피 시작(대피경보 사이렌)
- 흔들림이 멈춘 후 사이렌이 울림과 동시에 대피 시작
- 보행이 어려운 영아는 교사가 안고 대피
- 각 반 교사 비상연락망 가지고 대피
- 각 반 인원 확인하여 원장에게 보고

질서 유지하며 대피

2-❶	각 반 대피 시작		대피시간
	대피로	현관문	②반
		비상문	①반
	영유아 선두 대피유도	①, ②반 교사	
	영유아 후미 대피유도	원장, 조리원	
	구급약품 소지	②반 교사	

2-❷	각 반 대피 완료		대피한 영유아 수
	최종점검 후 대피	①반 교사	
	영유아와 정해진 장소에 집결	전체 보육교직원	

[3단계] 부상자, 사상자 확인 및 응급처치

3-❶	응급처치		부상자 응급처치/ 구급차 후송
	부상자 확인 후 응급처치 실시, 구급차 후송	②반 교사	
	관련기관(인근 병원 등) 연락, 사상자 확인	원장	

3-❷	각 반 대피 지속		
	영유아와 안전한 곳에서 대피 지속	①반 교사, 조리원	

[4단계] 각 반 영유아 부모에게 연락

4-❶	부모 연락		연락시간/ 응대 태도
	비상연락망 이용하여 부모에게 연락	①, ②반 교사	

3. 지진 대피 훈련 종료

- 지진 대피 훈련 종료 안내 　　대피시간

※ [1-❶]에서 현관문 및 비상문 개방에 실패했을 경우 대피유도자는 동선을 변경하여 대비
※ 부상자가 없을 경우 [1-❶ → 1-❷ → 2-❶ → 2-❷→ 1-❸→ 4-❶] 순으로 진행
출처: 보건복지부보육기반과(2016). 비상대피훈련 시나리오를 재구성하여 제시함.

훈련명	비상대응훈련	훈련일	○○○○년 ○○월 ○○일
훈련 참가자	보육교직원 (4) 명 / 영유아 (17) 명	훈련시간	○○시 ○○분
훈련종류	폭설 대응 실제 훈련		
훈련목표	• 대설 발생 시 행동요령을 이해한다. • 훈련을 통해 안전한 대비방법을 연습한다. • 실제 대설 상황 시 안전하게 대비한다.		
재난상황 시나리오	등원 후 눈이 내려 5cm 두께의 눈이 쌓이고 눈이 계속 오는 상황 • 대설주의보: 24시간 신적설량이 5cm 이상 예상될 때 • 대설경보: 24시간 신적설량이 20cm 이상 예상될 때 (산지는 30cm 이상 예상될 때)		
훈련 전 점검	• 제설작업 도구 점검(빗자루, 염화칼슘 혹은 모래, 미끄럼주의 표지판)		
훈련내용	1. 대설 상황 알림 2. 대설 시 매뉴얼 진행 3. 기상정보 청취 4. 부모에게 연락	5. 각 반 상황 파악 6. 제설작업 7. 종료	

	훈련	평가 중점 내용
	1. 대설 상황 인지 및 알림	
훈련계획 세부내용	❶ 원장(지휘 · 명령 · 총괄) • 기상청 홈페이지 및 일기예보 참고하여 상황 예측 • 어린이집 전체에 대설 상황 알림	어린이집 전체에 대설 상황 알림
	2. 대설 시 매뉴얼 진행	
	[1단계] 대설 시 행동요령 진행 • 마실 수 있는 물 공급처가 동결될 것에 대비 • 미끄럼주의 표지판 설치	연락시간/ 응대 태도

	어린이집 시설점검	
1-❶	기상정보 들으며 기상상황 수시 파악	①반 교사
	현관에 미끄럼 방지대 깔기	

	각 반 부모 전화 연락		
1-❷	대설주의보(대설경보) 상황 안내	①, ②반 교사	비상식량 및 식수 확보 보일러 상태 점검
	하원 가능 시간 문의 (석식 준비 및 비상식량 예측)		
	하원 시 어린이집에 안전하게 도착할 수 있도록 주의사항 안내		

3

훈련계획 세부내용	훈련			평가 중점 내용
	1-❸	식량 및 보일러 확인		제설작업 숙지
		비상식량 및 식수 확인, 보일러 상태 확인	조리원	
	1-❹	상황 보고		
		각 반 정보 취합하여 원장에게 보고	①반 교사 (원장)	
		연장보육 및 비상식량 등 상황 정리하여 보고		
	1-❺	보육 지속 및 제설작업 진행		
		영유아 안전 보육 담당	①반 교사	
		제설작업 담당	②반 교사	
	3. 대설 상황 훈련 종료			
	• 대설 상황 훈련 종료 안내			

출처: 보건복지부보육기반과(2016). 비상대피훈련 시나리오를 재구성하여 제시함.

| 화재 | 지진 | 폭설 | **집중호우** |

훈련명	비상대응훈련	훈련일	○○○○년 ○○월 ○○일
훈련 참가자	보육교직원 (4) 명 / 영유아 (17) 명	훈련시간	○○시 ○○분
훈련종류	집중호우 대응 실제 훈련		

훈련목표	• 집중호우 발생 시 행동요령을 이해한다. • 훈련을 통해 안전한 대비방법을 연습한다. • 실제 집중호우 상황 시 안전하게 대비한다.
재난상황 시나리오	등원 후 비가 내려 60mm 높이로 잠기고 비가 계속 오는 상황 • 호우주의보: 3시간 강우량이 60mm 이상 예상될 때 또는 12시간 강우량이 110mm 이상 예상될 때 • 호우경보: 3시간 강우량이 90mm 이상 예상될 때 또는 12시간 강우량이 180mm 이상 예상될 때
훈련 전 점검	• 하수구, 배수구 관리 도구 점검(집게)
훈련내용	1. 집중호우 상황 알림 5. 각 반 상황 파악 2. 집중호우 시 매뉴얼 진행 6. 하수구, 배수구 점검 3. 기상정보 청취 7. 종료 4. 부모에게 연락

훈련계획 세부내용	훈련	평가 중점 내용
	1. 집중호우 상황 인지 및 알림	

	❶ 원장(지휘 · 명령 · 총괄)
	   • 기상청 홈페이지 및 일기예보 참고하여 상황 예측
	   • 어린이집 전체에 집중호우 상황 알림
		어린이집 전체에
		집중호우
		상황 알림

	2. 집중호우 시 매뉴얼 진행	
	[1단계] 집중호우 시 행동요령 진행 • 빗물이 범람될 것에 대비	

		기상상황 파악 및 시설점검		연락시간/ 응대 태도
	1-❶	기상정보 들으며 기상상황 수시 파악	①반 교사	
		하수구, 배수구 점검	②반 교사	

		각 반 부모 전화 연락		
	1-❷	호우주의보(호우경보) 상황 안내		
		하원 가능 시간 문의 (석식 준비 및 비상식량 예측)	①, ②반 교사	
		하원 시 어린이집에 안전하게 도착할 수 있도록 주의사항 안내		

훈련계획 세부내용	훈련			평가 중점 내용
		식량 및 실외기 확인		비상식량 및 식수 확보 실외기 상태 점검
	1-❸	비상식량 및 식수 확인, 실외기 상태 확인	조리원	
		상황 보고		
	1-❹	각 반 정보 취합하여 원장에게 보고	①반 교사 (원장)	
		연장보육 및 비상식량 등 상황 정리하여 보고		
	3. 집중호우 상황 훈련 종료			
• 집중호우 상황 훈련 종료 안내				

출처: 보건복지부보육기반과(2016). 비상대피훈련 시나리오를 재구성하여 제시함.

마. 재난유형별 비상대피훈련 시나리오   화재   지진   폭설   집중호우

#1. 조리실

조 리 원: (조리실의 발화를 발견하고 화재경보기를 울리며) 불이야! 불이야!

#2. 원장실

원   장: (119에 연락을 하며) 여기 ○○구 ○○동 ○○어린이집에서 불이 났습니다.

불은 점심식사를 준비하던 조리실에서 발화한 것으로 보입니다.

근처에는 (알기 쉬운 큰 건물)이 있습니다.

제 전화번호는 ○○○-○○○○-○○○○입니다. 어린이집에는 보육교직원 4명과 영유아 17명이 있습니다.

#3. 보육실

모든 보육교직원, 영유아: 불이야! 불이야!

①반 교사: ①반은 현관문으로 대피하겠습니다.

저는 선두에서 대피를 유도할 테니, 조리원은 후미에서 대피를 유도해 주세요.

조 리 원: (후미에서 잔류인원 확인 후 대피하며) 저는 후미에서 대피를 유도합니다.

②반 교사: ②반은 비상문으로 대피합니다.

저는 선두에서 대피를 유도할 테니, 원장님은 후미에서 대피를 유도해 주세요.

③반 교사: ③반은 비상문으로 대피하겠습니다.

저는 선두에서 대피를 유도할 테니, 조리원은 후미에서 대피를 유도해 주세요.

원   장: (후미에서 잔류인원 확인 후 대피하며) 저는 후미에서 대피를 유도합니다.

②반 교사: (비상연락망, 비상연락 휴대폰, 비상구급함을 챙기며) 저는 비상연락망, 비상연락 휴대폰과 비상구급함을 가지고 대피하겠습니다.

#4. 대피 장소

②반 교사: 어린이집 전체 인원 최종점검하겠습니다.

최종점검 결과, 모든 인원 대피 완료했습니다. 이상 없습니다.

원　　장: (각 반 교사를 향해) 담임교사는 각 반 인원을 확인해서 알려 주세요.

①반 교사: ①반 교사 1명 중 1명, 조리원 1명 중 1명, 영아 출석인원 10명 중 10명 이상 없습니다.

②반 교사: ②반 교사 1명 중 1명, 영아 출석인원 7명 중 6명은 이상 없으나, 영아 1명 부상자가 있습니다.

②반 교사: ②반에 부상자가 있습니다. 응급처치를 실시하겠습니다. 구급차를 불러 주세요.

원　　장: (지정 병원에 연락을 하며) 여기는 ○○구 ○○동 ○○어린이집입니다.

오늘 화재로 인하여 대피하던 중 부상자가 발생했습니다.

나머지 보육교직원: 모두 여기에서 계속 대피해 주세요.

②반 교사: (부상자가 있을 때) 안녕하세요. ○○○학부모님 맞으시죠?

○○어린이집 ②반 담임교사입니다.

점심식사 준비 중 조리실에서 발화를 발견하여 어린이집 외부 지정장소로 대피했습니다.

대피를 하는 도중 ○○○이 부상을 입어 지정 병원으로 후송하였습니다.

①반 교사: (부상자가 없을 때) 안녕하세요. ○○○학부모님 맞으시죠?

○○어린이집 ①반 담임교사입니다.

점심식사 준비 중 조리실에서 발화를 발견하여 어린이집 외부 지정장소로 대피했습니다.

○반 모두 부상자 없이 지정장소로 안전하게 대피 완료했습니다.

원　　장: 오늘 ○○구 ○○동 ○○어린이집에서 불이 났으며, 불은 점심식사를 준비하던 조리실에서 발화한 것으로 보입니다.

어린이집에는 보육교직원 4명과 영유아 17명이 있었습니다.

(시계를 확인하며) 오늘 화재 대피 훈련 시간은 총 ○○분 소요되었습니다.

차례를 지켜 다시 각 반으로 돌아가시기 바랍니다.

#1. ②반 보육실

②반 교사: (②반 보육실에서 흔들림을 감지하고) 어린이집 건물이 흔들리고 있습니다.
지진 시 행동요령을 진행하겠습니다.

#2. 원장실

원　　장: (재난위험경보 사이렌을 울리며) 현재시각 우리나라 전역에 지진재난경보가 발령되었습니다.
강도 4.5의 지진이 발생하였습니다.

#3. 조리실

조 리 원: (가스 및 전기 차단기를 내린 후) 조리실 내의 가스 및 전기 차단을 완료했습니다.
조리실 문을 열고 ①반으로 이동하겠습니다.

#4. 보육실

①, ②반 교사: (쿠션과 이불로 머리를 보호하며) ○반 친구들! 모두 쿠션 아래와 이불 속으로 대피
하세요.

#5. 원장실

원　　장: (대피경보기를 작동하며) 지진의 흔들림이 멈추었습니다.
모두 어린이집 밖 지정장소로 대피하세요.

#6. 보육실

①반 교사: ①반은 현관문으로 대피하겠습니다.
저는 선두에서 대피를 유도할 테니, 조리원은 후미에서 대피를 유도해 주세요.
조 리 원: (후미에서 잔류인원 확인 후 대피하며) 저는 후미에서 대피를 유도합니다.
②반 교사: ②반은 비상문으로 대피합니다.
저는 선두에서 대피를 유도할 테니, 원장님은 후미에서 대피를 유도해 주세요.
원　　장: (후미에서 잔류인원 확인 후 대피하며) 저는 후미에서 대피를 유도합니다.

②반 교사: (비상연락망, 비상연락 휴대폰, 비상구급함을 챙기며) 저는 비상연락망, 비상연락 휴대
　　　　폰과 비상구급함을 가지고 대피하겠습니다.

#7. 대피 장소

②반 교사: 어린이집 전체 인원 최종점검하겠습니다.
　　　　최종점검 결과, 모든 인원 대피 완료했습니다. 이상 없습니다.

원　　장: (각 반 교사를 향해) 담임교사는 각 반 인원을 확인해서 알려 주세요.
①반 교사: ①반 교사 1명 중 1명, 영아 출석인원 10명 중 10명 이상 없습니다.
②반 교사: ②반 교사 1명 중 1명, 영아 출석인원 7명 중 6명은 이상 없으나, 영아 1명 부상자가 있
　　　　습니다.
원　　장: (지정 병원에 연락을 하며) 여기는 ○○구 ○○동 ○○어린이집입니다.
　　　　오늘 지진으로 인하여 대피하던 중 부상자가 발생했습니다.
나머지 보육교직원: 모두 여기에서 계속 대피해 주세요.

②반 교사: (부상자가 있을 때) 안녕하세요. ○○○학부모님 맞으시죠?
　　　　○○어린이집 ②반 담임교사입니다.
　　　　어린이집 내에서 흔들림을 감지하고, 강도 4.5의 지진이 발생하여 어린이집 외부 지정
　　　　장소로 대피했습니다.
　　　　대피를 하는 도중 ○○○이 부상을 입어 지정 병원으로 후송하였습니다.
①반 교사: (부상자가 없을 때) 안녕하세요. ○○○학부모님 맞으시죠?
　　　　○○어린이집 ①반 담임교사입니다.
　　　　어린이집 내에서 흔들림을 감지하고, 강도 4.5의 지진이 발생하여 어린이집 외부 지정
　　　　장소로 대피했습니다.
　　　　①반 모두 부상자 없이 지정장소로 안전하게 대피 완료했습니다.

원　　장: 오늘 우리나라 전역에 강도 4.5의 지진이 발생하여 지진재난경보가 발령되었습니다.
　　　　어린이집에는 보육교직원 4명과 영유아 17명이 있었습니다.
　　　　(시계를 확인하며) 오늘 지진 대피 훈련 시간은 총 ○○분 소요되었습니다.
　　　　차례를 지켜 다시 각 반으로 돌아가시기 바랍니다.

#1. 원장실

원　　장: (기상청 홈페이지를 확인하며) 모든 교직원 여러분께 안내말씀 드립니다.
우리 ○○어린이집이 있는 ○○ 지역에 오늘 오전 9시 30분부터 대설주의보가 발효되었습니다.

#2. 교사실

①반 교사: (일기예보를 보며) 기상청 홈페이지와 일기예보에 의하면 앞으로 5cm 이상의 눈이 더 쌓일 것으로 예상됩니다.

#3. 현관

①반 교사: (미끄럼 방지대와 미끄럼주의 표지판을 설치한 후) 현관에도 눈이 쌓여 미끄러지는 사고를 방지하기 위해 미끄럼 방지대와 미끄럼주의 표지판 설치를 완료하였습니다.

#4. 보육실

②반 교사: (비상연락망, 비상연락 휴대폰, 비상구급함을 챙기며) 저는 비상연락망, 비상연락 휴대폰과 비상구급함을 확인했습니다.
①, ②반 교사: (부모에게 연락하며) 안녕하세요. ○○어린이집 ○반 교사입니다.
오늘 오전 9시 30분부터 ○○ 지역에 대설주의보가 발효되었습니다.
기상청에 따르면 앞으로 5cm 이상의 눈이 더 쌓인다고 합니다.
폭설로 인해 ○○○이 안전하게 귀가하도록 어린이집에 직접 오셔서 하원을 도와주셨으면 합니다.
○○○의 하원은 몇 시쯤 가능하겠습니까?
눈이 많이 와서 길이 미끄러우니 가급적 대중교통을 이용해 주시기 바랍니다.

#5. 식당

원　　장: 비상식량과 식수, 보일러 상태를 확인해 주세요.
조 리 원: (비상식량과 식수를 확인하며) 비상식량 ○○개, 생수 ○○병은 조리실에 보관 중입니다.
(보일러 상태를 확인하며) 보일러실 안 보일러 작동에 이상 없음을 확인했습니다.

#6. 보육실

원　　장: 각 반 인원현황을 보고해 주세요.

①반 교사: 현재 ①반 10명 중 7명 등원하였습니다.

②반 교사: 현재 ②반 7명 중 4명 등원하였습니다.

원　　장: 연장보육이 필요한 인원은 몇 명인가요?

①반 교사: ①반 출석인원 7명 중 4명이 연장보육 필요합니다.

②반 교사: ②반 출석인원 4명 중 2명이 연장보육 필요합니다.

#7. ①반 보육실

원　　장: 현재 보육 인원 보고해 주세요.

①반 교사: 현재 출석인원 11명 중 11명은 ①반에서 보육 중입니다.

#8. ②반 보육실

원　　장: 제설작업 진행상황 보고해 주세요.

②반 교사: 어린이집 현관과 실외놀이터, 어린이집 주변 인도까지 제설작업 완료하였습니다.

#9. 유희실

원　　장: 오늘 ○○ 지역에 발효되었던 대설주의보가 해제되었습니다.
지금까지 대설 상황 훈련을 실시하였습니다.
이상으로 대설 상황 훈련을 마치겠습니다.

#1. 원장실

원   장: (기상청 홈페이지를 확인하며) 모든 교직원 여러분께 안내말씀 드립니다.

우리 ○○어린이집이 있는 ○○ 지역에 오늘 오전 9시 30분부터 호우주의보가 발효되었습니다.

#2. 교사실

①반 교사: (일기예보를 보며) 기상청 홈페이지와 일기예보에 의하면 앞으로 3시간 이내에 60mm 이상의 비가 더 내릴 것으로 예상됩니다.

#3. 현관

②반 교사: (하수구와 배수구를 점검하며) 하수구와 배수구에 누수된 곳이나 막힌 곳이 없는지 확인하였습니다.

#4. 보육실

②반 교사: (비상연락망, 비상연락 휴대폰, 비상구급함을 챙기며) 저는 비상연락망, 비상연락 휴대폰과 비상구급함을 확인했습니다.

①, ②반 교사: (부모에게 연락하며) 안녕하세요. ○○어린이집 ○반 교사입니다.

오늘 오전 9시 30분부터 ○○ 지역에 호우주의보가 발효되었습니다.

기상청에 따르면 앞으로 3시간 이내에 60mm 이상의 비가 더 내린다고 합니다.

집중호우로 인해 ○○○이 안전하게 귀가하도록 어린이집에 직접 오셔서 하원을 도와주셨으면 합니다. ○○○의 하원은 몇 시쯤 가능하겠습니까?

비가 많이 와서 길이 미끄러우니 가급적 대중교통을 이용해 주시기 바랍니다.

#5. 식당

원   장: 비상식량과 식수, 에어컨 실외기 상태를 확인해 주세요.

조 리 원: (비상식량과 식수를 확인하며) 비상식량 ○○개, 생수 ○○병을 조리실에 보관 중입니다.

(에어컨 실외기 상태를 확인하며) 에어컨 실외기 작동에 이상 없음을 확인했습니다.

#6. 보육실

원　　　장: 각 반 인원현황을 보고해 주세요.

①반 교사: 현재 ①반 10명 중 7명 등원하였습니다.

②반 교사: 현재 ②반 7명 중 4명 등원하였습니다.

원　　　장: 연장보육이 필요한 인원은 몇 명인가요?

①반 교사: ①반 출석인원 7명 중 4명이 연장보육 필요합니다.

②반 교사: ②반 출석인원 4명 중 2명이 연장보육 필요합니다.

#7. 유희실

원　　　장: 오늘 ○○ 지역에 발효되었던 호우주의보가 해제되었습니다.

지금까지 집중호우 상황 훈련을 실시하였습니다.

이상으로 집중호우 상황 훈련을 마치겠습니다.

바. 비상대피도

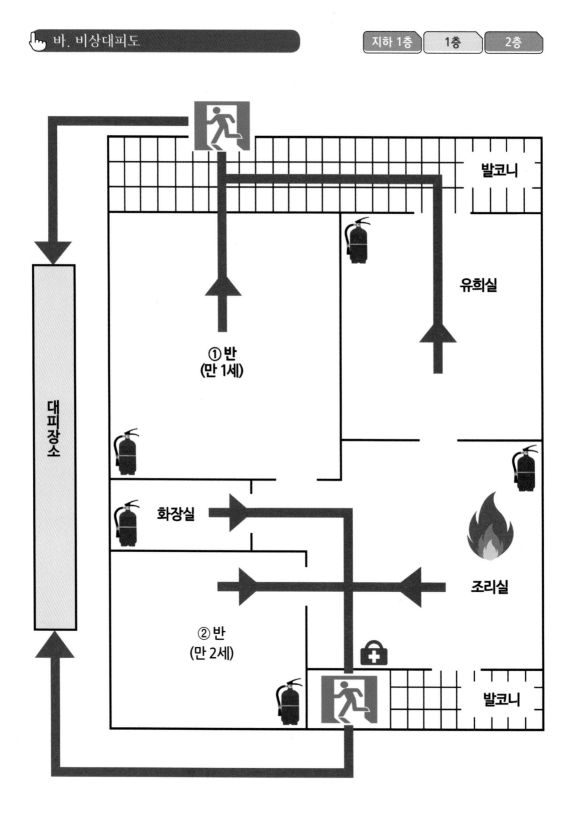

사. 개인별 업무카드 및 비상연락망

| 업무카드 | 비상연락망 | 비상대피도 |

___ 반 교사 ___

원 장☎__-__-___   소방서☎__-__-___
경찰서☎__-__-___   병 원☎__-__-___

상황		업무
평상시		
재난시	공통	1. 위기상황 전파 2. 현 위치 초동대응 3. 비상대피로 확보 및 대피 유도
	화재·지진	
	폭설·집중호우	

| 업무카드 | 비상연락망 | 비상대피도 |

___ 반 비상연락망 ___

원 장☎__-__-___   소방서☎__-__-___
경찰서☎__-__-___   병 원☎__-__-___

이름	연락처

| 업무카드 | 비상연락망 | 비상대피도 |

어린이집 비상연락망

원 장☎__-__-___   소방서☎__-__-___
경찰서☎__-__-___   병 원☎__-__-___

교직원 구성	성명	연락처

| 업무카드 | 비상연락망 | 비상대피도 |

1층 비상대피도

원 장☎__-__-___   소방서☎__-__-___
경찰서☎__-__-___   병 원☎__-__-___

※ 개인별 업무카드는 소책자 형태로 제작하여 휴대
※ [부록]의 사례를 참조하여 재난발생 시 개인별 역할을 구체적으로 분담하되, 상황에 따라 유동적으로 대처할 수 있도록 작성

| **4** | 17명 | 가정 어린이집 | 공용 | 1층 | 조리원 × |

가. 기본현황

보육 정원	연령별 반구성		교직원	보육교직원 구성		
	①반 (만 1세)	②반 (만 2세)		원장	보육교사	조리원
17명	10명	7명	3명	1명*	2명	0명

*교사 겸직

나. 평상시 재난 관련 업무분담표

원장(안전관리책임관)
- 지휘 · 명령 · 총괄
- 소방시설 유지
- 시설설비 최종점검
- 조리실 점검
- 가스, 보일러, 전기 점검

①반 교사
- CCTV 관리
- 시설관리
  (현관, 화장실 등)
- 긴급상황 발생 시
  응급처치 매뉴얼 관리

②반 교사
- 문서관리
  (연간소방교육계획 등)
- 비상시 통합 연락망
  관리
- 비상시 지역 내
  안전관리기관
  연락망 관리

다. 재난 시 업무분담표

담당자	화재 발생 시	지진 발생 시	폭설 발생 시	집중호우 발생 시
①반 교사 (만 1세) (겸직 원장)	• 지휘 · 명령 · 총괄 • 응급기관 연락 • 화재 장소 확인 • 지자체 보고 및 보고서 작성 • 비상시 비상벨 작동 및 원내 전달 • 관계기관 통보 • 가스, 전기 차단	• 지휘 · 명령 · 총괄 • 응급기관 연락 • 지진 진원지 확인 • 지자체 보고 및 보고서 작성 • 비상시 비상벨 작동 및 원내 전달 • 관계기관 통보 • 가스, 전기 차단	• 지휘 · 명령 · 총괄 • 지자체 보고 및 보고서 작성 • 비상식량 확인 • 난방시설 확인	• 지휘 · 명령 · 총괄 • 지자체 보고 및 보고서 작성 • 비상식량 확인 • 냉방시설 확인 • 가스 점검 • 전기콘센트 점검
①반 교사 (만 1세)	• (대피 후 영아 보육 총괄) • ①반 대피유도 및 최종점검 • 주요 서류 및 물건 반출 • 화재 발생 상황 수시 파악 • 비상문 개방	• (대피 후 영아 보육 총괄) • ①반 대피유도 및 최종점검 • 주요 서류 및 물건 반출 • 지진 발생 상황 수시 파악 • 비상문 개방	• (영아 보육 총괄) • 폭설 상황 수시 파악 • 현관문, 창문 점검	• (영아 보육 총괄) • 호우 상황 수시 파악 • 현관문, 창문 점검
②반 교사 (만 2세)	• ②반 대피유도 • 응급처치 및 지정 병원으로 긴급후송 • 구급약품 관리 • 현관문 개방	• ②반 대피유도 • 응급처치 및 지정 병원으로 긴급후송 • 구급약품 관리 • 현관문 개방	• 미끄럼주의 표지판 설치 • 제설작업 • 응급처치 및 지정 병원으로 긴급후송 • 구급약품 관리	• 하수구, 배수구 점검 • 응급처치 및 지정 병원으로 긴급후송 • 구급약품 관리

4

👆 **라. 재난유형별 비상대피훈련 계획**   　화재　지진　폭설　집중호우

훈련명	비상대피훈련	훈련일	○○○○년 ○○월 ○○일
훈련 참가자	보육교직원 (3) 명 / 영유아 (17) 명	훈련시간	○○시 ○○분
훈련종류	화재 대피 실제 훈련		
훈련목표	• 화재 발생 시 행동요령을 이해한다. • 훈련을 통해 안전한 대피방법을 연습한다. • 실제 화재 발생 시 안전하게 대피한다.		
재난상황 시나리오	조리실에서 점심식사 준비 중 화재 발생으로 대피		
훈련 전 점검	• 훈련 계획의 내용 숙지　　• 소화기 위치 파악 • 재난 시 업무분담 숙지　　• 어린이집 앞 표지판 부착 • 대피로 동선 파악　　　　　(비상대피훈련 중–집결지 안내)		
훈련내용	1. 화재경보 사이렌　　　　　3. 부상자, 사상자 확인 및 응급처치 2. 대피경로로 대피, 대피장소 집결　4. 부모에게 연락 　(영유아 인원 확인)　　　　5. 훈련 종료		

훈련계획 세부내용	훈련	평가 중점 내용
	1. 화재 상황 인지 및 알림(화재경보 사이렌)	
	❶ 원장 발화 발견 　• 화재 첫 발견자는 불이 났음을 주변에 신속하게 알림 　• 소화기 사용하여 조기 진화 시도 　• 가스 및 전기 차단 　• 조리실 문 닫고 ①반(만 1세)으로 이동	육성 및 경보기 소리 전달 여부 소화기 사용
	❷ 원장(지휘·명령·총괄) 　• 화재장소 파악 후 응급기관(119) 연락	위치, 상황 설명
	2. 화재 시 매뉴얼 진행	
	[1단계] 각 반 영유아 대피 시작 • 화재경보 사이렌과 동시에 대피 시작 • 대피 시 양쪽 벽으로 이동하여 통로 가운데 소화출입로를 확보함 • 보행이 어려운 영아는 교사가 안고 대피 • 각 반 교사는 비상연락망을 가지고 대피 • 현관문, 비상문에 먼저 도착한 교사가 현관문, 비상문 개방 • 각 반 인원 확인 후 원장에게 보고	질서 유지하며 대피

훈련				평가 중점 내용
훈련계획 세부내용	1-❶	각 반 대피 시작			대피시간
		대피로	현관문	②반	
			비상문	①반	
		영유아 선두 대피유도		①, ②반 교사	
		영유아 후미 대피유도		원장	
		구급약품 소지		②반 교사	
	1-❷	현관문, 비상문 개방			대피한 영유아 수
		현관문 개방		②반 교사	
		비상문 개방		①반 교사	
	1-❸	각 반 대피 완료			
		영유아 후미 대피유도, 각 반 보육실 문 닫고 대피		원장	
		최종점검 후 대피		①반 교사	
		영유아와 정해진 장소에 집결		전체 보육교직원	
	[2단계] 부상자, 사상자 확인 및 응급처치				
	2-❶	응급처치			부상자 응급처치/ 구급차 후송
		부상자 확인 후 응급처치 실시, 구급차 후송		②반 교사	
		관련기관(인근 병원 등) 연락, 사상자 확인		원장	
	2-❷	각 반 대피 지속			
		영유아와 안전한 곳에서 대피 지속		①반 교사	
	[3단계] 각 반 영유아 부모에게 연락				연락시간/ 응대 태도
	3-❶	부모 연락			
		비상연락망 이용하여 부모에게 연락		①, ②반 교사	
	3. 화재 대피 훈련 종료				
	• 화재 대피 훈련 종료 안내				대피시간

※ 부상자가 없을 경우 [1-❶ → 1-❷ → 1-❸ → 3-❶] 순으로 진행

출처: 보건복지부보육기반과(2016). 비상대피훈련 시나리오를 재구성하여 제시함.

훈련명	비상대피훈련	훈련일	○○○○년 ○○월 ○○일
훈련 참가자	보육교직원 (3) 명 / 영유아 (17) 명	훈련시간	○○시 ○○분
훈련종류	지진 대피 실제 훈련		
훈련목표	• 지진 발생 시 행동요령을 이해한다. • 훈련을 통해 안전한 대피방법을 연습한다. • 실제 지진 발생 시 안전하게 대피한다.		
재난상황 시나리오	②반 보육실에서 먼저 흔들림을 감지하여 어린이집 전체에 알리고 대피(강도 4.5)		
훈련 전 점검	• 훈련 계획의 내용 숙지 • 소화기 위치 파악 • 재난 시 업무분담 숙지 • 어린이집 앞 표지판 부착 • 대피로 동선 파악 (비상대피훈련 중 – 집결지 안내)		
훈련내용	1. 재난위험경보 사이렌 4. 부상자, 사상자 확인 및 응급처치 2. 지진 행동요령 진행 5. 부모에게 연락 3. 대피경로로 대피, 대피장소 집결 6. 훈련 종료 (영유아 인원 확인)		

훈련계획 세부내용	훈련	평가 중점 내용
	1. 지진 상황 인지 및 알림	
	❶ ②교사 지진 감지 • 지진 첫 감지자는 지진이 발생했음을 주변 및 원장에게 신속하게 알리고 지진 시 행동요령을 진행함	지진 상황 전달 여부
	❷ 원장(지휘 · 명령 · 총괄) • 어린이집 전체에 지진 비상상황 알림(재난위험경보 사이렌 울림) • 가스 및 전기 차단 • 조리실 문 개방	어린이집 전체에 지진 상황 알림
	2. 지진 시 매뉴얼 진행	
	[1단계] 지진 시 행동요령 진행 • 주변에 방석이나 이불 등 쿠션감 있는 것으로 머리 보호	

1-❶	문 개방	
	각 반 보육실 문 개방	①, ②반 교사
	현관문 개방	②반 교사
	비상문 개방	①반 교사

1-❷	전체 영유아가 자세를 낮추고 머리 보호	
	쿠션 아래로(이불 속 등) 대피	①, ②반(영아반)

훈련				평가 중점 내용
훈련계획 세부내용	**흔들림이 멈출 때까지 대기(2분 정도)**			지진 시 행동요령 숙지
	1-❸	흔들림의 정도를 살핀 후 흔들림이 멈추면 대피경보 사이렌 울림	원장(안전관리책임관)	
	[2단계] 각 반 영유아 대피 시작(대피경보 사이렌) • 흔들림이 멈춘 후 사이렌이 울림과 동시에 대피 시작 • 보행이 어려운 영아는 교사가 안고 대피 • 각 반 교사 비상연락망 가지고 대피 • 각 반 인원 확인하여 원장에게 보고			질서 유지하며 대피
	2-❶	**각 반 대피 시작**		대피시간
		대피로 / 현관문	②반	
		대피로 / 비상문	①반	
		영유아 선두 대피유도	①, ②반 교사	
		영유아 후미 대피유도	원장	
		구급약품 소지	②반 교사	
	2-❷	**각 반 대피 완료**		대피한 영유아 수
		최종점검 후 대피	①반 교사	
		영유아와 정해진 장소에 집결	전체 보육교직원	
	[3단계] 부상자, 사상자 확인 및 응급처치			부상자 응급처치/ 구급차 후송
	3-❶	**응급처치**		
		부상자 확인 후 응급처치 실시, 구급차 후송	②반 교사	
		관련기관(인근 병원 등) 연락, 사상자 확인	원장	
	3-❷	**각 반 대피 지속**		
		영유아와 안전한 곳에서 대피 지속	①반 교사	
	[4단계] 각 반 영유아 부모에게 연락			연락시간/ 응대 태도
	4-❶	**부모 연락**		
		비상연락망 이용하여 부모에게 연락	①, ②반 교사	
	3. 지진 대피 훈련 종료			
	• 지진 대피 훈련 종료 안내			대피시간

※ [1-❶]에서 현관문 및 비상문 개방에 실패했을 경우 대피유도자는 동선을 변경하여 대비
※ 부상자가 없을 경우 [1-❶ → 1-❷ → 2-❶ → 2-❷ → 1-❸ → 4-❶] 순으로 진행
출처: 보건복지부보육기반과(2016). 비상대피훈련 시나리오를 재구성하여 제시함.

| 화재 | 지진 | 폭설 | 집중호우 |

훈련명	비상대응훈련	훈련일	○○○○년 ○○월 ○○일
훈련 참가자	보육교직원 (3) 명 / 영유아 (17) 명	훈련시간	○○시 ○○분
훈련종류	폭설 대응 실제 훈련		
훈련목표	• 대설 발생 시 행동요령을 이해한다. • 훈련을 통해 안전한 대비방법을 연습한다. • 실제 대설 상황 시 안전하게 대비한다.		
재난상황 시나리오	등원 후 눈이 내려 5cm 두께의 눈이 쌓이고 눈이 계속 오는 상황 • 대설주의보: 24시간 신적설량이 5cm 이상 예상될 때 • 대설경보: 24시간 신적설량이 20cm 이상 예상될 때 　(산지는 30cm 이상 예상될 때)		
훈련 전 점검	• 제설작업 도구 점검(빗자루, 염화칼슘 또는 모래, 미끄럼주의 표지판)		
훈련내용	1. 대설 상황 알림　　　　　5. 각 반 상황 파악 2. 대설 시 매뉴얼 진행　　　6. 제설작업 3. 기상정보 청취　　　　　　7. 종료 4. 부모에게 연락		

훈련		평가 중점 내용
1. 대설 상황 인지 및 알림		
❶ 원장(지휘 · 명령 · 총괄) 　• 기상청 홈페이지 및 일기예보 참고하여 상황 예측 　• 어린이집 전체에 대설 상황 알림		어린이집 전체에 대설 상황 알림
2. 대설 시 매뉴얼 진행		
[1단계] 대설 시 행동요령 진행 • 마실 수 있는 물 공급처가 동결될 것에 대비 • 미끄럼주의 표지판 설치		연락시간/ 응대 태도

훈련계획
세부내용

	어린이집 시설점검	
1-❶	기상정보 들으며 기상상황 수시 파악	①반 교사
	현관에 미끄럼 방지대 깔기	

	각 반 부모 전화 연락	
1-❷	대설주의보(대설경보) 상황 안내	①, ②반 교사
	하원 가능 시간 문의 (석식 준비 및 비상식량 예측)	
	하원 시 어린이집에 안전하게 도착할 수 있도록 주의사항 안내	

비상식량 및
식수 확보
보일러 상태 점검

훈련			평가 중점 내용
훈련계획 세부내용	1-❸	**식량 및 보일러 확인**		제설작업 숙지
		비상식량 및 식수 확인, 보일러 상태 확인	①반 교사 (원장)	
	1-❹	**상황 보고**		
		각 반 정보 취합하여 원장에게 보고	①반 교사 (원장)	
		연장보육 및 비상식량 등 상황 정리하여 보고		
	1-❺	**보육 지속 및 제설작업 진행**		
		영유아 안전 보육 담당	①반 교사	
		제설작업 담당	②반 교사	
		3. 대설 상황 훈련 종료		
• 대설 상황 훈련 종료 안내			

출처: 보건복지부보육기반과(2016). 비상대피훈련 시나리오를 재구성하여 제시함.

50명 미만 어린이집	50명 이상 100명 미만 어린이집	100명 이상 어린이집

화재 지진 폭설 **집중호우**

훈련명	비상대응훈련	훈련일	○○○○년 ○○월 ○○일
훈련 참가자	보육교직원 (3) 명 / 영유아 (17) 명	훈련시간	○○시 ○○분
훈련종류	집중호우 대응 실제 훈련		

훈련목표	• 집중호우 발생 시 행동요령을 이해한다. • 훈련을 통해 안전한 대비방법을 연습한다. • 실제 집중호우 상황 시 안전하게 대비한다.
재난상황 시나리오	등원 후 비가 내려 60mm 높이로 잠기고 비가 계속 오는 상황 • 호우주의보: 3시간 강우량이 60mm 이상 예상될 때 또는 12시간 강우량이 110mm 이상 예상될 때 • 호우경보: 3시간 강우량이 90mm 이상 예상될 때 또는 12시간 강우량이 180mm 이상 예상될 때
훈련 전 점검	• 하수구, 배수구 관리 도구 점검(집게)
훈련내용	1. 집중호우 상황 알림　　　5. 각 반 상황 파악 2. 집중호우 시 매뉴얼 진행　6. 하수구, 배수구 점검 3. 기상정보 청취　　　　　7. 종료 4. 부모에게 연락

훈련계획 세부내용	훈련	평가 중점 내용
	1. 집중호우 상황 인지 및 알림	
	❶ 원장(지휘·명령·총괄) • 기상청 홈페이지 및 일기예보 참고하여 상황 예측 • 어린이집 전체에 집중호우 상황 알림	어린이집 전체에 집중호우 상황 알림
	2. 집중호우 시 매뉴얼 진행	
	[1단계] 집중호우 시 행동요령 진행 • 빗물이 범람될 것에 대비	연락시간/응대 태도

1-❶
기상상황 파악 및 시설점검	
기상정보 들으며 기상상황 수시 파악	①반 교사
하수구, 배수구 점검	②반 교사

1-❷
각 반 부모 전화 연락	
호우주의보(호우경보) 상황 안내	
하원 가능 시간 문의 (석식 준비 및 비상식량 예측)	①, ②반 교사
하원 시 어린이집에 안전하게 도착할 수 있도록 주의사항 안내	

훈련				평가 중점 내용
훈련계획 세부내용	1-❸	식량 및 실외기 확인		비상식량 및 식수 확보 실외기 상태 점검
		비상식량 및 식수 확인, 실외기 상태 확인	①반 교사 (원장)	
	1-❹	상황 보고		
		각 반 정보 취합하여 원장에게 보고	①반 교사 (원장)	
		연장보육 및 비상식량 등 상황 정리하여 보고		
3. 집중호우 상황 훈련 종료				
• 집중호우 상황 훈련 종료 안내				

출처: 보건복지부보육기반과(2016). 비상대피훈련 시나리오를 재구성하여 제시함.

마. 재난유형별 비상대피훈련 시나리오   화재 지진 폭설 집중호우

#1. 조리실

원   장: (조리실의 발화를 발견하고 화재경보기를 울리며) 불이야! 불이야!

#2. 원장실

원   장: (119에 연락을 하며) 여기 ○○구 ○○동 ○○어린이집에서 불이 났습니다.

불은 점심식사를 준비하던 조리실에서 발화한 것으로 보입니다.

근처에는 (알기 쉬운 큰 건물)이 있습니다.

제 전화번호는 ○○○-○○○○-○○○○입니다. 어린이집에는 보육교직원 3명과 영유아 17명이 있습니다.

#3. 보육실

모든 보육교직원, 영유아: 불이야! 불이야!

②반 교사: ②반은 현관문으로 대피하겠습니다.

저는 선두에서 대피를 유도할 테니, 원장님은 후미에서 대피를 유도해 주세요.

원   장: (후미에서 잔류인원 확인 후 대피하며) 저는 후미에서 대피를 유도합니다.

①반 교사: ①반은 비상문으로 대피하겠습니다. 저는 선두에서 대피를 유도합니다.

②반 교사: (비상연락망, 비상연락 휴대폰, 비상구급함을 챙기며) 저는 비상연락망, 비상연락 휴대폰과 비상구급함을 가지고 대피하겠습니다.

#4. 대피 장소

①반 교사: 어린이집 전체 인원 최종점검하겠습니다.

최종점검 결과, 모든 인원 대피 완료했습니다. 이상 없습니다.

원   장: (각 반 교사를 향해) 담임교사는 각 반 인원을 확인해서 알려 주세요.

①반 교사: ①반 교사 1명 중 1명, 영아 출석인원 10명 중 10명으로 이상 없습니다.

②반 교사: ②반 교사 1명 중 1명, 영아 출석인원 7명 중 6명은 이상 없으나, 영아 1명 부상자가 있습니다.

②반 교사: ②반에 부상자가 있습니다. 응급처치를 실시하겠습니다. 구급차를 불러 주세요.

원   장: (지정 병원에 연락을 하며) 여기는 ○○구 ○○동 ○○어린이집입니다.
오늘 화재로 인하여 대피하던 중 부상자가 발생했습니다.

나머지 보육교직원: 모두 여기에서 계속 대피해 주세요.

②반 교사: (부상자가 있을 때) 안녕하세요. ○○○학부모님 맞으시죠?
○○어린이집 ②반 담임교사입니다.
점심식사 준비 중 조리실에서 발화를 발견하여 어린이집 외부 지정장소로 대피했습니다.
대피를 하는 도중 ○○○이 부상을 입어 지정 병원으로 후송하였습니다.

①반 교사: (부상자가 없을 때) 안녕하세요. ○○○학부모님 맞으시죠?
○○어린이집 ①반 담임교사입니다.
점심식사 준비 중 조리실에서 발화를 발견하여 어린이집 외부 지정장소로 대피했습니다.
①반 모두 부상자 없이 지정장소로 안전하게 대피 완료했습니다.

원   장: 오늘 ○○구 ○○동 ○○어린이집에서 불이 났으며, 불은 점심식사를 준비하던 조리실에서 발화한 것으로 보입니다.
어린이집에는 보육교직원 4명과 영유아 17명이 있었습니다.
(시계를 확인하며) 오늘 화재 대피 훈련 시간은 총 ○○분 소요되었습니다.
차례를 지켜 다시 각 반으로 돌아가시기 바랍니다.

#1. ②반 보육실

②반 교사: (②반 보육실에서 흔들림을 감지하고) 어린이집 건물이 흔들리고 있습니다.
지진 시 행동요령을 진행하겠습니다.

#2. 원장실

원   장: (재난위험경보 사이렌을 울리며) 현재시각 우리나라 전역에 지진재난경보가 발령되었습니다.
강도 4.5의 지진이 발생하였습니다.

#3. 조리실

원   장: (가스 및 전기 차단기를 내린 후) 조리실 내의 가스 및 전기 차단을 완료했습니다.

#4. 보육실

①, ②반 교사: (쿠션과 이불로 머리를 보호하며) ○반 친구들! 모두 쿠션 아래와 이불 속으로 대피
하세요.

#5. 원장실

원   장: (대피경보기를 작동하며) 지진의 흔들림이 멈추었습니다.
모두 어린이집 밖 지정장소로 대피하세요.

#6. 보육실

②반 교사: ②반은 현관문으로 대피하겠습니다.
저는 선두에서 대피를 유도할 테니, 원장님은 후미에서 대피를 유도해 주세요.
원   장: (후미에서 잔류인원 확인 후 대피하며) 저는 후미에서 대피를 유도합니다.
①반 교사: ①반은 비상문으로 대피하겠습니다. 저는 선두에서 대피를 유도합니다.

②반 교사: (비상연락망, 비상연락 휴대폰, 비상구급함을 챙기며) 저는 비상연락망, 비상연락 휴대
폰과 비상구급함을 가지고 대피하겠습니다.

#7. 대피 장소

①반 교사: 어린이집 전체 인원 최종점검하겠습니다.

　　　　최종점검 결과, 모든 인원 대피 완료했습니다. 이상 없습니다.

원　　　장: (각 반 교사를 향해) 담임교사는 각 반 인원을 확인해서 알려 주세요.

①반 교사: ①반 교사 1명 중 1명, 영아 출석인원 10명 중 10명으로 이상 없습니다.

②반 교사: ②반 교사 1명 중 1명, 영아 출석인원 7명 중 6명은 이상 없으나,

　　　　영아 1명 부상자가 있습니다.

②반 교사: ②반에 부상자가 있습니다. 응급처치를 실시하겠습니다. 구급차를 불러 주세요.

원　　　장: (지정 병원에 연락을 하며) 여기는 ○○구 ○○동 ○○어린이집입니다.

　　　　오늘 지진으로 인하여 대피하던 중 부상자가 발생했습니다.

나머지 보육교직원: 모두 여기에서 계속 대피해 주세요.

②반 교사: (부상자가 있을 때) 안녕하세요. ○○○학부모님 맞으시죠?

　　　　○○어린이집 ②반 담임교사입니다.

　　　　어린이집 내에서 흔들림을 감지하고, 강도 4.5의 지진이 발생하여 어린이집 외부 지정 장소로 대피했습니다.

　　　　대피를 하는 도중 ○○○이 부상을 입어 지정 병원으로 후송하였습니다.

①반 교사: (부상자가 없을 때) 안녕하세요. ○○○학부모님 맞으시죠?

　　　　○○어린이집 ①반 담임교사입니다.

　　　　어린이집 내에서 흔들림을 감지하고, 강도 4.5의 지진이 발생하여 어린이집 외부 지정 장소로 대피했습니다.

　　　　①반 모두 부상자 없이 지정장소로 안전하게 대피 완료했습니다.

원　　　장: 오늘 우리나라 전역에 강도 4.5의 지진이 발생하여 지진재난경보가 발령되었습니다.

　　　　어린이집에는 보육교직원 3명과 영유아 17명이 있었습니다.

　　　　(시계를 확인하며) 오늘 지진 대피 훈련 시간은 총 ○○분 소요되었습니다.

　　　　차례를 지켜 다시 각 반으로 돌아가시기 바랍니다.

#1. 원장실

원　　장: (기상청 홈페이지를 확인하며) 모든 교직원 여러분께 안내말씀 드립니다.

우리 ○○어린이집이 있는 ○○ 지역에 오늘 오전 9시 30분부터 대설주의보가 발효되었습니다.

#2. 교사실

①반 교사: (일기예보를 보며) 기상청 홈페이지와 일기예보에 의하면 앞으로 5cm 이상의 눈이 더 쌓일 것으로 예상됩니다.

#3. 현관

①반 교사: (미끄럼 방지대와 미끄럼주의 표지판을 설치한 후) 현관에도 눈이 쌓여 미끄러지는 사고를 방지하기 위해 미끄럼 방지대와 미끄럼주의 표지판 설치를 완료하였습니다.

#4. 보육실

②반 교사: (비상연락망, 비상연락 휴대폰을 챙기며) 저는 비상연락망과 비상연락 휴대폰을 확인했습니다.

①, ②반 교사: (부모에게 연락하며) 안녕하세요. ○○어린이집 ○반 교사입니다.

오늘 오전 9시 30분부터 ○○ 지역에 대설주의보가 발효되었습니다.

기상청에 따르면 앞으로 5cm 이상의 눈이 쌓인다고 합니다.

폭설로 인해 ○○○이 안전하게 귀가하도록 어린이집에 직접 오셔서 하원을 도와주셨으면 합니다.

○○○의 하원은 몇 시쯤 가능하겠습니까?

눈이 많이 와서 길이 미끄러우니 가급적 대중교통을 이용해 주시기 바랍니다.

#5. 식당

원　　장: (비상식량과 식수를 확인하며) 비상식량 ○○개, 생수 ○○병을 조리실에 보관 중입니다.

(보일러 상태를 확인하며) 보일러실 안 보일러 작동에 이상 없음을 확인했습니다.

4

#6. 보육실

원　　장: 각 반 인원현황을 보고해 주세요.

①반 교사: 현재 ①반 10명 중 7명 등원하였습니다.

②반 교사: 현재 ②반 7명 중 4명 등원하였습니다.

원　　장: 연장보육이 필요한 인원은 몇 명인가요?

①반 교사: ①반 출석인원 7명 중 4명이 연장보육 필요합니다.

②반 교사: ②반 출석인원 4명 중 2명이 연장보육 필요합니다.

#7. ①반 보육실

원　　장: 현재 보육 인원 보고해 주세요.

①반 교사: 현재 출석인원 11명 중 11명은 ①반에서 보육 중입니다.

#8. ②반 보육실

원　　장: 제설작업 진행상황 보고해 주세요.

②반 교사: 어린이집 현관과 실외놀이터, 어린이집 주변 인도까지 제설작업 완료하였습니다.

#9. 유희실

원　　장: 오늘 ○○ 지역에 발효되었던 대설주의보가 해제되었습니다.

　　　　　지금까지 대설 상황 훈련을 실시하였습니다.

　　　　　이상으로 대설 상황 훈련을 마치겠습니다.

#1. 원장실

원   장: (기상청 홈페이지를 확인하며) 모든 교직원 여러분께 안내말씀 드립니다.

우리 ○○어린이집이 있는 ○○ 지역에 오늘 오전 9시 30분부터 호우주의보가 발효되었습니다.

#2. 교사실

①반 교사: (일기예보를 보며) 기상청 홈페이지와 일기예보에 의하면 앞으로 3시간 이내에 60mm 이상의 비가 더 내릴 것으로 예상됩니다.

#3. 현관

②반 교사: (하수구와 배수구를 점검하며) 하수구와 배수구에 누수된 곳이나 막힌 곳이 없는지 확인하였습니다.

#4. 보육실

②반 교사: (비상연락망, 비상연락 휴대폰을 챙기며) 저는 비상연락망과 비상연락 휴대폰을 확인했습니다.

①, ②반 교사: (부모에게 연락하며) 안녕하세요. ○○어린이집 ○반 교사입니다.

오늘 오전 9시 30분부터 ○○ 지역에 호우주의보가 발효되었습니다.

기상청에 따르면 앞으로 3시간 이내에 60mm 이상의 비가 더 내린다고 합니다.

집중호우로 인해 ○○○이 안전하게 귀가하도록 어린이집에 직접 오셔서 하원을 도와주셨으면 합니다. ○○이 하원은 몇 시쯤 가능하겠습니까?

비가 많이 와서 길이 미끄러우니 가급적 대중교통을 이용해 주시기 바랍니다.

#5. 식당

원   장: (비상식량과 식수를 확인하며) 비상식량 ○○개, 생수 ○○병을 조리실에 보관 중입니다.

(에어컨 실외기 상태를 확인하며) 에어컨 실외기 작동에 이상 없음을 확인했습니다.

#6. 보육실

원　　　장: 각 반 인원현황을 보고해 주세요.

①반 교사: 현재 ①반 10명 중 7명 등원하였습니다.

②반 교사: 현재 ②반 7명 중 4명 등원하였습니다.

원　　　장: 연장보육이 필요한 인원은 몇 명인가요?

①반 교사: ①반 출석인원 7명 중 4명이 연장보육 필요합니다.

②반 교사: ②반 출석인원 4명 중 2명이 연장보육 필요합니다.

#7. 유희실

원　　　장: 오늘 ○○ 지역에 발효되었던 호우주의보가 해제되었습니다.

　　　　　　지금까지 집중호우 상황 훈련을 실시하였습니다.

　　　　　　이상으로 집중호우 상황 훈련을 마치겠습니다.

바. 비상대피도

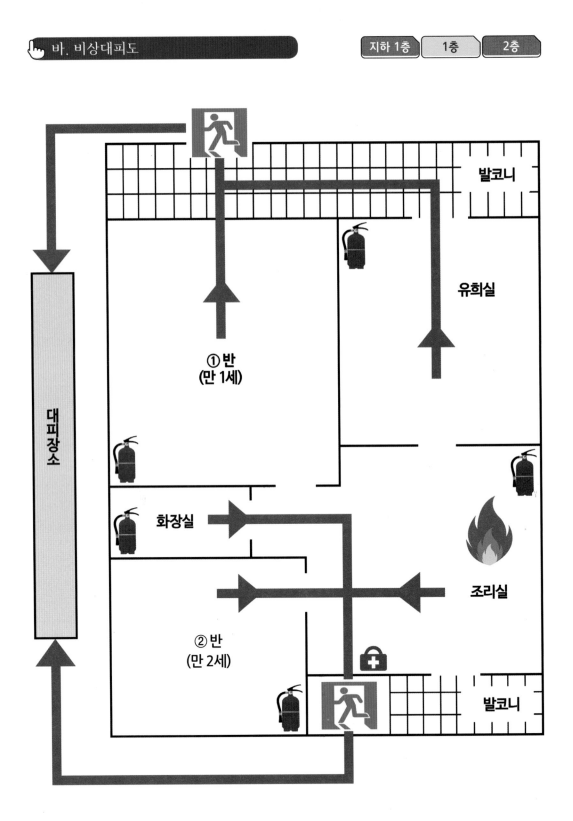

사. 개인별 업무카드 및 비상연락망

| 업무카드 | 비상연락망 | 비상대피도 |

___ 반 교사 ___

원 장☎___-___-___   소방서☎___-___-___
경찰서☎___-___-___   병 원☎___-___-___

상황		업무
평상시		
재난시	공통	1. 위기상황 전파 2. 현 위치 초동대응 3. 비상대피로 확보 및 대피 유도
	화재·지진	
	폭설·집중호우	

| 업무카드 | 비상연락망 | 비상대피도 |

___ 반 비상연락망

원 장☎___-___-___   소방서☎___-___-___
경찰서☎___-___-___   병 원☎___-___-___

이름	연락처

| 업무카드 | 비상연락망 | 비상대피도 |

어린이집 비상연락망

원 장☎___-___-___   소방서☎___-___-___
경찰서☎___-___-___   병 원☎___-___-___

교직원 구성	성명	연락처

| 업무카드 | 비상연락망 | 비상대피도 |

1층 비상대피도

원 장☎___-___-___   소방서☎___-___-___
경찰서☎___-___-___   병 원☎___-___-___

※ 개인별 업무카드는 소책자 형태로 제작하여 휴대
※ [부록]의 사례를 참조하여 재난발생 시 개인별 역할을 구체적으로 분담하되, 상황에 따라 유동적으로 대처할 수 있도록 작성

	50명 미만 어린이집	50명 이상 100명 미만 어린이집	100명 이상 어린이집

5	20명	가정 어린이집	공용	1층	조리원 ○

가. 기본현황

보육 정원	연령별 반구성			교직원	보육교직원 구성		
	①반 (만 0세)	②반 (만 1세)	③반 (만 2세)		원장	보육교사	조리원
20명	3명	10명	7명	5명	1명*	3명	1명

*교사 겸직

나. 평상시 재난 관련 업무분담표

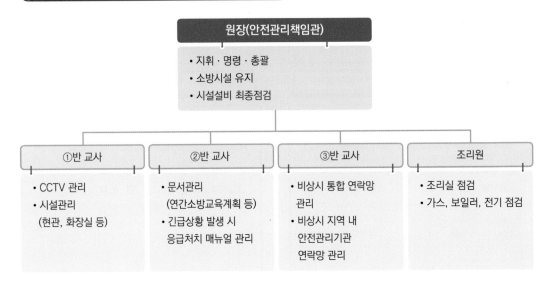

원장(안전관리책임관)
- 지휘 · 명령 · 총괄
- 소방시설 유지
- 시설설비 최종점검

①반 교사
- CCTV 관리
- 시설관리 (현관, 화장실 등)

②반 교사
- 문서관리 (연간소방교육계획 등)
- 긴급상황 발생 시 응급처치 매뉴얼 관리

③반 교사
- 비상시 통합 연락망 관리
- 비상시 지역 내 안전관리기관 연락망 관리

조리원
- 조리실 점검
- 가스, 보일러, 전기 점검

다. 재난 시 업무분담표

담당자	화재 발생 시	지진 발생 시	폭설 발생 시	집중호우 발생 시
②반 교사 (만 1세) (겸직 원장)	• 지휘 · 명령 · 총괄 • 응급기관 연락 • 화재 장소 확인 • 지자체 보고 및 보고서 작성 • 비상시 비상벨 작동 및 원내 전달 • 관계기관 통보	• 지휘 · 명령 · 총괄 • 응급기관 연락 • 지진 진원지 확인 • 지자체 보고 및 보고서 작성 • 비상시 비상벨 작동 및 원내 전달 • 관계기관 통보	• 지휘 · 명령 · 총괄 • 지자체 보고 및 보고서 작성	• 지휘 · 명령 · 총괄 • 지자체 보고 및 보고서 작성
①반 교사 (만 0세)	• (대피 후 영아 보육 총괄) • ①반 대피유도 및 최종점검 • 화재 발생 상황 수시 파악	• (대피 후 영아 보육 총괄) • ①반 대피유도 및 최종점검 • 지진 발생 상황 수시 파악	• (영아 보육 총괄) • 폭설 상황 수시 파악 • 현관문, 창문 점검	• (영아 보육 총괄) • 호우 상황 수시 파악 • 현관문, 창문 점검
②반 교사 (만 1세)	• ②반 대피유도 • 주요 서류 및 물건 반출 • 구급약품 관리 • 비상문 개방	• ②반 대피유도 • 주요 서류 및 물건 반출 • 구급약품 관리 • 비상문 개방	• 미끄럼주의 표지판 설치 • 제설작업 • 구급약품 관리	• 하수구, 배수구 점검 • 구급약품 관리
③반 교사 (만 2세)	• ③반 대피유도 • 응급처치 및 지정 병원으로 긴급후송 • 현관문 개방	• ③반 대피유도 • 응급처치 및 지정 병원으로 긴급후송 • 현관문 개방	• 미끄럼주의 표지판 설치 • 제설작업 • 응급처치 및 지정 병원으로 긴급후송	• 하수구, 배수구 점검 • 응급처치 및 지정 병원으로 긴급후송
조리원	• 대피유도 및 보육 보조 • 가스 차단 • 전기 차단	• 대피유도 및 보육 보조 • 가스 차단 • 전기 차단	• 비상식량 확인 • 난방시설 확인	• 비상식량 확인 • 냉방시설 확인 • 가스 점검 • 전기콘센트 점검

라. 재난유형별 비상대피훈련 계획

화재　지진　폭설　집중호우

훈련명	비상대피훈련	훈련일	○○○○년 ○○월 ○○일
훈련 참가자	보육교직원 (5) 명 / 영유아 (20) 명	훈련시간	○○시 ○○분
훈련종류	화재 대피 실제 훈련		
훈련목표	• 화재 발생 시 행동요령을 이해한다. • 훈련을 통해 안전한 대피방법을 연습한다. • 실제 화재 발생 시 안전하게 대피한다.		
재난상황 시나리오	조리실에서 점심식사 준비 중 화재 발생으로 대피		
훈련 전 점검	• 훈련 계획의 내용 숙지 • 재난 시 업무분담 숙지 • 대피로 동선 파악	• 소화기 위치 파악 • 어린이집 앞 표지판 부착 (비상대피훈련 중−집결지 안내)	
훈련내용	1. 화재경보 사이렌 2. 대피경로로 대피, 대피장소 집결 (영유아 인원 확인)	3. 부상자, 사상자 확인 및 응급처치 4. 부모에게 연락 5. 훈련 종료	

훈련		평가 중점 내용
1. 화재 상황 인지 및 알림(화재경보 사이렌)		
❶ 조리원 발화 발견 • 화재 첫 발견자는 불이 났음을 주변에 신속하게 알림 • 소화기 사용하여 조기 진화 시도 • 가스 및 전기 차단 • 조리실 문 닫고 ③반(만 2세)으로 이동		육성 및 경보기 소리 전달 여부 소화기 사용
❷ 원장(지휘 · 명령 · 총괄) • 화재장소 파악 후 응급기관(119) 연락		위치, 상황 설명
2. 화재 시 매뉴얼 진행		
[1단계] 각 반 영유아 대피 시작 • 화재경보 사이렌과 동시에 대피 시작 • 대피 시 양쪽 벽으로 이동하여 통로 가운데 소화출입로를 확보함 • 보행이 어려운 영아는 교사가 안고 대피 • 각 반 교사는 비상연락망을 가지고 대피 • 현관문, 비상문에 먼저 도착한 교사가 현관문, 비상문 개방 • 각 반 인원 확인 후 원장에게 보고		질서 유지하며 대피

(note: 훈련계획 세부내용 is the row label spanning the above training detail section)

훈련계획 세부내용	훈련			평가 중점 내용
	각 반 대피 시작			대피시간
1-❶	대피로	현관문	①, ③반	
		비상문	②반	
	영유아 선두 대피유도		②, ③반 교사	
	영유아 후미 대피유도		①반 교사, 조리원	
	구급약품 소지		②반 교사	
1-❷	**현관문, 비상문 개방**			대피한 영유아 수
	현관문 개방		③반 교사	
	비상문 개방		②반 교사	
1-❸	**각 반 대피 완료**			
	영유아 후미 대피유도, 각 반 보육실 문 닫고 대피		①반 교사, 조리원	
	최종점검 후 대피		①반 교사	
	영유아와 정해진 장소에 집결		전체 보육교직원	
[2단계] 부상자, 사상자 확인 및 응급처치				
2-❶	**응급처치**			부상자 응급처치/ 구급차 후송
	부상자 확인 후 응급처치 실시, 구급차 후송		③반 교사	
	관련기관(인근 병원 등) 연락, 사상자 확인		원장	
2-❷	**각 반 대피 지속**			
	영유아와 안전한 곳에서 대피 지속		①, ②반 교사, 조리원	
[3단계] 각 반 영유아 부모에게 연락				연락시간/ 응대 태도
3-❶	**부모 연락**			
	비상연락망 이용하여 부모에게 연락		①, ②, ③반 교사	
3. 화재 대피 훈련 종료				
• 화재 대피 훈련 종료 안내				대피시간

※ 부상자가 없을 경우 [1-❶ → 1-❷ → 1-❸ → 3-❶] 순으로 진행

출처: 보건복지부보육기반과(2016). 비상대피훈련 시나리오를 재구성하여 제시함.

50명 미만 어린이집	50명 이상 100명 미만 어린이집	100명 이상 어린이집

화재 　지진 　폭설 　집중호우

훈련명	비상대피훈련	훈련일	○○○○년 ○○월 ○○일
훈련 참가자	보육교직원 (5) 명 / 영유아 (20) 명	훈련시간	○○시 ○○분
훈련종류	지진 대피 실제 훈련		
훈련목표	• 지진 발생 시 행동요령을 이해한다. • 훈련을 통해 안전한 대피방법을 연습한다. • 실제 지진 발생 시 안전하게 대피한다.		
재난상황 시나리오	②반 보육실에서 먼저 흔들림을 감지하여 어린이집 전체에 알리고 대피(강도 4.5)		
훈련 전 점검	• 훈련 계획의 내용 숙지　　　　• 소화기 위치 파악 • 재난 시 업무분담 숙지　　　　• 어린이집 앞 표지판 부착 • 대피로 동선 파악　　　　　　　　(비상대피훈련 중-집결지 안내)		
훈련내용	1. 재난위험경보 사이렌　　　　　4. 부상자, 사상자 확인 및 응급처치 2. 지진 행동요령 진행　　　　　　5. 부모에게 연락 3. 대피경로로 대피, 대피장소 집결　6. 훈련 종료 　 (영유아 인원 확인)		

훈련		평가 중점 내용
1. 지진 상황 인지 및 알림		
❶ ②교사 지진 감지 　• 지진 첫 감지자는 지진이 발생했을 주변 및 원장에게 신속하게 알리고 지진 시 행동요령을 진행함		지진 상황 전달 여부
❷ 원장(지휘 · 명령 · 총괄) 　• 어린이집 전체에 지진 비상상황 알림(재난위험경보 사이렌 울림) 　• 가스 및 전기 차단 　• 조리실 문 개방 ❸ 조리원 　• 가스 및 전기 차단　　　　• 조리실 문 개방 　• ②반(만 1세)으로 이동		어린이집 전체에 지진 상황 알림
2. 지진 시 매뉴얼 진행		
[1단계] 지진 시 행동요령 진행 • 주변에 방석이나 이불 등 쿠션감 있는 것으로 머리 보호		

훈련계획
세부내용

1-❶	문 개방	
	각 반 보육실 문 개방	①, ②, ③반 교사
	현관문 개방	③반 교사
	비상문 개방	②반 교사

	훈련			평가 중점 내용
훈련계획 세부내용	1-❷	전체 영유아가 자세를 낮추고 머리 보호		지진 시 행동요령 숙지
		쿠션 아래로(이불 속 등) 대피	①, ②, ③반 (영아반)	
	1-❸	흔들림이 멈출 때까지 대기(2분 정도)		
		흔들림의 정도를 살핀 후 흔들림이 멈추면 대피경보 사이렌	원장(안전관리책임관)	
	[2단계] 각 반 영유아 대피 시작(대피경보 사이렌)			질서 유지하며 대피
	• 흔들림이 멈춘 후 사이렌이 울림과 동시에 대피 시작			
	• 보행이 어려운 영아는 교사가 안고 대피			
	• 각 반 교사 비상연락망 가지고 대피			
	• 각 반 인원 확인하여 원장에게 보고			
	2-❶	각 반 대피 시작		대피시간
		대피로 / 현관문	①, ③반	
		대피로 / 비상문	②반	
		영유아 선두 대피유도	②, ③반 교사	
		영유아 후미 대피유도	①반 교사, 조리원	
		구급약품 소지	②반 교사	
	2-❷	각 반 대피 완료		대피한 영유아 수
		최종점검 후 대피	①반 교사	
		영유아와 정해진 장소에 집결	전체 보육교직원	
	[3단계] 부상자, 사상자 확인 및 응급처치			부상자 응급처치/ 구급차 후송
	3-❶	응급처치		
		부상자 확인 후 응급처치 실시, 구급차 후송	③반 교사	
		관련기관(인근 병원 등) 연락, 사상자 확인	원장	
	3-❷	각 반 대피 지속		
		영유아와 안전한 곳에서 대피 지속	①, ②반 교사, 조리원	
	[4단계] 각 반 영유아 부모에게 연락			연락시간/ 응대 태도
	4-❶	부모 연락		
		비상연락망 이용하여 부모에게 연락	①, ②, ③반 교사	
	3. 지진 대피 훈련 종료			
	• 지진 대피 훈련 종료 안내			대피시간

※ [1-❶]에서 현관문 및 비상문 개방에 실패했을 경우 대피유도자는 동선을 변경하여 대비
※ 부상자가 없을 경우 [1-❶ → 1-❷ → 2-❶ → 2-❷→ 1-❸→ 4-❶] 순으로 진행
출처: 보건복지부보육기반과(2016). 비상대피훈련 시나리오를 재구성하여 제시함.

| 화재 | 지진 | 폭설 | 집중호우 |

훈련명	비상대응훈련	훈련일	○○○○년 ○○월 ○○일
훈련 참가자	보육교직원 (5) 명 / 영유아 (20) 명	훈련시간	○○시 ○○분
훈련종류	폭설 대응 실제 훈련		
훈련목표	• 대설 발생 시 행동요령을 이해한다. • 훈련을 통해 안전한 대비방법을 연습한다. • 실제 대설 상황 시 안전하게 대비한다.		
재난상황 시나리오	등원 후 눈이 내려 5cm 두께의 눈이 쌓이고 눈이 계속 오는 상황 • 대설주의보: 24시간 신적설량이 5cm 이상 예상될 때 • 대설경보: 24시간 신적설량이 20cm 이상 예상될 때 (산지는 30cm 이상 예상될 때)		
훈련 전 점검	• 제설작업 도구 점검(빗자루, 염화칼슘 혹은 모래, 미끄럼주의 표지판)		
훈련내용	1. 대설 상황 알림 2. 대설 시 매뉴얼 진행 3. 기상정보 청취 4. 부모에게 연락	5. 각 반 상황 파악 6. 제설작업 7. 종료	

	훈련	평가 중점 내용
	1. 대설 상황 인지 및 알림	
훈련계획 세부내용	❶ 원장(지휘·명령·총괄) • 기상청 홈페이지 및 일기예보 참고하여 상황 예측 • 어린이집 전체에 대설 상황 알림	어린이집 전체에 대설 상황 알림
	2. 대설 시 매뉴얼 진행	
	[1단계] 대설 시 행동요령 진행 • 마실 수 있는 물 공급처가 동결될 것에 대비 • 미끄럼주의 표지판 설치	연락시간/ 응대 태도

	어린이집 시설점검	
1-❶	기상정보 들으며 기상상황 수시 파악	①반 교사
	현관에 미끄럼 방지대 깔기	

	각 반 부모 전화 연락		비상식량 및 식수 확보 보일러 상태 점검
1-❷	대설주의보(대설경보) 상황 안내	①, ②, ③반 교사	
	하원 가능 시간 문의 (석식 준비 및 비상식량 예측)		
	하원 시 어린이집에 안전하게 도착할 수 있도록 주의사항 안내		

훈련계획 세부내용		훈련		평가 중점 내용
	1-❸	식량 및 보일러 확인		제설작업 숙지
		비상식량 및 식수 확인, 보일러 상태 점검	조리원	
	1-❹	상황 보고		
		각 반 정보 취합하여 원장에게 보고	②반 교사 (원장)	
		연장보육 및 비상식량 등 상황 정리하여 보고		
	1-❺	보육 지속 및 제설작업 진행		
		영유아 안전 보육 담당	①반 교사	
		제설작업 담당	②, ③반 교사	
		3. 대설 상황 훈련 종료		
	• 대설 상황 훈련 종료 안내			

출처: 보건복지부보육기반과(2016). 비상대피훈련 시나리오를 재구성하여 제시함.

5

훈련명	비상대응훈련	훈련일	○○○○년 ○○월 ○○일
훈련 참가자	보육교직원 (5) 명 / 영유아 (20) 명	훈련시간	○○시 ○○분
훈련종류	집중호우 대응 실제 훈련		

훈련목표	• 집중호우 발생 시 행동요령을 이해한다. • 훈련을 통해 안전한 대비방법을 연습한다. • 실제 집중호우 상황 시 안전하게 대비한다.
재난상황 시나리오	등원 후 비가 내려 60mm 높이로 잠기고 비가 계속 오는 상황 • 호우주의보: 3시간 강우량이 60mm 이상 예상될 때 또는 12시간 강우량이 110mm 이상 예상될 때 • 호우경보: 3시간 강우량이 90mm 이상 예상될 때 또는 12시간 강우량이 180mm 이상 예상될 때
훈련 전 점검	• 하수구, 배수구 관리 도구 점검(집게)
훈련내용	1. 집중호우 상황 알림 2. 집중호우 시 매뉴얼 진행 3. 기상정보 청취 4. 부모에게 연락 5. 각 반 상황 파악 6. 하수구, 배수구 점검 7. 종료

	훈련	평가 중점 내용
훈련계획 세부내용	**1. 집중호우 상황 인지 및 알림**	
	❶ 원장(지휘·명령·총괄) • 기상청 홈페이지 및 일기예보 참고하여 상황 예측 • 어린이집 전체에 집중호우 상황 알림	어린이집 전체에 집중호우 상황 알림
	2. 집중호우 시 매뉴얼 진행	
	[1단계] 집중호우 시 행동요령 진행 • 빗물이 범람될 것에 대비	연락시간/ 응대 태도

1-❶	기상상황 파악 및 시설점검	
	기상정보 들으며 기상상황 수시 파악	①반 교사
	하수구, 배수구 점검	②반 교사

1-❷	각 반 부모 전화 연락	
	호우주의보(호우경보) 상황 안내	①, ②, ③반 교사
	하원 가능 시간 문의 (석식 준비 및 비상식량 예측)	
	하원 시 어린이집에 안전하게 도착할 수 있도록 주의사항 안내	

훈련계획 세부내용	훈련			평가 중점 내용
	식량 및 실외기 확인			비상식량 및 식수 확보 실외기 상태 점검
	1-❸	비상식량 및 식수 확인, 실외기 상태 점검	조리원	
	상황 보고			
	1-❹	각 반 정보 취합하여 원장에게 보고	②반 교사 (원장)	
		연장보육 및 비상식량 등 상황 정리하여 보고		
	3. 집중호우 상황 훈련 종료			
• 집중호우 상황 훈련 종료 안내				

출처: 보건복지부보육기반과(2016). 비상대피훈련 시나리오를 재구성하여 제시함.

5

마. 재난유형별 비상대피훈련 시나리오

#1. 조리실

조 리 원: (조리실의 발화를 발견하고 화재경보기를 울리며) 불이야! 불이야!

#2. 원장실

원　　　장: (119에 연락을 하며) 여기 ○○구 ○○동 ○○어린이집에서 불이 났습니다.

불은 점심식사를 준비하던 조리실에서 발화한 것으로 보입니다.

근처에는 (알기 쉬운 큰 건물)이 있습니다.

제 전화번호는 ○○○-○○○○-○○○○입니다. 어린이집에는 보육교직원 5명 과 영유아 20명이 있습니다.

#3. 보육실

모든 보육교직원, 영유아: 불이야! 불이야!

③반 교사: ①, ③반은 현관문으로 대피하겠습니다.

저는 선두에서 대피를 유도할 테니, ①반 선생님은 후미에서 대피를 유도해 주세요.

①반 교사: (후미에서 잔류인원 확인 후 대피하며) 저는 후미에서 대피를 유도합니다.

②반 교사: ②반은 비상문으로 대피하겠습니다. 저는 선두에서 대피를 유도할 테니, 조리원은 후 미에서 대피를 유도해 주세요.

조 리 원: (후미에서 잔류인원 확인 후 대피하며) 저는 후미에서 대피를 유도합니다.

③반 교사: (비상연락망, 비상연락 휴대폰을 챙기며) 저는 비상연락망과 비상연락 휴대폰을 가지고 대피하겠습니다.

②반 교사: (비상구급함을 챙기며) 저는 비상구급함을 가지고 대피하겠습니다.

#4. 대피 장소

①반 교사: 어린이집 전체 인원 최종점검하겠습니다.

최종점검 결과, 모든 인원 대피 완료했습니다. 이상 없습니다.

원　　장: (각 반 교사를 향해) 담임교사는 각 반 인원을 확인해서 알려 주세요.

①반 교사: ①반 교사 1명 중 1명, 영아 출석인원 3명 중 3명으로 이상 없습니다.

②반 교사: ②반 교사 1명 중 1명, 조리원 1명 중 1명, 영아 출석인원 10명 중 10명으로 이상 없습니다.

③반 교사: ③반 교사 1명 중 1명, 영아 출석인원 7명 중 6명은 이상 없으나, 영아 1명 부상자가 있습니다.

③반 교사: ③반에 부상자가 있습니다. 응급처치를 실시하겠습니다. 구급차를 불러 주세요.

원　　장: (지정 병원에 연락을 하며) 여기는 ○○구 ○○동 ○○어린이집입니다.
오늘 화재로 인하여 대피하던 중 부상자가 발생했습니다.

나머지 보육교직원: 모두 여기에서 계속 대피해 주세요.

③반 교사: (부상자가 있을 때) 안녕하세요. ○○○학부모님 맞으시죠?
○○어린이집 ③반 담임교사입니다.
점심식사 준비 중 조리실에서 발화를 발견하여 어린이집 외부 지정장소로 대피했습니다.
대피를 하는 도중 ○○○이 부상을 입어 지정 병원으로 후송하였습니다.

①, ②반 교사: (부상자가 없을 때) 안녕하세요. ○○○학부모님 맞으시죠?
○○어린이집 ○반 담임교사입니다.
점심식사 준비 중 조리실에서 발화를 발견하여 어린이집 외부 지정장소로 대피했습니다.
○반 모두 부상자 없이 지정장소로 안전하게 대피 완료했습니다.

원　　장: 오늘 ○○구 ○○동 ○○어린이집에서 불이 났으며, 불은 점심식사를 준비하던 조리실에서 발화한 것으로 보입니다.
어린이집에는 보육교직원 5명과 영유아 20명이 있었습니다.
(시계를 확인하며) 오늘 화재 대피 훈련 시간은 총 ○○분 소요되었습니다.
차례를 지켜 다시 각 반으로 돌아가시기 바랍니다.

화재　지진　폭설　집중호우

#1. ②반 보육실

②반 교사: (②반 보육실에서 흔들림을 감지하고) 어린이집 건물이 흔들리고 있습니다.
지진 시 행동요령을 진행하겠습니다.

#2. 원장실

원　　장: (재난위험경보 사이렌을 울리며) 현재시각 우리나라 전역에 지진재난경보가 발령되었습니다.
강도 4.5의 지진이 발생하였습니다.

#3. 조리실

조 리 원: (가스 및 전기 차단기를 내린 후) 조리실 내의 가스 및 전기 차단을 완료했습니다.
조리실 문을 열고 ①반으로 이동하겠습니다.

#4. 보육실

①, ②, ③반 교사: (쿠션과 이불로 머리를 보호하며) ○반 친구들! 모두 쿠션 아래와 이불 속으로 대
피하세요.

#5. 원장실

원　　장: (대피경보기를 작동하며) 지진의 흔들림이 멈추었습니다.
모두 어린이집 밖 지정장소로 대피하세요.

#6. 보육실

③반 교사: ①, ③반은 현관문으로 대피하겠습니다.
저는 선두에서 대피를 유도할 테니, ①반 선생님은 후미에서 대피를 유도해 주세요.
①반 교사: (후미에서 잔류인원 확인 후 대피하며) 저는 후미에서 대피를 유도합니다.
②반 교사: ②반은 비상문으로 대피하겠습니다.
저는 선두에서 대피를 유도할 테니, 조리원은 후미에서 대피를 유도해 주세요.
조 리 원: (후미에서 잔류인원 확인 후 대피하며) 저는 후미에서 대피를 유도합니다.
③반 교사: (비상연락망, 비상연락 휴대폰을 챙기며) 저는 비상연락망과 비상연락 휴대폰을 가지고
대피하겠습니다.
②반 교사: (비상구급함을 챙기며) 저는 비상구급함을 가지고 대피하겠습니다.

#7. 대피 장소

①반 교사: 어린이집 전체 인원 최종점검하겠습니다.

　　　　　　최종점검 결과, 모든 인원 대피 완료했습니다. 이상 없습니다.

원　　　장: (각 반 교사를 향해) 담임교사는 각 반 인원을 확인해서 알려 주세요.

①반 교사: ①반 교사 1명 중 1명, 영아 출석인원 3명 중 3명으로 이상 없습니다.

②반 교사: ②반 교사 1명 중 1명, 조리원 1명 중 1명, 영아 출석인원 10명 중 10명으로 이상 없습니다.

③반 교사: ③반 교사 1명 중 1명, 영아 출석인원 7명 중 6명은 이상 없으나, 영아 1명 부상자가 있습니다.

③반 교사: ③반에 부상자가 있습니다. 응급처치를 실시하겠습니다. 구급차를 불러 주세요.

원　　　장: (지정 병원에 연락을 하며) 여기는 ○○구 ○○동 ○○어린이집입니다.

　　　　　　오늘 지진으로 인하여 대피하던 중 부상자가 발생했습니다.

나머지 보육교직원: 모두 여기에서 계속 대피해 주세요.

③반 교사: (부상자가 있을 때) 안녕하세요. ○○○학부모님 맞으시죠?

　　　　　　○○어린이집 ③반 담임교사입니다.

　　　　　　어린이집 내에서 흔들림을 감지하고, 강도 4.5의 지진이 발생하여 어린이집 외부 지정장소로 대피했습니다.

　　　　　　대피를 하는 도중 ○○○이 부상을 입어 지정 병원으로 후송하였습니다.

①, ②반 교사: (부상자가 없을 때) 안녕하세요. ○○○학부모님 맞으시죠?

　　　　　　○○어린이집 ○반 담임교사입니다.

　　　　　　어린이집 내에서 흔들림을 감지하고, 강도 4.5의 지진이 발생하여 어린이집 외부 지정장소로 대피했습니다.

　　　　　　○반 모두 부상자 없이 지정장소로 안전하게 대피 완료했습니다.

원　　　장: 오늘 우리나라 전역에 강도 4.5의 지진이 발생하여 지진재난경보가 발령되었습니다.

　　　　　　어린이집에는 보육교직원 3명과 영유아 17명이 있었습니다.

　　　　　　(시계를 확인하며) 오늘 지진 대피 훈련 시간은 총 ○○분 소요되었습니다.

　　　　　　차례를 지켜 다시 각 반으로 돌아가시기 바랍니다.

#1. 원장실

원   장: (기상청 홈페이지를 확인하며) 모든 교직원 여러분께 안내말씀 드립니다.
우리 ○○어린이집이 있는 ○○ 지역에 오늘 오전 9시 30분부터 대설주의보가 발효되었습니다.

#2. 교사실

①반 교사: (일기예보를 보며) 기상청 홈페이지와 일기예보에 의하면 앞으로 5cm 이상의 눈이 더 쌓일 것으로 예상됩니다.

#3. 현관

①반 교사: (미끄럼 방지대와 미끄럼주의 표지판을 설치한 후) 현관에도 눈이 쌓여 미끄러지는 사고를 방지하기 위해 미끄럼 방지대와 미끄럼주의 표지판 설치를 완료하였습니다.

#4. 보육실

③반 교사: (비상연락망, 비상연락 휴대폰을 챙기며) 저는 비상연락망과 비상연락 휴대폰을 확인했습니다.
②반 교사: (비상구급함을 챙기며) 저는 비상구급함을 확인했습니다.

①, ②, ③반 교사: (부모에게 연락하며) 안녕하세요. ○○어린이집 ○반 교사입니다.
오늘 오전 9시 30분부터 ○○ 지역에 대설주의보가 발효되었습니다.
기상청에 따르면 앞으로 5cm 이상의 눈이 더 쌓인다고 합니다.
폭설로 인해 ○○○이 안전하게 귀가하도록 어린이집에 직접 오셔서 하원을 도와주셨으면 합니다.
○○○의 하원은 몇 시쯤 가능하겠습니까?
눈이 많이 와서 길이 미끄러우니 가급적 대중교통을 이용해 주시기 바랍니다.

#5. 식당

원   장: 비상식량과 식수, 보일러 상태를 확인해 주세요.

조 리 원: (비상식량과 식수를 확인하며) 비상식량 ○○개, 생수 ○○병을 조리실에 보관 중입니다.

　　　　(보일러 상태를 확인하며) 보일러실 안 보일러 작동에 이상 없음을 확인했습니다.

②반 교사: (비상구급함을 챙기며) 저(②반 교사)는 비상구급함을 가지고 대피하겠습니다.

#6. 보육실

원　　장: 각 반 인원현황을 보고해 주세요.

①반 교사: 현재 ①반 3명 중 2명 등원하였습니다.

②반 교사: 현재 ②반 10명 중 6명 등원하였습니다.

③반 교사: 현재 ③반 7명 중 4명 등원하였습니다.

원　　장: 연장보육이 필요한 인원은 몇 명인가요?

①반 교사: ①반 출석인원 2명 중 1명이 연장보육 필요합니다.

②반 교사: ②반 출석인원 6명 중 2명이 연장보육 필요합니다.

③반 교사: ③반 출석인원 4명 중 3명이 연장보육 필요합니다.

#7. ①반 보육실

원　　장: 현재 보육 인원 보고해 주세요.

①반 교사: 현재 출석인원 12명 중 12명은 ①반에서 보육 중입니다.

#8. ②, ③반 보육실

원　　장: 제설작업 진행상황 보고해 주세요.

②, ③반 교사: 어린이집 현관과 실외놀이터, 어린이집 주변 인도까지 제설작업 완료하였습니다.

#9. 유희실

원　　장: 오늘 ○○ 지역에 발효되었던 대설주의보가 해제되었습니다.

　　　　지금까지 대설 상황 훈련을 실시하였습니다.

　　　　이상으로 대설 상황 훈련을 마치겠습니다.

화재　지진　폭설　**집중호우**

#1. 원장실

원　　장: (기상청 홈페이지를 확인하며) 모든 교직원 여러분께 안내말씀 드립니다.

우리 ○○어린이집이 있는 ○○ 지역에 오늘 오전 9시 30분부터 호우주의보가 발효되었습니다.

#2. 교사실

①반 교사: (일기예보를 보며) 기상청 홈페이지와 일기예보에 의하면 앞으로 3시간 이내에 60mm 이상의 비가 더 내릴 것으로 예상됩니다.

#3. 현관

③반 교사: (하수구와 배수구를 점검하며) 하수구와 배수구에 누수된 곳이나 막힌 곳이 없는지 확인하였습니다.

#4. 보육실

③반 교사: (비상연락망, 비상연락 휴대폰을 챙기며) 저는 비상연락망과 비상연락 휴대폰을 확인했습니다.

②반 교사: (비상구급함을 챙기며) 저는 비상구급함을 확인했습니다.

①, ②, ③반 교사: (부모에게 연락하며) 안녕하세요. ○○어린이집 ○반 교사입니다.

오늘 오전 9시 30분부터 ○○ 지역에 호우주의보가 발효되었습니다.

기상청에 따르면 앞으로 3시간 이내에 60mm 이상의 비가 더 내린다고 합니다.

집중호우로 인해 ○○○이 안전하게 귀가하도록 어린이집에 직접 오셔서 하원을 도와주셨으면 합니다.

○○의 하원은 몇 시쯤 가능하겠습니까?

비가 많이 와서 길이 미끄러우니 가급적 대중교통을 이용해 주시기 바랍니다.

#5. 식당

원　　장: 비상식량과 식수, 에어컨 실외기 상태를 확인해 주세요.

조 리 원: (비상식량과 식수를 확인하며) 비상식량 ○○개, 생수 ○○병을 조리실에 보관 중입니다.

　　　　(에어컨 실외기 상태를 확인하며) 에어컨 실외기 작동에 이상 없음을 확인했습니다.

#6. 보육실

원　　장: 각 반 인원현황을 보고해 주세요.

①반 교사: 현재 ①반 3명 중 2명 등원하였습니다.

②반 교사: 현재 ②반 10명 중 6명 등원하였습니다.

③반 교사: 현재 ③반 7명 중 4명 등원하였습니다.

원　　장: 연장보육이 필요한 인원은 몇 명인가요?

①반 교사: ①반 출석인원 2명 중 1명이 연장보육 필요합니다.

②반 교사: ②반 출석인원 6명 중 2명이 연장보육 필요합니다.

③반 교사: ③반 출석인원 4명 중 3명이 연장보육 필요합니다.

#7. 유희실

원　　장: 오늘 ○○ 지역에 발효되었던 호우주의보가 해제되었습니다.

　　　　지금까지 집중호우 상황 훈련을 실시하였습니다.

　　　　이상으로 집중호우 상황 훈련을 마치겠습니다.

바. 비상대피도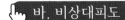

지하 1층　1층　2층

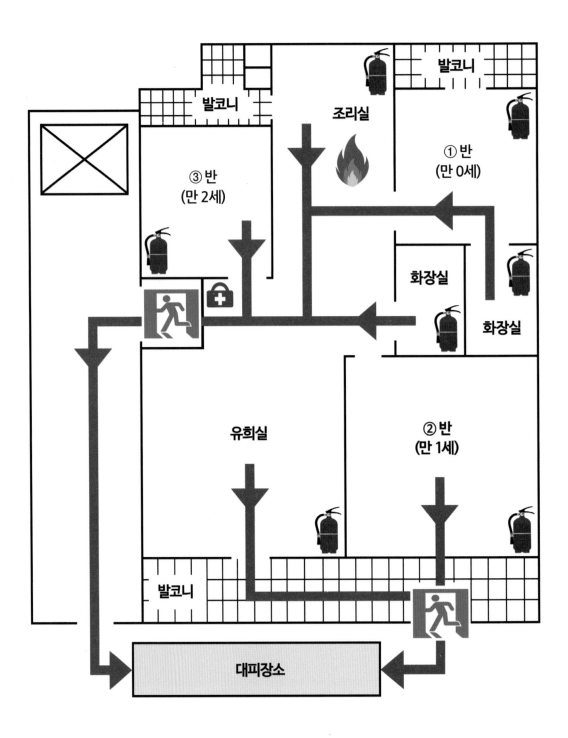

사. 개인별 업무카드 및 비상연락망

업무카드 | 비상연락망 | 비상대피도

___ 반 교사 ___

원 장☎__-__-__   소방서☎__-__-__
경찰서☎__-__-__   병 원☎__-__-__

상황		업무
평상시		
재난시	공통	1. 위기상황 전파 2. 현 위치 초동대응 3. 비상대피로 확보 및 대피 유도
	화재·지진	
	폭설·집중호우	

업무카드 | **비상연락망** | 비상대피도

___ 반 비상연락망

원 장☎__-__-__   소방서☎__-__-__
경찰서☎__-__-__   병 원☎__-__-__

이름	연락처

업무카드 | **비상연락망** | 비상대피도

어린이집 비상연락망

원 장☎__-__-__   소방서☎__-__-__
경찰서☎__-__-__   병 원☎__-__-__

교직원구성	성명	연락처

업무카드 | 비상연락망 | **비상대피도**

1층 비상대피도

원 장☎__-__-__   소방서☎__-__-__
경찰서☎__-__-__   병 원☎__-__-__

※ 개인별 업무카드는 소책자 형태로 제작하여 휴대
※ [부록]의 사례를 참조하여 재난발생 시 개인별 역할을 구체적으로 분담하되, 상황에 따라 유동적으로 대처할 수 있도록 작성

50명 미만 어린이집	50명 이상 100명 미만 어린이집	100명 이상 어린이집

6	20명	가정 어린이집	공용	1층	조리원 ×

가. 기본현황

보육 정원	연령별 반구성			교직원	보육교직원 구성		
	①반 (만 0세)	②반 (만 1세)	③반 (만 2세)		원장	보육교사	조리원
20명	3명	10명	7명	4명	1명*	3명	0명

*교사 겸직

나. 평상시 재난 관련 업무분담표

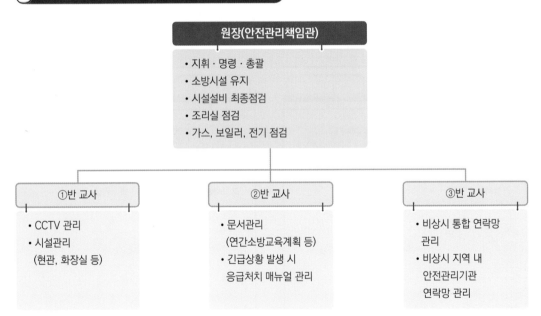

원장(안전관리책임관)
- 지휘 · 명령 · 총괄
- 소방시설 유지
- 시설설비 최종점검
- 조리실 점검
- 가스, 보일러, 전기 점검

①반 교사
- CCTV 관리
- 시설관리 (현관, 화장실 등)

②반 교사
- 문서관리 (연간소방교육계획 등)
- 긴급상황 발생 시 응급처치 매뉴얼 관리

③반 교사
- 비상시 통합 연락망 관리
- 비상시 지역 내 안전관리기관 연락망 관리

담당자	화재 발생 시	지진 발생 시	폭설 발생 시	집중호우 발생 시
원장 & ②반 교사 (만 1세)	• 지휘 · 명령 · 총괄 • 응급기관 연락 • 화재 장소 확인 • 지자체 보고 및 보고서 작성 • 비상시 비상벨 작동 및 원내 전달 • 관계기관 통보 • 가스, 전기 차단	• 지휘 · 명령 · 총괄 • 응급기관 연락 • 지진 진원지 확인 • 지자체 보고 및 보고서 작성 • 비상시 비상벨 작동 및 원내 전달 • 관계기관 통보 • 가스, 전기 차단	• 지휘 · 명령 · 총괄 • 지자체 보고 및 보고서 작성 • 비상식량 확인 • 난방시설 확인	• 지휘 · 명령 · 총괄 • 지자체 보고 및 보고서 작성 • 비상식량 확인 • 냉방시설 확인 • 가스 점검 • 전기콘센트 점검
①반 교사 (만 0세)	• (대피 후 영아 보육 총괄) • ①반 대피유도 및 최종점검 • 화재 발생 상황 수시 파악	• (대피 후 영아 보육 총괄) • ①반 대피유도 및 최종점검 • 지진 발생 상황 수시 파악	• (영아 보육 총괄) • 폭설 상황 수시 파악 • 현관문, 창문 점검	• (영아 보육 총괄) • 호우 상황 수시 파악 • 현관문, 창문 점검
②반 교사 (만 1세)	• ②반 대피유도 • 주요 서류 및 물건 반출 • 구급약품 관리 • 비상문 개방	• ②반 대피유도 • 주요 서류 및 물건 반출 • 구급약품 관리 • 비상문 개방	• 미끄럼주의 표지판 설치 • 제설작업 • 구급약품 관리	• 하수구, 배수구 점검 • 구급약품 관리
③반 교사 (만 2세)	• ③반 대피유도 • 응급처치 및 지정 병원으로 긴급후송 • 현관문 개방	• ③반 대피유도 • 응급처치 및 지정 병원으로 긴급후송 • 현관문 개방	• 미끄럼주의 표지판 설치 • 제설작업 • 응급처치 및 지정 병원으로 긴급후송	• 하수구, 배수구 점검 • 응급처치 및 지정 병원으로 긴급후송

6

라. 재난유형별 비상대피훈련 계획   화재 | 지진 | 폭설 | 집중호우

훈련명	비상대피훈련	훈련일	○○○○년 ○○월 ○○일
훈련 참가자	보육교직원 (4) 명 / 영유아 (20) 명	훈련시간	○○시 ○○분
훈련종류	화재 대피 실제 훈련		
훈련목표	• 화재 발생 시 행동요령을 이해한다. • 훈련을 통해 안전한 대피방법을 연습한다. • 실제 화재 발생 시 안전하게 대피한다.		
재난상황 시나리오	조리실에서 점심식사 준비 중 화재 발생으로 대피		
훈련 전 점검	• 훈련 계획의 내용 숙지　　　• 소화기 위치 파악 • 재난 시 업무분담 숙지　　　• 어린이집 앞 표지판 부착 • 대피로 동선 파악　　　　　　(비상대피훈련 중–집결지 안내)		
훈련내용	1. 화재경보 사이렌　　　　　3. 부상자, 사상자 확인 및 응급처치 2. 대피경로로 대피, 대피장소 집결　4. 부모에게 연락 　(영유아 인원 확인)　　　　5. 훈련 종료		

	훈련	평가 중점 내용
훈련계획 세부내용	**1. 화재 상황 인지 및 알림**(화재경보 사이렌)	
	❶ 원장 발화 발견 　• 화재 첫 발견자는 불이 났음을 주변에 신속하게 알림 　• 소화기 사용하여 조기 진화 시도 　• 가스 및 전기 차단 　• 조리실 문 닫고 ②반(만 1세)으로 이동	육성 및 경보기 소리 전달 여부 소화기 사용
	❷ 원장(지휘 · 명령 · 총괄) 　• 화재장소 파악 후 응급기관(119) 연락	위치, 상황 설명
	2. 화재 시 매뉴얼 진행	
	[1단계] 각 반 영유아 대피 시작 • 화재경보 사이렌과 동시에 대피 시작 • 대피 시 양쪽 벽으로 이동하여 통로 가운데 소화출입로를 확보함 • 보행이 어려운 영아는 교사가 안고 대피 • 각 반 교사는 비상연락망을 가지고 대피 • 현관문, 비상문에 먼저 도착한 교사가 현관문, 비상문 개방 • 각 반 인원 확인 후 원장에게 보고	질서 유지하며 대피

훈련				평가 중점 내용
훈련계획 세부내용	1-❶	각 반 대피 시작		대피시간
		대피로	현관문	①, ③반	
			비상문	②반	
		영유아 선두 대피유도	②, ③반 교사	
		영유아 후미 대피유도	①반 교사, 원장	
		구급약품 소지	②반 교사	
	1-❷	현관문, 비상문 개방		대피한 영유아 수
		현관문 개방	③반 교사	
		비상문 개방	②반 교사	
	1-❸	각 반 대피 완료		
		영유아 후미 대피유도, 각 반 보육실 문 닫고 대피	①반 교사, 원장	
		최종점검 후 대피	①반 교사	
		영유아와 정해진 장소에 집결	전체 보육교직원	
	[2단계] 부상자, 사상자 확인 및 응급처치			부상자 응급처치/ 구급차 후송
	2-❶	응급처치		
		부상자 확인 후 응급처치 실시, 구급차 후송	③반 교사	
		관련기관(인근 병원 등) 연락, 사상자 확인	원장	
	2-❷	각 반 대피 지속		
		영유아와 안전한 곳에서 대피 지속	①, ②반 교사	
	[3단계] 각 반 영유아 부모에게 연락			연락시간/ 응대 태도
	3-❶	부모 연락		
		비상연락망 이용하여 부모에게 연락	①, ②, ③반 교사	
	3. 화재 대피 훈련 종료			
	• 화재 대피 훈련 종료 안내			대피시간

※ 부상자가 없을 경우 [1-❶ → 1-❷ → 1-❸ → 3-❶] 순으로 진행

출처: 보건복지부보육기반과(2016). 비상대피훈련 시나리오를 재구성하여 제시함.

| 화재 | 지진 | 폭설 | 집중호우 |

훈련명	비상대피훈련	훈련일	○○○○년 ○○월 ○○일
훈련 참가자	보육교직원 (4) 명 / 영유아 (20) 명	훈련시간	○○시 ○○분
훈련종류	지진 대피 실제 훈련		

훈련목표	• 지진 발생 시 행동요령을 이해한다. • 훈련을 통해 안전한 대피방법을 연습한다. • 실제 지진 발생 시 안전하게 대피한다.
재난상황 시나리오	②반 보육실에서 먼저 흔들림을 감지하여 어린이집 전체에 알리고 대피(강도 4.5)
훈련 전 점검	• 훈련 계획의 내용 숙지 • 소화기 위치 파악 • 재난 시 업무분담 숙지 • 어린이집 앞 표지판 부착 • 대피로 동선 파악 (비상대피훈련 중 – 집결지 안내)
훈련내용	1. 재난위험경보 사이렌 4. 부상자, 사상자 확인 및 응급처치 2. 지진 행동요령 진행 5. 부모에게 연락 3. 대피경로로 대피, 대피장소 집결 6. 훈련 종료 (영유아 인원 확인)

훈련계획 세부내용	훈련	평가 중점 내용
	1. 지진 상황 인지 및 알림	
	❶ ②교사 지진 감지 • 지진 첫 감지자는 지진이 발생했음을 주변 및 원장에게 신속하게 알리고 지진 시 행동요령을 진행함	지진 상황 전달 여부

	❷ 원장(지휘 · 명령 · 총괄)
	  • 어린이집 전체에 지진 비상상황 알림(재난위험경보 사이렌 울림)
	  • 가스 및 전기 차단
	  • 조리실 문 개방
		어린이집 전체에
		지진 상황 알림

	2. 지진 시 매뉴얼 진행	
	[1단계] 지진 시 행동요령 진행 • 주변에 방석이나 이불 등 쿠션감 있는 것으로 머리 보호	

1-❶	문 개방	
	각 반 보육실 문 개방	①, ②, ③반 교사
	현관문 개방	③반 교사
	비상문 개방	②반 교사

훈련				평가 중점 내용
훈련계획 세부내용	1-❷	전체 영유아가 자세를 낮추고 머리 보호		지진 시 행동요령 숙지
		쿠션 아래로(이불 속 등) 대피	①, ②, ③반(영아반)	
	1-❸	흔들림이 멈출 때까지 대기(2분 정도)		
		흔들림의 정도를 살핀 후 흔들림이 멈추면 대피경보 사이렌 울림	원장(안전관리책임관)	
	[2단계] 각 반 영유아 대피 시작(대피경보 사이렌) • 흔들림이 멈춘 후 사이렌이 울림과 동시에 대피 시작 • 보행이 어려운 영아는 교사가 안고 대피 • 각 반 교사 비상연락망 가지고 대피 • 각 반 인원 확인하여 원장에게 보고			질서 유지하며 대피
	2-❶	각 반 대피 시작		대피시간
		대피로	현관문	①, ③반
			비상문	②반
		영유아 선두 대피유도	②, ③반 교사	
		영유아 후미 대피유도	①반 교사, 원장	
		구급약품 소지	②반 교사	
	2-❷	각 반 대피 완료		대피한 영유아 수
		최종점검 후 대피	①반 교사	
		영유아와 정해진 장소에 집결	전체 보육교직원	
	[3단계] 부상자, 사상자 확인 및 응급처치			부상자 응급처치/ 구급차 후송
	3-❶	응급처치		
		부상자 확인 후 응급처치 실시, 구급차 후송	③반 교사	
		관련기관(인근 병원 등) 연락, 사상자 확인	원장	
	3-❷	각 반 대피 지속		
		영유아와 안전한 곳에서 대피 지속	①, ②반 교사	
	[4단계] 각 반 영유아 부모에게 연락			연락시간/ 응대 태도
	4-❶	부모 연락		
		비상연락망 이용하여 부모에게 연락	①, ②, ③반 교사	
	3. 지진 대피 훈련 종료			
	• 지진 대피 훈련 종료 안내			대피시간

※ [1-❶]에서 현관문 및 비상문 개방에 실패했을 경우 대피유도자는 동선을 변경하여 대비
※ 부상자가 없을 경우 [1-❶ → 1-❷ → 2-❶ → 2-❷ → 1-❸ → 4-❶] 순으로 진행
출처: 보건복지부보육기반과(2016). 비상대피훈련 시나리오를 재구성하여 제시함.

| 화재 | 지진 | 폭설 | 집중호우 |

훈련명	비상대응훈련	훈련일	○○○○년 ○○월 ○○일
훈련 참가자	보육교직원 (4) 명 / 영유아 (20) 명	훈련시간	○○시 ○○분
훈련종류	폭설 대응 실제 훈련		

훈련목표	• 대설 발생 시 행동요령을 이해한다. • 훈련을 통해 안전한 대비방법을 연습한다. • 실제 대설 상황 시 안전하게 대비한다.
재난상황 시나리오	등원 후 눈이 내려 5cm 두께의 눈이 쌓이고 눈이 계속 오는 상황 • 대설주의보: 24시간 신적설량이 5cm 이상 예상될 때 • 대설경보: 24시간 신적설량이 20cm 이상 예상될 때 (산지는 30cm 이상 예상될 때)
훈련 전 점검	• 제설작업 도구 점검(빗자루, 염화칼슘 또는 모래, 미끄럼주의 표지판)
훈련내용	1. 대설 상황 알림 5. 각 반 상황 파악 2. 대설 시 매뉴얼 진행 6. 제설작업 3. 기상정보 청취 7. 종료 4. 부모에게 연락

훈련계획 세부내용	훈련			평가 중점 내용
	1. 대설 상황 인지 및 알림			
	❶ 원장(지휘 · 명령 · 총괄) • 기상청 홈페이지 및 일기예보 참고하여 상황 예측 • 어린이집 전체에 대설 상황 알림			어린이집 전체에 대설 상황 알림
	2. 대설 시 매뉴얼 진행			
	[1단계] 대설 시 행동요령 진행 • 마실 수 있는 물 공급처가 동결될 것에 대비 • 미끄럼주의 표지판 설치			연락시간/ 응대 태도
	1-❶	어린이집 시설점검		
		기상정보 들으며 기상상황 수시 파악	①반 교사	
		현관에 미끄럼 방지대 깔기		
	1-❷	각 반 부모 전화 연락		비상식량 및 식수 확보 보일러 상태 점검
		대설주의보(대설경보) 상황 안내	①, ②, ③반 교사	
		하원 가능 시간 문의 (석식 준비 및 비상식량 예측)		
		하원 시 어린이집에 안전하게 도착할 수 있도록 주의사항 안내		

훈련계획 세부내용	훈련			평가 중점 내용
	식량 및 보일러 확인			제설작업 숙지
	1-❸	비상식량 및 식수 확인, 보일러 상태 점검	①반 교사 (원장)	
	상황 보고			
	1-❹	각 반 정보 취합하여 원장에게 보고	②반 교사 (원장)	
		연장보육 및 비상식량 등 상황 정리하여 보고		
	보육 지속 및 제설작업 진행			
	1-❺	영유아 안전 보육 담당	①반 교사	
		제설작업 담당	②, ③반 교사	
	3. 대설 상황 훈련 종료			
	• 대설 상황 훈련 종료 안내			

출처: 보건복지부보육기반과(2016). 비상대피훈련 시나리오를 재구성하여 제시함.

| 화재 | 지진 | 폭설 | **집중호우** |

훈련명	비상대응훈련	훈련일	○○○○년 ○○월 ○○일
훈련 참가자	보육교직원 (4) 명 / 영유아 (20) 명	훈련시간	○○시 ○○분
훈련종류	집중호우 대응 실제 훈련		
훈련목표	• 집중호우 발생 시 행동요령을 이해한다. • 훈련을 통해 안전한 대비방법을 연습한다. • 실제 집중호우 상황 시 안전하게 대비한다.		
재난상황 시나리오	등원 후 비가 내려 60mm 높이로 잠기고 비가 계속 오는 상황 • 호우주의보: 3시간 강우량이 60mm 이상 예상될 때 또는 12시간 강우량이 110mm 이상 예상될 때 • 호우경보: 3시간 강우량이 90mm 이상 예상될 때 또는 12시간 강우량이 180mm 이상 예상될 때		
훈련 전 점검	• 하수구, 배수구 관리 도구 점검(집게)		
훈련내용	1. 집중호우 상황 알림　　　　　　　5. 각 반 상황 파악 2. 집중호우 시 매뉴얼 진행　　　　6. 하수구, 배수구 점검 3. 기상정보 청취　　　　　　　　　7. 종료 4. 부모에게 연락		

	훈련	평가 중점 내용
훈련계획 세부내용	**1. 집중호우 상황 인지 및 알림**	
	❶ 원장(지휘·명령·총괄) • 기상청 홈페이지 및 일기예보 참고하여 상황 예측 • 어린이집 전체에 집중호우 상황 알림	어린이집 전체에 집중호우 상황 알림
	2. 집중호우 시 매뉴얼 진행	
	[1단계] 집중호우 시 행동요령 진행 • 빗물이 범람될 것에 대비	연락시간/ 응대 태도

1-❶	기상상황 파악 및 시설점검	
	기상정보 들으며 기상상황 수시 파악	①반 교사
	하수구, 배수구 점검	②반 교사

1-❷	각 반 부모 전화 연락	
	호우주의보(호우경보) 상황 안내	①, ②, ③반 교사
	하원 가능 시간 문의 (석식 준비 및 비상식량 예측)	
	하원 시 어린이집에 안전하게 도착할 수 있도록 주의사항 안내	

훈련			평가 중점 내용
훈련계획 세부내용	**식량 및 실외기 확인**		비상식량 및 식수 확보 실외기 상태 점검
	1-❸	비상식량 및 식수 확인, 실외기 상태 점검	②반 교사 (원장)	
	상황 보고		
	1-❹	각 반 정보 취합하여 원장에게 보고	②반 교사 (원장)	
		연장보육 및 비상식량 등 상황 정리하여 보고		
	3. 집중호우 상황 훈련 종료			
	• 집중호우 상황 훈련 종료 안내			

출처: 보건복지부보육기반과(2016). 비상대피훈련 시나리오를 재구성하여 제시함.

마. 재난유형별 비상대피훈련 시나리오   화재 지진 폭설 집중호우

#1. 조리실

원   장: (조리실의 발화를 발견하고 화재경보기를 울리며) 불이야! 불이야!

#2. 원장실

원   장: (119에 연락을 하며) 여기 ○○구 ○○동 ○○어린이집에서 불이 났습니다.

불은 점심식사를 준비하던 조리실에서 발화한 것으로 보입니다.

근처에는 (알기 쉬운 큰 건물)이 있습니다.

제 전화번호는 ○○○-○○○○-○○○○입니다. 어린이집에는 보육교직원 4명
과 영유아 20명이 있습니다.

#3. 보육실

모든 보육교직원, 영유아: 불이야! 불이야!

③반 교사: ①, ③반은 현관문으로 대피하겠습니다.

저는 선두에서 대피를 유도할 테니, ①반 선생님은 후미에서 대피를 유도해 주세요.

①반 교사: (후미에서 잔류인원 확인 후 대피하며) 저는 후미에서 대피를 유도합니다.

②반 교사: ②반은 비상문으로 대피하겠습니다.

저는 선두에서 대피를 유도할 테니, 원장님은 후미에서 대피를 유도해 주세요.

원   장: (후미에서 잔류인원 확인 후 대피하며) 저는 후미에서 대피를 유도합니다.

③**반 교사**: (비상연락망, 비상연락 휴대폰을 챙기며) 저는 비상연락망과 비상연락 휴대폰을 가지고
대피하겠습니다.

②**반 교사**: (비상구급함을 챙기며) 저는 비상구급함을 가지고 대피하겠습니다.

#4. 대피 장소

①반 교사: 어린이집 전체 인원 최종점검하겠습니다.

최종점검 결과, 모든 인원 대피 완료했습니다. 이상 없습니다.

원　　　장: (각 반 교사를 향해) 담임교사는 각 반 인원을 확인해서 알려 주세요.

①반 교사: ①반 교사 1명 중 1명, 영아 출석인원 3명 중 3명으로 이상 없습니다.

②반 교사: ②반 교사 1명 중 1명, 영아 출석인원 10명 중 10명으로 이상 없습니다.

③반 교사: ③반 교사 1명 중 1명, 영아 출석인원 7명 중 6명은 이상 없으나, 영아 1명 부상자가 있
　　　　　습니다.

③반 교사: ③반에 부상자가 있습니다. 응급처치를 실시하겠습니다. 구급차를 불러 주세요.

①반 교사: (지정 병원에 연락을 하며) 여기는 ○○구 ○○동 ○○어린이집입니다.
　　　　　오늘 화재로 인하여 대피하던 중 부상자가 발생했습니다.

나머지 보육교직원: 모두 여기에서 계속 대피해 주세요.

③반 교사: (부상자가 있을 때) 안녕하세요. ○○○학부모님 맞으시죠?
　　　　　○○어린이집 ③반 담임교사입니다.
　　　　　점심식사 준비 중 조리실에서 발화를 발견하여 어린이집 외부 지정장소로 대피했습니다.
　　　　　대피를 하는 도중 ○○○이 부상을 입어 지정 병원으로 후송하였습니다.

①, ②반 교사: (부상자가 없을 때) 안녕하세요. ○○○학부모님 맞으시죠?
　　　　　○○어린이집 ○반 담임교사입니다.
　　　　　점심식사 준비 중 조리실에서 발화를 발견하여 어린이집 외부 지정장소로 대피했습니다.
　　　　　○반 모두 부상자 없이 지정장소로 안전하게 대피 완료했습니다.

원　　　장: 오늘 ○○구 ○○동 ○○어린이집에서 불이 났으며, 불은 점심식사를 준비하던 조리
　　　　　실에서 발화한 것으로 보입니다.
　　　　　어린이집에는 보육교직원 4명과 영유아 17명이 있었습니다.
　　　　　(시계를 확인하며) 오늘 화재 대피 훈련 시간은 총 ○○분 소요되었습니다.
　　　　　차례를 지켜 다시 각 반으로 돌아가시기 바랍니다.

#1. ②반 보육실

②반 교사: (②반 보육실에서 흔들림을 감지하고) 어린이집 건물이 흔들리고 있습니다.
　　　　지진 시 행동요령을 진행하겠습니다.

#2. 원장실

원　　장: (재난위험경보 사이렌을 울리며) 현재시각 우리나라 전역에 지진재난경보가 발령되었습니다.
　　　　강도 4.5의 지진이 발생하였습니다.

#3. 조리실

원　　장: (가스 및 전기 차단기를 내린 후) 조리실 내의 가스 및 전기 차단을 완료했습니다.

#4. 보육실

①, ②, ③반 교사: (쿠션과 이불로 머리를 보호하며) ○반 친구들! 모두 쿠션 아래와 이불 속으로 대
　　　　피하세요.

#5. 원장실

원　　장: (대피경보기를 작동하며) 지진의 흔들림이 멈추었습니다.
　　　　모두 어린이집 밖 지정장소로 대피하세요.

#6. 보육실

③반 교사: ①, ③반은 현관문으로 대피하겠습니다.
　　　　저는 선두에서 대피를 유도할 테니, ①반 선생님은 후미에서 대피를 유도해 주세요.
①반 교사: (후미에서 잔류인원 확인 후 대피하며) 저는 후미에서 대피를 유도합니다.
②반 교사: ②반은 비상문으로 대피하겠습니다.
　　　　저는 선두에서 대피를 유도할 테니, 원장님은 후미에서 대피를 유도해 주세요.
원　　장: (후미에서 잔류인원 확인 후 대피하며) 저는 후미에서 대피를 유도합니다.
③반 교사: (비상연락망, 비상연락 휴대폰을 챙기며) 저는 비상연락망과 비상연락 휴대폰을 가지고
　　　　대피하겠습니다.
②반 교사: (비상구급함을 챙기며) 저는 비상구급함을 가지고 대피하겠습니다.

#7. 대피 장소

①반 교사: 어린이집 전체 인원 최종점검하겠습니다.

최종점검 결과, 모든 인원 대피 완료했습니다. 이상 없습니다.

원   장: (각 반 교사를 향해) 담임교사는 각 반 인원을 확인해서 알려 주세요.

①반 교사: ①반 교사 1명 중 1명, 영아 출석인원 3명 중 3명으로 이상 없습니다.

②반 교사: ②반 교사 1명 중 1명, 영아 출석인원 10명 중 10명으로 이상 없습니다.

③반 교사: ③반 교사 1명 중 1명, 영아 출석인원 7명 중 6명은 이상 없으나, 영아 1명 부상자가 있습니다.

③반 교사: ③반에 부상자가 있습니다. 응급처치를 실시하겠습니다. 구급차를 불러 주세요.

②반 교사: (지정 병원에 연락을 하며) 여기는 ○○구 ○○동 ○○어린이집입니다.

오늘 지진으로 인하여 대피하던 중 부상자가 발생했습니다.

나머지 보육교직원: 모두 여기에서 계속 대피해 주세요.

③반 교사: (부상자가 있을 때) 안녕하세요. ○○○학부모님 맞으시죠?

○○어린이집 ③반 담임교사입니다.

어린이집 내에서 흔들림을 감지하고, 강도 4.5의 지진이 발생하여 어린이집 외부 지정 장소로 대피했습니다.

대피를 하는 도중 ○○○이 부상을 입어 지정 병원으로 후송하였습니다.

①, ②반 교사: (부상자가 없을 때) 안녕하세요. ○○○학부모님 맞으시죠?

○○어린이집 ○반 담임교사입니다.

어린이집 내에서 흔들림을 감지하고, 강도 4.5의 지진이 발생하여 어린이집 외부 지정 장소로 대피했습니다.

○반 모두 부상자 없이 지정장소로 안전하게 대피 완료했습니다.

원   장: 오늘 우리나라 전역에 강도 4.5의 지진이 발생하여 지진재난경보가 발령되었습니다.

어린이집에는 보육교직원 5명과 영유아 20명이 있었습니다.

(시계를 확인하며) 오늘 지진 대피 훈련 시간은 총 ○○분 소요되었습니다.

차례를 지켜 다시 각 반으로 돌아가시기 바랍니다.

#1. 원장실

원　　장: (기상청 홈페이지를 확인하며) 모든 교직원 여러분께 안내말씀 드립니다. 우리 ○○어린이집이 있는 ○○ 지역에 오늘 오전 9시 30분부터 대설주의보가 발효되었습니다.

#2. 교사실

①반 교사: (일기예보를 보며) 기상청 홈페이지와 일기예보에 의하면 앞으로 5cm 이상의 눈이 더 쌓일 것으로 예상됩니다.

#3. 현관

①반 교사: (미끄럼 방지대와 미끄럼주의 표지판을 설치한 후) 현관에도 눈이 쌓여 미끄러지는 사고를 방지하기 위해 미끄럼 방지대와 미끄럼주의 표지판 설치를 완료하였습니다.

#4. 보육실

③반 교사: (비상연락망, 비상연락 휴대폰을 챙기며) 저는 비상연락망과 비상연락 휴대폰을 확인했습니다.

②반 교사: (비상구급함을 챙기며) 저는 비상구급함을 확인했습니다.

①, ②, ③반 교사: (부모에게 연락하며) 안녕하세요. ○○어린이집 ○반 교사입니다. 오늘 오전 9시 30분부터 ○○ 지역에 대설주의보가 발효되었습니다. 기상청에 따르면 앞으로 5cm 이상의 눈이 더 쌓인다고 합니다. 폭설로 인해 ○○○이 안전하게 귀가하도록 어린이집에 직접 오셔서 하원을 도와주셨으면 합니다. ○○○의 하원은 몇 시쯤 가능하겠습니까? 눈이 많이 와서 길이 미끄러우니 가급적 대중교통을 이용해 주시기 바랍니다.

#5. 식당

원　　장: (비상식량과 식수를 확인하며) 비상식량 ○○개, 생수 ○○병을 조리실에 보관 중입니다. (보일러 상태를 확인하며) 보일러실 안 보일러 작동에 이상 없음을 확인했습니다.

#6. 보육실

원　　　장: 각 반 인원현황을 보고해 주세요.

①반 교사: 현재 ①반 3명 중 2명 등원하였습니다.

②반 교사: 현재 ②반 10명 중 6명 등원하였습니다.

③반 교사: 현재 ③반 7명 중 4명 등원하였습니다.

원　　　장: 연장보육이 필요한 인원은 몇 명인가요?

①반 교사: ①반 출석인원 2명 중 1명이 연장보육 필요합니다.

②반 교사: ②반 출석인원 6명 중 2명이 연장보육 필요합니다.

③반 교사: ③반 출석인원 4명 중 3명이 연장보육 필요합니다.

#7. ①반 보육실

원　　　장: 현재 보육 인원 보고해 주세요.

①반 교사: 현재 출석인원 12명 중 12명은 ①반에서 보육 중입니다.

#8. ②, ③반 보육실

원　　　장: 제설작업 진행상황 보고해 주세요.

②, ③반 교사: 어린이집 현관과 실외놀이터, 어린이집 주변 인도까지 제설작업 완료하였습니다.

#9. 유희실

원　　　장: 오늘 ○○ 지역에 발효되었던 대설주의보가 해제되었습니다.

　　　　　지금까지 대설 상황 훈련을 실시하였습니다.

　　　　　이상으로 대설 상황 훈련을 마치겠습니다.

#1. 원장실

원   장: (기상청 홈페이지를 확인하며) 모든 교직원 여러분께 안내말씀 드립니다.
우리 ○○어린이집이 있는 ○○ 지역에 오늘 오전 9시 30분부터 호우주의보가 발효
되었습니다.

#2. 교사실

①반 교사: (일기예보를 보며) 기상청 홈페이지와 일기예보에 의하면 앞으로 3시간 이내에 60mm
이상의 비가 더 내릴 것으로 예상됩니다.

#3. 현관

②반 교사: (하수구와 배수구를 점검하며) 하수구와 배수구에 누수된 곳이나 막힌 곳이 없는지 확
인하였습니다.

#4. 보육실

③반 교사: (비상연락망, 비상연락 휴대폰을 챙기며) 저는 비상연락망과 비상연락 휴대폰을 확인했
습니다.
②반 교사: (비상구급함을 챙기며) 저는 비상구급함을 확인했습니다.

①, ②, ③반 교사: (부모에게 연락하며) 안녕하세요. ○○어린이집 ○반 교사입니다.
오늘 오전 9시 30분부터 ○○ 지역에 호우주의보가 발효되었습니다.
기상청에 따르면 앞으로 3시간 이내에 60mm 이상의 비가 더 내린다고 합니다.
집중호우로 인해 ○○○이 안전하게 귀가하도록 어린이집에 직접 오셔서 하원을 도
와주셨으면 합니다. ○○○의 하원은 몇 시쯤 가능하겠습니까?
비가 많이 와서 길이 미끄러우니 가급적 대중교통을 이용해 주시기 바랍니다.

#5. 식당

원   장: (비상식량과 식수를 확인하며) 비상식량 ○○개, 생수 ○○병을 조리실에 보관 중입니다.
(에어컨 실외기 상태를 확인하며) 에어컨 실외기 작동에 이상 없음을 확인했습니다.

6

#6. 보육실

원　　장: 각 반 인원현황을 보고해 주세요.

①반 교사: 현재 ①반 3명 중 2명 등원하였습니다.

②반 교사: 현재 ②반 10명 중 6명 등원하였습니다.

③반 교사: ③반 7명 중 4명 등원하였습니다.

원　　장: 연장보육이 필요한 인원은 몇 명인가요?

①반 교사: ①반 출석인원 2명 중 1명이 연장보육 필요합니다.

②반 교사: ②반 출석인원 6명 중 2명이 연장보육 필요합니다.

③반 교사: ③반 출석인원 4명 중 3명이 연장보육 필요합니다.

#7. 유희실

원　　장: 오늘 ○○ 지역에 발효되었던 호우주의보가 해제되었습니다.

지금까지 집중호우 상황 훈련을 실시하였습니다.

이상으로 집중호우 상황 훈련을 마치겠습니다.

바. 비상대피도

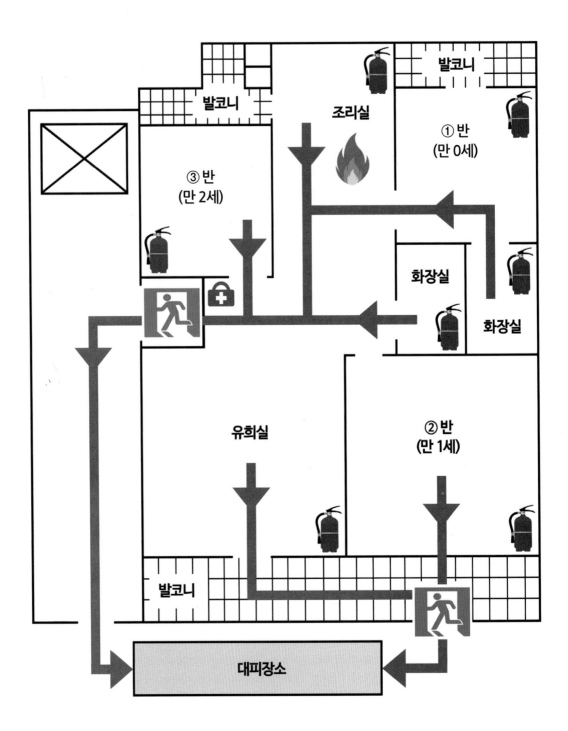

🖐 사. 개인별 업무카드 및 비상연락망

업무카드	비상연락망	비상대피도

___ 반 교사 ___

원 장☎___-___-___   소방서☎___-___-___
경찰서☎___-___-___   병 원☎___-___-___

상황		업무
평상시		
재난시	공통	1. 위기상황 전파 2. 현 위치 초동대응 3. 비상대피로 확보 및 대피 유도
	화재·지진	
	폭설·집중호우	

업무카드	비상연락망	비상대피도

___ 반 비상연락망

원 장☎___-___-___   소방서☎___-___-___
경찰서☎___-___-___   병 원☎___-___-___

이름	연락처

업무카드	비상연락망	비상대피도

어린이집 비상연락망

원 장☎___-___-___   소방서☎___-___-___
경찰서☎___-___-___   병 원☎___-___-___

교직원 구성	성명	연락처

업무카드	비상연락망	비상대피도

1층 비상대피도

원 장☎___-___-___   소방서☎___-___-___
경찰서☎___-___-___   병 원☎___-___-___

※ 개인별 업무카드는 소책자 형태로 제작하여 휴대
※ [부록]의 사례를 참조하여 재난발생 시 개인별 역할을 구체적으로 분담하되, 상황에 따라 유동적으로 대처할
   수 있도록 작성

| **7** | 37명 | 협동 어린이집 | 전용 | 1층 | 조리원 ○ |

가. 기본현황

보육 정원	연령별 반구성				교직원	보육교직원 구성		
	①반 (만 1세)	②반 (만 2세)	③반 (만 3세)	④반 (만 4~5세)		원장	보육교사	조리원
37명	5명	7명	10명	15명	6명	1명	4명	1명

나. 평상시 재난 관련 업무분담표

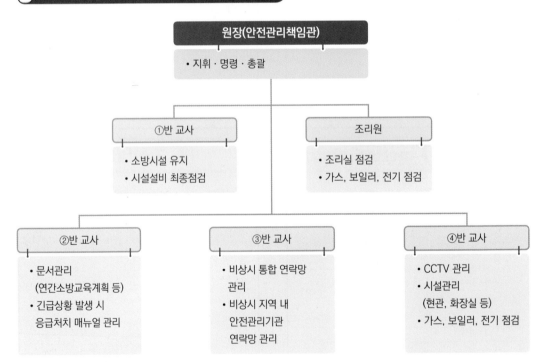

원장(안전관리책임관)
• 지휘 · 명령 · 총괄

①반 교사
• 소방시설 유지
• 시설설비 최종점검

조리원
• 조리실 점검
• 가스, 보일러, 전기 점검

②반 교사
• 문서관리
 (연간소방교육계획 등)
• 긴급상황 발생 시
 응급처치 매뉴얼 관리

③반 교사
• 비상시 통합 연락망
 관리
• 비상시 지역 내
 안전관리기관
 연락망 관리

④반 교사
• CCTV 관리
• 시설관리
 (현관, 화장실 등)
• 가스, 보일러, 전기 점검

다. 재난 시 업무분담표

담당자	화재 발생 시	지진 발생 시	폭설 발생 시	집중호우 발생 시
원장	• 지휘 · 명령 · 총괄 • 응급기관 연락 • 화재 장소 확인 • 지자체 보고	• 지휘 · 명령 · 총괄 • 응급기관 연락 • 지진 진원지 확인 • 지자체 보고	• 지휘 · 명령 · 총괄 • 지자체 보고	• 지휘 · 명령 · 총괄 • 지자체 보고
①반 교사 (만 1세)	• 비상시 비상벨 작동 및 원내 전달 • 관계기관 통보 • 보고서 작성 • 화재 발생 상황 수시 파악 • 현관문 개방 • ①반 대피유도	• 비상시 비상벨 작동 및 원내 전달 • 관계기관 통보 • 보고서 작성 • 지진 발생 상황 수시 파악 • 현관문 개방 • ①반 대피유도	• (보육 총괄) • 폭설 상황 수시 파악 • 보고서 작성	• (보육 총괄) • 호우 상황 수시 파악 • 보고서 작성
②반 교사 (만 2세)	• ②반 대피유도 및 최종점검 • 주요 서류 및 물건 반출 • 구급약품 관리	• ②반 대피유도 및 최종점검 • 주요 서류 및 물건 반출 • 구급약품 관리	• (영아반 보육) • 구급약품 관리	• (영아반 보육) • 구급약품 관리
③반 교사 (만 3세)	• 응급처치 및 지정 병원으로 긴급후송 • ③반 대피유도	• 응급처치 및 지정 병원으로 긴급후송 • ③반 대피유도	• 응급처치 및 지정 병원으로 긴급후송 • 미끄럼주의 표지판 설치 • 제설작업	• 응급처치 및 지정 병원으로 긴급후송 • 하수구, 배수구 점검
④반 교사 (만 4~5세)	• (대피 후 영유아 보육 총괄) • 비상문 개방 • ④반 대피유도	• (대피 후 영유아 보육 총괄) • 비상문 개방 • ④반 대피유도	• (유아반 보육) • 현관문, 창문 점검	• (유아반 보육) • 현관문, 창문 점검
조리원	• 대피유도 및 보육 보조 • 가스 차단 • 전기 차단	• 대피유도 및 보육 보조 • 가스 차단 • 전기 차단	• 비상식량 확인 • 난방시설 확인	• 비상식량 확인 • 냉방시설 확인 • 가스 점검 • 전기콘센트 점검

| 50명 미만 어린이집 | 50명 이상 100명 미만 어린이집 | 100명 이상 어린이집 |

라. 재난유형별 비상대피훈련 계획

<table>
<tr><td colspan="4">화재   지진   폭설   집중호우</td></tr>
</table>

훈련명	비상대피훈련	훈련일	○○○○년 ○○월 ○○일
훈련 참가자	보육교직원 (6) 명 / 영유아 (37) 명	훈련시간	○○시 ○○분
훈련종류	화재 대피 실제 훈련		
훈련목표	• 화재 발생 시 행동요령을 이해한다. • 훈련을 통해 안전한 대피방법을 연습한다. • 실제 화재 발생 시 안전하게 대피한다.		
재난상황 시나리오	조리실에서 점심식사 준비 중 화재 발생으로 대피		
훈련 전 점검	• 훈련 계획의 내용 숙지 • 소화기 위치 파악 • 재난 시 업무분담 숙지 • 어린이집 앞 표지판 부착 • 대피로 동선 파악 (비상대피훈련 중-집결지 안내)		
훈련내용	1. 화재경보 사이렌 3. 부상자, 사상자 확인 및 응급처치 2. 대피경로로 대피, 대피장소 집결 4. 부모에게 연락 (영유아 인원 확인) 5. 훈련 종료		

	훈련	평가 중점 내용
훈련계획 세부내용	**1. 화재 상황 인지 및 알림**(화재경보 사이렌)	
	❶ 조리원 발화 발견 • 화재 첫 발견자는 불이 났음을 주변에 신속하게 알림 • 소화기 사용하여 조기 진화 시도 • 가스 및 전기 차단 • 조리실 문 닫고 ②반(만 2세)으로 이동	육성 및 경보기 소리 전달 여부 소화기 사용
	❷ 원장(지휘·명령·총괄) • 화재장소 파악 후 응급기관(119) 연락	위치, 상황 설명
	2. 화재 시 매뉴얼 진행	
	[1단계] 각 반 영유아 대피 시작 • 화재경보 사이렌과 동시에 대피 시작 • 대피 시 양쪽 벽으로 이동하여 통로 가운데 소화출입로를 확보함 • 보행이 어려운 영아는 교사가 안고 대피 • 각 반 교사는 비상연락망을 가지고 대피 • 현관문, 비상문에 먼저 도착한 교사가 현관문, 비상문 개방 • 각 반 인원 확인 후 원장에게 보고	질서 유지하며 대피

훈련계획 세부내용	훈련				평가 중점 내용
	1-❶	각 반 대피 시작			대피시간
		대피로	현관문	①, ②, ③반	
			비상문	④반	
		영유아 선두 대피유도		①, ④반 교사	
		영유아 후미 대피유도		②, ③반 교사	
		구급약품 소지		②반 교사	
	1-❷	현관문, 비상문 개방			대피한 영유아 수
		현관문 개방		①반 교사	
		비상문 개방		④반 교사	
	1-❸	각 반 대피 완료			
		영유아 후미 대피유도, 각 반 보육실 문 닫고 대피		②, ③반 교사	
		최종점검 후 대피		②반 교사	
		영유아와 함께 정해진 장소에 집결		전체 보육교직원	
	[2단계] 부상자, 사상자 확인 및 응급처치				
	2-❶	응급처치			부상자 응급처치/ 구급차 후송
		부상자 확인 후 응급처치 실시, 구급차 후송		③반 교사	
		관련기관(인근 병원 등) 연락, 사상자 확인		①반 교사	
	2-❷	각 반 대피 지속			
		영유아와 안전한 곳에서 대피 지속		②, ④반 교사, 조리원	
	[3단계] 각 반 영유아 부모에게 연락				연락시간/ 응대 태도
	3-❶	부모 연락			
		비상연락망 이용하여 부모에게 연락		①, ②, ③, ④반 교사	
	3. 화재 대피 훈련 종료				
	• 화재 대피 훈련 종료 안내				대피시간

※ 부상자가 없을 경우 [1-❶ → 1-❷ → 1-❸ → 3-❶] 순으로 진행

출처: 보건복지부보육기반과(2016). 비상대피훈련 시나리오를 재구성하여 제시함.

| 화재 | 지진 | 폭설 | 집중호우 |

훈련명	비상대피훈련	훈련일	○○○○년 ○○월 ○○일
훈련 참가자	보육교직원 (6) 명 / 영유아 (37) 명	훈련시간	○○시 ○○분
훈련종류	지진 대피 실제 훈련		

훈련목표	• 지진 발생 시 행동요령을 이해한다. • 훈련을 통해 안전한 대피방법을 연습한다. • 실제 지진 발생 시 안전하게 대피한다.
재난상황 시나리오	②반 보육실에서 먼저 흔들림을 감지하여 어린이집 전체에 알리고 대피(강도 4.5)
훈련 전 점검	• 훈련 계획의 내용 숙지 • 소화기 위치 파악 • 재난 시 업무분담 숙지 • 어린이집 앞 표지판 부착 • 대피로 동선 파악 (비상대피훈련 중-집결지 안내)
훈련내용	1. 재난위험경보 사이렌 4. 부상자, 사상자 확인 및 응급처치 2. 지진 행동요령 진행 5. 부모에게 연락 3. 대피경로로 대피, 대피장소 집결 6. 훈련 종료 (영유아 인원 확인)

	훈련	평가 중점 내용
훈련계획 세부내용	**1. 지진 상황 인지 및 알림**	
	❶ ②교사 지진 감지 • 지진 첫 감지자는 지진이 발생했음을 주변 및 원장에게 신속하게 알리고 지진 시 행동요령을 진행함	지진 상황 전달 여부

	❷ 원장(지휘·명령·총괄)
	  • 어린이집 전체에 지진 비상상황 알림(재난위험경보 사이렌 울림)
	❸ 조리원
	  • 가스 및 전기 차단
	  • 조리실 문 개방
	  • ②반(만 2세)으로 이동
		어린이집 전체에
		지진 상황 알림

	2. 지진 시 매뉴얼 진행	
	[1단계] 지진 시 행동요령 진행 • 주변에 방석이나 이불 등 쿠션감 있는 것으로 머리 보호	

1-❶	문 개방	
	각 반 보육실 문 개방	①, ②, ③, ④반 교사
	현관문 개방	①반 교사
	비상문 개방	④반 교사

	훈련			평가 중점 내용
훈련계획 세부내용	1-②	**전체 영유아가 자세를 낮추고 머리 보호**		지진 시 행동요령 숙지
		쿠션 아래로(이불 속 등) 대피	①, ②반(영아반)	
		책상 밑으로 대피	③, ④반(유아반)	
	1-③	**흔들림이 멈출 때까지 대기(2분 정도)**		
		흔들림의 정도를 살핀 후 흔들림이 멈추면 대피경보 사이렌 울림	원장(안전관리책임관)	
	[2단계] 각 반 영유아 대피 시작(대피경보 사이렌)			질서 유지하며 대피
	• 흔들림이 멈춘 후 경보음 울림과 동시에 대피 시작 • 보행이 어려운 영아는 교사가 안고 대피 • 각 반 교사 비상연락망 가지고 대피 • 각 반 인원 확인하여 원장에게 보고			
	2-①	**각 반 대피 시작**		대피시간
		대피로	현관문	①, ②, ③반	
			비상문	④반	
		영유아 선두 대피유도	①, ④반 교사	
		영유아 후미 대피유도	②, ③반 교사	
		구급약품 소지	②반 교사	
	2-②	**각 반 대피 완료**		대피한 영유아 수
		최종점검 후 대피	②반 교사	
		영유아와 정해진 장소에 집결	전체 보육교직원	
	[3단계] 부상자, 사상자 확인 및 응급처치			부상자 응급처치/ 구급차 후송
	3-①	**응급처치**		
		부상자 확인 후 응급처치 실시, 구급차 후송	③반 교사	
		관련기관(인근 병원 등) 연락, 사상자 확인	①반 교사	
	3-②	**각 반 대피 지속**		
		영유아와 안전한 곳에서 대피 지속	②, ④반 교사, 조리원	
	[4단계] 각 반 영유아 부모에게 연락			연락시간/ 응대 태도
	4-①	**부모 연락**		
		비상연락망 이용하여 부모에게 연락	①, ②, ③, ④반 교사	
	3. 지진 대피 훈련 종료			
	• 지진 대피 훈련 종료 안내			대피시간

※ [1-①]에서 현관문 및 비상문 개방에 실패했을 경우 대피유도자는 동선을 변경하여 대비
※ 부상자가 없을 경우 [1-① → 1-② → 2-① → 2-② → 1-③ → 4-①] 순으로 진행
출처: 보건복지부보육기반과(2016). 비상대피훈련 시나리오를 재구성하여 제시함.

훈련명	비상대응훈련	훈련일	○○○○년 ○○월 ○○일
훈련 참가자	보육교직원 (6) 명 / 영유아 (37) 명	훈련시간	○○시 ○○분
훈련종류	폭설 대응 실제 훈련		
훈련목표	• 대설 발생 시 행동요령을 이해한다. • 훈련을 통해 안전한 대비방법을 연습한다. • 실제 대설 상황 시 안전하게 대비한다.		
재난상황 시나리오	등원 후 눈이 내려 5cm 두께의 눈이 쌓이고 눈이 계속 오는 상황 • 대설주의보: 24시간 신적설량이 5cm 이상 예상될 때 • 대설경보: 24시간 신적설량이 20cm 이상 예상될 때 (산지는 30cm 이상 예상될 때)		
훈련 전 점검	• 제설작업 도구 점검(빗자루, 염화칼슘 또는 모래, 미끄럼주의 표지판)		
훈련내용	1. 대설 상황 알림 2. 대설 시 매뉴얼 진행 3. 기상정보 청취 4. 부모에게 연락	5. 각 반 상황 파악 6. 제설작업 7. 종료	

	훈련	평가 중점 내용
훈련계획 세부내용	**1. 대설 상황 인지 및 알림**	
	❶ 원장(지휘 · 명령 · 총괄) • 기상청 홈페이지 및 일기예보 참고하여 상황 예측 • 어린이집 전체에 대설 상황 알림	어린이집 전체에 대설 상황 알림
	2. 대설 시 매뉴얼 진행	
	[1단계] 대설 시 행동요령 진행 • 마실 수 있는 물 공급처가 동결될 것에 대비 • 미끄럼주의 표지판 설치	연락시간/ 응대 태도

1-❶	어린이집 시설점검	
	기상정보 들으며 기상상황 수시 파악	①반 교사
	현관에 미끄럼 방지대 깔기	

1-❷	각 반 부모 전화 연락	
	대설주의보(대설경보) 상황 안내	①, ②, ③, ④반 교사
	하원 가능 시간 문의 (석식 준비 및 비상식량 예측)	
	하원 시 어린이집에 안전하게 도착할 수 있도록 주의사항 안내	

평가 중점 내용 (1-❶, 1-❷): 비상식량 및 식수 확보 보일러 상태 점검

훈련계획 세부내용	훈련			평가 중점 내용
	식량 및 보일러 확인			제설작업 숙지
	1-❸	비상식량 및 식수 확인, 보일러 상태 점검	조리원	
	상황 보고			
	1-❹	각 반 정보 취합하여 원장에게 보고	①반 교사	
		연장보육 및 비상식량 등 상황 정리하여 보고		
	보육 지속 및 제설작업 진행			
	1-❺	영유아 안전 보육 담당	②, ④반 교사	
		제설작업 담당	③반 교사	
	3. 대설 상황 훈련 종료			
• 대설 상황 훈련 종료 안내				

출처: 보건복지부보육기반과(2016). 비상대피훈련 시나리오를 재구성하여 제시함.

화재　지진　폭설　집중호우

훈련명	비상대응훈련	훈련일	○○○○년 ○○월 ○○일
훈련 참가자	보육교직원 (6) 명 / 영유아 (37) 명	훈련시간	○○시 ○○분
훈련종류	집중호우 대응 실제 훈련		
훈련목표	• 집중호우 발생 시 행동요령을 이해한다. • 훈련을 통해 안전한 대비방법을 연습한다. • 실제 집중호우 상황 시 안전하게 대비한다.		
재난상황 시나리오	등원 후 비가 내려 60mm 높이로 잠기고 비가 계속 오는 상황 • 호우주의보: 3시간 강우량이 60mm 이상 예상될 때 또는 12시간 강우량이 110mm 이상 예상될 때 • 호우경보: 3시간 강우량이 90mm 이상 예상될 때 또는 12시간 강우량이 180mm 이상 예상될 때		
훈련 전 점검	• 하수구, 배수구 관리 도구 점검(집게)		
훈련내용	1. 집중호우 상황 알림 5. 각 반 상황 파악 2. 집중호우 시 매뉴얼 진행 6. 하수구, 배수구 점검 3. 기상정보 청취 7. 종료 4. 부모에게 연락		

훈련계획 세부내용	훈련	평가 중점 내용
	1. 집중호우 상황 인지 및 알림	
	❶ 원장(지휘 · 명령 · 총괄) • 기상청 홈페이지 및 일기예보 참고하여 상황 예측 • 어린이집 전체에 집중호우 상황 알림	어린이집 전체에 집중호우 상황 알림
	2. 집중호우 시 매뉴얼 진행	
	[1단계] 집중호우 시 행동요령 진행 • 빗물이 범람될 것에 대비	연락시간/ 응대 태도

기상상황 파악 및 시설점검

1-❶	기상정보 들으며 기상상황 수시 파악	①반 교사
	하수구, 배수구 점검	③반 교사

각 반 부모 전화 연락

1-❷	호우주의보(호우경보) 상황 안내	
	하원 가능 시간 문의 (석식 준비 및 비상식량 예측)	①, ②, ③, ④반 교사
	하원 시 어린이집에 안전하게 도착할 수 있도록 주의사항 안내	

훈련			평가 중점 내용
훈련계획 세부내용	1-❸	**식량 및 실외기 확인**	비상식량 및 식수 확보 실외기 상태 점검
		비상식량 및 식수 확인, 실외기 상태 확인	조리원	
	1-❹	**상황 보고**	
		각 반 정보 취합하여 원장에게 보고	①반 교사	
		연장보육 및 비상식량 등 상황 정리하여 보고		
	3. 집중호우 상황 훈련 종료			
	• 집중호우 상황 훈련 종료 안내			

출처: 보건복지부보육기반과(2016). 비상대피훈련 시나리오를 재구성하여 제시함.

마. 재난유형별 비상대피훈련 시나리오

화재 | 지진 | 폭설 | 집중호우

#1. 조리실

조 리 원: (조리실의 발화를 발견하고 화재경보기를 울리며) 불이야! 불이야!

#2. 원장실

원　　장: (119에 연락을 하며) 여기 ○○구 ○○동 ○○어린이집에서 불이 났습니다.

　　　　　불은 점심식사를 준비하던 조리실에서 발화한 것으로 보입니다.

　　　　　근처에는 (알기 쉬운 큰 건물)이 있습니다.

　　　　　제 전화번호는 ○○○-○○○○-○○○○입니다. 어린이집에는 보육교직원 6명

　　　　　과 영유아 37명이 있습니다.

#3. 보육실

모든 보육교직원, 영유아: 불이야! 불이야!

①반 교사: ①, ②, ③반은 현관문으로 대피하겠습니다.

　　　　　　저는 선두에서 대피를 유도할 테니, ②, ③반 선생님은 후미에서 대피를 유도해 주세요.

②, ③반 교사: (후미에서 잔류인원 확인 후 대피하며) 저는 후미에서 대피를 유도합니다.

④반 교사: ④반은 비상문으로 대피하겠습니다. 저는 선두에서 대피를 유도합니다.

③반 교사: (비상연락망, 비상연락 휴대폰을 챙기며) 저는 비상연락망과 비상연락 휴대폰을 가지고

　　　　　　대피하겠습니다.

②반 교사: (비상구급함을 챙기며) 저는 비상구급함을 가지고 대피하겠습니다.

#4. 대피 장소

②반 교사: 어린이집 전체 인원 최종점검하겠습니다.

　　　　　　최종점검 결과, 모두 인원 대피 완료했습니다. 이상 없습니다.

원　　장: (각 반 교사를 향해) 담임교사는 각 반 인원을 확인해서 알려 주세요.

①반 교사: ①반 교사 1명 중 1명, 영아 출석인원 5명 중 5명으로 이상 없습니다.

②반 교사: ②반 교사 1명 중 1명, 조리원 1명 중 1명, 영아 출석인원 7명 중 7명으로 이상 없습니다.

③반 교사: ③반 교사 1명 중 1명, 유아 출석인원 10명 중 10명으로 이상 없습니다.

④반 교사: ④반 교사 1명 중 1명, 유아 출석인원 14명 중 14명은 이상 없으나, 유아 1명 부상자가 있습니다.

③반 교사: ④반에 부상자가 있습니다. 응급처치를 실시하겠습니다. 구급차를 불러 주세요.

①반 교사: (지정 병원에 연락을 하며) 여기는 ○○구 ○○동 ○○어린이집입니다.
오늘 화재로 인하여 대피하던 중 부상자가 발생했습니다.

나머지 보육교직원: 모두 여기에서 계속 대피해 주세요.

④반 교사: (부상자가 있을 때) 안녕하세요. ○○○학부모님 맞으시죠?
○○어린이집 ④반 담임교사입니다.
점심식사 준비 중 조리실에서 발화를 발견하여 어린이집 외부 지정장소로 대피했습니다.
대피를 하는 도중 ○○○이 부상을 입어 지정 병원으로 후송하였습니다.

①, ②, ③반 교사: (부상자가 없을 때) 안녕하세요. ○○○학부모님 맞으시죠?
○○어린이집 ○반 담임교사입니다.
점심식사 준비 중 조리실에서 발화를 발견하여 어린이집 외부 지정장소로 대피했습니다.
○반 모두 부상자 없이 지정장소로 안전하게 대피 완료했습니다.

원　　장: 오늘 ○○구 ○○동 ○○어린이집에서 불이 났으며, 불은 점심식사를 준비하던 조리실에서 발화한 것으로 보입니다.
어린이집에는 보육교직원 6명과 영유아 37명이 있었습니다.
(시계를 확인하며) 오늘 화재 대피 훈련 시간은 총 ○○분 소요되었습니다.
차례를 지켜 다시 각 반으로 돌아가시기 바랍니다.

#1. ②반 보육실

②반 교사: (②반 보육실에서 흔들림을 감지하고) 어린이집 건물이 흔들리고 있습니다.
지진 시 행동요령을 진행하겠습니다.

#2. 원장실

원　　장: (재난위험경보 사이렌을 울리며) 현재시각 우리나라 전역에 지진재난경보가 발령되었습니다.
강도 4.5의 지진이 발생하였습니다.

#3. 조리실

조 리 원: (가스 및 전기 차단기를 내린 후) 조리실 내의 가스 및 전기 차단을 완료했습니다.
조리실 문을 열고 ①, ②반으로 이동하겠습니다.

#4. 보육실

①, ②반 교사: (쿠션과 이불로 머리를 보호하며) ○반 친구들! 모두 쿠션 아래와 이불 속으로 대피
하세요.
③, ④반 교사: (책상 밑으로 들어가 머리를 보호하며) ○반 친구들! 모두 책상 밑으로 대피하세요.

#5. 원장실

원　　장: (대피경보기를 작동하며) 지진의 흔들림이 멈추었습니다.
모두 어린이집 밖 지정장소로 대피하세요.

#6. 보육실

①반 교사: ①, ②, ③반은 현관문으로 대피하겠습니다.
저는 선두에서 대피를 유도할 테니, ②, ③반 선생님은 후미에서 대피를 유도해 주세요.
②, ③반 교사: (후미에서 잔류인원 확인 후 대피하며) 저는 후미에서 대피를 유도합니다.
④반 교사: ④반은 비상문으로 대피하겠습니다. 저는 선두에서 대피를 유도합니다.
③반 교사: (비상연락망, 비상연락 휴대폰을 챙기며) 저는 비상연락망과 비상연락 휴대폰을 가지고
대피하겠습니다.
②반 교사: (비상구급함을 챙기며) 저는 비상구급함을 가지고 대피하겠습니다.

#7. 대피 장소

②반 교사: 어린이집 전체 인원 최종점검하겠습니다.

최종점검 결과, 모든 인원 대피 완료했습니다. 이상 없습니다.

원　장: (각 반 교사를 향해) 담임교사는 각 반 인원을 확인해서 알려 주세요.

①반 교사: ①반 교사 1명 중 1명, 영아 출석인원 5명 중 5명으로 이상 없습니다.

②반 교사: ②반 교사 1명 중 1명, 조리원 1명 중 1명, 영아 출석인원 7명 중 7명으로 이상 없습니다.

③반 교사: ③반 교사 1명 중 1명, 유아 출석인원 10명 중 10명으로 이상 없습니다.

④반 교사: ④반 교사 1명 중 1명, 유아 출석인원 14명 중 14명은 이상 없으나, 유아 1명 부상자가 있습니다.

③반 교사: ④반에 부상자가 있습니다. 응급처치를 실시하겠습니다. 구급차를 불러 주세요.

①반 교사: (지정 병원에 연락을 하며) 여기는 ○○구 ○○동 ○○어린이집입니다.

오늘 지진으로 인하여 대피하던 중 부상자가 발생했습니다.

나머지 보육교직원: 모두 여기에서 계속 대피해 주세요.

④반 교사: (부상자가 있을 때) 안녕하세요. ○○○학부모님 맞으시죠?

○○어린이집 ④반 담임교사입니다.

어린이집 내에서 흔들림을 감지하고, 강도 4.5의 지진이 발생하여 어린이집 외부 지정 장소로 대피했습니다.

대피를 하는 도중 ○○○이 부상을 입어 지정 병원으로 후송하였습니다.

①, ②, ③반 교사: (부상자가 없을 때) 안녕하세요. ○○○학부모님 맞으시죠?

○○어린이집 ○반 담임교사입니다.

어린이집 내에서 흔들림을 감지하고, 강도 4.5의 지진이 발생하여 어린이집 외부 지정 장소로 대피했습니다.

○반 모두 부상자 없이 지정장소로 안전하게 대피 완료했습니다.

원　장: 오늘 우리나라 전역에 강도 4.5의 지진이 발생하여 지진재난경보가 발령되었습니다.

어린이집에는 보육교직원 6명과 영유아 37명이 있었습니다.

(시계를 확인하며) 오늘 지진 대피 훈련 시간은 총 ○○분 소요되었습니다.

차례를 지켜 다시 각 반으로 돌아가시기 바랍니다.

#1. 원장실

원   장: (기상청 홈페이지를 확인하며) 모든 교직원 여러분께 안내말씀 드립니다.
우리 ○○어린이집이 있는 ○○ 지역에 오늘 오전 9시 30분부터 대설주의보가 발효되었습니다.

#2. 교사실

①반 교사: (일기예보를 보며) 기상청 홈페이지와 일기예보에 의하면 앞으로 5cm 이상의 눈이 더 쌓일 것으로 예상됩니다.

#3. 현관

①반 교사: (미끄럼 방지대와 미끄럼주의 표지판을 설치한 후) 현관에도 눈이 쌓여 미끄러지는 사고를 방지하기 위해 미끄럼 방지대와 미끄럼주의 표지판 설치를 완료하였습니다.

#4. 보육실

③반 교사: (비상연락망, 비상연락 휴대폰을 챙기며) 저는 비상연락망과 비상연락 휴대폰을 확인했습니다.

②반 교사: (비상구급함을 챙기며) 저는 비상구급함을 확인했습니다.

①~④반 교사: (부모에게 연락하며) 안녕하세요. ○○어린이집 ○반 교사입니다.
오늘 오전 9시 30분부터 ○○ 지역에 대설주의보가 발효되었습니다.
기상청에 따르면 앞으로 5cm 이상의 눈이 더 쌓인다고 합니다.
폭설로 인해 ○○○이 안전하게 귀가하도록 어린이집에 직접 오셔서 하원을 도와주셨으면 합니다.
○○○의 하원은 몇 시쯤 가능하겠습니까?
눈이 많이 와서 길이 미끄러우니 가급적 대중교통을 이용해 주시기 바랍니다.

#5. 식당

①반 교사: 비상식량과 식수, 보일러 상태를 확인해 주세요.
조 리 원: (비상식량과 식수를 확인하며) 비상식량 ○○개, 생수 ○○병을 조리실에 보관 중입니다.
(보일러 상태를 확인하며) 보일러실 안 보일러 작동에 이상 없음을 확인했습니다.

#6. 보육실

①반 교사: 각 반 인원현황을 보고해 주세요.

②반 교사: ②반 7명 모두 등원하였습니다.

③반 교사: ③반 10명 중 5명 등원하였습니다.

④반 교사: ④반 15명 중 13명 등원하였습니다.

#7. ①반 보육실

원　　　장: 각 반 인원현황을 보고해 주세요.

①반 교사: 현재 ①반 5명 중 3명, ②반 7명 중 7명, ③반 10명 중 5명, ④반 15명 중 13명, 총 28명 등원하였습니다.

원　　　장: 연장보육이 필요한 인원은 몇 명인가요?

①반 교사: 모든 출석인원 28명 중 20명이 연장보육 필요합니다.

#8. ②, ④반 보육실

①반 교사: 현재 보육 인원 보고해 주세요.

②반 교사: 현재 영아 출석인원 10명 중 10명은 ②반에서 보육하고 있습니다.

④반 교사: 현재 유아 출석인원 18명 중 18명은 ④반에서 보육하고 있습니다.

#9. ③반 보육실

①반 교사: 제설작업 진행상황 보고해 주세요.

③반 교사: 어린이집 현관과 실외놀이터, 어린이집 주변 인도까지 제설작업 완료하였습니다.

#10. 유희실

원　　　장: 오늘 ○○ 지역에 발효되었던 대설주의보가 해제되었습니다.

지금까지 대설 상황 훈련을 실시하였습니다.

이상으로 대설 상황 훈련을 마치겠습니다.

화재　지진　폭설　집중호우

#1. 원장실

원　　　장: (기상청 홈페이지를 확인하며) 모든 교직원 여러분께 안내말씀 드립니다.

우리 ○○어린이집이 있는 ○○ 지역에 오늘 오전 9시 30분부터 호우주의보가 발효되었습니다.

#2. 교사실

①반 교사: (일기예보를 보며) 기상청 홈페이지와 일기예보에 의하면 앞으로 3시간 이내에 60mm 이상의 비가 더 내릴 것으로 예상됩니다.

#3. 현관

③반 교사: (하수구와 배수구를 점검하며) 하수구와 배수구에 누수된 곳이나 막힌 곳이 없는지 확인하였습니다.

#4. 보육실

③반 교사: (비상연락망, 비상연락 휴대폰을 챙기며) 저는 비상연락망과 비상연락 휴대폰을 확인했습니다.

②반 교사: (비상구급함을 챙기며) 저는 비상구급함을 확인했습니다.

①~④반 교사: (부모에게 연락하며) 안녕하세요. ○○어린이집 ○반 교사입니다.

오늘 오전 9시 30분부터 ○○ 지역에 호우주의보가 발효되었습니다.

기상청에 따르면 앞으로 3시간 이내에 60mm 이상의 비가 더 내린다고 합니다.

집중호우로 인해 ○○○이 안전하게 귀가하도록 어린이집에 직접 오셔서 하원을 도와주셨으면 합니다. ○○○의 하원은 몇 시쯤 가능하겠습니까?

비가 많이 와서 길이 미끄러우니 가급적 대중교통을 이용해 주시기 바랍니다.

#5. 식당

①반 교사: 비상식량과 식수, 에어컨 실외기 상태를 확인해 주세요.

조 리 원: (비상식량과 식수를 확인하며) 비상식량 ○○개, 생수 ○○병을 조리실에 보관 중입니다.

(에어컨 실외기 상태를 확인하며) 에어컨 실외기 작동에 이상 없음을 확인했습니다.

#6. 보육실

①반 교사: 각 반 인원현황을 보고해 주세요.

②반 교사: ②반 7명 모두 등원하였습니다.

③반 교사: ③반 10명 중 5명 등원하였습니다.

④반 교사: ④반 15명 중 13명 등원하였습니다.

#7. ①반 보육실

원　　장: 각 반 인원현황을 보고해 주세요.

①반 교사: 현재 ①반 5명 중 3명, ②반 7명 중 7명, ③반 10명 중 5명, ④반 15명 중 13명, 총 28명 등원하였습니다.

원　　장: 연장보육이 필요한 인원은 몇 명인가요?

①반 교사: 모든 출석인원 28명 중 20명이 연장보육 필요합니다.

원　　장: 집중호우 대비상황 보고해 주세요.

①반 교사: 하수구와 배수구, 에어컨 실외기 점검 완료하였고, 비상식량 ○○개, 생수 ○○병을 조리실에서 보관 중입니다.

#8. 유희실

원　　장: 오늘 ○○ 지역에 발효되었던 호우주의보가 해제되었습니다.

지금까지 집중호우 상황 훈련을 실시하였습니다.

이상으로 집중호우 상황 훈련을 마치겠습니다.

바. 비상대피도

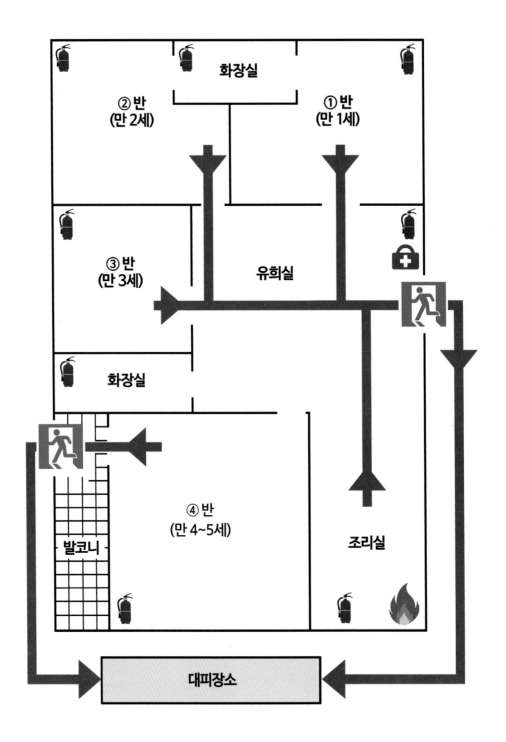

사. 개인별 업무카드 및 비상연락망

업무카드	비상연락망	비상대피도

___ 반 교사 ___

원 장☎__-__-__   소방서☎__-__-__
경찰서☎__-__-__   병 원☎__-__-__

상황		업무
평상시		
재난시	공통	1. 위기상황 전파 2. 현 위치 초동대응 3. 비상대피로 확보 및 대피 유도
	화재·지진	
	폭설·집중호우	

업무카드	비상연락망	비상대피도

___ 반 비상연락망

원 장☎__-__-__   소방서☎__-__-__
경찰서☎__-__-__   병 원☎__-__-__

이름	연락처

업무카드	비상연락망	비상대피도

어린이집 비상연락망

원 장☎__-__-__   소방서☎__-__-__
경찰서☎__-__-__   병 원☎__-__-__

교직원 구성	성명	연락처

업무카드	비상연락망	비상대피도

1층 비상대피도

원 장☎__-__-__   소방서☎__-__-__
경찰서☎__-__-__   병 원☎__-__-__

※ 개인별 업무카드는 소책자 형태로 제작하여 휴대
※ [부록]의 사례를 참조하여 재난발생 시 개인별 역할을 구체적으로 분담하되, 상황에 따라 유동적으로 대처할 수 있도록 작성

50명 미만 어린이집	50명 이상 100명 미만 어린이집	100명 이상 어린이집

8	42명	민간 어린이집	공용	1층	조리원 ○

가. 기본현황

보육 정원	연령별 반구성				교직원	보육교직원 구성		
	①반 (만 1세)	②반 (만 2세)	③반 (만 3세)	④반 (만 4~5세)		원장	보육교사	조리원
42명	5명	7명	15명	15명	6명	1명	4명	1명

나. 평상시 재난 관련 업무분담표

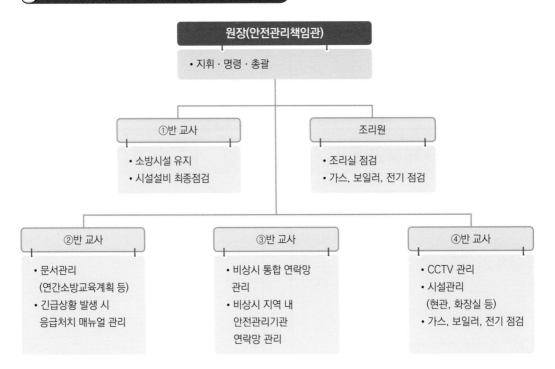

원장(안전관리책임관)
- 지휘 · 명령 · 총괄

①반 교사
- 소방시설 유지
- 시설설비 최종점검

조리원
- 조리실 점검
- 가스, 보일러, 전기 점검

②반 교사
- 문서관리
  (연간소방교육계획 등)
- 긴급상황 발생 시
  응급처치 매뉴얼 관리

③반 교사
- 비상시 통합 연락망
  관리
- 비상시 지역 내
  안전관리기관
  연락망 관리

④반 교사
- CCTV 관리
- 시설관리
  (현관, 화장실 등)
- 가스, 보일러, 전기 점검

다. 재난 시 업무분담표

담당자	화재 발생 시	지진 발생 시	폭설 발생 시	집중호우 발생 시
원장	• 지휘 · 명령 · 총괄 • 응급기관 연락 • 화재 장소 확인 • 지자체 보고	• 지휘 · 명령 · 총괄 • 응급기관 연락 • 지진 진원지 확인 • 지자체 보고	• 지휘 · 명령 · 총괄 • 지자체 보고	• 지휘 · 명령 · 총괄 • 지자체 보고
①반 교사 (만 1세)	• 비상시 비상벨 작동 및 원내 전달 • 관계기관 통보 • 보고서 작성 • 화재 발생 상황 수시 파악 • ①반 대피유도	• 비상시 비상벨 작동 및 원내 전달 • 관계기관 통보 • 보고서 작성 • 지진 발생 상황 수시 파악 • ①반 대피유도	• (보육 총괄) • 폭설 상황 수시 파악 • 보고서 작성	• (보육 총괄) • 호우 상황 수시 파악 • 보고서 작성
②반 교사 (만 2세)	• ②반 대피유도 및 최종점검 • 주요 서류 및 물건 반출 • 구급약품 관리	• ②반 대피유도 및 최종점검 • 주요 서류 및 물건 반출 • 구급약품 관리	• (영아반 보육) • 구급약품 관리	• (영아반 보육) • 구급약품 관리
③반 교사 (만 3세)	• 응급처치 및 지정 병원으로 긴급후송 • 비상문 개방 • ③반 대피유도	• 응급처치 및 지정 병원으로 긴급후송 • 비상문 개방 • ③반 대피유도	• 응급처치 및 지정 병원으로 긴급후송 • 미끄럼주의 표지판 설치 • 제설작업	• 응급처치 및 지정 병원으로 긴급후송 • 하수구, 배수구 점검
④반 교사 (만 4~5세)	• (대피 후 영유아 보육 총괄) • ④반 대피유도 • 현관문 개방	• (대피 후 영유아 보육 총괄) • ④반 대피유도 • 현관문 개방	• (유아반 보육) • 현관문, 창문 점검	• (유아반 보육) • 현관문, 창문 점검
조리원	• 대피유도 및 보육 보조 • 가스 차단 • 전기 차단	• 대피유도 및 보육 보조 • 가스 차단 • 전기 차단	• 비상식량 확인 • 난방시설 확인	• 비상식량 확인 • 냉방시설 확인 • 가스 점검 • 전기콘센트 점검

8

👆 라. 재난유형별 비상대피훈련 계획

화재 **지진** **폭설** **집중호우**

훈련명	비상대피훈련	훈련일	○○○○년 ○○월 ○○일
훈련 참가자	보육교직원 (6) 명 / 영유아 (42) 명	훈련시간	○○시 ○○분
훈련종류	화재 대피 실제 훈련		
훈련목표	• 화재 발생 시 행동요령을 이해한다. • 훈련을 통해 안전한 대피방법을 연습한다. • 실제 화재 발생 시 안전하게 대피한다.		
재난상황 시나리오	조리실에서 점심식사 준비 중 화재 발생으로 대피		
훈련 전 점검	• 훈련 계획의 내용 숙지 • 재난 시 업무분담 숙지 • 대피로 동선 파악	• 소화기 위치 파악 • 어린이집 앞 표지판 부착 (비상대피훈련 중-집결지 안내)	
훈련내용	1. 화재경보 사이렌 2. 대피경로로 대피, 대피장소 집결 (영유아 인원 확인)	3. 부상자, 사상자 확인 및 응급처치 4. 부모에게 연락 5. 훈련 종료	

훈련	평가 중점 내용
1. 화재 상황 인지 및 알림(화재경보 사이렌)	
❶ 조리원 발화 발견 • 화재 첫 발견자는 불이 났음을 주변에 신속하게 알림 • 소화기 사용하여 조기 진화 시도 • 가스 및 전기 차단 • 조리실 문 닫고 ②반(만 2세)으로 이동	육성 및 경보기 소리 전달 여부 소화기 사용
❷ 원장(지휘 · 명령 · 총괄) • 화재장소 파악 후 응급기관(119) 연락	위치, 상황 설명
2. 화재 시 매뉴얼 진행	
[1단계] 각 반 영유아 대피 시작 • 화재경보 사이렌과 동시에 대피 시작 • 대피 시 양쪽 벽으로 이동하여 통로 가운데 소화출입로를 확보함 • 보행이 어려운 영아는 교사가 안고 대피 • 각 반 교사는 비상연락망을 가지고 대피 • 현관문, 비상문에 먼저 도착한 교사가 현관문, 비상문 개방 • 각 반 인원 확인 후 원장에게 보고	질서 유지하며 대피

훈련계획 세부내용

훈련				평가 중점 내용
훈련계획 세부내용	1-❶	각 반 대피 시작		대피시간
		대피로	현관문	①, ②, ④반	
			비상문	③반	
		영유아 선두 대피유도		①, ③반 교사	
		영유아 후미 대피유도		②, ④반 교사	
		구급약품 소지		②반 교사	
	1-❷	현관문, 비상문 개방		대피한 영유아 수
		현관문 개방		④반 교사	
		비상문 개방		③반 교사	
	1-❸	각 반 대피 완료		
		영유아 후미 대피유도, 각 반 보육실 문 닫고 대피		②, ④반 교사	
		최종점검 후 대피		②반 교사	
		영유아와 정해진 장소에 집결		전체 보육교직원	
	[2단계] 부상자, 사상자 확인 및 응급처치			
	2-❶	응급처치		부상자 응급처치/ 구급차 후송
		부상자 확인 후 응급처치 실시, 구급차 후송		③반 교사	
		관련기관(인근 병원 등) 연락, 사상자 확인		①반 교사	
	2-❷	각 반 대피 지속		
		영유아와 안전한 곳에서 대피 지속		②, ④반 교사, 조리원	
	[3단계] 각 반 영유아 부모에게 연락			연락시간/ 응대 태도
	3-❶	부모 연락		
		비상연락망 이용하여 부모에게 연락		①, ②, ③, ④반 교사	
	3. 화재 대피 훈련 종료			
	• 화재 대피 훈련 종료 안내			대피시간

※ 부상자가 없을 경우 [1-❶ → 1-❷ → 1-❸ → 3-❶] 순으로 진행

출처: 보건복지부보육기반과(2016). 비상대피훈련 시나리오를 재구성하여 제시함.

| 화재 | 지진 | 폭설 | 집중호우 |

훈련명	비상대피훈련	훈련일	○○○○년 ○○월 ○○일
훈련 참가자	보육교직원 (6) 명 / 영유아 (42) 명	훈련시간	○○시 ○○분
훈련종류	지진 대피 실제 훈련		
훈련목표	• 지진 발생 시 행동요령을 이해한다. • 훈련을 통해 안전한 대피방법을 연습한다. • 실제 지진 발생 시 안전하게 대피한다.		
재난상황 시나리오	②반 보육실에서 먼저 흔들림을 감지하여 어린이집 전체에 알리고 대피(강도 4.5)		
훈련 전 점검	• 훈련 계획의 내용 숙지　　• 소화기 위치 파악 • 재난 시 업무분담 숙지　　• 어린이집 앞 표지판 부착 • 대피로 동선 파악　　　　　(비상대피훈련 중-집결지 안내)		
훈련내용	1. 재난위험경보 사이렌　　　4. 부상자, 사상자 확인 및 응급처치 2. 지진 행동요령 진행　　　　5. 부모에게 연락 3. 대피경로로 대피, 대피장소 집결　6. 훈련 종료 　(영유아 인원 확인)		

훈련	평가 중점 내용
1. 지진 상황 인지 및 알림	
❶ ②교사 지진 감지 　• 지진 첫 감지자는 지진이 발생했음을 주변 및 원장에게 신속하게 알리고 지진 시 행동요령을 진행함	지진 상황 전달 여부
❷ 원장(지휘 · 명령 · 총괄) 　• 어린이집 전체에 지진 비상상황 알림(재난위험경보 사이렌 울림)	
❸ 원장(지휘 · 명령 · 총괄) 　• 가스 및 전기 차단 　• 조리실 문 개방 　• ②반(만 2세)으로 이동	어린이집 전체에 지진 상황 알림
2. 지진 시 매뉴얼 진행	
[1단계] 지진 시 행동요령 진행 • 주변에 방석이나 이불 등 쿠션감 있는 것으로 머리 보호	

훈련계획
세부내용

1-❶	문 개방	
	각 반 보육실 문 개방	①, ②, ③, ④반 교사
	현관문 개방	④반 교사
	비상문 개방	③반 교사

훈련			평가 중점 내용
훈련계획 세부내용	1-❷	전체 영유아가 자세를 낮추고 머리 보호	
		쿠션 아래로(이불 속 등) 대피 — ①, ②반(영아반)	지진 시 행동요령 숙지
		책상 밑으로 대피 — ③, ④반(유아반)	
	1-❸	흔들림이 멈출 때까지 대기(2분 정도)	
		흔들림의 정도를 살핀 후 흔들림이 멈추면 대피경보 사이렌 울림 — 원장(안전관리책임관)	
	[2단계] 각 반 영유아 대피 시작(대피경보 사이렌) • 흔들림이 멈춘 후 사이렌이 울림과 동시에 대피 시작 • 보행이 어려운 영아는 교사가 안고 대피 • 각 반 교사 비상연락망 가지고 대피 • 각 반 인원 확인하여 원장에게 보고		질서 유지하며 대피
	2-❶	각 반 대피 시작	
		대피로 — 현관문 — ①, ②, ④반	대피시간
		대피로 — 비상문 — ③반	
		영유아 선두 대피유도 — ①, ③반 교사	
		영유아 후미 대피유도 — ②, ④반 교사	
		구급약품 소지 — ②반 교사	
	2-❷	각 반 대피 완료	
		최종점검 후 대피 — ②반 교사	대피한 영유아 수
		영유아와 정해진 장소에 집결 — 전체 보육교직원	
	[3단계] 부상자, 사상자 확인 및 응급처치		
	3-❶	응급처치	
		부상자 확인 후 응급처치 실시, 구급차 후송 — ③반 교사	부상자 응급처치/ 구급차 후송
		관련기관(인근 병원 등) 연락, 사상자 확인 — ①반 교사	
	3-❷	각 반 대피 지속	
		영유아와 안전한 곳에서 대피 지속 — ②, ④반 교사, 조리원	
	[4단계] 각 반 영유아 부모에게 연락		연락시간/ 응대 태도
	4-❶	부모 연락	
		비상연락망 이용하여 부모에게 연락 — ①, ②, ③, ④반 교사	
	3. 지진 대피 훈련 종료		
	• 지진 대피 훈련 종료 안내		대피시간

※ [1-❶]에서 현관문 및 비상문 개방에 실패했을 경우 대피유도자는 동선을 변경하여 대비
※ 부상자가 없을 경우 [1-❶ → 1-❷ → 2-❶ → 2-❷ → 1-❸ → 4-❶] 순으로 진행
출처: 보건복지부보육기반과(2016). 비상대피훈련 시나리오를 재구성하여 제시함.

훈련명	비상대응훈련	훈련일	○○○○년 ○○월 ○○일
훈련 참가자	보육교직원 (6) 명 / 영유아 (42) 명	훈련시간	○○시 ○○분
훈련종류	폭설 대응 실제 훈련		
훈련목표	• 대설 발생 시 행동요령을 이해한다. • 훈련을 통해 안전한 대비방법을 연습한다. • 실제 대설 상황 시 안전하게 대비한다.		
재난상황 시나리오	등원 후 눈이 내려 5cm 두께의 눈이 쌓이고 눈이 계속 오는 상황 • 대설주의보: 24시간 신적설량이 5cm 이상 예상될 때 • 대설경보: 24시간 신적설량이 20cm 이상 예상될 때 (산지는 30cm 이상 예상될 때)		
훈련 전 점검	• 제설 작업 도구 점검(빗자루, 염화칼슘 또는 모래, 미끄럼주의 표지판)		
훈련내용	1. 대설 상황 알림 2. 대설 시 매뉴얼 진행 3. 기상정보 청취 4. 부모에게 연락	5. 각 반 상황 파악 6. 제설작업 7. 종료	

훈련	평가 중점 내용
1. 대설 상황 인지 및 알림	
❶ 원장(지휘 · 명령 · 총괄) • 기상청 홈페이지 및 일기예보 참고하여 상황 예측 • 어린이집 전체에 대설 상황 알림	어린이집 전체에 대설 상황 알림
2. 대설 시 매뉴얼 진행	
[1단계] 대설 시 행동요령 진행 • 마실 수 있는 물 공급처가 동결될 것에 대비 • 미끄럼주의 표지판 설치	연락시간/ 응대 태도

훈련계획 세부내용

	어린이집 시설점검	
1-❶	기상정보 들으며 기상상황 수시 파악	①반 교사
	현관에 미끄럼 방지대 깔기	

	각 반 부모 전화 연락	
1-❷	대설주의보(대설경보) 상황 안내	①, ②, ③, ④반 교사
	하원 가능 시간 문의 (석식 준비 및 비상식량 예측)	
	하원 시 어린이집에 안전하게 도착할 수 있도록 주의사항 안내	

평가 중점 내용: 비상식량 및 식수 확보 보일러 상태 점검

훈련			평가 중점 내용
훈련계획 세부내용	**식량 및 보일러 확인**		제설작업 숙지
	1-❸ 비상식량 및 식수 확인, 보일러 상태 확인	조리원	
	상황 보고		
	1-❹ 각 반 정보 취합하여 원장에게 보고	①반 교사	
	연장보육 및 비상식량 등 상황 정리하여 보고		
	보육 지속 및 제설작업 진행		
	1-❺ 영유아 안전 보육 담당	②, ④반 교사	
	제설작업 담당	③반 교사	
3. 대설 상황 훈련 종료			
• 대설 상황 훈련 종료 안내			

출처: 보건복지부보육기반과(2016). 비상대피훈련 시나리오를 재구성하여 제시함.

8

155

| 화재 | 지진 | 폭설 | 집중호우 |

훈련명	비상대응훈련	훈련일	○○○○년 ○○월 ○○일
훈련 참가자	보육교직원 (6) 명 / 영유아 (42) 명	훈련시간	○○시 ○○분
훈련종류	집중호우 대응 실제 훈련		

훈련목표	• 집중호우 발생 시 행동요령을 이해한다. • 훈련을 통해 안전한 대비방법을 연습한다. • 실제 집중호우 상황 시 안전하게 대비한다.
재난상황 시나리오	등원 후 비가 내려 60mm 높이로 잠기고 비가 계속 오는 상황 • 호우주의보: 3시간 강우량이 60mm 이상 예상될 때 또는 12시간 강우량이 110mm 이상 예상될 때 • 호우경보: 3시간 강우량이 90mm 이상 예상될 때 또는 12시간 강우량이 180mm 이상 예상될 때
훈련 전 점검	• 하수구, 배수구 관리 도구 점검(집게)
훈련내용	1. 집중호우 상황 알림 5. 각 반 상황 파악 2. 집중호우 시 매뉴얼 진행 6. 하수구, 배수구 점검 3. 기상정보 청취 7. 종료 4. 부모에게 연락

	훈련		평가 중점 내용
훈련계획 세부내용	**1. 집중호우 상황 인지 및 알림**		

	❶ 원장(지휘 · 명령 · 총괄)
	  • 기상청 홈페이지 및 일기예보 참고하여 상황 예측
	  • 어린이집 전체에 집중호우 상황 알림
			어린이집 전체에
			집중호우
			상황 알림

	2. 집중호우 시 매뉴얼 진행		
	[1단계] 집중호우 시 행동요령 진행 • 빗물이 범람될 것에 대비		연락시간/ 응대 태도

훈련계획 세부내용 (표)

1-❶	기상상황 파악 및 시설점검	
	기상정보 들으며 기상상황 수시 파악	①반 교사
	하수구, 배수구 점검	③반 교사

1-❷	각 반 부모 전화 연락	
	호우주의보(호우경보) 상황 안내	①, ②, ③, ④반 교사
	하원 가능 시간 문의 (석식 준비 및 비상식량 예측)	
	하원 시 어린이집에 안전하게 도착할 수 있도록 주의사항 안내	

50명 미만 어린이집   50명 이상 100명 미만 어린이집   100명 이상 어린이집

훈련계획 세부내용	훈련			평가 중점 내용
훈련계획 세부내용	1-❸	식량 및 실외기 확인		비상식량 및 식수 확보 실외기 상태 점검
훈련계획 세부내용	1-❸	비상식량 및 식수 확인, 실외기 상태 점검	조리원	비상식량 및 식수 확보 실외기 상태 점검
훈련계획 세부내용	1-❹	상황 보고		비상식량 및 식수 확보 실외기 상태 점검
훈련계획 세부내용	1-❹	각 반 정보 취합하여 원장에게 보고	①반 교사	비상식량 및 식수 확보 실외기 상태 점검
훈련계획 세부내용	1-❹	연장보육 및 비상식량 등 상황 정리하여 보고	①반 교사	비상식량 및 식수 확보 실외기 상태 점검
훈련계획 세부내용	3. 집중호우 상황 훈련 종료			
훈련계획 세부내용	• 집중호우 상황 훈련 종료 안내			

출처: 보건복지부보육기반과(2016). 비상대피훈련 시나리오를 재구성하여 제시함.

8

마. 재난유형별 비상대피훈련 시나리오　　화재　지진　폭설　집중호우

#1. 조리실

조 리 원: (조리실의 발화를 발견하고 화재경보기를 울리며) 불이야! 불이야!

#2. 원장실

원　　장: (119에 연락을 하며) 여기 ○○구 ○○동 ○○어린이집에서 불이 났습니다.

불은 점심식사를 준비하던 조리실에서 발화한 것으로 보입니다.

근처에는 (알기 쉬운 큰 건물)이 있습니다.

제 전화번호는 ○○○-○○○○-○○○○입니다. 어린이집에는 보육교직원 6명
과 영유아 42명이 있습니다.

#3. 보육실

모든 보육교직원, 영유아: 불이야! 불이야!

①반 교사: ①, ②, ④반은 현관문으로 대피하겠습니다.

저는 선두에서 대피를 유도할 테니, ②, ④반 선생님은 후미에서 대피를 유도해 주세요.

②, ④반 교사: (후미에서 잔류인원 확인 후 대피하며) 저는 후미에서 대피를 유도합니다.

③반 교사: ③반은 비상문으로 대피하겠습니다. 저는 선두에서 대피를 유도합니다.

③반 교사: (비상연락망, 비상연락 휴대폰을 챙기며) 저는 비상연락망과 비상연락 휴대폰을 가지고
대피하겠습니다.

②반 교사: (비상구급함을 챙기며) 저는 비상구급함을 가지고 대피하겠습니다.

#4. 대피 장소

②반 교사: 어린이집 전체 인원 최종점검하겠습니다.

최종점검 결과, 모든 인원 대피 완료했습니다. 이상 없습니다.

원   장: (각 반 교사를 향해) 담임교사는 각 반 인원을 확인해서 알려 주세요.

①반 교사: ①반 교사 1명 중 1명, 영아 출석인원 5명 중 5명으로 이상 없습니다.

②반 교사: ②반 교사 1명 중 1명, 조리원 1명 중 1명, 영아 출석인원 7명 중 7명으로 이상 없습니다.

③반 교사: ③반 교사 1명 중 1명, 유아 출석인원 15명 중 15명으로 이상 없습니다.

④반 교사: ④반 교사 1명 중 1명, 유아 출석인원 15명 중 14명은 이상 없으나, 유아 1명 부상자가 있습니다.

③반 교사: ④반에 부상자가 있습니다. 응급처치를 실시하겠습니다. 구급차를 불러 주세요.

①반 교사: (지정 병원에 연락을 하며) 여기는 ○○구 ○○동 ○○어린이집입니다.
오늘 화재로 인하여 대피하던 중 부상자가 발생했습니다.

나머지 보육교직원: 모두 여기에서 계속 대피해 주세요.

④반 교사: (부상자가 있을 때) 안녕하세요. ○○○학부모님 맞으시죠?
○○어린이집 ④반 담임교사입니다.
점심식사 준비 중 조리실에서 발화를 발견하여 어린이집 외부 지정장소로 대피했습니다.
대피를 하는 도중 ○○○이 부상을 입어 지정 병원으로 후송하였습니다.

①, ②, ③반 교사: (부상자가 없을 때) 안녕하세요. ○○○학부모님 맞으시죠? ○○어린이집 ○반 담임교사입니다.
점심식사 준비 중 조리실에서 발화를 발견하여 어린이집 외부 지정장소로 대피했습니다.
○반 모두 부상자 없이 지정장소로 안전하게 대피 완료했습니다.

원   장: 오늘 ○○구 ○○동 ○○어린이집에서 불이 났으며, 불은 점심식사를 준비하던 조리실에서 발화한 것으로 보입니다.
어린이집에는 보육교직원 6명과 영유아 42명이 있었습니다.
(시계를 확인하며) 오늘 화재 대피 훈련 시간은 총 ○○분 소요되었습니다.
차례를 지켜 다시 각 반으로 돌아가시기 바랍니다.

#1. ②반 보육실

②반 교사: (②반 보육실에서 흔들림을 감지하고) 어린이집 건물이 흔들리고 있습니다.

지진 시 행동요령을 진행하겠습니다.

#2. 원장실

원　　장: (재난위험경보 사이렌을 울리며) 현재시각 우리나라 전역에 지진재난경보가 발령되었습니다.

강도 4.5의 지진이 발생하였습니다.

#3. 조리실

조 리 원: (가스 및 전기 차단기를 내린 후) 조리실 내의 가스 및 전기 차단을 완료했습니다.

조리실 문을 열고 ②반으로 이동하겠습니다.

#4. 보육실

①, ②반 교사: (쿠션과 이불로 머리를 보호하며) ○반 친구들! 모두 쿠션 아래와 이불 속으로 대피하세요.

③, ④반 교사: (책상 밑으로 들어가 머리를 보호하며) ○반 친구들! 모두 책상 밑으로 대피하세요.

#5. 원장실

원　　장: (대피경보기를 작동하며) 지진의 흔들림이 멈추었습니다.

모두 어린이집 밖 지정장소로 대피하세요.

#6. 보육실

①반 교사: ①, ②, ④반은 현관문으로 대피하겠습니다.

저는 선두에서 대피를 유도할 테니, ②, ④반 선생님은 후미에서 대피를 유도해 주세요.

②, ④반 교사: (후미에서 잔류인원 확인 후 대피하며) 저는 후미에서 대피를 유도합니다.

③반 교사: ③반은 비상문으로 대피하겠습니다. 저는 선두에서 대피를 유도합니다.

③반 교사: (비상연락망, 비상연락 휴대폰을 챙기며) 저는 비상연락망과 비상연락 휴대폰을 가지고 대피하겠습니다.

②반 교사: (비상구급함을 챙기며) 저는 비상구급함을 가지고 대피하겠습니다.

#7. 대피 장소

②반 교사: 어린이집 전체 인원 최종점검하겠습니다.

　　　　　최종점검 결과, 모든 인원 대피 완료했습니다. 이상 없습니다.

원　　장: (각 반 교사를 향해) 담임교사는 각 반 인원을 확인해서 알려 주세요.

①반 교사: ①반 교사 1명, 영아 5명으로 이상 없습니다.

②반 교사: ②반 교사 1명, 조리원 1명, 영아 7명으로 이상 없습니다.

③반 교사: ③반 교사 1명, 유아 15명으로 이상 없습니다.

④반 교사: ④반 교사 1명, 유아 14명은 이상 없으나, 유아 1명 부상자가 있습니다.

③반 교사: ④반에 부상자가 있습니다. 응급처치를 실시하겠습니다. 구급차를 불러 주세요.

①반 교사: (지정 병원에 연락을 하며) 여기는 ○○구 ○○동 ○○어린이집입니다.

　　　　　오늘 지진으로 인하여 대피하던 중 부상자가 발생했습니다.

나머지 보육교직원: 모두 여기에서 계속 대피해 주세요.

④반 교사: (부상자가 있을 때) 안녕하세요. ○○○학부모님 맞으시죠?

　　　　　○○어린이집 ④반 담임교사입니다.

　　　　　어린이집 내에서 흔들림을 감지하고, 강도 4.5의 지진이 발생하여 어린이집 외부 지정

　　　　　장소로 대피했습니다.

　　　　　대피를 하는 도중 ○○○이 부상을 입어 지정 병원으로 후송하였습니다.

①, ②, ③반 교사: (부상자가 없을 때) 안녕하세요. ○○○학부모님 맞으시죠?

　　　　　○○어린이집 ○반 담임교사입니다.

　　　　　어린이집 내에서 흔들림을 감지하고, 강도 4.5의 지진이 발생하여 어린이집 외부 지정

　　　　　장소로 대피했습니다.

　　　　　○반 모두 부상자 없이 지정장소로 안전하게 대피 완료했습니다.

원　　장: 오늘 우리나라 전역에 강도 4.5의 지진이 발생하여 지진재난경보가 발령되었습니다.

　　　　　어린이집에는 보육교직원 6명과 영유아 42명이 있었습니다.

　　　　　(시계를 확인하며) 오늘 지진 대피 훈련 시간은 총 ○○분 소요되었습니다.

　　　　　차례를 지켜 다시 각 반으로 돌아가시기 바랍니다.

8

화재   지진   폭설   집중호우

#1. 원장실

원　　장: (기상청 홈페이지를 확인하며) 모든 교직원 여러분께 안내말씀 드립니다.
　　　　우리 ○○어린이집이 있는 ○○ 지역에 오늘 오전 9시 30분부터 대설주의보가 발효되었습니다.

#2. 교사실

①반 교사: (일기예보를 보며) 기상청 홈페이지와 일기예보에 의하면 앞으로 5cm 이상의 눈이 더 쌓일 것으로 예상됩니다.

#3. 현관

①반 교사: (미끄럼 방지대와 미끄럼주의 표지판을 설치한 후) 현관에도 눈이 쌓여 미끄러지는 사고를 방지하기 위해 미끄럼 방지대와 미끄럼주의 표지판 설치를 완료하였습니다.

#4. 보육실

③반 교사: (비상연락망, 비상연락 휴대폰을 챙기며) 저는 비상연락망과 비상연락 휴대폰을 확인했습니다.
②반 교사: (비상구급함을 챙기며) 저는 비상구급함을 확인했습니다.

①~④반 교사: (부모에게 연락하며) 안녕하세요. ○○어린이집 ○반 교사입니다.
　　　　오늘 오전 9시 30분부터 ○○ 지역에 대설주의보가 발효되었습니다.
　　　　기상청에 따르면 앞으로 5cm 이상의 눈이 쌓인다고 합니다.
　　　　폭설로 인해 ○○○이 안전하게 귀가하도록 어린이집에 직접 오셔서 하원을 도와주셨으면 합니다.
　　　　○○○의 하원은 몇 시쯤 가능하겠습니까?
　　　　눈이 많이 와서 길이 미끄러우니 가급적 대중교통을 이용해 주시기 바랍니다.

#5. 식당

①반 교사: 비상식량과 식수, 보일러 상태를 확인해 주세요.
조 리 원: (비상식량과 식수를 확인하며) 비상식량 ○○개, 생수 ○○병을 조리실에 보관 중입니다.
　　　　(보일러 상태를 확인하며) 보일러실 안 보일러 작동에 이상 없음을 확인했습니다.

#6. 보육실

①반 교사: 각 반 인원현황을 보고해 주세요.

②반 교사: ②반 7명 모두 등원하였습니다.

③반 교사: ③반 15명 중 13명 등원하였습니다.

④반 교사: ④반 15명 중 14명 등원하였습니다.

#7. ①반 보육실

원　　　장: 각 반 인원현황을 보고해 주세요.

①반 교사: 현재 ①반 5명 중 3명, ②반 7명 중 7명, ③반 15명 중 13명, ④반 15명 중 14명, 총 37명 등원하였습니다.

원　　　장: 연장보육이 필요한 인원은 몇 명인가요?

①반 교사: 모든 출석인원 37명 중 20명이 연장보육 필요합니다.

#8. ②, ④반 보육실

①반 교사: 현재 보육 인원 보고해 주세요.

②반 교사: 현재 영아 출석인원 10명 중 10명은 ②반에서 보육하고 있습니다.

④반 교사: 현재 유아 출석인원 27명 중 27명은 ④반에서 보육하고 있습니다.

#9. ③반 보육실

①반 교사: 제설작업 진행상황 보고해 주세요.

③반 교사: 어린이집 현관과 실외놀이터, 어린이집 주변 인도까지 제설작업 완료하였습니다.

#10. 유희실

①반 교사: 오늘 ○○ 지역에 발효되었던 대설주의보가 해제되었습니다.
지금까지 대설 상황 훈련을 실시하였습니다.
이상으로 대설 상황 훈련을 마치겠습니다.

8

#1. 원장실

원   장: (기상청 홈페이지를 확인하며) 모든 교직원 여러분께 안내말씀 드립니다.

우리 ○○어린이집이 있는 ○○ 지역에 오늘 오전 9시 30분부터 호우주의보가 발효되었습니다.

#2. 교사실

①반 교사: (일기예보를 보며) 기상청 홈페이지와 일기예보에 의하면 앞으로 3시간 이내에 60mm 이상의 비가 더 내릴 것으로 예상됩니다.

#3. 현관

③반 교사: (하수구와 배수구를 점검하며) 하수구와 배수구에 누수된 곳이나 막힌 곳이 없는지 확인하였습니다.

#4. 보육실

③반 교사: (비상연락망, 비상연락 휴대폰을 챙기며) 저는 비상연락망과 비상연락 휴대폰을 확인했습니다.

②반 교사: (비상구급함을 챙기며) 저는 비상구급함을 확인했습니다.

①~④반 교사: (부모에게 연락하며) 안녕하세요. ○○어린이집 ○반 교사입니다.

오늘 오전 9시 30분부터 ○○ 지역에 호우주의보가 발효되었습니다.

기상청에 따르면 앞으로 3시간 이내에 60mm 이상의 비가 더 내린다고 합니다.

집중호우로 인해 ○○○이 안전하게 귀가하도록 어린이집에 직접 오셔서 하원을 도와주셨으면 합니다. ○○○의 하원은 몇 시쯤 가능하겠습니까?

비가 많이 와서 길이 미끄러우니 가급적 대중교통을 이용해 주시기 바랍니다.

#5. 식당

①반 교사: 비상식량과 식수, 에어컨 실외기 상태를 확인해 주세요.

원　　장: (비상식량과 식수를 확인하며) 비상식량 ○○개, 생수 ○○병을 조리실에 보관 중입니다.
(에어컨 실외기 상태를 확인하며) 에어컨 실외기 작동에 이상 없음을 확인했습니다.

#6. 보육실

①반 교사: 각 반 인원현황을 보고해 주세요.

②반 교사: ②반 7명 모두 등원하였습니다.

③반 교사: ③반 15명 중 13명 등원하였습니다.

④반 교사: ④반 15명 중 14명 등원하였습니다.

#7. ①반 보육실

원　　장: 각 반 인원현황을 보고해 주세요.

①반 교사: 현재 ①반 5명 중 3명, ②반 7명 중 7명, ③반 15명 중 13명, ④반 15명 중 14명, 총 37명 등원하였습니다.

원　　장: 연장보육이 필요한 인원은 몇 명인가요?

①반 교사: 모든 반 출석인원 37명 중 20명이 연장보육 필요합니다.

원　　장: 집중호우 대비상황 보고해 주세요.

①반 교사: 하수구와 배수구, 에어컨 실외기 점검 완료하였고, 비상식량 ○○개, 생수 ○○병을 조리실에서 보관 중입니다.

#8. 유희실

①반 교사: 오늘 ○○ 지역에 발효되었던 호우주의보가 해제되었습니다.
지금까지 집중호우 상황 훈련을 실시하였습니다.
이상으로 집중호우 상황 훈련을 마치겠습니다.

바. 비상대피도

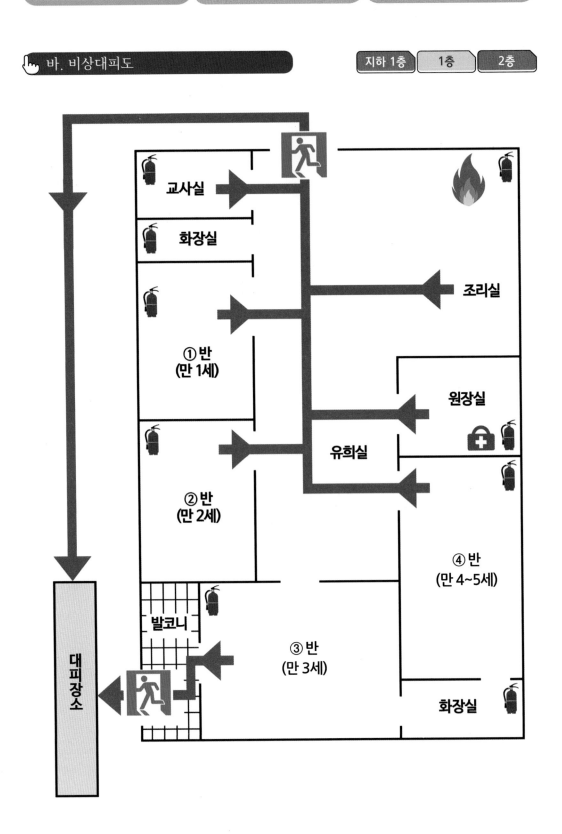

사. 개인별 업무카드 및 비상연락망

| 업무카드 | 비상연락망 | 비상대피도 |

___ 반 교사 ___

원 장☎___-___-___   소방서☎___-___-___
경찰서☎___-___-___   병 원☎___-___-___

상황		업무
평상시		
재난시	공통	1. 위기상황 전파 2. 현 위치 초동대응 3. 비상대피로 확보 및 대피 유도
	화재·지진	
	폭설·집중호우	

| 업무카드 | 비상연락망 | 비상대피도 |

___ 반 비상연락망 ___

원 장☎___-___-___   소방서☎___-___-___
경찰서☎___-___-___   병 원☎___-___-___

이름	연락처

8

| 업무카드 | 비상연락망 | 비상대피도 |

어린이집 비상연락망

원 장☎___-___-___   소방서☎___-___-___
경찰서☎___-___-___   병 원☎___-___-___

교직원 구성	성명	연락처

| 업무카드 | 비상연락망 | 비상대피도 |

I층 비상대피도

원 장☎___-___-___   소방서☎___-___-___
경찰서☎___-___-___   병 원☎___-___-___

※ 개인별 업무카드는 소책자 형태로 제작하여 휴대
※ [부록]의 사례를 참조하여 재난발생 시 개인별 역할을 구체적으로 분담하되, 상황에 따라 유동적으로 대처할
   수 있도록 작성

	50명 미만 어린이집	50명 이상 100명 미만 어린이집	100명 이상 어린이집

9	47명	직장 어린이집	공용	1층	조리원 ○

가. 기본현황

보육 정원	연령별 반구성				교직원	보육교직원 구성		
	①반 (만 1세)	②반 (만 2세)	③반 (만 3세)	④반 (만 4~5세)		원장	보육교사	조리원
47명	5명	7명	15명	20명	6명	1명	4명	1명

나. 평상시 재난 관련 업무분담표

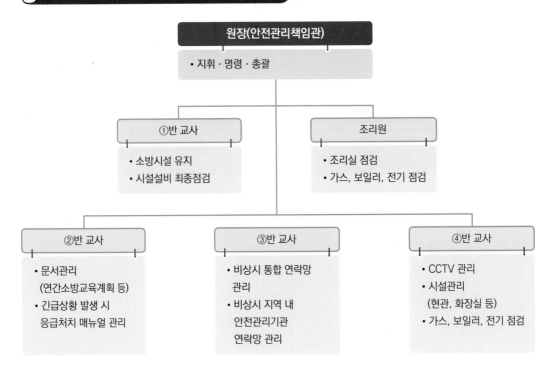

다. 재난 시 업무분담표

담당자	화재 발생 시	지진 발생 시	폭설 발생 시	집중호우 발생 시
원장	• 지휘·명령·총괄 • 응급기관 연락 • 화재 장소 확인 • 지자체 보고	• 지휘·명령·총괄 • 응급기관 연락 • 지진 진원지 확인 • 지자체 보고	• 지휘·명령·총괄 • 지자체 보고	• 지휘·명령·총괄 • 지자체 보고
①반 교사 (만 1세)	• 비상시 비상벨 작동 및 원내 전달 • 관계기관 통보 • 보고서 작성 • 화재 발생 상황 수시 파악 • ①반 대피유도 및 최종점검	• 비상시 비상벨 작동 및 원내 전달 • 관계기관 통보 • 보고서 작성 • 지진 발생 상황 수시 파악 • ①반 대피유도 및 최종점검	• (보육 총괄) • 폭설 상황 수시 파악 • 보고서 작성	• (보육 총괄) • 호우 상황 수시 파악 • 보고서 작성
②반 교사 (만 2세)	• ②반 대피유도 • 주요 서류 및 물건 반출 • 구급약품 관리	• ②반 대피유도 • 주요 서류 및 물건 반출 • 구급약품 관리	• (영아반 보육) • 구급약품 관리	• (영아반 보육) • 구급약품 관리
③반 교사 (만 3세)	• 응급처치 및 지정 병원으로 긴급후송 • 비상문 개방 • ③반 대피유도	• 응급처치 및 지정 병원으로 긴급후송 • 비상문 개방 • ③반 대피유도	• 응급처치 및 지정 병원으로 긴급후송 • 미끄럼주의 표지판 설치 • 제설작업	• 응급처치 및 지정 병원으로 긴급후송 • 하수구, 배수구 점검
④반 교사 (만 4~5세)	• (대피 후 영유아 보 육 총괄) • ④반 대피유도 • 현관문 개방	• (대피 후 영유아 보 육 총괄) • ④반 대피유도 • 현관문 개방	• (유아반 보육) • 현관문, 창문 점검	• (유아반 보육) • 현관문, 창문 점검
조리원	• 대피유도 및 보육 보조 • 가스 차단 • 전기 차단	• 대피유도 및 보육 보조 • 가스 차단 • 전기 차단	• 비상식량 확인 • 난방시설 확인	• 비상식량 확인 • 냉방시설 확인 • 가스 점검 • 전기콘센트 점검

9

라. 재난유형별 비상대피훈련 계획 　　화재　지진　폭설　집중호우

훈련명	비상대피훈련	훈련일	○○○○년 ○○월 ○○일
훈련 참가자	보육교직원 (6) 명 / 영유아 (47) 명	훈련시간	○○시 ○○분
훈련종류	화재 대피 실제 훈련		
훈련목표	• 화재 발생 시 행동요령을 이해한다. • 훈련을 통해 안전한 대피방법을 연습한다. • 실제 화재 발생 시 안전하게 대피한다.		
재난상황 시나리오	조리실에서 점심식사 준비 중 화재 발생으로 대피		
훈련 전 점검	• 훈련 계획의 내용 숙지 　　• 소화기 위치 파악 • 재난 시 업무분담 숙지 　　• 어린이집 앞 표지판 부착 • 대피로 동선 파악 　　　　　(비상대피훈련 중-집결지 안내)		
훈련내용	1. 화재경보 사이렌 　　　　　3. 부상자, 사상자 확인 및 응급처치 2. 대피경로로 대피, 대피장소 집결 　4. 부모에게 연락 　(영유아 인원 확인) 　　　　　5. 훈련 종료		

	훈련	평가 중점 내용
훈련계획 세부내용	**1. 화재 상황 인지 및 알림**(화재경보 사이렌)	
	❶ 조리원 발화 발견 　• 화재 첫 발견자는 불이 났음을 주변에 신속하게 알림 　• 소화기 사용하여 조기 진화 시도 　• 가스 및 전기 차단 　• 조리실 문 닫고 ①반(만 1세)으로 이동	육성 및 경보기 소리 전달 여부 소화기 사용
	❷ 원장(지휘 · 명령 · 총괄) 　• 화재장소 파악 후 응급기관(119) 연락	위치, 상황 설명
	2. 화재 시 매뉴얼 진행	
	[1단계] 각 반 영유아 대피 시작 • 화재경보 사이렌과 동시에 대피 시작 • 대피 시 양쪽 벽으로 이동하여 통로 가운데 소화출입로를 확보함 • 보행이 어려운 영아는 교사가 안고 대피 • 각 반 교사는 비상연락망을 가지고 대피 • 현관문, 비상문에 먼저 도착한 교사가 현관문, 비상문 개방 • 각 반 인원 확인 후 원장에게 보고	질서 유지하며 대피

훈련				평가 중점 내용
훈련계획 세부내용	1-❶	각 반 대피 시작		대피시간
		대피로	현관문	②, ④반	
			비상문	①, ③반	
		영유아 선두 대피유도	③, ④반 교사	
		영유아 후미 대피유도	①, ②반 교사	
		구급약품 소지	②반 교사	
	1-❷	현관문, 비상문 개방		
		현관문 개방	④반 교사	
		비상문 개방	③반 교사	
	1-❸	각 반 대피 완료		대피한 영유아 수
		영유아 후미 대피유도, 각 반 보육실 문 닫고 대피	①, ②반 교사	
		최종점검 후 대피	①반 교사	
		영유아와 정해진 장소에 집결	전체 보육교직원	
	[2단계] 부상자, 사상자 확인 및 응급처치			
	2-❶	응급처치		
		부상자 확인 후 응급처치 실시, 구급차 후송	③반 교사	
		관련기관(인근 병원 등) 연락, 사상자 확인	①반 교사	
	2-❷	각 반 대피 지속		부상자 응급처치/ 구급차 후송
		영유아와 안전한 곳에서 대피 지속	②, ④반 교사, 조리원	
	[3단계] 각 반 영유아 부모에게 연락			연락시간/ 응대 태도
	3-❶	부모 연락		
		비상연락망 이용하여 부모에게 연락	①, ②, ③, ④반 교사	
	3. 화재 대피 훈련 종료			
	• 화재 대피 훈련 종료 안내			대피시간

※ 부상자가 없을 경우 [1-❶ → 1-❷ → 1-❸ → 3-❶] 순으로 진행

출처: 보건복지부보육기반과(2016). 비상대피훈련 시나리오를 재구성하여 제시함.

50명 미만 어린이집	50명 이상 100명 미만 어린이집	100명 이상 어린이집

화재	지진	폭설	집중호우

훈련명	비상대피훈련	훈련일	○○○○년 ○○월 ○○일
훈련 참가자	보육교직원 (6) 명 / 영유아 (47) 명	훈련시간	○○시 ○○분
훈련종류	지진 대피 실제 훈련		

훈련목표	• 지진 발생 시 행동요령을 이해한다. • 훈련을 통해 안전한 대피방법을 연습한다. • 실제 지진 발생 시 안전하게 대피한다.
재난상황 시나리오	②반 보육실에서 먼저 흔들림을 감지하여 어린이집 전체에 알리고 대피(강도 4.5)
훈련 전 점검	• 훈련 계획의 내용 숙지 • 소화기 위치 파악 • 재난 시 업무분담 숙지 • 어린이집 앞 표지판 부착 • 대피로 동선 파악 (비상대피훈련 중 - 집결지 안내)
훈련내용	1. 재난위험경보 사이렌 4. 부상자, 사상자 확인 및 응급처치 2. 지진 행동요령 진행 5. 부모에게 연락 3. 대피경로로 대피, 대피장소 집결 6. 훈련 종료 (영유아 인원 확인)

	훈련	평가 중점 내용
	1. 지진 상황 인지 및 알림	

훈련계획
세부내용
	❶ ②교사 지진 감지
	   • 지진 첫 감지자는 지진이 발생했음을 주변 및 원장에게 신
	     속하게 알리고 지진 시 행동요령을 진행함
	
	❷ 원장(지휘 · 명령 · 총괄)
	   • 어린이집 전체에 지진 비상상황 알림(재난위험경보 사이렌 울림)
	
	❸ 조리원
	   • 가스 및 전기 차단
	   • 조리실 문 개방
	   • ①반(만 1세)으로 이동
		지진 상황
		전달 여부
		
		어린이집 전체에
		지진 상황 알림

	2. 지진 시 매뉴얼 진행	
	[1단계] 지진 시 행동요령 진행 • 주변에 방석이나 이불 등 쿠션감 있는 것으로 머리 보호	

	문 개방	
1-❶	각 반 보육실 문 개방	①, ②, ③, ④, ⑤반 교사
	현관문 개방	④반 교사
	비상문 개방	③반 교사

172

	훈련			평가 중점 내용
훈련계획 세부내용	**1-❷**	**전체 영유아가 자세를 낮추고 머리 보호**		지진 시 행동요령 숙지
		쿠션 아래로(이불 속 등) 대피	①, ②, ③반(영아반)	
		책상 밑으로 대피	④반(유아반)	
	1-❸	**흔들림이 멈출 때까지 대기(2분 정도)**		
		흔들림의 정도를 살핀 후 흔들림이 멈추면 대피경보 사이렌 울림	원장(안전관리책임관)	
	[2단계] 각 반 영유아 대피 시작(대피경보 사이렌) • 흔들림이 멈춘 후 사이렌 울림과 동시에 대피 시작 • 보행이 어려운 영아는 교사가 안고 대피 • 각 반 교사 비상연락망 가지고 대피 • 각 반 인원 확인하여 원장에게 보고			질서 유지하며 대피
	2-❶	**각 반 대피 시작**		대피시간
		대피로　현관문	②, ④반	
		대피로　비상문	①, ③반	
		영유아 선두 대피유도	③, ④반 교사	
		영유아 후미 대피유도	①, ②반 교사	
		구급약품 소지	②반 교사	
	2-❷	**각 반 대피 완료**		대피한 영유아 수
		최종점검 후 대피	①반 교사	
		영유아와 정해진 장소에 집결	전체 보육교직원	
	[3단계] 부상자, 사상자 확인 및 응급처치			부상자 응급처치/ 구급차 후송
	3-❶	**응급처치**		
		부상자 확인 후 응급처치 실시, 구급차 후송	③반 교사	
		관련기관(인근 병원 등) 연락, 사상자 확인	①반 교사	
	3-❷	**각 반 대피 지속**		
		영유아와 안전한 곳에서 대피 지속	②, ④반 교사, 조리원	
	[4단계] 각 반 영유아 부모에게 연락			연락시간/ 응대 태도
	4-❶	**부모 연락**		
		비상연락망 이용하여 부모에게 연락	①, ②, ③, ④반 교사	
	3. 지진 대피 훈련 종료			
	• 지진 대피 훈련 종료 안내			대피시간

※ [1-❶]에서 현관문 및 비상문 개방에 실패했을 경우 대피유도자는 동선을 변경하여 대비
※ 부상자가 없을 경우 [1-❶ → 1-❷ → 2-❶ → 2-❷ → 1-❸ → 4-❶] 순으로 진행
출처: 보건복지부보육기반과(2016). 비상대피훈련 시나리오를 재구성하여 제시함.

| 화재 | 지진 | 폭설 | 집중호우 |

훈련명	비상대응훈련	훈련일	○○○○년 ○○월 ○○일
훈련 참가자	보육교직원 (6) 명 / 영유아 (47) 명	훈련시간	○○시 ○○분
훈련종류	폭설 대응 실제 훈련		
훈련목표	• 대설 발생 시 행동요령을 이해한다. • 훈련을 통해 안전한 대비방법을 연습한다. • 실제 대설 상황 시 안전하게 대비한다.		
재난상황 시나리오	등원 후 눈이 내려 5cm 두께의 눈이 쌓이고 눈이 계속 오는 상황 • 대설주의보: 24시간 신적설량이 5cm 이상 예상될 때 • 대설경보: 24시간 신적설량이 20cm 이상 예상될 때 　(산지는 30cm 이상 예상될 때)		
훈련 전 점검	• 제설작업 도구 점검(빗자루, 염화칼슘 또는 모래, 미끄럼주의 표지판)		
훈련내용	1. 대설 상황 알림　　　　　5. 각 반 상황 파악 2. 대설 시 매뉴얼 진행　　6. 제설작업 3. 기상정보 청취　　　　　7. 종료 4. 부모에게 연락		

훈련	평가 중점 내용
1. 대설 상황 인지 및 알림	
❶ 원장(지휘 · 명령 · 총괄) • 기상청 홈페이지 및 일기예보 참고하여 상황 예측 • 어린이집 전체에 대설 상황 알림	어린이집 전체에 대설 상황 알림
2. 대설 시 매뉴얼 진행	
[1단계] 대설 시 행동요령 진행 • 마실 수 있는 물 공급처가 동결될 것에 대비 • 미끄럼주의 표지판 설치	연락시간/ 응대 태도

(훈련계획 세부내용)

1-❶	어린이집 시설점검	
	기상정보 들으며 기상상황 수시 파악	①반 교사
	현관에 미끄럼 방지대 깔기	

1-❷	각 반 부모 전화 연락		비상식량 및 식수 확보 보일러 상태 점검
	대설주의보(대설경보) 상황 안내		
	하원 가능 시간 문의 (석식 준비 및 비상식량 예측)	①, ②, ③, ④반 교사	
	하원 시 어린이집에 안전하게 도착할 수 있도록 주의사항 안내		

훈련			평가 중점 내용
	식량 및 보일러 확인		제설작업 숙지
1-❸	비상식량 및 식수 확인, 보일러 상태 확인	조리원	
	상황 보고		
1-❹	각 반 정보 취합하여 원장에게 보고	①반 교사	
	연장보육 및 비상식량 등 상황 정리하여 보고		
	보육 지속 및 제설작업 진행		
1-❺	영유아 안전 보육 담당	②, ④반 교사	
	제설작업 담당	③반 교사	
	3. 대설 상황 훈련 종료		
• 대설 상황 훈련 종료 안내			

첫번째 열 제목: 훈련계획 세부내용

출처: 보건복지부보육기반과(2016). 비상대피훈련 시나리오를 재구성하여 제시함.

9

화재	지진	폭설	**집중호우**

훈련명	비상대응훈련	훈련일	○○○○년 ○○월 ○○일
훈련 참가자	보육교직원 (6) 명 / 영유아 (47) 명	훈련시간	○○시 ○○분
훈련종류	집중호우 대응 실제 훈련		

훈련목표	• 집중호우 발생 시 행동요령을 이해한다. • 훈련을 통해 안전한 대비방법을 연습한다. • 실제 집중호우 상황 시 안전하게 대비한다.
재난상황 시나리오	등원 후 비가 내려 60mm 높이로 잠기고 비가 계속 오는 상황 • 호우주의보: 3시간 강우량이 60mm 이상 예상될 때 또는 12시간 강우량이 110mm 이상 예상될 때 • 호우경보: 3시간 강우량이 90mm 이상 예상될 때 또는 12시간 강우량이 180mm 이상 예상될 때
훈련 전 점검	• 하수구, 배수구 관리 도구 점검(집게)
훈련내용	1. 집중호우 상황 알림 5. 각 반 상황 파악 2. 집중호우 시 매뉴얼 진행 6. 하수구, 배수구 점검 3. 기상정보 청취 7. 종료 4. 부모에게 연락

	훈련	평가 중점 내용
훈련계획 세부내용	**1. 집중호우 상황 인지 및 알림**	
	❶ 원장(지휘 · 명령 · 총괄) • 기상청 홈페이지 및 일기예보 참고하여 상황 예측 • 어린이집 전체에 집중호우 상황 알림	어린이집 전체에 집중호우 상황 알림
	2. 집중호우 시 매뉴얼 진행	
	[1단계] 집중호우 시 행동요령 진행 • 빗물이 범람될 것에 대비	연락시간/ 응대 태도

1-❶	기상상황 파악 및 시설점검	
	기상정보 들으며 기상상황 수시 파악	①반 교사
	하수구, 배수구 점검	③반 교사

1-❷	각 반 부모 전화 연락	
	호우주의보(호우경보) 상황 안내	①, ②, ③, ④반 교사
	하원 가능 시간 문의 (석식 준비 및 비상식량 예측)	
	하원 시 어린이집에 안전하게 도착할 수 있도록 주의사항 안내	

	훈련			평가 중점 내용
훈련계획 세부내용	1-❸	식량 및 실외기 확인		비상식량 및 식수 확보 실외기 상태 점검
		비상식량 및 식수 확인, 실외기 상태 점검	조리원	
	1-❹	상황 보고		
		각 반 정보 취합하여 원장에게 보고	①반 교사	
		연장보육 및 비상식량 등 상황 정리하여 보고		
	3. 집중호우 상황 훈련 종료			
• 집중호우 상황 훈련 종료 안내				

출처: 보건복지부보육기반과(2016). 비상대피훈련 시나리오를 재구성하여 제시함.

마. 재난유형별 비상대피훈련 시나리오

#1. 조리실

조 리 원: (조리실의 발화를 발견하고 화재경보기를 울리며) 불이야! 불이야!

#2. 원장실

원   장: (119에 연락을 하며) 여기 ○○구 ○○동 ○○어린이집에서 불이 났습니다.

불은 점심식사를 준비하던 조리실에서 발화한 것으로 보입니다.

근처에는 (알기 쉬운 큰 건물)이 있습니다.

제 전화번호는 ○○○-○○○○-○○○○입니다. 어린이집에는 보육교직원 6명과 영유아 47명이 있습니다.

#3. 보육실

모든 보육교직원, 영유아: 불이야! 불이야!

④반 교사: ②, ④반은 현관문으로 대피하겠습니다.

저는 선두에서 대피를 유도할 테니, ②반 선생님은 후미에서 대피를 유도해 주세요.

②반 교사: (후미에서 잔류인원 확인 후 대피하며) 저는 후미에서 대피를 유도합니다.

③반 교사: ①, ③반은 비상문으로 대피합니다.

저는 선두에서 대피를 유도할 테니, ①반 선생님은 후미에서 대피를 유도해 주세요.

①반 교사: (후미에서 잔류인원 확인 후 대피하며) 저는 후미에서 대피를 유도합니다.

④반 교사: (비상연락망, 비상연락 휴대폰을 챙기며) 저는 비상연락망과 비상연락 휴대폰을 가지고 대피하겠습니다.

②반 교사: (비상구급함을 챙기며) 저는 비상구급함을 가지고 대피하겠습니다.

#4. 대피 장소

①반 교사: 어린이집 전체 인원 최종점검하겠습니다.

최종점검 결과, 모든 인원 대피 완료했습니다. 이상 없습니다.

원　　장: (각 반 교사를 향해) 담임교사는 각 반 인원을 확인해서 보고해 주세요.

①반 교사: ①반 교사 1명 중 1명, 조리원 1명 중 1명, 영아 출석인원 5명 중 5명으로 이상 없습니다.

②반 교사: ②반 교사 1명 중 1명, 영아 출석인원 7명 중 7명으로 이상 없습니다.

③반 교사: ③반 교사 1명 중 1명, 유아 출석인원 15명 중 15명으로 이상 없습니다.

④반 교사: ④반 교사 1명 중 1명, 유아 출석인원 20명 중 19명은 이상 없으나, 유아 1명 부상자가 있습니다.

③반 교사: ④반에 부상자가 있습니다. 응급처치를 실시하겠습니다. 구급차를 불러 주세요.

①반 교사: (지정 병원에 연락을 하며) 여기는 ○○구 ○○동 ○○어린이집입니다.
　　　　　오늘 화재로 인하여 대피하던 중 부상자가 발생했습니다.

나머지 보육교직원: 모두 여기에서 계속 대피해 주세요.

④반 교사: (부상자가 있을 때) 안녕하세요. ○○○학부모님 맞으시죠?
　　　　　○○어린이집 ④반 담임교사입니다.
　　　　　점심식사 준비 중 조리실에서 발화를 발견하여 어린이집 외부 지정장소로 대피했습니다.
　　　　　대피를 하는 도중 ○○○이 부상을 입어 지정 병원으로 후송하였습니다.

①, ②, ③반 교사: (부상자가 없을 때) 안녕하세요. ○○○학부모님 맞으시죠?
　　　　　○○어린이집 ○반 담임교사입니다.
　　　　　점심식사 준비 중 조리실에서 발화를 발견하여 어린이집 외부 지정장소로 대피했습니다.
　　　　　○반 모두 부상자 없이 지정장소로 안전하게 대피 완료했습니다.

원　　장: 오늘 ○○구 ○○동 ○○어린이집에서 불이 났으며, 불은 점심식사를 준비하던 조리실에서 발화한 것으로 보입니다.
　　　　　어린이집에는 보육교직원 7명과 영유아 49명이 있었습니다.
　　　　　(시계를 확인하며) 오늘 화재 대피 훈련 시간은 총 ○○분 소요되었습니다.
　　　　　차례를 지켜 다시 각 반으로 돌아가시기 바랍니다.

#1. ②반 보육실

②반 교사: (②반 보육실에서 흔들림을 감지하고) 어린이집 건물이 흔들리고 있습니다.
지진 시 행동요령을 진행하겠습니다.

#2. 원장실

원 장: (재난위험경보 사이렌을 울리며) 현재시각 우리나라 전역에 지진재난경보가 발령되었습니다.
강도 4.5의 지진이 발생하였습니다.

#3. 조리실

조 리 원: (가스 및 전기 차단기를 내린 후) 조리실 내의 가스 및 전기 차단을 완료했습니다.
조리실 문을 열고 ①, ②반으로 이동하겠습니다.

#4. 보육실

①, ②, ③반 교사: (쿠션과 이불로 머리를 보호하며) ○반 친구들! 모두 쿠션 아래와 이불 속으로 대
피하세요.
④반 교사: (책상 밑으로 들어가 머리를 보호하며) ④반 친구들! 모두 책상 밑으로 대피하세요.

#5. 원장실

원 장: (대피경보기를 작동하며) 지진의 흔들림이 멈추었습니다.
모두 어린이집 밖 지정장소로 대피하세요.

#6. 보육실

④반 교사: ②, ④반은 현관문으로 대피하겠습니다.
저는 선두에서 대피를 유도할 테니, ②반 선생님은 후미에서 대피를 유도해 주세요.
②반 교사: (후미에서 잔류인원 확인 후 대피하며) 저는 후미에서 대피를 유도합니다.
③반 교사: ①, ③반은 비상문으로 대피합니다.
저는 선두에서 대피를 유도할 테니, ①반 선생님은 후미에서 대피를 유도해 주세요.
①반 교사: (후미에서 잔류인원 확인 후 대피하며) 저는 후미에서 대피를 유도합니다.

④반 교사: (비상연락망, 비상연락 휴대폰을 챙기며) 저는 비상연락망과 비상연락 휴대폰을 가지고 대피하겠습니다.

②반 교사: (비상구급함을 챙기며) 저는 비상구급함을 가지고 대피하겠습니다.

#7. 대피 장소

①반 교사: 어린이집 전체 인원 최종점검하겠습니다.

최종점검 결과, 모든 인원 대피 완료했습니다. 이상 없습니다.

원　　장: (각 반 교사를 향해) 담임교사는 각 반 인원을 확인해서 알려 주세요.

①반 교사: ①반 교사 1명 중 1명, 조리원 1명 중 1명, 영아 출석인원 5명 중 5명으로 이상 없습니다.

②반 교사: ②반 교사 1명 중 1명, 영아 출석인원 7명 중 7명으로 이상 없습니다.

③반 교사: ③반 교사 1명 중 1명, 유아 출석인원 15명 중 15명으로 이상 없습니다.

④반 교사: ④반 교사 1명 중 1명, 유아 출석인원 20명 중 19명은 이상 없으나,

유아 1명 부상자가 있습니다.

③반 교사: ④반에 부상자가 있습니다. 응급처치를 실시하겠습니다. 구급차를 불러 주세요.

①반 교사: (지정 병원에 연락을 하며) 여기는 ○○구 ○○동 ○○어린이집입니다.

오늘 지진으로 인하여 대피하던 중 부상자가 발생했습니다.

나머지 보육교직원: 모두 여기에서 계속 대피해 주세요.

④반 교사: (부상자가 있을 때) 안녕하세요. ○○○학부모님 맞으시죠?

○○어린이집 ④반 담임교사입니다. 어린이집 내에서 흔들림을 감지하고, 강도 4.5의 지진이 발생하여 어린이집 외부 지정장소로 대피했습니다.

대피를 하는 도중 ○○○이 부상을 입어 지정 병원으로 후송하였습니다.

①, ②, ③반 교사: (부상자가 없을 때) 안녕하세요. ○○○학부모님 맞으시죠?

○○어린이집 ○반 담임교사입니다. 어린이집 내에서 흔들림을 감지하고, 강도 4.5의 지진이 발생하여 어린이집 외부 지정장소로 대피했습니다.

○반 모두 부상자 없이 지정장소로 안전하게 대피 완료했습니다.

원　　장: 오늘 우리나라 전역에 강도 4.5의 지진이 발생하여 지진재난경보가 발령되었습니다.

어린이집에는 보육교직원 7명과 영유아 47명이 있었습니다.

(시계를 확인하며) 오늘 지진 대피 훈련 시간은 총 ○○분 소요되었습니다.

차례를 지켜 다시 각 반으로 돌아가시기 바랍니다.

#1. 원장실

원   장: (기상청 홈페이지를 확인하며) 모든 교직원 여러분께 안내말씀 드립니다.
우리 ○○어린이집이 있는 ○○ 지역에 오늘 오전 9시 30분부터 대설주의보가 발효되었습니다.

#2. 교사실

①반 교사: (일기예보를 보며) 기상청 홈페이지와 일기예보에 의하면 앞으로 5cm 이상의 눈이 더 쌓일 것으로 예상됩니다.

#3. 현관

①반 교사: (미끄럼 방지대와 미끄럼주의 표지판을 설치한 후) 현관에도 눈이 쌓여 미끄러지는 사고를 방지하기 위해 미끄럼 방지대와 미끄럼주의 표지판 설치를 완료하였습니다.

#4. 보육실

④반 교사: (비상연락망, 비상연락 휴대폰을 챙기며) 저는 비상연락망과 비상연락 휴대폰을 확인했습니다.
②반 교사: (비상구급함을 챙기며) 저는 비상구급함을 확인했습니다.

①~④반 교사: (부모에게 연락하며) 안녕하세요. ○○어린이집 ○반 교사입니다.
오늘 오전 9시 30분부터 ○○ 지역에 대설주의보가 발효되었습니다.
기상청에 따르면 앞으로 5cm 이상의 눈이 더 쌓인다고 합니다.
폭설로 인해 ○○○이 안전하게 귀가하도록 어린이집에 직접 오셔서 하원을 도와주셨으면 합니다. ○○○의 하원은 몇 시쯤 가능하겠습니까?
눈이 많이 와서 길이 미끄러우니 가급적 대중교통을 이용해 주시기 바랍니다.

#5. 식당

①반 교사: 비상식량과 식수, 보일러 상태를 확인해 주세요.
조 리 원: (비상식량과 식수를 확인하며) 비상식량 ○○개, 생수 ○○병을 조리실에 보관 중입니다.
(보일러 상태를 확인하며) 보일러실 안 보일러 작동에 이상 없음을 확인했습니다.

#6. 보육실

①반 교사: 각 반 인원현황을 보고해 주세요.

②반 교사: ②반 7명 모두 등원하였습니다.

③반 교사: ③반 15명 중 13명 등원하였습니다.

④반 교사: ④반 20명 중 15명 등원하였습니다.

#7. ①반 보육실

원　　장: 각 반 인원현황을 보고해 주세요.

①반 교사: 현재 ①반 5명 중 3명, ②반 7명 중 7명, ③반 15명 중 13명, ④반 20명 중 15명, 총 38명 등원하였습니다.

원　　장: 연장보육이 필요한 인원은 몇 명인가요?

①반 교사: 모든 반 출석인원 38명 중 17명이 연장보육 필요합니다.

#8. ②, ④반 보육실

①반 교사: 현재 보육 인원 보고해 주세요.

②반 교사: 현재 영아 출석인원 10명 중 10명은 ②반에서 보육하고 있습니다.

④반 교사: 현재 유아 출석인원 28명 중 28명은 ④반에서 보육하고 있습니다.

#9. ③반 보육실

①반 교사: 제설작업 진행상황 보고해 주세요.

③반 교사: 어린이집 현관과 실외놀이터, 어린이집 주변 인도까지 제설작업 완료하였습니다.

#10. 복도

원　　장: 오늘 ○○ 지역에 발효되었던 대설주의보가 해제되었습니다.
지금까지 대설 상황 훈련을 실시하였습니다.
이상으로 대설 상황 훈련을 마치겠습니다.

9

화재　지진　폭설　**집중호우**

#1. 원장실

원　　장: (기상청 홈페이지를 확인하며) 모든 교직원 여러분께 안내말씀 드립니다.

우리 ○○어린이집이 있는 ○○ 지역에 오늘 오전 9시 30분부터 호우주의보가 발효되었습니다.

#2. 교사실

①반 교사: (일기예보를 보며) 기상청 홈페이지와 일기예보에 의하면 앞으로 3시간 이내에 60mm 이상의 비가 더 내릴 것으로 예상됩니다.

#3. 현관

③반 교사: (하수구와 배수구를 점검하며) 하수구와 배수구에 누수된 곳이나 막힌 곳이 없는지 확인하였습니다.

#4. 보육실

④반 교사: (비상연락망, 비상연락 휴대폰을 챙기며) 저는 비상연락망과 비상연락 휴대폰을 확인했습니다.

②반 교사: (비상구급함을 챙기며) 저는 비상구급함을 가지고 확인했습니다.

①~④반 교사: (부모에게 연락하며) 안녕하세요. ○○어린이집 ○반 교사입니다.

오늘 오전 9시 30분부터 ○○ 지역에 호우주의보가 발효되었습니다.

기상청에 따르면 앞으로 3시간 이내에 60mm 이상의 비가 더 내린다고 합니다.

집중호우로 인해 ○○○이 안전하게 귀가하도록 어린이집에 직접 오셔서 하원을 도와주셨으면 합니다. ○○○의 하원은 몇 시쯤 가능하겠습니까?

비가 많이 와서 길이 미끄러우니 가급적 대중교통을 이용해 주시기 바랍니다.

#5. 식당

①반 교사: 비상식량과 식수, 에어컨 실외기 상태를 확인해 주세요.

조 리 원: (비상식량과 식수를 확인하며) 비상식량 ○○개, 생수 ○○병을 조리실에 보관 중입니다.

　　　　　(에어컨 실외기 상태를 확인하며) 에어컨 실외기 작동에 이상 없음을 확인했습니다.

#6. 보육실

①반 교사: 각 반 인원현황을 보고해 주세요.

②반 교사: ②반 7명 모두 등원하였습니다.

③반 교사: ③반 15명 중 13명 등원하였습니다.

④반 교사: ④반 20명 중 15명 등원하였습니다.

#7. ①반 보육실

원　　　장: 각 반 인원현황을 보고해 주세요.

①반 교사: 현재 ①반 5명 중 3명, ②반 7명 중 7명, ③반 15명 중 13명, ④반 20명 중 15명, 총 38명
　　　　　등원하였습니다.

원　　　장: 연장보육이 필요한 인원은 몇 명인가요?

①반 교사: 모든 출석인원 38명 중 17명이 연장보육 필요합니다.

원　　　장: 집중호우 대비상황 보고해 주세요.

①반 교사: 하수구와 배수구, 에어컨 실외기 점검 완료하였고, 비상식량 ○○개, 생수 ○○병을
　　　　　조리실에서 보관 중입니다.

#8. 복도

원　　　장: 오늘 ○○ 지역에 발효되었던 호우주의보가 해제되었습니다.

　　　　　지금까지 집중호우 상황 훈련을 실시하였습니다.

　　　　　이상으로 집중호우 상황 훈련을 마치겠습니다.

바. 비상대피도

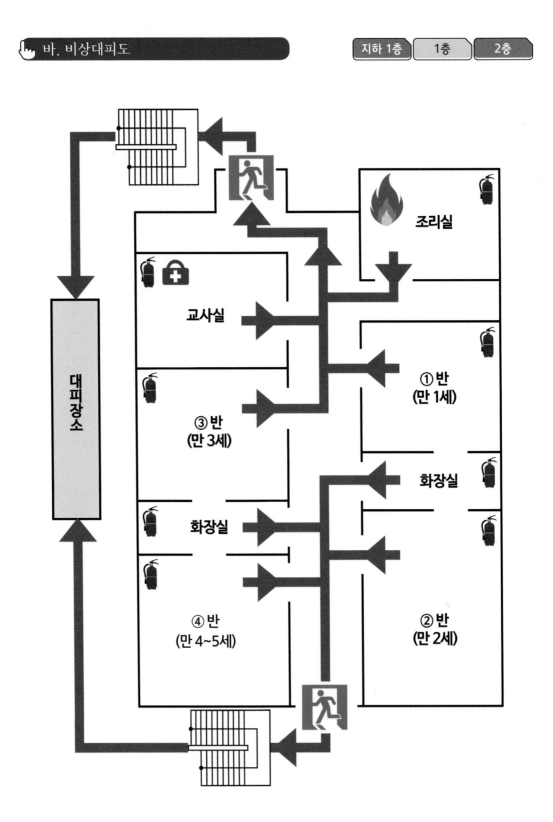

사. 개인별 업무카드 및 비상연락망

| 업무카드 | 비상연락망 | 비상대피도 |

_____ 반 교사 _____

원 장☎___-___-___ 　 소방서☎___-___-___
경찰서☎___-___-___ 　 병 원☎___-___-___

상황		업무
평상시		
재난시	공통	1. 위기상황 전파 2. 현 위치 초동대응 3. 비상대피로 확보 및 대피 유도
	화재·지진	
	폭설·집중호우	

| 업무카드 | 비상연락망 | 비상대피도 |

_____ 반 비상연락망

원 장☎___-___-___ 　 소방서☎___-___-___
경찰서☎___-___-___ 　 병 원☎___-___-___

이름	연락처

| 업무카드 | 비상연락망 | 비상대피도 |

어린이집 비상연락망

원 장☎___-___-___ 　 소방서☎___-___-___
경찰서☎___-___-___ 　 병 원☎___-___-___

교직원 구성	성명	연락처

| 업무카드 | 비상연락망 | 비상대피도 |

1층 비상대피도

원 장☎___-___-___ 　 소방서☎___-___-___
경찰서☎___-___-___ 　 병 원☎___-___-___

※ 개인별 업무카드는 소책자 형태로 제작하여 휴대
※ [부록]의 사례를 참조하여 재난발생 시 개인별 역할을 구체적으로 분담하되, 상황에 따라 유동적으로 대처할 수 있도록 작성

9

50명 미만 어린이집	50명 이상 100명 미만 어린이집	100명 이상 어린이집

10	49명	국공립 어린이집	공용	1층	조리원 ○

가. 기본현황

보육 정원	연령별 반구성					교직원	보육교직원 구성		
	①반 (만 0세)	②반 (만 1세)	③반 (만 2세)	④반 (만 3세)	⑤반 (만 4~5세)		원장	보육교사	조리원
49명	3명	5명	7명	15명	19명	7명	1명	5명	1명

나. 평상시 재난 관련 업무분담표

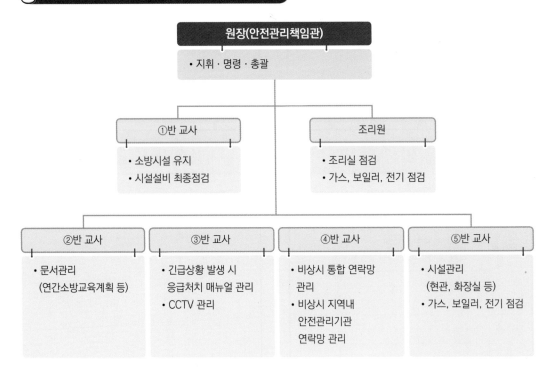

188

다. 재난 시 업무분담표

담당자	화재 발생 시	지진 발생 시	폭설 발생 시	집중호우 발생 시
원장	• 지휘 · 명령 · 총괄 • 응급기관 연락 • 화재 장소 확인 • 지자체 보고	• 지휘 · 명령 · 총괄 • 응급기관 연락 • 지진 진원지 확인 • 지자체 보고	• 지휘 · 명령 · 총괄 • 지자체 보고	• 지휘 · 명령 · 총괄 • 지자체 보고
①반 교사 (만 0세)	• 비상시 비상벨 작동 및 원내 전달 • 관계기관 통보 • 보고서 작성 • 화재 발생 상황 수시 파악 • ①반 대피유도	• 비상시 비상벨 작동 및 원내 전달 • 관계기관 통보 • 보고서 작성 • 지진 발생 상황 수시 파악 • ①반 대피유도	• (보육 총괄) • 폭설 상황 수시 파악 • 보고서 작성	• (보육 총괄) • 호우 상황 수시 파악 • 보고서 작성
②반 교사 (만 1세)	• 주요 서류 및 물건 반출 • ②반 대피유도 및 최종점검	• 주요 서류 및 물건 반출 • ②반 대피유도 및 최종점검	• (영아반 보육) • 미끄럼주의 표지판 설치	• (영아반 보육) • 하수구, 배수구 점검
③반 교사 (만 2세)	• 응급처치 및 지정 병원으로 긴급후송 • 비상문 개방 • ③반 대피유도	• 응급처치 및 지정 병원으로 긴급후송 • 비상문 개방 • ③반 대피유도	• 응급처치 및 지정 병원으로 긴급후송 • 제설작업	• 응급처치 및 지정 병원으로 긴급후송
④반 교사 (만 3세)	• (대피 후 영유아 보육 총괄) • ④반 대피유도	• (대피 후 영유아 보육 총괄) • ④반 대피유도	• (유아반 보육) • 미끄럼주의 표지판 설치	• (유아반 보육) • 하수구, 배수구 점검
⑤반 교사 (만 4~5세)	• 구급약품 관리 • 현관(비상)문 개방 • ⑤반 대피유도	• 구급약품 관리 • 현관(비상)문 개방 • ⑤반 대피유도	• 구급약품 관리 • 제설작업 • 현관문, 창문 점검	• 구급약품 관리 • 현관문, 창문 점검
조리원	• 대피유도 및 보육 보조 • 가스 차단 • 전기 차단	• 대피유도 및 보육 보조 • 가스 차단 • 전기 차단	• 비상식량 확인 • 난방시설 확인	• 비상식량 확인 • 냉방시설 확인 • 가스 점검 • 전기콘센트 점검

10

라. 재난유형별 비상대피훈련 계획

훈련명	비상대피훈련	훈련일	○○○○년 ○○월 ○○일
훈련 참가자	보육교직원 (7) 명 / 영유아 (49) 명	훈련시간	○○시 ○○분
훈련종류	화재 대피 실제 훈련		
훈련목표	• 화재 발생 시 행동요령을 이해한다. • 훈련을 통해 안전한 대피방법을 연습한다. • 실제 화재 발생 시 안전하게 대피한다.		
재난상황 시나리오	조리실에서 점심식사 준비 중 화재 발생으로 대피		
훈련 전 점검	• 훈련 계획의 내용 숙지　• 소화기 위치 파악 • 재난 시 업무분담 숙지　• 어린이집 앞 표지판 부착 • 대피로 동선 파악　　(비상대피훈련 중-집결지 안내)		
훈련내용	1. 화재경보 사이렌 2. 대피경로로 대피, 대피장소 집결 　(영유아 인원 확인) 3. 부상자, 사상자 확인 및 응급처치 4. 부모에게 연락 5. 훈련 종료		

훈련	평가 중점 내용
훈련계획 세부내용	**1. 화재 상황 인지 및 알림(화재경보 사이렌)**	
	❶ 조리원 발화 발견 　• 화재 첫 발견자는 불이 났음을 주변에 신속하게 알림 　• 소화기 사용하여 조기 진화 시도 　• 가스 및 전기 차단 　• 조리실 문 닫고 ①반(만 0세)으로 이동	육성 및 경보기 소리 전달 여부 소화기 사용
	❷ 원장(지휘 · 명령 · 총괄) 　• 화재장소 파악 후 응급기관(119) 연락	위치, 상황 설명
	2. 화재 시 매뉴얼 진행	
	[1단계] 각 반 영유아 대피 시작 • 화재경보 사이렌과 동시에 대피 시작 • 대피 시 양쪽 벽으로 이동하여 통로 가운데 소화출입로를 확보함 • 보행이 어려운 영아는 교사가 안고 대피 • 각 반 교사는 비상연락망을 가지고 대피 • 현관문, 비상문에 먼저 도착한 교사가 현관문, 비상문 개방 • 각 반 인원 확인 후 원장에게 보고	질서 유지하며 대피

훈련계획 세부내용	훈련			평가 중점 내용
	1-❶	각 반 대피 시작		대피시간
		대피로	현관문	①, ⑤반	
			비상문	②, ③, ④반	
		영유아 선두 대피유도	③, ④, ⑤반 교사	
		영유아 후미 대피유도	①, ②반 교사	
		구급약품 소지	⑤반 교사	
	1-❷	현관문, 비상문 개방		
		현관문 개방	⑤반 교사	
		비상문 개방	③반 교사	
	1-❸	각 반 대피 완료		대피한 영유아 수
		영유아 후미 대피유도, 각 반 보육실 문 닫고 대피	①, ②반 교사	
		최종점검 후 대피	②반 교사	
		영유아와 정해진 장소에 집결	전체 보육교직원	
	[2단계] 부상자, 사상자 확인 및 응급처치			
	2-❶	응급처치		부상자 응급처치/ 구급차 후송
		부상자 확인 후 응급처치 실시, 구급차 후송	③반 교사	
		관련기관(인근 병원 등) 연락, 사상자 확인	①반 교사	
	2-❷	각 반 대피 지속		
		영유아와 안전한 곳에서 대피 지속	②, ④, ⑤반 교사, 조리원	
	[3단계] 각 반 영유아 부모에게 연락			연락시간/ 응대 태도
	3-❶	부모 연락		
		비상연락망 이용하여 부모에게 연락	①, ②, ③, ④, ⑤반 교사	
	3. 화재 대피 훈련 종료			
	• 화재 대피 훈련 종료 안내			대피시간

10

※ 부상자가 없을 경우 [1-❶ → 1-❷ → 1-❸ → 3-❶] 순으로 진행

출처: 보건복지부보육기반과(2016). 비상대피훈련 시나리오를 재구성하여 제시함.

| 화재 | **지진** | 폭설 | 집중호우 |

훈련명	비상대피훈련	훈련일	○○○○년 ○○월 ○○일
훈련 참가자	보육교직원 (7) 명 / 영유아 (49) 명	훈련시간	○○시 ○○분
훈련종류	지진 대피 실제 훈련		

훈련목표	• 지진 발생 시 행동요령을 이해한다. • 훈련을 통해 안전한 대피방법을 연습한다. • 실제 지진 발생 시 안전하게 대피한다.
재난상황 시나리오	②반 보육실에서 먼저 흔들림을 감지하여 어린이집 전체에 알리고 대피(강도 4.5)
훈련 전 점검	• 훈련 계획의 내용 숙지　　　　• 소화기 위치 파악 • 재난 시 업무분담 숙지　　　　• 어린이집 앞 표지판 부착 • 대피로 동선 파악　　　　　　　(비상대피훈련 중 - 집결지 안내)
훈련내용	1. 재난위험경보 사이렌　　　　　4. 부상자, 사상자 확인 및 응급처치 2. 지진 행동요령 진행　　　　　　5. 부모에게 연락 3. 대피경로로 대피, 대피장소 집결　6. 훈련 종료 　(영유아 인원 확인)

	훈련	평가 중점 내용
훈련계획 세부내용	**1. 지진 상황 인지 및 알림**	
	❶ ②교사 지진 감지 　• 지진 첫 감지자는 지진이 발생했음을 주변 및 원장에게 신속하게 알리고 지진 시 행동요령을 진행함	지진 상황 전달 여부
	❷ 원장(지휘·명령·총괄) 　• 어린이집 전체에 지진 비상상황 알림(재난위험경보 사이렌 울림) ❸ 조리원 　• 가스 및 전기 차단 　• 조리실 문 개방 　• ①반(만 0세)으로 이동	어린이집 전체에 지진 상황 알림
	2. 지진 시 매뉴얼 진행	
	[1단계] 지진 시 행동요령 진행 • 주변에 방석이나 이불 등 쿠션감 있는 것으로 머리 보호	

1-❶	문 개방	
	각 반 보육실 문 개방	①, ②, ③, ④, ⑤반 교사
	현관문 개방	⑤반 교사
	비상문 개방	③반 교사

훈련				평가 중점 내용
훈련계획 세부내용	1-❷	전체 영유아가 자세를 낮추고 머리 보호		지진 시 행동요령 숙지
		쿠션 아래로(이불 속 등) 대피	①, ②, ④반 (영아반)	
		책상 밑으로 대피	③, ⑤반 (유아반)	
	1-❸	흔들림이 멈출 때까지 대기(2분 정도)		
		흔들림의 정도를 살핀 후 흔들림이 멈추면 대피경보 사이렌 울림	원장(안전관리책임관)	

[2단계] 각 반 영유아 대피 시작(대피경보 사이렌)
* 흔들림이 멈춘 후 사이렌이 울림과 동시에 대피 시작
* 보행이 어려운 영아는 교사가 안고 대피
* 각 반 교사 비상연락망 가지고 대피
* 각 반 인원 확인하여 원장에게 보고

평가 중점 내용: 질서 유지하며 대피

	각 반 대피 시작		
2-❶	대피로	현관문	①, ⑤반
		비상문	②, ③, ④반
	영유아 선두 대피유도		③, ④, ⑤반 교사
	영유아 후미 대피유도		①, ②반 교사
	구급약품 소지		⑤반 교사

평가 중점 내용: 대피시간

	각 반 대피 완료	
2-❷	최종점검 후 대피	②반 교사
	영유아와 정해진 장소에 집결	전체 보육교직원

평가 중점 내용: 대피한 영유아 수

[3단계] 부상자, 사상자 확인 및 응급처치

	응급처치	
3-❶	부상자 확인 후 응급처치 실시, 구급차 후송	③반 교사
	관련기관(인근 병원 등) 연락, 사상자 확인	①반 교사

	각 반 대피 지속	
3-❷	영유아와 안전한 곳에서 대피 지속	②, ④, ⑤반 교사, 조리원

평가 중점 내용: 부상자 응급처치/ 구급차 후송

[4단계] 각 반 영유아 부모에게 연락

	부모 연락	
4-❶	비상연락망 이용하여 부모에게 연락	①, ②, ③, ④, ⑤반 교사

평가 중점 내용: 연락시간/ 응대 태도

3. 지진 대피 훈련 종료

* 지진 대피 훈련 종료 안내 — 평가 중점 내용: 대피시간

※ [1-❶]에서 현관문 및 비상문 개방에 실패했을 경우 대피유도자는 동선을 변경하여 대비
※ 부상자가 없을 경우 [1-❶ → 1-❷ → 2-❶ → 2-❷→ 1-❸→ 4-❶] 순으로 진행
출처: 보건복지부보육기반과(2016). 비상대피훈련 시나리오를 재구성하여 제시함.

10

| 화재 | 지진 | 폭설 | 집중호우 |

훈련명	비상대응훈련	훈련일	○○○○년 ○○월 ○○일
훈련 참가자	보육교직원 (7) 명 / 영유아 (49) 명	훈련시간	○○시 ○○분
훈련종류	폭설 대응 실제 훈련		

훈련목표	• 대설 발생 시 행동요령을 이해한다. • 훈련을 통해 안전한 대비방법을 연습한다. • 실제 대설 상황 시 안전하게 대비한다.
재난상황 시나리오	등원 후 눈이 내려 5cm 두께의 눈이 쌓이고 눈이 계속 오는 상황 • 대설주의보: 24시간 신적설량이 5cm 이상 예상될 때 • 대설경보: 24시간 신적설량이 20cm 이상 예상될 때 (산지는 30cm 이상 예상될 때)
훈련 전 점검	• 제설작업 도구 점검(빗자루, 염화칼슘 또는 모래, 미끄럼주의 표지판)
훈련내용	1. 대설 상황 알림 5. 각 반 상황 파악 2. 대설 시 매뉴얼 진행 6. 제설작업 3. 기상정보 청취 7. 종료 4. 부모에게 연락

	훈련	평가 중점 내용
훈련계획 세부내용	**1. 대설 상황 인지 및 알림**	
	❶ 원장(지휘 · 명령 · 총괄) • 기상청 홈페이지 및 일기예보 참고하여 상황 예측 • 어린이집 전체에 대설 상황 알림	어린이집 전체에 대설 상황 알림
	2. 대설 시 매뉴얼 진행	
	[1단계] 대설 시 행동요령 진행 • 마실 수 있는 물 공급처가 동결될 것에 대비 • 미끄럼주의 표지판 설치	연락시간/ 응대 태도

1-❶	어린이집 시설점검	
	기상정보 들으며 기상상황 수시 파악	①반 교사
	현관에 미끄럼 방지대 깔기	

1-❷	각 반 부모 전화 연락	비상식량 및 식수 확보 보일러 상태 점검
	대설주의보(대설경보) 상황 안내	①, ②, ③, ④, ⑤반 교사
	하원 가능 시간 문의 (석식 준비 및 비상식량 예측)	
	하원 시 어린이집에 안전하게 도착할 수 있도록 주의사항 안내	

훈련			평가 중점 내용
훈련계획 세부내용	1-❸	**식량 및 보일러 확인**	**제설작업 숙지**
		비상식량 및 식수 확인, 보일러 상태 점검	조리원	
	1-❹	**상황 보고**	
		각 반 정보 취합하여 원장에게 보고	①반 교사	
		연장보육 및 비상식량 등 상황 정리하여 보고		
	1-❺	**보육 지속 및 제설작업 진행**	
		영유아 안전 보육 담당	②, ④반 교사	
		제설작업 담당	③, ⑤반 교사	
	3. 대설 상황 훈련 종료		
	• 대설 상황 훈련 종료 안내		

출처: 보건복지부보육기반과(2016). 비상대피훈련 시나리오를 재구성하여 제시함.

10

| 화재 | 지진 | 폭설 | **집중호우** |

훈련명	비상대응훈련	훈련일	○○○○년 ○○월 ○○일
훈련 참가자	보육교직원 (7) 명 / 영유아 (49) 명	훈련시간	○○시 ○○분
훈련종류	집중호우 대응 실제 훈련		

훈련목표	• 집중호우 발생 시 행동요령을 이해한다. • 훈련을 통해 안전한 대비방법을 연습한다. • 실제 집중호우 상황 시 안전하게 대비한다.
재난상황 시나리오	등원 후 비가 내려 60mm 높이로 잠기고 비가 계속 오는 상황 • 호우주의보: 3시간 강우량이 60mm 이상 예상될 때 또는 12시간 강우량이 110mm 이상 예상될 때 • 호우경보: 3시간 강우량이 90mm 이상 예상될 때 또는 12시간 강우량이 180mm 이상 예상될 때
훈련 전 점검	• 하수구, 배수구 관리 도구 점검(집게)
훈련내용	1. 집중호우 상황 알림 5. 각 반 상황 파악 2. 집중호우 시 매뉴얼 진행 6. 하수구, 배수구 점검 3. 기상정보 청취 7. 종료 4. 부모에게 연락

	훈련		평가 중점 내용
	1. 집중호우 상황 인지 및 알림		

	❶ 원장(지휘·명령·총괄)
	  • 기상청 홈페이지 및 일기예보 참고하여 상황 예측
	  • 어린이집 전체에 집중호우 상황 알림
			어린이집 전체에 집중호우 상황 알림

	2. 집중호우 시 매뉴얼 진행		
훈련계획 세부내용	[1단계] 집중호우 시 행동요령 진행 • 빗물이 범람될 것에 대비		
		기상상황 파악 및 시설점검	
	1-❶	기상정보 들으며 기상상황 수시 파악 ①반 교사 하수구, 배수구 점검 ②,④반 교사	연락시간/ 응대 태도
		각 반 부모 전화 연락	
	1-❷	호우주의보(호우경보) 상황 안내 하원 가능 시간 문의 (석식 준비 및 비상식량 예측) ①,②,③,④,⑤반 교사 하원 시 어린이집에 안전하게 도착할 수 있도록 주의사항 안내	

훈련			평가 중점 내용
훈련계획 세부내용	1-❸	**식량 및 실외기 확인**	비상식량 및 식수 확보 실외기 상태 점검
		비상식량 및 식수 확인, 실외기 상태 점검	조리원	
	1-❹	**상황 보고**	
		각 반 정보 취합하여 원장에게 보고	①반 교사	
		연장보육 및 비상식량 등 상황 정리하여 보고		
	3. 집중호우 상황 훈련 종료		
	• 집중호우 상황 훈련 종료 안내		

출처: 보건복지부보육기반과(2016). 비상대피훈련 시나리오를 재구성하여 제시함.

마. 재난유형별 비상대피훈련 시나리오

화재 **지진** **폭설** **집중호우**

#1. 조리실

조 리 원: (조리실의 발화를 발견하고 화재경보기를 울리며) 불이야! 불이야!

#2. 원장실

원　　장: (119에 연락을 하며) 여기 ○○구 ○○동 ○○어린이집에서 불이 났습니다.

불은 점심식사를 준비하던 조리실에서 발화한 것으로 보입니다.

근처에는 (알기 쉬운 큰 건물)이 있습니다.

제 전화번호는 ○○○-○○○○-○○○○입니다. 어린이집에는 보육교직원 7명과 영유아 49명이 있습니다.

#3. 보육실

모든 보육교직원, 영유아: 불이야! 불이야!

⑤반 교사: ①, ⑤반은 현관문으로 대피하겠습니다.

저는 선두에서 대피를 유도할 테니, ①반 선생님은 후미에서 대피를 유도해 주세요.

①반 교사: (후미에서 잔류인원 확인 후 대피하며) 저는 후미에서 대피를 유도합니다.

③반 교사: ②, ③, ④반은 비상문으로 대피하겠습니다.

저와 ④반 교사는 선두에서 대피를 유도할 테니, ②반 선생님은 후미에서 대피를 유도해 주세요.

②반 교사: (후미에서 잔류인원 확인 후 대피하며) 저는 후미에서 대피를 유도합니다.

④반 교사: (비상연락망, 비상연락 휴대폰을 챙기며) 저는 비상연락망과 비상연락 휴대폰을 가지고 대피하겠습니다.

⑤반 교사: (비상구급함을 챙기며) 저는 비상구급함을 가지고 대피하겠습니다.

#4. 대피 장소

②반 교사: 어린이집 전체 인원 최종점검하겠습니다.

최종점검 결과, 모든 인원 대피 완료했습니다. 이상 없습니다.

원　　장: (각 반 교사를 향해) 담임교사는 각 반 인원을 확인해서 알려 주세요.

①반 교사: ①반은 교사 1명 중 1명, 조리원 1명 중 1명, 영아 출석인원 3명 중 3명으로 이상 없습니다.

②반 교사: ②반 교사 1명 중 1명, 영아 출석인원 5명 중 5명으로 이상 없습니다.

③반 교사: ③반 교사 1명 중 1명, 영아 출석인원 7명 중 7명으로 이상 없습니다.

④반 교사: ④반 교사 1명 중 1명, 유아 출석인원 15명 중 15명으로 이상 없습니다.

⑤반 교사: ⑤반 교사 1명 중 1명, 유아 출석인원 19명 중 18명은 이상 없으나, 유아 1명 부상자가 있습니다.

③반 교사: ⑤반에 부상자가 있습니다. 응급처치를 실시하겠습니다. 구급차를 불러 주세요.

①반 교사: (지정 병원에 연락을 하며) 여기는 ○○구 ○○동 ○○어린이집입니다.

　　　　　오늘 화재로 인하여 대피하던 중 부상자가 발생했습니다.

나머지 보육교직원: 모두 여기에서 계속 대피해 주세요.

⑤반 교사: (부상자가 있을 때) 안녕하세요. ○○○학부모님 맞으시죠?

　　　　　○○어린이집 ⑤반 담임교사입니다.

　　　　　점심식사 준비 중 조리실에서 발화를 발견하여 어린이집 외부 지정장소로 대피했습니다.

　　　　　대피를 하는 도중 ○○○이 부상을 입어 지정 병원으로 후송하였습니다.

①, ②, ③, ④반 교사: (부상자가 없을 때) 안녕하세요. ○○○학부모님 맞으시죠?

　　　　　○○어린이집 ○반 담임교사입니다.

　　　　　점심식사 준비 중 조리실에서 발화를 발견하여 어린이집 외부 지정장소로 대피했습니다.

　　　　　○반 모두 부상자 없이 지정장소로 안전하게 대피 완료했습니다.

원　　장: 오늘 ○○구 ○○동 ○○어린이집에서 불이 났으며, 불은 점심식사를 준비하던 조리실에서 발화한 것으로 보입니다.

　　　　　어린이집에는 보육교직원 7명과 영유아 49명이 있었습니다.

　　　　　(시계를 확인하며) 오늘 화재 대피 훈련 시간은 총 ○○분 소요되었습니다.

　　　　　차례를 지켜 다시 각 반으로 돌아가시기 바랍니다.

#1. ②반 보육실

②반 교사: (②반 보육실에서 흔들림을 감지하고) 어린이집 건물이 흔들리고 있습니다. 지진 시 행동요령을 진행하겠습니다.

#2. 원장실

원　　장: (재난위험경보 사이렌을 울리며) 현재시각 우리나라 전역에 지진재난경보가 발령되었습니다. 강도 4.5의 지진이 발생하였습니다.

#3. 조리실

조 리 원: (가스 및 전기 차단기를 내린 후) 조리실 내의 가스 및 전기 차단을 완료했습니다. 조리실 문을 열고 ①반으로 이동하겠습니다.

#4. 보육실

①, ②, ③반 교사: (쿠션과 이불로 머리를 보호하며) ○반 친구들! 모두 쿠션 아래와 이불 속으로 대피하세요.

④, ⑤반 교사: (책상 밑으로 들어가 머리를 보호하며) ○반 친구들! 모두 책상 밑으로 대피하세요.

#5. 원장실

원　　장: (대피경보기를 작동하며) 지진의 흔들림이 멈추었습니다. 모두 어린이집 밖 지정장소로 대피하세요.

#6. 보육실

⑤반 교사: ①, ⑤반은 현관문으로 대피하겠습니다. 저는 선두에서 대피를 유도할 테니, ①반 선생님은 후미에서 대피를 유도해 주세요.

①반 교사: (후미에서 잔류인원 확인 후 대피하며) 저는 후미에서 대피를 유도합니다.

③반 교사: ②, ③, ④반은 비상문으로 대피하겠습니다. 저와 ④반 선생님은 선두에서 대피를 유도할 테니, ②반 선생님은 후미에서 대피를 유도해 주세요.

②반 교사: (후미에서 잔류인원 확인 후 대피하며) 저는 후미에서 대피를 유도합니다.

④반 교사: (비상연락망, 비상연락 휴대폰을 챙기며) 저는 비상연락망과 비상연락 휴대폰을 가지고 대피하겠습니다.

⑤반 교사: (비상구급함을 챙기며) 저는 비상구급함을 가지고 대피하겠습니다.

#7. 대피 장소

②반 교사: 어린이집 전체 인원 최종점검하겠습니다.

　　　　　최종점검 결과, 모든 인원 대피 완료했습니다. 이상 없습니다.

원　　　장: (각 반 교사를 향해) 담임교사는 각 반 인원을 확인해서 알려 주세요.

①반 교사: ①반은 교사 1명 중 1명, 조리원 1명 중 1명, 영아 출석인원 3명 중 3명으로 이상 없습니다.

②반 교사: ②반 교사 1명 중 1명, 영아 출석인원 5명 중 5명으로 이상 없습니다.

③반 교사: ③반 교사 1명 중 1명, 영아 출석인원 7명 중 7명으로 이상 없습니다.

④반 교사: ④반 교사 1명 중 1명, 유아 출석인원 15명 중 15명으로 이상 없습니다.

⑤반 교사: ⑤반 교사 1명 중 1명, 유아 출석인원 19명 중 18명은 이상 없으나,

　　　　　유아 1명 부상자가 있습니다.

③반 교사: ⑤반에 부상자가 있습니다. 응급처치를 실시하겠습니다. 구급차를 불러 주세요.

①반 교사: (지정 병원에 연락을 하며) 여기는 ○○구 ○○동 ○○어린이집입니다.

　　　　　오늘 지진으로 인하여 대피하던 중 부상자가 발생했습니다.

나머지 보육교직원: 모두 여기에서 계속 대피해 주세요.

⑤반 교사: (부상자가 있을 때) 안녕하세요. ○○○학부모님 맞으시죠?

　　　　　○○어린이집 ⑤반 담임교사입니다.

　　　　　어린이집 내에서 흔들림을 감지하고, 강도 4.5의 지진이 발생하여 어린이집 외부 지정장소로 대피했습니다.

　　　　　대피를 하는 도중 ○○○이 부상을 입어 지정 병원으로 후송하였습니다.

①, ②, ③, ④반 교사: (부상자가 없을 때) 안녕하세요. ○○○학부모님 맞으시죠?

　　　　　○○어린이집 ○반 담임교사입니다. 어린이집 내에서 흔들림을 감지하고, 강도 4.5의 지진이 발생하여 어린이집 외부 지정장소로 대피했습니다.

　　　　　○반 모두 부상자 없이 지정장소로 안전하게 대피 완료했습니다.

원　　　장: 오늘 우리나라 전역에 강도 4.5의 지진이 발생하여 지진재난경보가 발령되었습니다.

　　　　　어린이집에는 보육교직원 4명과 영유아 15명이 있었습니다.

　　　　　(시계를 확인하며) 오늘 지진 대피 훈련 시간은 총 ○○분 소요되었습니다.

　　　　　차례를 지켜 다시 각 반으로 돌아가시기 바랍니다.

#1. 원장실

원 장: (기상청 홈페이지를 확인하며) 모든 교직원 여러분께 안내말씀 드립니다.
우리 ○○어린이집이 있는 ○○ 지역에 오늘 오전 9시 30분부터 대설주의보가 발효되었습니다.

#2. 교사실

①반 교사: (일기예보를 보며) 기상청 홈페이지와 일기예보에 의하면 앞으로 5cm 이상의 눈이 더 쌓일 것으로 예상됩니다.

#3. 현관

①반 교사: (미끄럼 방지대와 미끄럼주의 표지판을 설치한 후) 현관에도 눈이 쌓여 미끄러지는 사고를 방지하기 위해 미끄럼 방지대와 미끄럼주의 표지판 설치 완료하였습니다.

#4. 보육실

④반 교사: (비상연락망, 비상연락 휴대폰을 챙기며) 저는 비상연락망과 비상연락 휴대폰을 확인했습니다.
⑤반 교사: (비상구급함을 챙기며) 저는 비상구급함을 확인했습니다.

①~⑤반 교사: (부모에게 연락하며) 안녕하세요. ○○어린이집 ○반 교사입니다.
오늘 오전 9시 30분부터 ○○ 지역에 대설주의보가 발효되었습니다.
기상청에 따르면 앞으로 5cm 이상의 눈이 더 쌓인다고 합니다.
폭설로 인해 ○○○이 안전하게 귀가하도록 어린이집에 직접 오셔서 하원을 도와주셨으면 합니다. ○○○의 하원은 몇 시쯤 가능하겠습니까?
눈이 많이 와서 길이 미끄러우니 가급적 대중교통을 이용해 주시기 바랍니다.

#5. 식당

①반 교사: 비상식량과 식수, 보일러 상태를 확인해 주세요.
조 리 원: (비상식량과 식수를 확인하며) 비상식량 ○○개, 생수 ○○병을 조리실에 보관 중입니다.
(보일러 상태를 확인하며) 보일러실 안 보일러 작동에 이상 없음을 확인했습니다.

#6. 보육실

①반 교사: 각 반 인원현황을 보고해 주세요.

②반 교사: ②반 5명 모두 등원하였습니다.

③반 교사: ③반 7명 중 5명 등원하였습니다.

④반 교사: ④반 15명 모두 등원하였습니다.

⑤반 교사: ⑤반 19명 중 14명 등원하였습니다.

#7. ①반 보육실

원　　장: 각 반 인원현황을 보고해 주세요.

①반 교사: 현재 출석인원 ①반 3명 중 2명, ②반 5명 중 5명, ③반 7명 중 5명, ④반 15명 중 15명,
　　　　　⑤반 19명 중 14명, 총 41명 등원하였습니다.

원　　장: 연장보육이 필요한 인원은 몇 명인가요?

①반 교사: 모든 출석인원 41명 중 20명이 연장보육 필요합니다.

#8. ②, ④반 보육실

①반 교사: 현재 보육 인원 알려 주세요.

②반 교사: 현재 영아 출석인원 12명 중 12명은 ②반에서 보육하고 있습니다.

④반 교사: 현재 유아 출석인원 29명 중 29명은 ④반에서 보육하고 있습니다.

#9. ③, ⑤반 보육실

①반 교사: 제설작업 진행상황 보고해 주세요.

③, ⑤반 교사: 어린이집 현관과 실외놀이터, 어린이집 주변 인도까지 제설작업 완료하였습니다.

#10. 유희실

①반 교사: 오늘 ○○ 지역에 발효되었던 대설주의보가 해제되었습니다.
　　　　　지금까지 대설 상황 훈련을 실시하였습니다.
　　　　　이상으로 대설 상황 훈련을 마치겠습니다.

#1. 원장실

원   장: (기상청 홈페이지를 확인하며) 모든 교직원 여러분께 안내말씀 드립니다.

우리 ○○어린이집이 있는 ○○ 지역에 오늘 오전 9시 30분부터 호우주의보가 발효되었습니다.

#2. 교사실

①반 교사: (일기예보를 보며) 기상청 홈페이지와 일기예보에 의하면 앞으로 3시간 이내에 60mm 이상의 비가 더 내릴 것으로 예상됩니다.

#3. 현관

②, ④반 교사: (하수구와 배수구를 점검하며) 하수구와 배수구에 누수된 곳이나 막힌 곳이 없는지 확인하였습니다.

#4. 보육실

④반 교사: (비상연락망, 비상연락 휴대폰을 챙기며) 저는 비상연락망과 비상연락 휴대폰을 확인했습니다.

⑤반 교사: (비상구급함을 챙기며) 저는 비상구급함을 확인했습니다.

①~⑤반 교사: (부모에게 연락하며) 안녕하세요. ○○어린이집 ○반 교사입니다.

오늘 오전 9시 30분부터 ○○ 지역에 호우주의보가 발효되었습니다.

기상청에 따르면 앞으로 3시간 이내에 60mm 이상의 비가 더 내린다고 합니다.

집중호우로 인해 ○○○이 안전하게 귀가하도록 어린이집에 직접 오셔서 하원을 도와주셨으면 합니다. ○○○의 하원은 몇 시쯤 가능하겠습니까?

비가 많이 와서 길이 미끄러우니 가급적 대중교통을 이용해 주시기 바랍니다.

#5. 식당

①반 교사: 비상식량과 식수, 에어컨 실외기 상태를 확인해 주세요.

조 리 원: (비상식량과 식수를 확인하며) 비상식량 ○○개, 생수 ○○병을 조리실에 보관 중입니다.

　　　　　(에어컨 실외기를 확인하며) 에어컨 실외기 작동에 이상 없음을 확인했습니다.

#6. 보육실

①반 교사: 각 반 인원현황을 보고해 주세요.

②반 교사: ②반 5명 모두 등원하였습니다.

③반 교사: ③반 7명 중 5명 등원하였습니다.

④반 교사: ④반 15명 모두 등원하였습니다.

⑤반 교사: ⑤반 19명 중 14명 등원하였습니다.

#7. ①반 보육실

원　　　장: 각 반 인원현황을 보고해 주세요.

①반 교사: 현재 출석인원 ①반 3명 중 2명, ②반 5명 중 5명, ③반 7명 중 5명, ④반 15명 중 15명, ⑤반 19명 중 14명, 총 41명 등원하였습니다.

원　　　장: 연장보육이 필요한 인원은 몇 명인가요?

①반 교사: 모든 출석인원 41명 중 20명이 연장보육 필요합니다.

원　　　장: 집중호우 대비상황 보고해 주세요.

①반 교사: 하수구와 배수구, 에어컨 실외기 점검 완료하였고, 비상식량 ○○개, 생수 ○○병을 조리실에서 보관 중입니다.

#8. 복도

①반 교사: 오늘 ○○ 지역에 발효되었던 호우주의보가 해제되었습니다.

　　　　　지금까지 집중호우 상황 훈련을 실시하였습니다.

　　　　　이상으로 집중호우 상황 훈련을 마치겠습니다.

바. 비상대피도

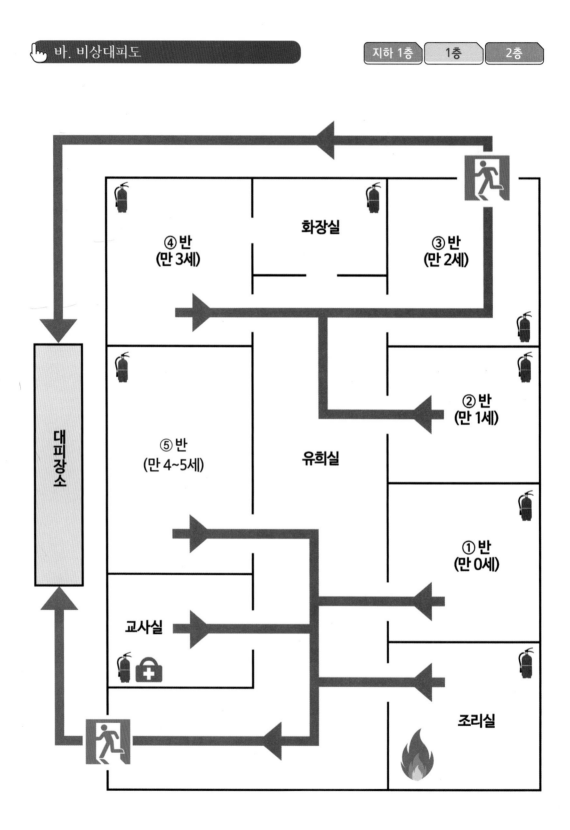

사. 개인별 업무카드 및 비상연락망

[업무카드] 비상연락망 · 비상대피도

___ 반 교사 ___

원 장☎__-__-__   소방서☎__-__-__
경찰서☎__-__-__   병 원☎__-__-__

상황		업무
평상시		
재난시	공통	1. 위기상황 전파 2. 현 위치 초동대응 3. 비상대피로 확보 및 대피 유도
	화재·지진	
	폭설·집중호우	

업무카드 · **[비상연락망]** · 비상대피도

___ 반 비상연락망

원 장☎__-__-__   소방서☎__-__-__
경찰서☎__-__-__   병 원☎__-__-__

이름	연락처

10

업무카드 · **[비상연락망]** · 비상대피도

어린이집 비상연락망

원 장☎__-__-__   소방서☎__-__-__
경찰서☎__-__-__   병 원☎__-__-__

교직원 구성	성명	연락처

업무카드 · 비상연락망 · **[비상대피도]**

I층 비상대피도

원 장☎__-__-__   소방서☎__-__-__
경찰서☎__-__-__   병 원☎__-__-__

※ 개인별 업무카드는 소책자 형태로 제작하여 휴대
※ [부록]의 사례를 참조하여 재난발생 시 개인별 역할을 구체적으로 분담하되, 상황에 따라 유동적으로 대처할
   수 있도록 작성

11	49명	협동 어린이집	전용	2층	조리원 ○

가. 기본현황

보육 정원	연령별 반구성					교직원	보육교직원 구성		
	①반 (만 0세)	②반 (만 1세)	③반 (만 2세)	④반 (만 3세)	⑤반 (만 4~5세)		원장	보육교사	조리원
49명	3명	5명	7명	15명	19명	7명	1명	5명	1명

나. 평상시 재난 관련 업무분담표

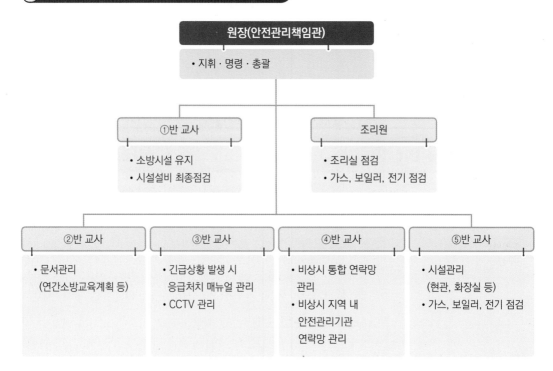

다. 재난 시 업무분담표

담당자		화재 발생 시	지진 발생 시	폭설 발생 시	집중호우 발생 시
원장		• 지휘 · 명령 · 총괄 • 응급기관 연락 • 화재 장소 확인 • 지자체 보고	• 지휘 · 명령 · 총괄 • 응급기관 연락 • 지진 진원지 확인 • 지자체 보고	• 지휘 · 명령 · 총괄 • 지자체 보고	• 지휘 · 명령 · 총괄 • 지자체 보고
1층	①반 교사 (만 0세)	• 비상시 비상벨 작동 및 원내 전달 • 현관문 개방 • ①반 대피유도 및 1층 최종점검	• 비상시 비상벨 작동 및 원내 전달 • 현관문 개방 • ①반 대피유도 및 1층 최종점검	• (영아반 보육)	• (영아반 보육) • 현관문, 창문 점검
1층	②반 교사 (만 1세)	• 구급약품 관리 • ②반 대피유도 • 보고서 작성	• 구급약품 관리 • ②반 대피유도 • 보고서 작성	• 미끄럼주의 표지판 설치 • 구급약품 관리	• 하수구, 배수구 점검
1층	③반 교사 (만 2세)	• (대피 후 영아 보육 총괄) • ③반 대피유도 • 화재 발생 상황 수시 파악	• (대피 후 영아 보육 총괄) • ③반 대피유도 • 지진 발생 상황 수시 파악	• (보육 총괄) • 폭설 상황 수시 파악 • 보고서 작성	• (보육 총괄) • 호우 상황 수시 파악 • 보고서 작성
2층	④반 교사 (만 3세)	• 비상시 비상벨 작동 및 원내 전달 • 비상문 개방 • ④반 대피유도 및 2층 최종점검	• 비상시 비상벨 작동 및 원내 전달 • 비상문 개방 • ④반 대피유도 및 2층 최종점검	• 제설작업	• 비상문, 창문 점검 • 하수구, 배수구 점검
2층	⑤반 교사 (만 4~5세)	• (대피 후 유아 보육 총괄) • 구급약품 관리 • ⑤반 대피유도	• (대피 후 유아 보육 총괄) • 구급약품 관리 • ⑤반 대피유도	• (유아반 보육) • 미끄럼주의 표지판 설치 • 구급약품관리	• (유아반 보육) • 구급약품 관리
조리원		• 대피유도 및 보육 보조 • 가스 차단 • 전기 차단	• 대피유도 및 보육 보조 • 가스 차단 • 전기 차단	• 비상식량 확인 • 난방시설 확인	• 비상식량 확인 • 냉방시설 확인 • 가스 점검 • 전기콘센트 점검

11

라. 재난유형별 비상대피훈련 계획   화재 · 지진 · 폭설 · 집중호우

훈련명	비상대피훈련	훈련일	○○○○년 ○○월 ○○일
훈련 참가자	보육교직원 (7) 명 / 영유아 (49) 명	훈련시간	○○시 ○○분
훈련종류	화재 대피 실제 훈련		
훈련목표	• 화재 발생 시 행동요령을 이해한다. • 훈련을 통해 안전한 대피방법을 연습한다. • 실제 화재 발생 시 안전하게 대피한다.		
재난상황 시나리오	조리실에서 점심식사 준비 중 화재 발생으로 대피		
훈련 전 점검	• 훈련 계획의 내용 숙지 • 소화기 위치 파악 • 재난 시 업무분담 숙지 • 어린이집 앞 표지판 부착 • 대피로 동선 파악 (비상대피훈련 중-집결지 안내)		
훈련내용	1. 화재경보 사이렌 3. 부상자, 사상자 확인 및 응급처치 2. 대피경로로 대피, 대피장소 집결 4. 부모에게 연락 (영유아 인원 확인) 5. 훈련 종료		

	훈련	평가 중점 내용
훈련계획 세부내용	**1. 화재 상황 인지 및 알림(화재경보 사이렌)**	

	❶ 조리원 발화 발견
	   • 화재 첫 발견자는 불이 났음을 주변에 신속하게 알림
	   • 소화기 사용하여 조기 진화 시도
	   • 가스 및 전기 차단
	   • 조리실 문 닫고 ①반(만 0세)으로 이동
		육성 및
		경보기 소리
		전달 여부
		
		소화기 사용

	❷ 원장(지휘 · 명령 · 총괄) • 화재장소 파악 후 응급기관(119) 연락	위치, 상황 설명
	2. 화재 시 매뉴얼 진행	

	[1단계] 각 반 영유아 대피 시작
	   • 화재경보 사이렌과 동시에 대피 시작
	   • 대피 시 양쪽 벽으로 이동하여 통로 가운데 소화출입로를 확보함
	   • 보행이 어려운 영아는 교사가 안고 대피
	   • 각 반 교사는 비상연락망을 가지고 대피
	   • 현관문, 비상문에 먼저 도착한 교사가 현관문, 비상문 개방
	   • 각 반 인원 확인 후 원장에게 보고
		질서 유지하며
		대피

훈련					평가 중점 내용
훈련계획 세부내용	1-❶	**각 반 대피 시작**			대피시간
		대피로	1층	현관문	①, ②, ③반	
				비상문		
			2층	현관문	④반	
				비상문	⑤반	
		영유아 선두 대피유도		①, ②반 교사	
		영유아 후미 대피유도		③, ④반 교사	
		구급약품 소지		간호사	
	1-❷	**현관문, 비상문 개방**			대피한 영유아 수
		현관문 개방		①반 교사	
		비상문 개방		④반 교사	
	1-❸	**각 반 대피 완료**			
		영유아 후미 대피유도, 각 반 보육실 문 닫고 대피		③, ④반 교사	
		최종점검 후 대피		①반 교사	
		영유아와 정해진 장소에 집결		전체 보육교직원	
	[2단계] 부상자, 사상자 확인 및 응급처치				
	2-❶	**응급처치**			부상자 응급처치/ 구급차 후송
		부상자 확인 후 응급처치 실시, 구급차 후송		간호사	
		관련기관(인근 병원 등) 연락, 사상자 확인		사무원	
	2-❷	**각 반 대피 지속**			
		영유아와 안전한 곳에서 대피 지속		①, ②, ③, ④, ⑤반 교사, 조리원	
	[3단계] 각 반 영유아 부모에게 연락				연락시간/ 응대 태도
	3-❶	**부모 연락**			
		비상연락망 이용하여 부모에게 연락		①, ②, ③, ④, ⑤반 교사	
	3. 화재 대피 훈련 종료				
	• 화재 대피 훈련 종료 안내				대피시간

11

※ 부상자가 없을 경우 [1-❶ → 1-❷ → 1-❸ → 3-❶] 순으로 진행

출처: 보건복지부보육기반과(2016). 비상대피훈련 시나리오를 재구성하여 제시함.

| 화재 | 지진 | 폭설 | 집중호우 |

훈련명	비상대피훈련	훈련일	○○○○년 ○○월 ○○일
훈련 참가자	보육교직원 (7) 명 / 영유아 (49) 명	훈련시간	○○시 ○○분
훈련종류	지진 대피 실제 훈련		

훈련목표	• 지진 발생 시 행동요령을 이해한다. • 훈련을 통해 안전한 대피방법을 연습한다. • 실제 지진 발생 시 안전하게 대피한다.
재난상황 시나리오	②반 보육실에서 먼저 흔들림을 감지하여 어린이집 전체에 알리고 대피(강도 4.5)
훈련 전 점검	• 훈련 계획의 내용 숙지 • 소화기 위치 파악 • 재난 시 업무분담 숙지 • 어린이집 앞 표지판 부착 • 대피로 동선 파악 (비상대피훈련 중-집결지 안내)
훈련내용	1. 재난위험경보 사이렌 4. 부상자, 사상자 확인 및 응급처치 2. 지진 행동요령 진행 5. 부모에게 연락 3. 대피경로로 대피, 대피장소 집결 6. 훈련 종료 (영유아 인원 확인)

훈련계획 세부내용	훈련	평가 중점 내용
	1. 지진 상황 인지 및 알림	
	❶ ②교사 지진 감지 • 지진 첫 감지자는 지진이 발생했음을 주변 및 원장에게 신속하게 알리고 지진 시 행동요령을 진행함 ❷ 원장(지휘·명령·총괄) • 어린이집 전체에 지진 비상상황 알림(재난위험경보 사이렌 울림) ❸ 조리원 • 가스 및 전기 차단 • 조리실 문 개방 • ①반(만 0세)으로 이동	지진 상황 전달 여부 어린이집 전체에 지진 상황 알림
	2. 지진 시 매뉴얼 진행	
	[1단계] 지진 시 행동요령 진행 • 주변에 방석이나 이불 등 쿠션감 있는 것으로 머리 보호	

1-❶	문 개방	
	각 반 보육실 문 개방	①, ②, ③, ④, ⑤반 교사
	현관문 개방	①반 교사
	비상문 개방	④반 교사

1-❷	전체 영유아가 자세를 낮추고 머리 보호	
	쿠션 아래로(이불 속 등) 대피	①, ②, ③반(영아반)
	책상 밑으로 대피	④, ⑤반(유아반)

훈련				평가 중점 내용
훈련계획 세부내용				

		훈련		평가 중점 내용
1-❸	흔들림이 멈출 때까지 대기(2분 정도)			지진 시 행동요령 숙지
	흔들림의 정도를 살핀 후 흔들림이 멈추면 대피경보 사이렌 울림		원장(안전관리책임관)	

[2단계] 각 반 영유아 대피 시작(대피경보 사이렌)
- 흔들림이 멈춘 후 사이렌이 울림과 동시에 대피 시작
- 보행이 어려운 영아는 교사가 안고 대피
- 각 반 교사 비상연락망 가지고 대피
- 각 반 인원 확인하여 원장에게 보고

평가 중점 내용: 질서 유지하며 대피

2-❶	각 반 대피 시작			
	대피로	1층	현관문	①, ②, ③반
			비상문	
		2층	현관문	④반
			비상문	⑤반
	영유아 선두 대피유도			①, ④, ⑤반 교사
	영유아 후미 대피유도			②, ③반 교사
	구급약품 소지			간호사

평가 중점 내용: 대피시간

2-❷	각 반 대피 완료	
	최종점검 후 대피	①반 교사
	영유아와 정해진 장소에 집결	전체 보육교직원

평가 중점 내용: 대피한 영유아 수

[3단계] 부상자, 사상자 확인 및 응급처치

3-❶	응급처치	
	부상자 확인 후 응급처치 실시, 구급차 후송	간호사
	관련기관(인근 병원 등) 연락, 사상자 확인	사무원

3-❷	각 반 대피 지속	
	영유아와 안전한 곳에서 대피 지속	①, ②, ③, ④, ⑤반 교사, 조리원

평가 중점 내용: 부상자 응급처치/구급차 후송

[4단계] 각 반 영유아 부모에게 연락

4-❶	부모 연락	
	비상연락망 이용하여 부모에게 연락	①, ②, ③, ④, ⑤반 교사

평가 중점 내용: 연락시간/응대 태도

3. 지진 대피 훈련 종료	
• 지진 대피 훈련 종료 안내	대피시간

※ [1-❶]에서 현관문 및 비상문 개방에 실패했을 경우 대피유도자는 동선을 변경하여 대비
※ 부상자가 없을 경우 [1-❶ → 1-❷ → 2-❶ → 2-❷ → 1-❸ → 4-❶] 순으로 진행
출처: 보건복지부보육기반과(2016). 비상대피훈련 시나리오를 재구성하여 제시함.

11

훈련명	비상대응훈련	훈련일	○○○○년 ○○월 ○○일
훈련 참가자	보육교직원 (7) 명 / 영유아 (49) 명	훈련시간	○○시 ○○분
훈련종류	폭설 대응 실제 훈련		
훈련목표	• 대설 발생 시 행동요령을 이해한다. • 훈련을 통해 안전한 대비방법을 연습한다. • 실제 대설 상황 시 안전하게 대비한다.		
재난상황 시나리오	등원 후 눈이 내려 5cm 두께의 눈이 쌓이고 눈이 계속 오는 상황 • 대설주의보: 24시간 신적설량이 5cm 이상 예상될 때 • 대설경보: 24시간 신적설량이 20cm 이상 예상될 때 　(산지는 30cm 이상 예상될 때)		
훈련 전 점검	• 제설작업 도구 점검(빗자루, 염화칼슘 또는 모래, 미끄럼주의 표지판)		
훈련내용	1. 대설 상황 알림　　　　　5. 각 반 상황 파악 2. 대설 시 매뉴얼 진행　　6. 제설작업 3. 기상정보 청취　　　　　7. 종료 4. 부모에게 연락		

훈련	평가 중점 내용
1. 대설 상황 인지 및 알림	
❶ 원장(지휘 · 명령 · 총괄) 　• 기상청 홈페이지 및 일기예보 참고하여 상황 예측 　• 어린이집 전체에 대설 상황 알림	어린이집 전체에 대설 상황 알림
2. 대설 시 매뉴얼 진행	
[1단계] 대설 시 행동요령 진행 • 마실 수 있는 물 공급처가 동결될 것에 대비 • 미끄럼주의 표지판 설치	연락시간/ 응대 태도

훈련계획
세부내용

어린이집 시설점검	
1-❶ 기상정보 들으며 기상상황 수시 파악	③반 교사
현관에 미끄럼 방지대 깔기	

각 반 부모 전화 연락		평가
1-❷	대설주의보(대설경보) 상황 안내	①, ②, ③, ④, ⑤반 교사	비상식량 및 식수 확보 보일러 상태 점검
	하원 가능 시간 문의 (석식 준비 및 비상식량 예측)		
	하원 시 어린이집에 안전하게 도착할 수 있도록 주의사항 안내		

훈련			평가 중점 내용
훈련계획 세부내용	1-❸	식량 및 보일러 확인		제설작업 숙지
		비상식량 및 식수 확인, 보일러 상태 점검	조리원	
	1-❹	상황 보고		
		각 반 정보 취합하여 원장에게 보고	③, ⑤반 교사	
		연장보육 및 비상식량 등 상황 정리하여 보고		
	1-❺	보육 지속 및 제설작업 진행		
		영유아 안전 보육 담당	①, ⑤반 교사	
		제설작업 담당	④반 교사	
		3. 대설 상황 훈련 종료		
• 대설 상황 훈련 종료 안내			

출처: 보건복지부보육기반과(2016). 비상대피훈련 시나리오를 재구성하여 제시함.

11

215

50명 미만 어린이집	50명 이상 100명 미만 어린이집	100명 이상 어린이집

화재　지진　폭설　집중호우

훈련명	비상대응훈련	훈련일	○○○○년 ○○월 ○○일
훈련 참가자	보육교직원 (7) 명 / 영유아 (49) 명	훈련시간	○○시 ○○분
훈련종류	집중호우 대응 실제 훈련		

훈련목표	• 집중호우 발생 시 행동요령을 이해한다. • 훈련을 통해 안전한 대비방법을 연습한다. • 실제 집중호우 상황 시 안전하게 대비한다.
재난상황 시나리오	등원 후 비가 내려 60mm 높이로 잠기고 비가 계속 오는 상황 • 호우주의보: 3시간 강우량이 60mm 이상 예상될 때 또는 12시간 강우량이 110mm 이상 예상될 때 • 호우경보: 3시간 강우량이 90mm 이상 예상될 때 또는 12시간 강우량이 180mm 이상 예상될 때
훈련 전 점검	• 하수구, 배수구 관리 도구 점검(집게)
훈련내용	1. 집중호우 상황 알림 　　　　5. 각 반 상황 파악 2. 집중호우 시 매뉴얼 진행 　　6. 하수구, 배수구 점검 3. 기상정보 청취 　　　　　　7. 종료 4. 부모에게 연락

훈련계획 세부내용	훈련	평가 중점 내용
	1. 집중호우 상황 인지 및 알림	
	❶ 원장(지휘 · 명령 · 총괄) • 기상청 홈페이지 및 일기예보 참고하여 상황 예측 • 어린이집 전체에 집중호우 상황 알림	어린이집 전체에 집중호우 상황 알림
	2. 집중호우 시 매뉴얼 진행	
	[1단계] 집중호우 시 행동요령 진행 • 빗물이 범람될 것에 대비	연락시간/ 응대 태도

	기상상황 파악 및 시설점검	
1-❶	기상정보 들으며 기상상황 수시 파악	①반 교사
	하수구, 배수구 점검	②, ④반 교사

	각 반 부모 전화 연락	
1-❷	호우주의보(호우경보) 상황 안내	
	하원 가능 시간 문의 (석식 준비 및 비상식량 예측)	①, ②, ③, ④, ⑤반 교사
	하원 시 어린이집에 안전하게 도착할 수 있도록 주의사항 안내	

	훈련			평가 중점 내용
훈련계획 세부내용	1-❸	**식량 및 실외기 확인**		비상식량 및 식수 확보 실외기 상태 점검
		비상식량 및 식수 확인, 실외기 상태 점검	조리원	
	1-❹	**상황 보고**		
		각 반 정보 취합하여 원장에게 보고	③, ⑤반 교사	
		연장보육 및 비상식량 등 상황 정리하여 보고		
	3. 집중호우 상황 훈련 종료			
• 집중호우 상황 훈련 종료 안내				

출처: 보건복지부보육기반과(2016). 비상대피훈련 시나리오를 재구성하여 제시함.

11

마. 재난유형별 비상대피훈련 시나리오   화재 | 지진 | 폭설 | 집중호우

#1. 조리실

조 리 원: (조리실의 발화를 발견하고 화재경보기를 울리며) 불이야! 불이야!

#2. 원장실

원   장: (119에 연락을 하며) 여기 ○○구 ○○동 ○○어린이집에서 불이 났습니다.

불은 점심식사를 준비하던 조리실에서 발화한 것으로 보입니다.

근처에는 (알기 쉬운 큰 건물)이 있습니다.

제 전화번호는 ○○○-○○○○-○○○○입니다.

어린이집에는 보육교직원 7명과 영유아 49명이 있습니다.

#3. 보육실

모든 보육교직원, 영유아: 불이야! 불이야!

①**반 교사:** ①, ②, ③, ④반은 1층 현관문으로 대피하겠습니다.

저와 ④반 선생님은 선두에서 대피를 유도할 테니, ②, ③반 선생님은 후미에서 대피를 유도해 주세요.

②, ③**반 교사:** (후미에서 잔류인원 확인 후 대피하며) 저는 후미에서 대피를 유도합니다.

⑤**반 교사:** ⑤반은 2층 비상문으로 대피하겠습니다. 저는 선두에서 대피를 유도합니다.

④**반 교사:** (비상연락망, 비상연락 휴대폰을 챙기며) 저는 비상연락망과 비상연락 휴대폰을 가지고 대피하겠습니다.

②, ⑤**반 교사:** (비상구급함을 챙기며) 저는 비상구급함을 가지고 대피하겠습니다.

#4. 대피 장소

②**반 교사:** 어린이집 전체 인원 최종점검하겠습니다.

최종점검 결과, 모든 인원 대피 완료했습니다. 이상 없습니다.

원　　　장: (각 반 교사를 향해) 담임교사는 각 반 인원을 확인해서 알려 주세요.

①반 교사: ①반 교사 1명 중 1명, 조리원 1명 중 1명, 영아 출석인원 3명 중 3명으로 이상 없습니다.

②반 교사: ②반 교사 1명 중 1명, 조리원 1명 중 1명, 영아 출석인원 3명 중 3명으로 이상 없습니다.

③반 교사: ③반 교사 1명 중 1명, 영아 출석인원 7명 중 7명으로 이상 없습니다.

④반 교사: ④반 교사 1명 중 1명, 유아 출석인원 15명 중 15명으로 이상 없습니다.

⑤반 교사: ⑤반 교사 1명 중 1명, 유아 출석인원 19명 중 18명은 이상 없으나, 유아 1명 부상자가 있습니다.

③반 교사: ⑤반에 부상자가 있습니다. 응급처치를 실시하겠습니다. 구급차를 불러 주세요.

①반 교사: (지정 병원에 연락을 하며) 여기는 ○○구 ○○동 ○○어린이집입니다.

　　　　　오늘 화재로 인하여 대피하던 중 부상자가 발생했습니다.

나머지 보육교직원: 모두 여기에서 계속 대피해 주세요.

⑤반 교사: (부상자가 있을 때) 안녕하세요. ○○○학부모님 맞으시죠?

　　　　　○○어린이집 ⑤반 담임교사입니다.

　　　　　점심식사 준비 중 조리실에서 발화를 발견하여 어린이집 외부 지정장소로 대피했습니다.

　　　　　대피를 하는 도중 ○○○이 부상을 입어 지정 병원으로 후송하였습니다.

①~④반 교사: (부상자가 없을 때) 안녕하세요. ○○○학부모님 맞으시죠?

　　　　　○○어린이집 ○반 담임교사입니다.

　　　　　점심식사 준비 중 조리실에서 발화를 발견하여 어린이집 외부 지정장소로 대피했습니다.

　　　　　○반 모두 부상자 없이 지정장소로 안전하게 대피 완료했습니다.

원　　　장: 오늘 ○○구 ○○동 ○○어린이집에서 불이 났으며, 불은 점심식사를 준비하던 조리실에서 발화한 것으로 보입니다.

　　　　　어린이집에는 보육교직원 7명과 영유아 49명이 있었습니다.

　　　　　(시계를 확인하며) 오늘 화재 대피 훈련 시간은 총 ○○분 소요되었습니다.

　　　　　차례를 지켜 다시 각 반으로 돌아가시기 바랍니다.

11

화재　지진　폭설　집중호우

#1. ②반 보육실

②반 교사: (②반 보육실에서 흔들림을 감지하고) 어린이집 건물이 흔들리고 있습니다.
지진 시 행동요령을 진행하겠습니다.

#2. 원장실

원　　장: (재난위험경보 사이렌을 울리며) 현재시각 우리나라 전역에 지진재난경보가 발령되었습니다.
강도 4.5의 지진이 발생하였습니다.

#3. 조리실

조 리 원: (가스 및 전기 차단기를 내린 후) 조리실 내의 가스 및 전기 차단을 완료했습니다.
조리실 문을 열고 ①, ②반으로 이동하겠습니다.

#4. 보육실

①, ②, ③반 교사: (쿠션과 이불로 머리를 보호하며) ○반 친구들! 모두 쿠션 아래와 이불 속으로 대피하세요.

④, ⑤반 교사: (책상 밑으로 들어가 머리를 보호하며) ○반 친구들! 모두 책상 밑으로 대피하세요.

#5. 원장실

원　　장: (대피경보기를 작동하며) 지진의 흔들림이 멈추었습니다.
모두 어린이집 밖 지정장소로 대피하세요.

#6. 보육실

①반 교사: ①, ②, ③, ④반은 1층 현관문으로 대피하겠습니다.
저와 ④반 선생님은 선두에서 대피를 유도할 테니, ②, ③반 선생님은 후미에서 대피를 유도해 주세요.

②, ③반 교사: (후미에서 잔류인원 확인 후 대피하며) 저는 후미에서 대피를 유도합니다.

⑤반 교사: ⑤반은 2층 비상문으로 대피하겠습니다. 저는 선두에서 대피를 유도합니다.

④반 교사: (비상연락망, 비상연락 휴대폰을 챙기며) 저는 비상연락망과 비상연락 휴대폰을 가지고 대피하겠습니다.

②, ⑤반 교사: (비상구급함을 챙기며) 저는 비상구급함을 가지고 대피하겠습니다.

#7. 대피 장소

②반 교사: 어린이집 전체 인원 최종점검하겠습니다.

　　　　　최종점검 결과, 모든 인원 대피 완료했습니다. 이상 없습니다.

원　　　장: (각 반 교사를 향해) 담임교사는 각 반 인원을 확인해서 알려 주세요.

①반 교사: ①반 교사 1명 중 1명, 조리원 1명 중 1명, 영아 출석인원 3명 중 3명으로 이상 없습니다.

②반 교사: ②반 교사 1명 중 1명, 조리원 1명 중 1명, 영아 출석인원 3명 중 3명으로 이상 없습니다.

③반 교사: ③반 교사 1명 중 1명, 영아 출석인원 7명 중 7명으로 이상 없습니다.

④반 교사: ④반 교사 1명 중 1명, 유아 출석인원 15명 중 15명으로 이상 없습니다.

⑤반 교사: ⑤반 교사 1명 중 1명, 유아 출석인원 19명 중 18명은 이상 없으나, 유아 1명 부상자가 있습니다.

③반 교사: ⑤반에 부상자가 있습니다. 응급처치를 실시하겠습니다. 구급차를 불러 주세요.

①반 교사: (지정 병원에 연락을 하며) 여기는 ○○구 ○○동 ○○어린이집입니다.

　　　　　오늘 지진으로 인하여 대피하던 중 부상자가 발생했습니다.

나머지 보육교직원: 모두 여기에서 계속 대피해 주세요.

⑤반 교사: (부상자가 있을 때) 안녕하세요. ○○○학부모님 맞으시죠?

　　　　　○○어린이집 ⑤반 담임교사입니다.

　　　　　어린이집 내에서 흔들림을 감지하고, 강도 4.5의 지진이 발생하여 어린이집 외부 지정 장소로 대피했습니다.

　　　　　대피를 하는 도중 ○○○이 부상을 입어 지정 병원으로 후송하였습니다.

①~④반 교사: (부상자가 없을 때) 안녕하세요. ○○○학부모님 맞으시죠?

　　　　　○○어린이집 ○반 담임교사입니다.

　　　　　어린이집 내에서 흔들림을 감지하고, 강도 4.5의 지진이 발생하여 어린이집 외부 지정 장소로 대피했습니다.

　　　　　○반 모두 부상자 없이 지정장소로 안전하게 대피 완료했습니다.

원　　　장: 오늘 우리나라 전역에 강도 4.5의 지진이 발생하여 지진재난경보가 발령되었습니다.

　　　　　어린이집에는 보육교직원 7명과 영유아 49명이 있었습니다.

　　　　　(시계를 확인하며) 오늘 지진 대피 훈련 시간은 총 ○○분 소요되었습니다.

　　　　　차례를 지켜 다시 각 반으로 돌아가시기 바랍니다.

11

#1. 원장실

원 장: (기상청 홈페이지를 확인하며) 모든 교직원 여러분께 안내말씀 드립니다.
우리 ○○어린이집이 있는 ○○ 지역에 오늘 오전 9시 30분부터 대설주의보가 발효
되었습니다.

#2. 교사실

③**반 교사**: (일기예보를 보며) 기상청 홈페이지와 일기예보에 의하면 앞으로 5cm 이상의 눈이 더
쌓일 것으로 예상됩니다.

#3. 현관

③**반 교사**: (미끄럼 방지대와 미끄럼주의 표지판을 설치한 후) 현관에도 눈이 쌓여 미끄러지는 사고
를 방지하기 위해 미끄럼 방지대와 미끄럼주의 표지판 설치를 완료하였습니다.

#4. 보육실

④**반 교사**: (비상연락망, 비상연락 휴대폰을 챙기며) 저는 비상연락망과 비상연락 휴대폰을 확인했
습니다.

②, ⑤**반 교사**: (비상구급함을 챙기며) 저는 비상구급함을 확인했습니다.

①~⑤**반 교사**: (부모에게 연락하며) 안녕하세요. ○○어린이집 ○반 교사입니다.
오늘 오전 9시 30분부터 ○○ 지역에 대설주의보가 발효되었습니다.
기상청에 따르면 앞으로 5cm 이상의 눈이 더 쌓인다고 합니다.
폭설로 인해 ○○○이 안전하게 귀가하도록 어린이집에 직접 오셔서 하원을 도와주
셨으면 합니다. ○○○의 하원은 몇 시쯤 가능하겠습니까?
눈이 많이 와서 길이 미끄러우니 가급적 대중교통을 이용해 주시기 바랍니다.

#5. 식당

③**반 교사**: 비상식량과 식수, 보일러 상태를 확인해 주세요.

조 리 원: (비상식량과 식수를 확인하며) 비상식량 ○○개, 생수 ○○병을 조리실에 보관 중입니다.
(보일러 상태를 확인하며) 보일러실 안 보일러 작동에 이상 없음을 확인했습니다.

#6. 보육실

③반 교사: 각 반 인원현황을 보고해 주세요.

①반 교사: ①반 3명 모두 등원하였습니다.

②반 교사: ②반 5명 모두 등원하였습니다.

④반 교사: ④반 15명 모두 등원하였습니다.

⑤반 교사: ⑤반 19명 중 14명 등원하였습니다.

#7. ③, ⑤반 보육실

원　　장: 각 반 인원현황을 보고해 주세요.

③반 교사: 현재 영아반 ①반 3명 중 3명, ②반 5명 중 5명, ③반 7명 중 6명, 총 14명 등원하였습니다.

⑤반 교사: 현재 유아반 ④반 15명 중 15명, ⑤반 19명 중 14명, 총 29명 등원하였습니다.

원　　장: 연장보육이 필요한 인원은 몇 명인가요?

③반 교사: 영아반 출석인원 14명 중 6명이 연장보육 필요합니다.

⑤반 교사: 유아반 출석인원 29명 중 13명이 연장보육 필요합니다.

#8. ②, ⑤반 보육실

③반 교사: 현재 보육 인원 보고해 주세요.

②반 교사: 현재 영아 출석인원 14명 중 14명은 ②반에서 보육하고 있습니다.

⑤반 교사: 현재 유아 출석인원 29명 중 29명은 ⑤반에서 보육하고 있습니다.

#9. ④반 보육실

③반 교사: 제설작업 진행상황 보고해 주세요.

④반 교사: 어린이집 현관과 실외놀이터, 어린이집 주변 인도까지 제설작업 완료하였습니다.

#10. 유희실

원　　장: 오늘 ○○ 지역에 발효되었던 대설주의보가 해제되었습니다.

지금까지 대설 상황 훈련을 실시하였습니다.

이상으로 대설 상황 훈련을 마치겠습니다.

#1. 원장실

원   장: (기상청 홈페이지를 확인하며) 모든 교직원 여러분께 안내말씀 드립니다.
우리 ○○어린이집이 있는 ○○ 지역에 오늘 오전 9시 30분부터 호우주의보가 발효되었습니다.

#2. 교사실

③반 교사: (일기예보를 보며) 기상청 홈페이지와 일기예보에 의하면 앞으로 3시간 이내에 60mm 이상의 비가 더 내릴 것으로 예상됩니다.

#3. 현관

②, ④반 교사: (하수구와 배수구를 점검하며) 하수구와 배수구에 누수된 곳이나 막힌 곳이 없는지 확인하였습니다.

#4. 보육실

④반 교사: (비상연락망, 비상연락 휴대폰을 챙기며) 저는 비상연락망과 비상연락 휴대폰을 확인했습니다.

②, ⑤반 교사: (비상구급함을 챙기며) 저는 비상구급함을 확인했습니다.

①~⑤반 교사: (부모에게 연락하며) 안녕하세요. ○○어린이집 ○반 교사입니다.
오늘 오전 9시 30분부터 ○○ 지역에 호우주의보가 발효되었습니다.
기상청에 따르면 앞으로 3시간 이내에 60mm 이상의 비가 더 내린다고 합니다.
집중호우로 인해 ○○○이 안전하게 귀가하도록 어린이집에 직접 오셔서 하원을 도와주셨으면 합니다. ○○○의 하원은 몇 시쯤 가능하겠습니까?
비가 많이 와서 길이 미끄러우니 가급적 대중교통을 이용해 주시기 바랍니다.

#5. 식당

③반 교사: 비상식량과 식수, 에어컨 실외기 상태를 확인해 주세요.

조 리 원: (비상식량과 식수를 확인하며) 비상식량 ○○개, 생수 ○○병을 조리실에 보관 중입니다.

(에어컨 실외기 상태를 확인하며) 에어컨 실외기 작동에 이상 없음을 확인했습니다.

#6. 보육실

③반 교사: 각 반 인원현황을 보고해 주세요.

①반 교사: ①반 3명 중 3명 등원하였습니다.

②반 교사: ②반 5명 모두 등원하였습니다.

④반 교사: ④반 15명 모두 등원하였습니다.

⑤반 교사: ⑤반 19명 중 14명 등원하였습니다.

#7. ③, ⑤반 보육실

원   장: 각 반 인원현황을 보고해 주세요.

③반 교사: 현재 영아반 ①반 3명 중 3명, ②반 5명 중 5명, ③반 7명 중 6명, 총 14명 등원하였습니다.

⑤반 교사: 현재 유아반 ④반 15명 중 15명, ⑤반 19명 중 14명, 총 29명 등원하였습니다.

원   장: 연장보육이 필요한 인원은 몇 명인가요?

③반 교사: 영아반 출석인원 14명 중 6명이 연장보육 필요합니다.

⑤반 교사: 유아반 출석인원 29명 중 13명이 연장보육 필요합니다.

원   장: 집중호우 대비상황 보고해 주세요.

③반 교사: 하수구와 배수구, 에어컨 실외기 점검 완료하였고, 비상식량 ○○개, 생수 ○○병을 조리실에서 보관 중입니다.

#8. 유희실

①반 교사: 오늘 ○○ 지역에 발효되었던 호우주의보가 해제되었습니다.

지금까지 집중호우 상황 훈련을 실시하였습니다.

이상으로 집중호우 상황 훈련을 마치겠습니다.

바. 비상대피도   지하 1층   1층   2층

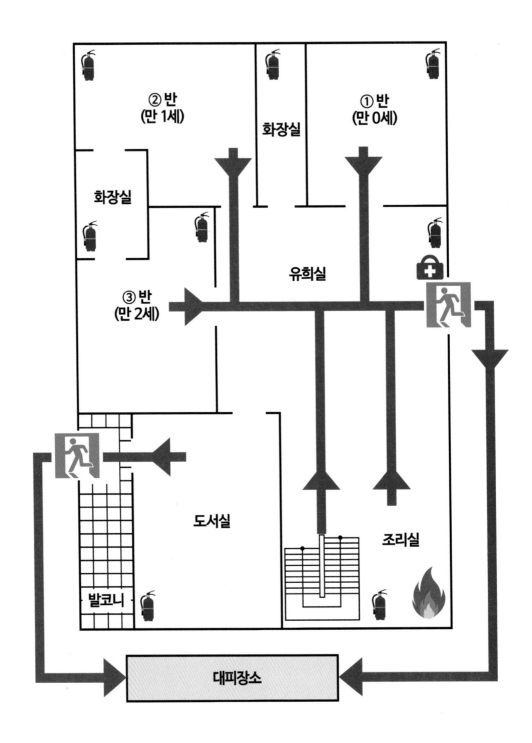

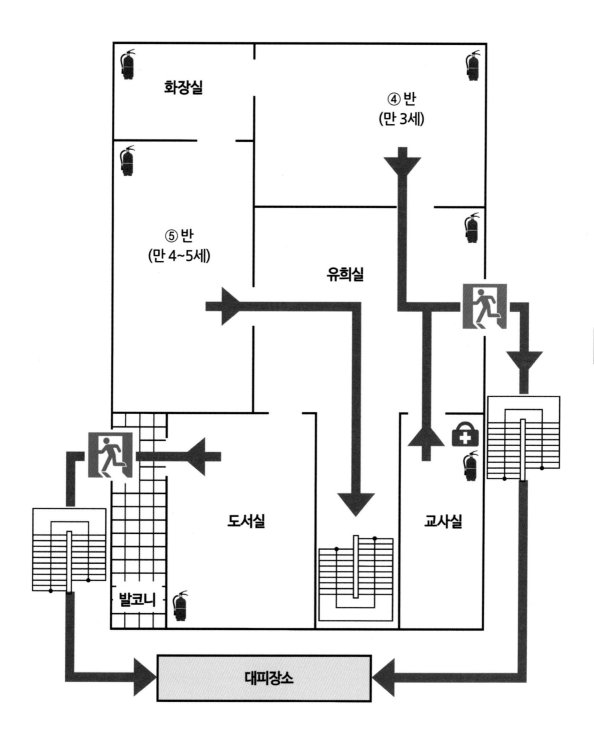

👆 사. 개인별 업무카드 및 비상연락망

업무카드 | 비상연락망 | 비상대피도

____ 반 교사 ____

원 장☎__-__-__   소방서☎__-__-__
경찰서☎__-__-__   병 원☎__-__-__

상황		업무
평상시		
재난시	공통	1. 위기상황 전파 2. 현 위치 초동대응 3. 비상대피로 확보 및 대피 유도
	화재·지진	
	폭설·집중호우	

업무카드 | **비상연락망** | 비상대피도

____ 반 비상연락망

원 장☎__-__-__   소방서☎__-__-__
경찰서☎__-__-__   병 원☎__-__-__

이름	연락처

업무카드 | **비상연락망** | 비상대피도

어린이집 비상연락망

원 장☎__-__-__   소방서☎__-__-__
경찰서☎__-__-__   병 원☎__-__-__

교직원 구성	성명	연락처

업무카드 | 비상연락망 | **비상대피도**

1층 비상대피도

원 장☎__-__-__   소방서☎__-__-__
경찰서☎__-__-__   병 원☎__-__-__

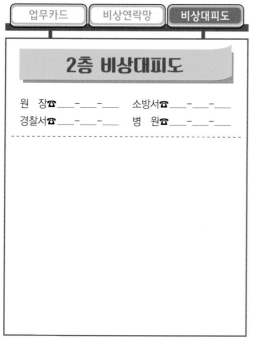

업무카드　비상연락망　**비상대피도**

2층 비상대피도

원 장☎＿＿－＿＿－＿＿　소방서☎＿＿－＿＿－＿＿
경찰서☎＿＿－＿＿－＿＿　병 원☎＿＿－＿＿－＿＿

11

※ 개인별 업무카드는 소책자 형태로 제작하여 휴대
※ [부록]의 사례를 참조하여 재난발생 시 개인별 역할을 구체적으로 분담하되, 상황에 따라 유동적으로 대처할
　 수 있도록 작성

50명 이상 100명 미만 어린이집의
재난유형별 비상대피훈련 매뉴얼

12	70명	민간 어린이집	공용	1층	조리원 ○

가. 기본현황

보육 정원	연령별 반구성						교직원	보육교직원 구성		
	①반 (만 0세)	②반 (만 1세)	③반 (만 2세)	④반 (만 3세)	⑤반 (만 4세)	⑥반 (만 5세)		원장	보육교사	조리원
70명	3명	5명	7명	15명	20명	20명	9명	1명	6명	2명

나. 평상시 재난 관련 업무분담표

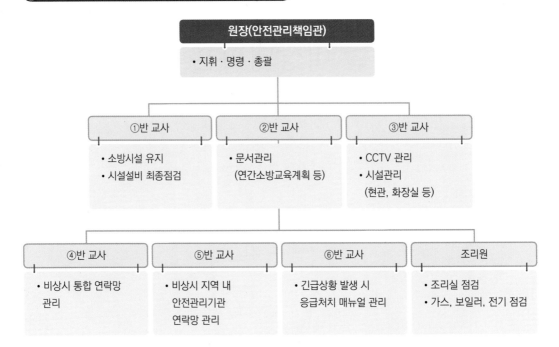

원장(안전관리책임관)
• 지휘 · 명령 · 총괄

①반 교사
• 소방시설 유지
• 시설설비 최종점검

②반 교사
• 문서관리
  (연간소방교육계획 등)

③반 교사
• CCTV 관리
• 시설관리
  (현관, 화장실 등)

④반 교사
• 비상시 통합 연락망 관리

⑤반 교사
• 비상시 지역 내 안전관리기관 연락망 관리

⑥반 교사
• 긴급상황 발생 시 응급처치 매뉴얼 관리

조리원
• 조리실 점검
• 가스, 보일러, 전기 점검

다. 재난 시 업무분담표

담당자	화재 발생 시	지진 발생 시	폭설 발생 시	집중호우 발생 시
원장	• 지휘 · 명령 · 총괄 • 응급기관 연락 • 화재 장소 확인 • 지자체 보고	• 지휘 · 명령 · 총괄 • 응급기관 연락 • 지진 진원지 확인 • 지자체 보고	• 지휘 · 명령 · 총괄 • 지자체 보고	• 지휘 · 명령 · 총괄 • 지자체 보고
①반 교사 (만 0세)	• 비상시 비상벨 작동 및 원내 전달 • 관계기관 통보 • 보고서 작성 • 화재 발생 상황 수시 파악 • ①반 대피유도	• 비상시 비상벨 작동 및 원내 전달 • 관계기관 통보 • 보고서 작성 • 지진 발생 상황 수시 파악 • ①반 대피유도	• (보육 총괄) • 폭설 상황 수시 파악 • 보고서 작성	• (보육 총괄) • 호우 상황 수시 파악 • 보고서 작성
②반 교사 (만 1세)	• 주요 서류 및 물건 반출 • ②반 대피유도 및 최종점검	• 주요 서류 및 물건 반출 • ②반 대피유도 및 최종점검	• (영아반 보육)	• (영아반 보육)
③반 교사 (만 2세)	• ③반 대피유도	• ③반 대피유도	• 미끄럼주의 표지판 설치	• 하수구, 배수구 점검
④반 교사 (만 3세)	• 응급처치 및 지정 병원으로 긴급후송 • 현관문 개방 • ④반 대피유도	• 응급처치 및 지정 병원으로 긴급후송 • 현관문 개방 • ④반 대피유도	• 응급처치 및 지정 병원으로 긴급후송 • 제설작업	• 응급처치 및 지정 병원으로 긴급후송
⑤반 교사 (만 4세)	• (대피 후 영유아 보육 총괄) • ⑤반 대피유도	• (대피 후 영유아 보육 총괄) • ⑤반 대피유도	• (유아반 보육)	• (유아반 보육)
⑥반 교사 (만 5세)	• 구급약품 관리 • 비상문 개방 • ⑤반 대피유도	• 구급약품 관리 • 비상문 개방 • ⑤반 대피유도	• 구급약품 관리 • 제설작업 • 현관문, 창문 점검	• 구급약품 관리 • 현관문, 창문 점검
조리원	• 대피유도 및 보육 보조 • 가스 차단 • 전기 차단	• 대피유도 및 보육 보조 • 가스 차단 • 전기 차단	• 비상식량 확인 • 난방시설 확인	• 비상식량 확인 • 냉방시설 확인 • 가스 점검 • 전기콘센트 점검

12

라. 재난유형별 비상대피훈련 계획   화재 지진 폭설 집중호우

훈련명	비상대피훈련	훈련일	○○○○년 ○○월 ○○일
훈련 참가자	보육교직원 (9) 명 / 영유아 (70) 명	훈련시간	○○시 ○○분
훈련종류	화재 대피 실제 훈련		
훈련목표	• 화재 발생 시 행동요령을 이해한다. • 훈련을 통해 안전한 대피방법을 연습한다. • 실제 화재 발생 시 안전하게 대피한다.		
재난상황 시나리오	조리실에서 점심식사 준비 중 화재 발생으로 대피		
훈련 전 점검	• 훈련 계획의 내용 숙지 • 소화기 위치 파악 • 재난 시 업무분담 숙지 • 어린이집 앞 표지판 부착 • 대피로 동선 파악 (비상대피훈련 중-집결지 안내)		
훈련내용	1. 화재경보 사이렌 3. 부상자, 사상자 확인 및 응급처치 2. 대피경로로 대피, 대피장소 집결 4. 부모에게 연락 (영유아 인원 확인) 5. 훈련 종료		

	훈련	평가 중점 내용
훈련계획 세부내용	**1. 화재 상황 인지 및 알림**(화재경보 사이렌)	
	❶ 조리원 발화 발견 • 화재 첫 발견자는 불이 났음을 주변에 신속하게 알림 • 소화기 사용하여 조기 진화 시도 • 가스 및 전기 차단 • 조리실 문 닫고 ①반(만 0세)으로 이동	육성 및 경보기 소리 전달 여부 소화기 사용
	❷ 원장(지휘 · 명령 · 총괄) • 화재장소 파악 후 응급기관(119) 연락	위치, 상황 설명
	2. 화재 시 매뉴얼 진행	
	[1단계] 각 반 영유아 대피 시작 • 화재경보 사이렌과 동시에 대피 시작 • 대피 시 양쪽 벽으로 이동하여 통로 가운데 소화출입로를 확보함 • 보행이 어려운 영아는 교사가 안고 대피 • 각 반 교사는 비상연락망을 가지고 대피 • 현관문, 비상문에 먼저 도착한 교사가 현관문, 비상문 개방 • 각 반 인원 확인 후 원장에게 보고	질서 유지하며 대피

	훈련			평가 중점 내용
훈련계획 세부내용	1-❶	각 반 대피 시작		대피시간
		대피로	현관문	①, ②, ③, ④반
			비상문	⑤, ⑥반
		영유아 선두 대피유도	④, ⑥반 교사	
		영유아 후미 대피유도	①, ②, ③, ⑤반 교사	
		구급약품 소지	⑥반 교사	
	1-❷	현관문, 비상문 개방		
		현관문 개방	④반 교사	
		비상문 개방	⑥반 교사	
	1-❸	각 반 대피 완료		대피한 영유아 수
		영유아 후미 대피유도, 각 반 보육실 문 닫고 대피	①, ②, ③, ⑤반 교사	
		최종점검 후 대피	②반 교사	
		영유아와 정해진 장소에 집결	전체 보육교직원	
	[2단계] 부상자, 사상자 확인 및 응급처치			부상자 응급처치/ 구급차 후송
	2-❶	응급처치		
		부상자 확인 후 응급처치 실시, 구급차 후송	④반 교사	
		관련기관(인근 병원 등) 연락, 사상자 확인	①반 교사	
	2-❷	각 반 대피 지속		
		영유아와 안전한 곳에서 대피 지속	②, ③, ⑤, ⑥반 교사, 조리원	
	[3단계] 각 반 영유아 부모에게 연락			연락시간/ 응대 태도
	3-❶	부모 연락		
		비상연락망 이용하여 부모에게 연락	①, ②, ③, ④, ⑤, ⑥반 교사	
	3. 화재 대피 훈련 종료			
	• 화재 대피 훈련 종료 안내			대피시간

※ 부상자가 없을 경우 [1-❶ → 1-❷ → 1-❸ → 3-❶] 순으로 진행

출처: 보건복지부보육기반과(2016). 비상대피훈련 시나리오를 재구성하여 제시함.

화재	지진	폭설	집중호우

훈련명	비상대피훈련	훈련일	○○○○년 ○○월 ○○일
훈련 참가자	보육교직원 (9) 명 / 영유아 (70) 명	훈련시간	○○시 ○○분
훈련종류	지진 대피 실제 훈련		

훈련목표	• 지진 발생 시 행동요령을 이해한다. • 훈련을 통해 안전한 대피방법을 연습한다. • 실제 지진 발생 시 안전하게 대피한다.
재난상황 시나리오	②반 보육실에서 먼저 흔들림을 감지하여 어린이집 전체에 알리고 대피(강도 4.5)
훈련 전 점검	• 훈련 계획의 내용 숙지 • 소화기 위치 파악 • 재난 시 업무분담 숙지 • 어린이집 앞 표지판 부착 • 대피로 동선 파악 (비상대피훈련 중-집결지 안내)
훈련내용	1. 재난위험경보 사이렌 4. 부상자, 사상자 확인 및 응급처치 2. 지진 행동요령 진행 5. 부모에게 연락 3. 대피경로로 대피, 대피장소 집결 6. 훈련 종료 　 (영유아 인원 확인)

훈련계획 세부내용	훈련	평가 중점 내용
	1. 지진 상황 인지 및 알림	
	❶ ②교사 지진 감지 　• 지진 첫 감지자는 지진이 발생했음을 주변 및 원장에게 신속하게 알리고 지진 시 행동요령을 진행함 ❷ 원장(지휘 · 명령 · 총괄) 　• 어린이집 전체에 지진 비상상황 알림(재난위험경보 사이렌 울림) ❸ 조리원 　• 가스 및 전기 차단　　　　• 조리실 문 개방 　• ①반(만 0세)으로 이동	지진 상황 전달 여부 어린이집 전체에 지진 상황 알림
	2. 지진 시 매뉴얼 진행	
	[1단계] 지진 시 행동요령 진행 • 주변에 방석이나 이불 등 쿠션감 있는 것으로 머리 보호	

1-❶	문 개방	
	각 반 보육실 문 개방	①,②,③,④,⑤,⑥반 교사
	현관문 개방	④반 교사
	비상문 개방	⑥반 교사

1-❷	전체 영유아가 자세를 낮추고 머리 보호	
	쿠션 아래로(이불 속 등) 대피	①, ②, ③반(영아반)
	책상 밑으로 대피	④, ⑤, ⑥반(유아반)

훈련계획 세부내용	훈련				평가 중점 내용
	흔들림이 멈출 때까지 대기(2분 정도)				지진 시 행동요령 숙지
	1-❸	흔들림의 정도를 살핀 후 흔들림이 멈추면 대피경보 사이렌 울림		원장(안전관리책임관)	
	[2단계] 각 반 영유아 대피 시작(대피경보 사이렌)				질서 유지하며 대피
	• 흔들림이 멈춘 후 경보음 울림과 동시에 대피 시작				
	• 보행이 어려운 영아는 교사가 안고 대피				
	• 각 반 교사 비상연락망 가지고 대피				
	• 각 반 인원 확인하여 원장에게 보고				
	2-❶	**각 반 대피 시작**			대피시간
		대피로	현관문	①, ②, ③, ④반	
			비상문	⑤, ⑥반	
		영유아 선두 대피유도		④, ⑥반 교사	
		영유아 후미 대피유도		①, ②, ③, ⑤반 교사	
		구급약품 소지		⑥반 교사	
	2-❷	**각 반 대피 완료**			대피한 영유아 수
		최종점검 후 대피		②반 교사	
		영유아와 정해진 장소에 집결		전체 보육교직원	
	[3단계] 부상자, 사상자 확인 및 응급처치				부상자 응급처치/ 구급차 후송
	3-❶	**응급처치**			
		부상자 확인 후 응급처치 실시, 구급차 후송		④반 교사	
		관련기관(인근 병원 등) 연락, 사상자 확인		①반 교사	
	3-❷	**각 반 대피 지속**			
		영유아와 안전한 곳에서 대피 지속		②, ③, ⑤, ⑥반 교사, 조리원	
	[4단계] 각 반 영유아 부모에게 연락				연락시간/ 응대 태도
	4-❶	**부모 연락**			
		비상연락망 이용하여 부모에게 연락		①, ②, ③, ④, ⑤, ⑥반 교사	
	3. 지진 대피 훈련 종료				
	• 지진 대피 훈련 종료 안내				대피시간

12

※ [1-❶]에서 현관문 및 비상문 개방에 실패했을 경우 대피유도자는 동선을 변경하여 대비

※ 부상자가 없을 경우 [1-❶ → 1-❷ → 2-❶ → 2-❷ → 1-❸ → 4-❶] 순으로 진행

출처: 보건복지부보육기반과(2016). 비상대피훈련 시나리오를 재구성하여 제시함.

| 화재 | 지진 | 폭설 | 집중호우 |

훈련명	비상대응훈련	훈련일	○○○○년 ○○월 ○○일
훈련 참가자	보육교직원 (9) 명 / 영유아 (70) 명	훈련시간	○○시 ○○분
훈련종류	폭설 대응 실제 훈련		

훈련목표	• 대설 발생 시 행동요령을 이해한다. • 훈련을 통해 안전한 대비방법을 연습한다. • 실제 대설 상황 시 안전하게 대비한다.
재난상황 시나리오	등원 후 눈이 내려 5cm 두께의 눈이 쌓이고 눈이 계속 오는 상황 • 대설주의보: 24시간 신적설량이 5cm 이상 예상될 때 • 대설경보: 24시간 신적설량이 20cm 이상 예상될 때 (산지는 30cm 이상 예상될 때)
훈련 전 점검	• 제설 작업 도구 점검(빗자루, 염화칼슘 또는 모래, 미끄럼주의 표지판)
훈련내용	1. 대설 상황 알림　　　　5. 각 반 상황 파악 2. 대설 시 매뉴얼 진행　6. 제설작업 3. 기상정보 청취　　　　7. 종료 4. 부모에게 연락

	훈련	평가 중점 내용
훈련계획 세부내용	**1. 대설 상황 인지 및 알림** ❶ 원장(지휘·명령·총괄) • 기상청 홈페이지 및 일기예보 참고하여 상황 예측 • 어린이집 전체에 대설 상황 알림	어린이집 전체에 대설 상황 알림
	2. 대설 시 매뉴얼 진행 [1단계] 대설 시 행동요령 진행 • 마실 수 있는 물 공급처가 동결될 것에 대비 • 미끄럼주의 표지판 설치	연락시간/ 응대 태도

1-❶	어린이집 시설점검	
	기상정보 들으며 기상상황 수시 파악	①반 교사
	현관에 미끄럼 방지대 깔기	

1-❷	각 반 부모 전화 연락		비상식량 및 식수 확보 보일러 상태 점검
	대설주의보(대설경보) 상황 안내	①,②,③,④,⑤,⑥반 교사	
	하원 가능 시간 문의 (석식 준비 및 비상식량 예측)		
	하원 시 어린이집에 안전하게 도착할 수 있도록 주의사항 안내		

훈련계획 세부내용	훈련			평가 중점 내용
	1-❸	식량 및 보일러 확인		제설작업 숙지
		비상식량 및 식수 확인, 보일러 상태 점검	조리원	
	1-❹	상황 보고		
		각 반 정보 취합하여 원장에게 보고	①반 교사	
		연장보육 및 비상식량 등 상황 정리하여 보고		
	1-❺	보육 지속 및 제설작업 진행		
		영유아 안전 보육 담당	②, ⑤반 교사	
		제설작업 담당	④, ⑥반 교사	
	3. 대설 상황 훈련 종료			
	• 대설 상황 훈련 종료 안내			

출처: 보건복지부보육기반과(2016). 비상대피훈련 시나리오를 재구성하여 제시함.

12

| 화재 | 지진 | 폭설 | **집중호우** |

훈련명	비상대응훈련	훈련일	○○○○년 ○○월 ○○일
훈련 참가자	보육교직원 (9) 명 / 영유아 (70) 명	훈련시간	○○시 ○○분
훈련종류	집중호우 대응 실제 훈련		
훈련목표	• 집중호우 발생 시 행동요령을 이해한다. • 훈련을 통해 안전한 대비방법을 연습한다. • 실제 집중호우 상황 시 안전하게 대비한다.		
재난상황 시나리오	등원 후 비가 내려 60mm 높이로 잠기고 비가 계속 오는 상황 • 호우주의보: 3시간 강우량이 60mm 이상 예상될 때 또는 12시간 강우량이 110mm 이상 예상될 때 • 호우경보: 3시간 강우량이 90mm 이상 예상될 때 또는 12시간 강우량이 180mm 이상 예상될 때		
훈련 전 점검	• 하수구, 배수구 관리 도구 점검(집게)		
훈련내용	1. 집중호우 상황 알림 5. 각 반 상황 파악 2. 집중호우 시 매뉴얼 진행 6. 하수구, 배수구 점검 3. 기상정보 청취 7. 종료 4. 부모에게 연락		

훈련계획 세부내용	훈련	평가 중점 내용
	1. 집중호우 상황 인지 및 알림	
	❶ 원장(지휘 · 명령 · 총괄) • 기상청 홈페이지 및 일기예보 참고하여 상황 예측 • 어린이집 전체에 집중호우 상황 알림	어린이집 전체에 집중호우 상황 알림
	2. 집중호우 시 매뉴얼 진행	
	[1단계] 집중호우 시 행동요령 진행 • 빗물이 범람될 것에 대비	연락시간/ 응대 태도

	기상상황 파악 및 시설점검	
1-❶	기상정보 들으며 기상상황 수시 파악	①반 교사
	하수구, 배수구 점검	③반 교사

	각 반 부모 전화 연락	
1-❷	호우주의보(호우경보) 상황 안내	①, ②, ③, ④, ⑤, ⑥반 교사
	하원 가능 시간 문의 (석식 준비 및 비상식량 예측)	
	하원 시 어린이집에 안전하게 도착할 수 있도록 주의사항 안내	

훈련계획 세부내용	훈련			평가 중점 내용
	식량 및 실외기 확인			비상식량 및 식수 확보 실외기 상태 점검
	1-❸	비상식량 및 식수 확인, 실외기 상태 점검	조리원	
	상황 보고			
	1-❹	각 반 정보 취합하여 원장에게 보고	①반 교사	
		연장보육 및 비상식량 등 상황 정리하여 보고		
	3. 집중호우 상황 훈련 종료			
• 집중호우 상황 훈련 종료 안내				

출처: 보건복지부보육기반과(2016). 비상대피훈련 시나리오를 재구성하여 제시함.

12

241

마. 재난유형별 비상대피훈련 시나리오

화재 지진 폭설 집중호우

#1. 조리실

조 리 원: (조리실의 발화를 발견하고 화재경보기를 울리며) 불이야! 불이야!

#2. 원장실

원   장: (119에 연락을 하며) 여기 ○○구 ○○동 ○○어린이집에서 불이 났습니다.

불은 점심식사를 준비하던 조리실에서 발화한 것으로 보입니다.

근처에는 (알기 쉬운 큰 건물)이 있습니다.

제 전화번호는 ○○○-○○○○-○○○○입니다. 어린이집에는 보육교직원 9명과 영유아 70명이 있습니다.

#3. 보육실

모든 보육교직원, 영유아: 불이야! 불이야!

④반 교사: ①, ②, ③, ④반은 현관문으로 대피하겠습니다.

저는 선두에서 대피를 유도할 테니, ①, ②, ③반 선생님은 후미에서 대피를 유도해 주세요.

①, ②, ③반 교사: (후미에서 잔류인원 확인 후 대피하며) 저는 후미에서 대피를 유도합니다.

⑥반 교사: ⑥반은 비상문으로 대피하겠습니다.

저는 선두에서 대피를 유도할 테니, ⑤반 선생님은 후미에서 대피를 유도해 주세요.

⑤반 교사: (후미에서 잔류인원 확인 후 대피하며) 저는 후미에서 대피를 유도합니다.

④반 교사: (비상연락망, 비상연락 휴대폰을 챙기며) 저는 비상연락망과 비상연락 휴대폰을 가지고 대피하겠습니다.

⑥반 교사: (비상구급함을 챙기며) 저는 비상구급함을 가지고 대피하겠습니다.

#4. 대피 장소

②반 교사: 어린이집 전체 인원 최종점검하겠습니다.

최종점검 결과, 모든 인원 대피 완료했습니다. 이상 없습니다.

원　　　장: (각 반 교사를 향해) 담임교사는 각 반 인원을 확인해서 알려 주세요.

①반 교사: ①반 교사 1명 중 1명, 조리원 2명 중 2명, 영아 출석인원 3명 중 3명으로 이상 없습니다.

②반 교사: ②반 교사 1명 중 1명, 영아 출석인원 5명 중 5명으로 이상 없습니다.

③반 교사: ③반 교사 1명 중 1명, 영아 출석인원 7명 중 7명으로 이상 없습니다.

④반 교사: ④반 교사 1명 중 1명, 유아 출석인원 15명 중 15명으로 이상 없습니다.

⑤반 교사: ⑤반 교사 1명 중 1명, 유아 출석인원 20명 중 20명으로 이상 없습니다.

⑥반 교사: ⑥반 교사 1명 중 1명, 유아 출석인원 20명 중 19명은 이상 없으나, 유아 1명 부상자가
　　　　　있습니다.

④반 교사: ⑥반에 부상자가 있습니다. 응급처치를 실시하겠습니다. 구급차를 불러 주세요.

①반 교사: (지정 병원에 연락을 하며) 여기는 ○○구 ○○동 ○○어린이집입니다.
　　　　　오늘 화재로 인하여 대피하던 중 부상자가 발생했습니다.

나머지 보육교직원: 모두 여기에서 계속 대피해 주세요.

⑥반 교사: (부상자가 있을 때) 안녕하세요. ○○○학부모님 맞으시죠?
　　　　　○○어린이집 ⑥반 담임교사입니다.
　　　　　점심식사 준비 중 조리실에서 발화를 발견하여 어린이집 외부 지정장소로 대피했습니다.
　　　　　대피를 하는 도중 ○○○이 부상을 입어 지정 병원으로 후송하였습니다.

①~⑤반 교사: (부상자가 없을 때) 안녕하세요. ○○○학부모님 맞으시죠?
　　　　　○○어린이집 ○반 담임교사입니다.
　　　　　점심식사 준비 중 조리실에서 발화를 발견하여 어린이집 외부 지정장소로 대피했습니다.
　　　　　○반 모두 부상자 없이 지정장소로 안전하게 대피 완료했습니다.

원　　　장: 오늘 ○○구 ○○동 ○○어린이집에서 불이 났으며, 불은 점심식사를 준비하던 조리
　　　　　실에서 발화한 것으로 보입니다.
　　　　　어린이집에는 보육교직원 9명과 영유아 70명이 있었습니다.
　　　　　(시계를 확인하며) 오늘 화재 대피 훈련 시간은 총 ○○분 소요되었습니다.
　　　　　차례를 지켜 다시 각 반으로 돌아가시기 바랍니다.

12

#1. ②반 보육실

②반 교사: (②반 보육실에서 흔들림을 감지하고) 어린이집 건물이 흔들리고 있습니다.
지진 시 행동요령을 진행하겠습니다.

#2. 원장실

원   장: (재난위험경보 사이렌을 울리며) 현재시각 우리나라 전역에 지진재난경보가 발령되었습니다.
강도 4.5의 지진이 발생하였습니다.

#3. 조리실

조 리 원: (가스 및 전기 차단기를 내린 후) 조리실 내의 가스 및 전기 차단을 완료했습니다.
조리실 문을 열고 ①반으로 이동하겠습니다.

#4. 보육실

①, ②, ③반 교사: (쿠션과 이불로 머리를 보호하며) ○반 친구들! 모두 쿠션 아래와 이불 속으로 대피하세요.

④, ⑤, ⑥반 교사: (책상 밑으로 들어가 머리를 보호하며) ○반 친구들! 모두 책상 밑으로 대피하세요.

#5. 원장실

원   장: (대피경보기를 작동하며) 지진의 흔들림이 멈추었습니다.
모두 어린이집 밖 지정장소로 대피하세요.

#6. 보육실

④반 교사: ①, ②, ③, ④반은 현관문으로 대피하겠습니다.
저는 선두에서 대피를 유도할 테니, ①, ②, ③반 선생님은 후미에서 대피를 유도해 주세요.

①, ②, ③반 교사: (후미에서 잔류인원 확인 후 대피하며) 저는 후미에서 대피를 유도합니다.

⑥반 교사: ⑥반은 비상문으로 대피하겠습니다.
저는 선두에서 대피를 유도할 테니, ⑤반 선생님은 후미에서 대피를 유도해 주세요.

⑤반 교사: (후미에서 잔류인원 확인 후 대피하며) 저는 후미에서 대피를 유도합니다.

④반 교사: (비상연락망, 비상연락 휴대폰을 챙기며) 저는 비상연락망과 비상연락 휴대폰을 가지고 대피하겠습니다.

⑥반 교사: (비상구급함을 챙기며) 저는 비상구급함을 가지고 대피하겠습니다.

#7. 대피 장소

②반 교사: 어린이집 전체 인원 최종점검하겠습니다.

　　　　　최종점검 결과, 모든 인원 대피 완료했습니다. 이상 없습니다.

원　　　장: (각 반 교사를 향해) 담임교사는 각 반 인원을 확인해서 알려 주세요.

①반 교사: ①반 교사 1명 중 1명, 조리원 2명 중 2명, 영아 출석인원 3명 중 3명으로 이상 없습니다.

②반 교사: ②반 교사 1명 중 1명, 영아 출석인원 5명 중 5명으로 이상 없습니다.

③반 교사: ③반 교사 1명 중 1명, 영아 출석인원 7명 중 7명으로 이상 없습니다.

④반 교사: ④반 교사 1명 중 1명, 유아 출석인원 15명 중 15명으로 이상 없습니다.

⑤반 교사: ⑤반 교사 1명 중 1명, 유아 출석인원 20명 중 20명으로 이상 없습니다.

⑥반 교사: ⑥반 교사 1명 중 1명, 유아 출석인원 20명 중 19명은 이상 없으나,

　　　　　유아 1명 부상자가 있습니다.

④반 교사: ⑥반에 부상자가 있습니다. 응급처치를 실시하겠습니다. 구급차를 불러 주세요.

①반 교사: (지정 병원에 연락을 하며) 여기는 ○○구 ○○동 ○○어린이집입니다.

　　　　　오늘 지진으로 인하여 대피하던 중 부상자가 발생했습니다.

나머지 보육교직원: 모두 여기에서 계속 대피해 주세요.

⑥반 교사: (부상자가 있을 때) 안녕하세요. ○○○학부모님 맞으시죠?

　　　　　○○어린이집 ⑥반 담임교사입니다.

　　　　　어린이집 내에서 흔들림을 감지하고, 강도 4.5의 지진이 발생하여 어린이집 외부 지정
장소로 대피했습니다.

　　　　　대피를 하는 도중 ○○○이 부상을 입어 지정 병원으로 후송하였습니다.

①~⑤반 교사: (부상자가 없을 때) 안녕하세요. ○○○학부모님 맞으시죠?

　　　　　○○어린이집 ○반 담임교사입니다. 어린이집 내에서 흔들림을 감지하고, 강도 4.5의
지진이 발생하여 어린이집 외부 지정장소로 대피했습니다. ○반 모두 부상자 없이 지
정장소로 안전하게 대피 완료했습니다.

원　　　장: 오늘 우리나라 전역에 강도 4.5의 지진이 발생하여 지진재난경보가 발령되었습니다.

　　　　　어린이집에는 보육교직원 9명과 영유아 70명이 있었습니다.

　　　　　(시계를 확인하며) 오늘 지진 대피 훈련 시간은 총 ○○분 소요되었습니다.

　　　　　차례를 지켜 다시 각 반으로 돌아가시기 바랍니다.

12

#I. 원장실

원　　장: (기상청 홈페이지를 확인하며) 모든 교직원 여러분께 안내말씀 드립니다.
우리 ○○어린이집이 있는 ○○ 지역에 오늘 오전 9시 30분부터 대설주의보가 발효되었습니다.

#2. 교사실

①반 교사: (일기예보를 보며) 기상청 홈페이지와 일기예보에 의하면 앞으로 5cm 이상의 눈이 더 쌓일 것으로 예상됩니다.

#3. 현관

①반 교사: (미끄럼 방지대와 미끄럼주의 표지판을 설치한 후) 현관에도 눈이 쌓여 미끄러지는 사고를 방지하기 위해 미끄럼 방지대와 미끄럼주의 표지판 설치를 완료하였습니다.

#4. 보육실

④반 교사: (비상연락망, 비상연락 휴대폰을 챙기며) 저는 비상연락망과 비상연락 휴대폰을 확인했습니다.

⑥반 교사: (비상구급함을 챙기며) 저는 비상구급함을 확인했습니다.

①~⑥반 교사: (부모에게 연락하며) 안녕하세요. ○○어린이집 ○반 교사입니다.
오늘 오전 9시 30분부터 ○○ 지역에 대설주의보가 발효되었습니다.
기상청에 따르면 앞으로 5cm 이상의 눈이 쌓인다고 합니다.
폭설로 인해 ○○○이 안전하게 귀가하도록 어린이집에 직접 오셔서 하원을 도와주셨으면 합니다.
○○○의 하원은 몇 시쯤 가능하겠습니까?
눈이 많이 와서 길이 미끄러우니 가급적 대중교통을 이용해 주시기 바랍니다.

#5. 식당

①반 교사: 비상식량과 식수, 보일러 상태를 확인해 주세요.

조 리 원: (비상식량과 식수를 확인하며) 비상식량 ○○개, 생수 ○○병을 조리실에 보관 중입니다.
(보일러 상태를 확인하며) 보일러실 안 보일러 작동에 이상 없음을 확인했습니다.

#6. 보육실

①반 교사: 각 반 인원현황을 보고해 주세요.

②반 교사: ②반 5명 모두 등원하였습니다.

③반 교사: ③반 7명 중 5명 등원하였습니다.

④반 교사: ④반 15명 모두 등원하였습니다.

⑤반 교사: ⑤반 20명 중 17명 등원하였습니다.

⑥반 교사: ⑥반 20명 중 15명 등원하였습니다.

#7. ①반 보육실

원　　장: 각 반 인원현황을 보고해 주세요.

①반 교사: 현재 ①반 3명 중 3명, ②반 5명 중 5명, ③반 7명 중 5명, ④반 15명 중 15명, ⑤반 20명
　　　　　중 17명, ⑥ 반 20명 중 15명, 총 60명 등원하였습니다.

원　　장: 연장보육이 필요한 인원은 몇 명인가요?

①반 교사: 모든 출석인원 60명 중 33명이 연장보육 필요합니다.

#8. ②, ⑤반 보육실

①반 교사: 현재 보육 인원 보고해 주세요.

②반 교사: 현재 영아 출석인원 13명 중 13명은 ②반에서 보육하고 있습니다.

⑤반 교사: 현재 유아 출석인원 47명 중 47명은 ⑤반에서 보육하고 있습니다.

#9. ④, ⑥반 보육실

①반 교사: 제설작업 진행상황 보고해 주세요.

④, ⑥반 교사: 어린이집 현관과 실외놀이터, 어린이집 주변 인도까지 제설작업 완료하였습니다.

#10. 복도

①반 교사: 오늘 ○○ 지역에 발효되었던 대설주의보가 해제되었습니다.

　　　　　지금까지 대설 상황 훈련을 실시하였습니다.

　　　　　이상으로 대설 상황 훈련을 마치겠습니다.

#1. 원장실

원   장: (기상청 홈페이지를 확인하며) 모든 교직원 여러분께 안내말씀 드립니다.
　　　　우리 ○○어린이집이 있는 ○○ 지역에 오늘 오전 9시 30분부터 호우주의보가 발효
　　　　되었습니다.

#2. 교사실

①반 교사: (일기예보를 보며) 기상청 홈페이지와 일기예보에 의하면 앞으로 3시간 이내에 60mm
　　　　이상의 비가 더 내릴 것으로 예상됩니다.

#3. 현관

③반 교사: (하수구와 배수구를 점검하며) 하수구와 배수구에 누수된 곳이나 막힌 곳이 없는지 확
　　　　인하였습니다.

#4. 보육실

④반 교사: (비상연락망, 비상연락 휴대폰을 챙기며) 저는 비상연락망과 비상연락 휴대폰을 확인했
　　　　습니다.
⑥반 교사: (비상구급함을 챙기며) 저는 비상구급함을 확인했습니다.

①~⑥반 교사: (부모에게 연락하며) 안녕하세요. ○○어린이집 ○반 교사입니다.
　　　　오늘 오전 9시 30분부터 ○○ 지역에 호우주의보가 발효되었습니다.
　　　　기상청에 따르면 앞으로 3시간 이내에 60mm 이상의 비가 더 내린다고 합니다.
　　　　집중호우로 인해 ○○○이 안전하게 귀가하도록 어린이집에 직접 오셔서 하원을 도
　　　　와주셨으면 합니다.
　　　　○○○의 하원은 몇 시쯤 가능하겠습니까?
　　　　비가 많이 와서 길이 미끄러우니 가급적 대중교통을 이용해 주시기 바랍니다.

#5. 식당

①반 교사: 비상식량과 식수, 에어컨 실외기 상태를 확인해 주세요.

조 리 원: (비상식량과 식수를 확인하며) 비상식량 ○○개, 생수 ○○병을 조리실에 보관 중입니다.

　　　　 (에어컨 실외기 상태를 확인하며) 에어컨 실외기 작동에 이상 없음을 확인했습니다.

#6. 보육실

①반 교사: 각 반 인원현황을 보고해 주세요.

②반 교사: ②반 5명 모두 등원하였습니다.

③반 교사: ③반 7명 중 5명 등원하였습니다.

④반 교사: ④반 15명 모두 등원하였습니다.

⑤반 교사: ⑤반 20명 중 17명 등원하였습니다.

⑥반 교사: ⑥반 20명 중 15명 등원하였습니다.

#7. ①반 보육실

원　　　장: 각 반 인원현황을 보고해 주세요.

①반 교사: 현재 ①반 3명 중 3명, ②반 5명 중 5명, ③반 7명 중 5명, ④반 15명 중 15명, ⑤반 20명 중 17명, ⑥반 20명 중 15명, 총 60명 등원하였습니다.

원　　　장: 연장보육이 필요한 인원은 몇 명인가요?

①반 교사: 모든 출석인원 60명 중 33명이 연장보육 필요합니다.

원　　　장: 집중호우 대비상황 보고해 주세요.

①반 교사: 하수구와 배수구, 에어컨 실외기 점검 완료하였고, 비상식량 ○○개, 생수 ○○병을 조리실에서 보관 중입니다.

#8. 유희실

①반 교사: 오늘 ○○ 지역에 발효되었던 호우주의보가 해제되었습니다.

　　　　 지금까지 집중호우 상황 훈련을 실시하였습니다.

　　　　 이상으로 집중호우 상황 훈련을 마치겠습니다.

바. 비상대피도

지하 1층 　 1층 　 2층

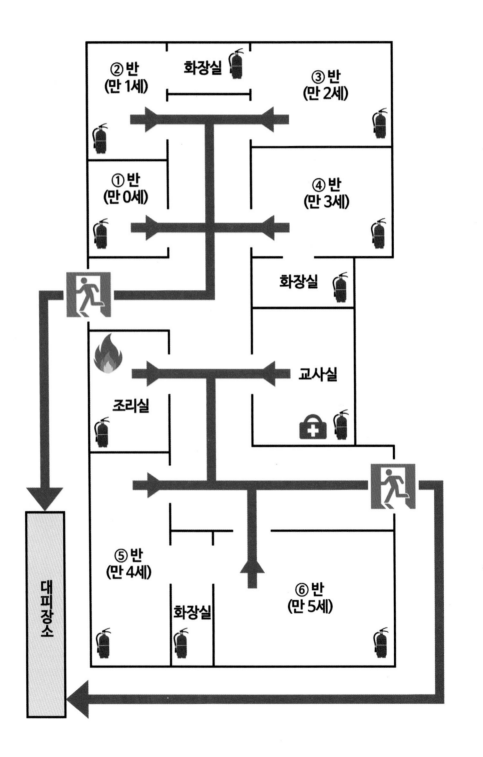

사. 개인별 업무카드 및 비상연락망

업무카드	비상연락망	비상대피도

____ 반 교사 ____

원 장☎___-__-____   소방서☎___-__-____
경찰서☎___-__-____   병 원☎___-__-____

상황		업무
평상시		
재난시	공통	1. 위기상황 전파 2. 현 위치 초동대응 3. 비상대피로 확보 및 대피 유도
	화재·지진	
	폭설·집중호우	

업무카드	비상연락망	비상대피도

____ 반 비상연락망

원 장☎___-__-____   소방서☎___-__-____
경찰서☎___-__-____   병 원☎___-__-____

이름	연락처

업무카드	비상연락망	비상대피도

어린이집 비상연락망

원 장☎___-__-____   소방서☎___-__-____
경찰서☎___-__-____   병 원☎___-__-____

교직원구성	성명	연락처

업무카드	비상연락망	비상대피도

1층 비상대피도

원 장☎___-__-____   소방서☎___-__-____
경찰서☎___-__-____   병 원☎___-__-____

12

※ 개인별 업무카드는 소책자 형태로 제작하여 휴대
※ [부록]의 사례를 참조하여 재난발생 시 개인별 역할을 구체적으로 분담하되, 상황에 따라 유동적으로 대처할 수 있도록 작성

| 13 | 94명 | 직장 어린이집 | 공용 | 1층 | 조리원 ○ |

가. 기본현황

보육정원	연령별 반구성					교직원	보육교직원 구성		
	①반 (만 1세)	②반 (만 2세)	③반 (만 3세)	④반 (만 4세)	⑤반 (만 5세)		원장	보육교사	조리원
94명	10명	14명	30명	20명	20명	11명	1명	8명	2명

나. 평상시 재난 관련 업무분담표

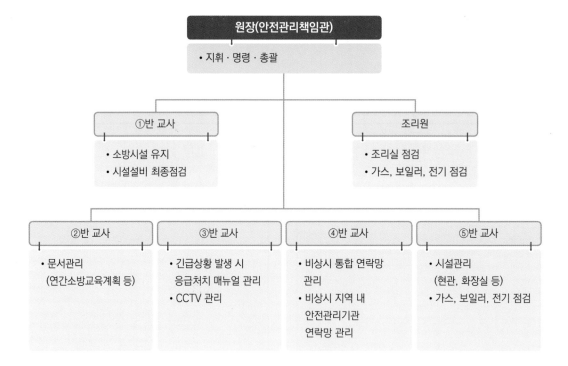

원장(안전관리책임관)
• 지휘 · 명령 · 총괄

①반 교사
• 소방시설 유지
• 시설설비 최종점검

조리원
• 조리실 점검
• 가스, 보일러, 전기 점검

②반 교사
• 문서관리
  (연간소방교육계획 등)

③반 교사
• 긴급상황 발생 시
  응급처치 매뉴얼 관리
• CCTV 관리

④반 교사
• 비상시 통합 연락망
  관리
• 비상시 지역 내
  안전관리기관
  연락망 관리

⑤반 교사
• 시설관리
  (현관, 화장실 등)
• 가스, 보일러, 전기 점검

다. 재난 시 업무분담표

담당자	화재 발생 시	지진 발생 시	폭설 발생 시	집중호우 발생 시
원장	• 지휘 · 명령 · 총괄 • 응급기관 연락 • 화재 장소 확인 • 지자체 보고	• 지휘 · 명령 · 총괄 • 응급기관 연락 • 지진 진원지 확인 • 지자체 보고	• 지휘 · 명령 · 총괄 • 지자체 보고	• 지휘 · 명령 · 총괄 • 지자체 보고
①반 교사 (만 1세)	• 비상시 비상벨 작동 및 원내 전달 • 관계기관 통보 • 보고서 작성 • 화재 발생 상황 수시 파악 • ①반 대피유도	• 비상시 비상벨 작동 및 원내 전달 • 관계기관 통보 • 보고서 작성 • 지진 발생 상황 수시 파악 • ①반 대피유도	• (보육 총괄) • 폭설 상황 수시 파악 • 보고서 작성	• (보육 총괄) • 호우 상황 수시 파악 • 보고서 작성
②반 교사 (만 2세)	• 주요 서류 및 물건 반출 • ②반 대피유도 및 최종점검	• 주요 서류 및 물건 반출 • ②반 대피유도 및 최종점검	• (영아반 보육) • 미끄럼주의 표지판 설치	• (영아반 보육) • 하수구, 배수구 점검
③반 교사 (만 3세)	• 응급처치 및 지정 병원으로 긴급후송 • 현관문 개방 • ③반 대피유도	• 응급처치 및 지정 병원으로 긴급후송 • 현관문 개방 • ③반 대피유도	• 응급처치 및 지정 병원으로 긴급후송 • 제설작업	• 응급처치 및 지정 병원으로 긴급후송
④반 교사 (만 4세)	• (대피 후 영유아 보육 총괄) • ④반 대피유도	• (대피 후 영유아 보육 총괄) • ④반 대피유도	• (유아반 보육) • 미끄럼주의 표지판 설치	• (유아반 보육) • 하수구, 배수구 점검
⑤반 교사 (만 5세)	• 구급약품 관리 • 비상문 개방 • ⑤반 대피유도	• 구급약품 관리 • 비상문 개방 • ⑤반 대피유도	• 구급약품 관리 • 제설작업 • 현관문, 창문 점검	• 구급약품 관리 • 현관문, 창문 점검
조리원	• 대피유도 및 보육 보조 • 가스 차단 • 전기 차단	• 대피유도 및 보육 보조 • 가스 차단 • 전기 차단	• 비상식량 확인 • 난방시설 확인	• 비상식량 확인 • 냉방시설 확인 • 가스 점검 • 전기콘센트 점검

13

👆 **라. 재난유형별 비상대피훈련 계획**   　화재　지진　폭설　집중호우

훈련명	비상대피훈련	훈련일	○○○○년 ○○월 ○○일
훈련 참가자	보육교직원 (11) 명 / 영유아 (94) 명	훈련시간	○○시 ○○분
훈련종류	화재 대피 실제 훈련		

훈련목표	• 화재 발생 시 행동요령을 이해한다. • 훈련을 통해 안전한 대피방법을 연습한다. • 실제 화재 발생 시 안전하게 대피한다.
재난상황 시나리오	조리실에서 점심식사 준비 중 화재 발생으로 대피
훈련 전 점검	• 훈련 계획의 내용 숙지　　• 소화기 위치 파악 • 재난 시 업무분담 숙지　　• 어린이집 앞 표지판 부착 • 대피로 동선 파악　　　　　(비상대피훈련 중-집결지 안내)
훈련내용	1. 화재경보 사이렌　　　　　3. 부상자, 사상자 확인 및 응급처치 2. 대피경로로 대피, 대피장소 집결　4. 부모에게 연락 　(영유아 인원 확인)　　　　5. 훈련 종료

	훈련	평가 중점 내용
훈련계획 세부내용	**1. 화재 상황 인지 및 알림**(화재경보 사이렌)	
	❶ 조리원 발화 발견 • 화재 첫 발견자는 불이 났음을 주변에 신속하게 알림 • 소화기 사용하여 조기 진화 시도 • 가스 및 전기 차단 • 조리실 문 닫고 ②반(만 2세)으로 이동	육성 및 경보기 소리 전달 여부 소화기 사용
	❷ 원장(지휘·명령·총괄) • 화재장소 파악 후 응급기관(119) 연락	위치, 상황 설명
	2. 화재 시 매뉴얼 진행	
	[1단계] 각 반 영유아 대피 시작 • 화재경보 사이렌과 동시에 대피 시작 • 대피 시 양쪽 벽으로 이동하여 통로 가운데 소화출입로를 확보함 • 보행이 어려운 영아는 교사가 안고 대피 • 각 반 교사는 비상연락망을 가지고 대피 • 현관문, 비상문에 먼저 도착한 교사가 현관문, 비상문 개방 • 각 반 인원 확인 후 원장에게 보고	질서 유지하며 대피

	훈련			평가 중점 내용
훈련계획 세부내용	1-❶	각 반 대피 시작		대피시간
		대피로	현관문	①, ②, ③반	
			비상문	④, ⑤반	
		영유아 선두 대피유도	③, ⑤반 교사	
		영유아 후미 대피유도	①, ②, ④반 교사	
		구급약품 소지	⑤반 교사	
	1-❷	현관문, 비상문 개방		대피한 영유아 수
		현관문 개방	③반 교사	
		비상문 개방	⑤반 교사	
	1-❸	각 반 대피 완료		
		영유아 후미 대피유도, 각 반 보육실 문 닫고 대피	①, ②, ④반 교사	
		최종점검 후 대피	②반 교사	
		영유아와 정해진 장소에 집결	전체 보육교직원	
	[2단계] 부상자, 사상자 확인 및 응급처치			부상자 응급처치/ 구급차 후송
	2-❶	응급처치		
		부상자 확인 후 응급처치 실시, 구급차 후송	③반 교사	
		관련기관(인근 병원 등) 연락, 사상자 확인	①반 교사	
	2-❷	각 반 대피 지속		
		영유아와 안전한 곳에서 대피 지속	②, ④, ⑤반 교사, 조리원	
	[3단계] 각 반 영유아 부모에게 연락			연락시간/ 응대 태도
	3-❶	부모 연락		
		비상연락망 이용하여 부모에게 연락	①, ②, ③, ④, ⑤반 교사	
	3. 화재 대피 훈련 종료			
	• 화재 대피 훈련 종료 안내			대피시간

13

※ 부상자가 없을 경우 [1-❶ → 1-❷ → 1-❸ → 3-❶] 순으로 진행

출처: 보건복지부보육기반과(2016). 비상대피훈련 시나리오를 재구성하여 제시함.

| 화재 | 지진 | 폭설 | 집중호우 |

훈련명	비상대피훈련	훈련일	○○○○년 ○○월 ○○일
훈련 참가자	보육교직원 (11) 명 / 영유아 (94) 명	훈련시간	○○시 ○○분
훈련종류	지진 대피 실제 훈련		

훈련목표	• 지진 발생 시 행동요령을 이해한다. • 훈련을 통해 안전한 대피방법을 연습한다. • 실제 지진 발생 시 안전하게 대피한다.
재난상황 시나리오	②반 보육실에서 먼저 흔들림을 감지하여 어린이집 전체에 알리고 대피(강도 4.5)
훈련 전 점검	• 훈련 계획의 내용 숙지 • 소화기 위치 파악 • 재난 시 업무분담 숙지 • 어린이집 앞 표지판 부착 • 대피로 동선 파악 (비상대피훈련 중 – 집결지 안내)
훈련내용	1. 재난위험경보 사이렌 4. 부상자, 사상자 확인 및 응급처치 2. 지진 행동요령 진행 5. 부모에게 연락 3. 대피경로로 대피, 대피장소 집결 6. 훈련 종료 (영유아 인원 확인)

	훈련	평가 중점 내용
훈련계획 세부내용	**1. 지진 상황 인지 및 알림**	
	❶ ②교사 지진 감지 • 지진 첫 감지자는 지진이 발생했음을 주변 및 원장에게 신속하게 알리고 지진 시 행동요령을 진행함	지진 상황 전달 여부
	❷ 원장(지휘 · 명령 · 총괄) • 어린이집 전체에 지진 비상상황 알림(재난위험경보 사이렌 울림)	

	❸ 조리원
	    • 가스 및 전기 차단
	    • 조리실 문 개방
	    • ①반(만 1세), ②반(만 2세)으로 이동
		어린이집 전체에
		지진 상황 알림

	2. 지진 시 매뉴얼 진행	
	[1단계] 지진 시 행동요령 진행 • 주변에 방석이나 이불 등 쿠션감 있는 것으로 머리 보호	

1-❶	문 개방	
	각 반 보육실 문 개방	①, ②, ③, ④, ⑤반 교사
	현관문 개방	③반 교사
	비상문 개방	⑤반 교사

	훈련			평가 중점 내용
		전체 영유아가 자세를 낮추고 머리 보호		지진 시 행동요령 숙지
1-❷		쿠션 아래로(이불 속 등) 대피	①, ②반(영아반)	
		책상 밑으로 대피	③, ④, ⑤반(유아반)	
		흔들림이 멈출 때까지 대기(2분 정도)		
1-❸		흔들림의 정도를 살핀 후 흔들림이 멈추면 대피경보 사이렌 울림	원장(안전관리책임관)	
[2단계] 각 반 영유아 대피 시작(대피경보 사이렌) • 흔들림이 멈춘 후 사이렌이 울림과 동시에 대피 시작 • 보행이 어려운 영아는 교사가 안고 대피 • 각 반 교사 비상연락망 가지고 대피 • 각 반 인원 확인하여 원장에게 보고				질서 유지하며 대피
2-❶		각 반 대피 시작		대피시간
	대피로	현관문	①, ②, ③반	
		비상문	④, ⑤반	
	영유아 선두 대피유도		③, ⑤반 교사	
	영유아 후미 대피유도		①, ②, ④반 교사	
	구급약품 소지		⑤반 교사	
2-❷		각 반 대피 완료		대피한 영유아 수
		최종점검 후 대피	②반 교사	
		영유아와 정해진 장소에 집결	전체 보육교직원	
[3단계] 부상자, 사상자 확인 및 응급처치				부상자 응급처치/ 구급차 후송
3-❶		응급처치		
		부상자 확인 후 응급처치 실시, 구급차 후송	③반 교사	
		관련기관(인근 병원 등) 연락, 사상자 확인	①반 교사	
3-❷		각 반 대피 지속		
		영유아와 안전한 곳에서 대피 지속	②, ④, ⑤반 교사, 조리원	
[4단계] 각 반 영유아 부모에게 연락				연락시간/ 응대 태도
4-❶		부모 연락		
		비상연락망 이용하여 부모에게 연락	①, ②, ③, ④, ⑤반 교사	
	3. 지진 대피 훈련 종료			
• 지진 대피 훈련 종료 안내				대피시간

(훈련계획 세부내용)

※ [1-❶]에서 현관문 및 비상문 개방에 실패했을 경우 대피유도자는 동선을 변경하여 대비
※ 부상자가 없을 경우 [1-❶ → 1-❷ → 2-❶ → 2-❷ → 1-❸ → 4-❶] 순으로 진행
출처: 보건복지부보육기반과(2016). 비상대피훈련 시나리오를 재구성하여 제시함.

13

| 화재 | 지진 | 폭설 | 집중호우 |

훈련명	비상대응훈련	훈련일	○○○○년 ○○월 ○○일
훈련 참가자	보육교직원 (11) 명 / 영유아 (94) 명	훈련시간	○○시 ○○분
훈련종류	폭설 대응 실제 훈련		

훈련목표	• 대설 발생 시 행동요령을 이해한다. • 훈련을 통해 안전한 대비방법을 연습한다. • 실제 대설 상황 시 안전하게 대비한다.
재난상황 시나리오	등원 후 눈이 내려 5cm 두께의 눈이 쌓이고 눈이 계속 오는 상황 • 대설주의보: 24시간 신적설량이 5cm 이상 예상될 때 • 대설경보: 24시간 신적설량이 20cm 이상 예상될 때 (산지는 30cm 이상 예상될 때)
훈련 전 점검	• 제설 작업 도구 점검(빗자루, 염화칼슘 또는 모래, 미끄럼주의 표지판)
훈련내용	1. 대설 상황 알림 2. 대설 시 매뉴얼 진행 3. 기상정보 청취 4. 부모에게 연락 5. 각 반 상황 파악 6. 제설작업 7. 종료

	훈련	평가 중점 내용
	1. 대설 상황 인지 및 알림	
	❶ 원장(지휘 · 명령 · 총괄) • 기상청 홈페이지 및 일기예보 참고하여 상황 예측 • 어린이집 전체에 대설 상황 알림	어린이집 전체에 대설 상황 알림
	2. 대설 시 매뉴얼 진행	
훈련계획 세부내용	[1단계] 대설 시 행동요령 진행 • 마실 수 있는 물 공급처가 동결될 것에 대비 • 미끄럼주의 표지판 설치	
	어린이집 시설점검 1-❶ 기상정보 들으며 기상상황 수시 파악 / ①반 교사 현관에 미끄럼 방지대 깔기	연락시간/ 응대 태도
	각 반 부모 전화 연락 1-❷ 대설주의보(대설경보) 상황 안내 하원 가능 시간 문의 (석식 준비 및 비상식량 예측) / ①, ②, ③, ④, ⑤반 교사 하원 시 어린이집에 안전하게 도착할 수 있도록 주의사항 안내	비상식량 및 식수 확보 보일러 상태 점검

훈련				평가 중점 내용
훈련계획 세부내용	1-❸	식량 및 보일러 확인		제설작업 숙지
		비상식량 및 식수 확인, 보일러 상태 점검	조리원	
	1-❹	상황 보고		
		각 반 정보 취합하여 원장에게 보고	①반 교사	
		연장보육 및 비상식량 등 상황 정리하여 보고		
	1-❺	보육 지속 및 제설작업 진행		
		영유아 안전 보육 담당	②, ④반 교사	
		제설작업 담당	③, ⑤반 교사	
3. 대설 상황 훈련 종료				
• 대설 상황 훈련 종료 안내				

출처: 보건복지부보육기반과(2016). 비상대피훈련 시나리오를 재구성하여 제시함.

13

화재	지진	폭설	집중호우

훈련명	비상대응훈련	훈련일	○○○○년 ○○월 ○○일
훈련 참가자	보육교직원 (11) 명 / 영유아 (94) 명	훈련시간	○○시 ○○분
훈련종류	집중호우 대응 실제 훈련		
훈련목표	• 집중호우 발생 시 행동요령을 이해한다. • 훈련을 통해 안전한 대비방법을 연습한다. • 실제 집중호우 상황 시 안전하게 대비한다.		
재난상황 시나리오	등원 후 비가 내려 60mm 높이로 잠기고 비가 계속 오는 상황 • 호우주의보: 3시간 강우량이 60mm 이상 예상될 때 또는 12시간 강우량이 110mm 이상 예상될 때 • 호우경보: 3시간 강우량이 90mm 이상 예상될 때 또는 12시간 강우량이 180mm 이상 예상될 때		
훈련 전 점검	• 하수구, 배수구 관리 도구 점검(집게)		
훈련내용	1. 집중호우 상황 알림 2. 집중호우 시 매뉴얼 진행 3. 기상정보 청취 4. 부모에게 연락	5. 각 반 상황 파악 6. 하수구, 배수구 점검 7. 종료	

	훈련	평가 중점 내용
훈련계획 세부내용	**1. 집중호우 상황 인지 및 알림**	
	❶ 원장(지휘 · 명령 · 총괄) • 기상청 홈페이지 및 일기예보 참고하여 상황 예측 • 어린이집 전체에 집중호우 상황 알림	어린이집 전체에 집중호우 상황 알림
	2. 집중호우 시 매뉴얼 진행	
	[1단계] 집중호우 시 행동요령 진행 • 빗물이 범람될 것에 대비	연락시간/ 응대 태도

기상상황 파악 및 시설점검

1-❶	기상정보 들으며 기상상황 수시 파악	①반 교사
	하수구, 배수구 점검	②, ④반 교사

각 반 부모 전화 연락

1-❷	호우주의보(호우경보) 상황 안내	
	하원 가능 시간 문의 (석식 준비 및 비상식량 예측)	①, ②, ③, ④, ⑤반 교사
	하원 시 어린이집에 안전하게 도착할 수 있도록 주의사항 안내	

훈련			평가 중점 내용
훈련계획 세부내용	1-❸	식량 및 실외기 확인		비상식량 및 식수 확보 실외기 상태 점검
		비상식량 및 식수 확인, 실외기 상태 점검	조리원	
	1-❹	상황 보고		
		각 반 정보 취합하여 원장에게 보고	①반 교사	
		연장보육 및 비상식량 등 상황 정리하여 보고		
3. 집중호우 상황 훈련 종료			
• 집중호우 상황 훈련 종료 안내			

출처: 보건복지부보육기반과(2016). 비상대피훈련 시나리오를 재구성하여 제시함.

13

마. 재난유형별 비상대피훈련 시나리오   화재   지진   폭설   집중호우

#1. 조리실

조 리 원: (조리실의 발화를 발견하고 화재경보기를 울리며) 불이야! 불이야!

#2. 원장실

원   장: (119에 연락을 하며) 여기 ○○구 ○○동 ○○어린이집에서 불이 났습니다.

불은 점심식사를 준비하던 조리실에서 발화한 것으로 보입니다.

근처에는 (알기 쉬운 큰 건물)이 있습니다.

제 전화번호는 ○○○-○○○○-○○○○입니다. 어린이집에는 보육교직원 11명과 영유아 94명이 있습니다.

#3. 보육실

모든 보육교직원, 영유아: 불이야! 불이야!

③반 교사: ①, ②, ③반은 현관문으로 대피하겠습니다.

저는 선두에서 대피를 유도할 테니, ①, ②반 선생님은 후미에서 대피를 유도해 주세요.

①, ②반 교사: (후미에서 잔류인원 확인 후 대피하며) 저는 후미에서 대피를 유도합니다.

⑤반 교사: ④, ⑤반은 비상문으로 대피하겠습니다.

저는 선두에서 대피를 유도할 테니, ④반 선생님은 후미에서 대피를 유도해 주세요.

④반 교사: (후미에서 잔류인원 확인 후 대피하며) 저는 후미에서 대피를 유도합니다.

④반 교사: (비상연락망, 비상연락 휴대폰을 챙기며) 저는 비상연락망과 비상연락 휴대폰을 가지고 대피하겠습니다.

⑤반 교사: (비상구급함을 챙기며) 저는 비상구급함을 가지고 대피하겠습니다.

#4. 대피 장소

②반 교사: 어린이집 전체 인원 최종점검하겠습니다.

최종점검 결과, 모든 인원 대피 완료했습니다. 이상 없습니다.

원　　　장: (각 반 교사를 향해) 담임교사는 각 반 인원을 확인해서 알려 주세요.

①반 교사: ①반 교사 2명 중 2명, 조리원 1명 중 1명, 영아 출석인원 10명 중 10명으로 이상 없습니다.

②반 교사: ②반 교사 2명 중 2명, 조리원 1명 중 1명, 출석인원 14명 중 영아 14명으로 이상 없습니다.

③반 교사: ③반 교사 2명 중 2명, 유아 출석인원 30명 중 30명으로 이상 없습니다.

④반 교사: ④반 교사 1명 중 1명, 유아 출석인원 20명 중 20명으로 이상 없습니다.

⑤반 교사: ⑤반 교사 1명 중 1명, 유아 출석인원 20명 중 19명은 이상 없으나,
　　　　　　유아 1명 부상자가 있습니다.

③반 교사: ⑤반에 부상자가 있습니다. 응급처치를 실시하겠습니다. 구급차를 불러 주세요.

①반 교사: (지정 병원에 연락을 하며) 여기는 ○○구 ○○동 ○○어린이집입니다.
　　　　　　오늘 화재로 인하여 대피하던 중 부상자가 발생했습니다.

나머지 보육교직원: 모두 여기에서 계속 대피해 주세요.

⑤반 교사: (부상자가 있을 때) 안녕하세요. ○○○학부모님 맞으시죠?
　　　　　　○○어린이집 ⑤반 담임교사입니다.
　　　　　　점심식사 준비 중 조리실에서 발화를 발견하여 어린이집 외부 지정장소로 대피했습니다.
　　　　　　대피를 하는 도중 ○○○이 부상을 입어 지정 병원으로 후송하였습니다.

①~④반 교사: (부상자가 없을 때) 안녕하세요. ○○○학부모님 맞으시죠?
　　　　　　○○어린이집 ○반 담임교사입니다.
　　　　　　점심식사 준비 중 조리실에서 발화를 발견하여 어린이집 외부 지정장소로 대피했습니다.
　　　　　　○반 모두 부상자 없이 지정장소로 안전하게 대피 완료했습니다.

원　　　장: 오늘 ○○구 ○○동 ○○어린이집에서 불이 났으며, 불은 점심식사를 준비하던 조리실에서 발화한 것으로 보입니다.
　　　　　　어린이집에는 보육교직원 11명과 영유아 94명이 있었습니다.
　　　　　　(시계를 확인하며) 오늘 화재 대피 훈련 시간은 총 ○○분 소요되었습니다.
　　　　　　차례를 지켜 다시 각 반으로 돌아가시기 바랍니다.

13

#1. ②반 보육실

②반 교사: (②반 보육실에서 흔들림을 감지하고) 어린이집 건물이 흔들리고 있습니다.

지진 시 행동요령을 진행하겠습니다.

#2. 원장실

원　　장: (재난위험경보 사이렌을 울리며) 현재시각 우리나라 전역에 지진재난경보가 발령되었습니다.

강도 4.5의 지진이 발생하였습니다.

#3. 조리실

조 리 원: (가스 및 전기 차단기를 내린 후) 조리실 내의 가스 및 전기 차단을 완료했습니다.

조리실 문을 열고 ①, ②반으로 이동하겠습니다.

#4. 보육실

①, ②반 교사: (쿠션과 이불로 머리를 보호하며) ○반 친구들! 모두 쿠션 아래와 이불 속으로 대피

하세요.

③, ④, ⑤반 교사: (책상 밑으로 들어가 머리를 보호하며) ○반 친구들! 모두 책상 밑으로 대피하세요.

#5. 원장실

원　　장: (대피경보기를 작동하며) 지진의 흔들림이 멈추었습니다.

모두 어린이집 밖 지정장소로 대피하세요.

#6. 보육실

③반 교사: ①, ②, ③반은 현관문으로 대피하겠습니다.

저는 선두에서 대피를 유도할 테니, ①, ②반 선생님은 후미에서 대피를 유도해 주세요.

①, ②반 교사: (후미에서 잔류인원 확인 후 대피하며) 저는 후미에서 대피를 유도합니다.

⑤반 교사: ④, ⑤반은 비상문으로 대피하겠습니다.

저는 선두에서 대피를 유도할 테니, ④반 선생님은 후미에서 대피를 유도해 주세요.

④반 교사: (후미에서 잔류인원 확인 후 대피하며) 저는 후미에서 대피를 유도합니다.

④반 교사: (비상연락망, 비상연락 휴대폰을 챙기며) 저는 비상연락망과 비상연락 휴대폰을 가지고

대피하겠습니다.

⑤반 교사: (비상구급함을 챙기며) 저는 비상구급함을 가지고 대피하겠습니다.

#7. 대피 장소

②반 교사: 어린이집 전체 인원 최종점검하겠습니다.

최종점검 결과, 모든 인원 대피 완료했습니다. 이상 없습니다.

원   장: (각 반 교사를 향해) 담임교사는 각 반 인원을 확인해서 알려 주세요.

①반 교사: ①반 교사 2명 중 2명, 조리원 1명 중 1명, 영아 출석인원 10명 중 10명으로 이상 없습니다.

②반 교사: ②반 교사 2명 중 2명, 조리원 1명 중 1명, 출석인원 14명 중 영아 14명으로 이상 없습니다.

③반 교사: ③반 교사 2명 중 2명, 유아 출석인원 30명 중 30명으로 이상 없습니다.

④반 교사: ④반 교사 1명 중 1명, 유아 출석인원 20명 중 20명으로 이상 없습니다.

⑤반 교사: ⑤반 교사 1명 중 1명, 유아 출석인원 20명 중 19명은 이상 없으나,

유아 1명 부상자가 있습니다.

③반 교사: ⑤반에 부상자가 있습니다. 응급처치를 실시하겠습니다. 구급차를 불러 주세요.

①반 교사: (지정 병원에 연락을 하며) 여기는 ○○구 ○○동 ○○어린이집입니다.

오늘 지진으로 인하여 대피하던 중 부상자가 발생했습니다.

나머지 보육교직원: 모두 여기에서 계속 대피해 주세요.

⑤반 교사: (부상자가 있을 때) 안녕하세요. ○○○학부모님 맞으시죠?

○○어린이집 ⑤반 담임교사입니다. 어린이집 내에서 흔들림을 감지하고, 강도 4.5의 지진이 발생하여 어린이집 외부 지정장소로 대피했습니다.

대피를 하는 도중 ○○○이 부상을 입어 지정 병원으로 후송하였습니다.

①~④반 교사: (부상자가 없을 때) 안녕하세요. ○○○학부모님 맞으시죠?

○○어린이집 ○반 담임교사입니다.

어린이집 내에서 흔들림을 감지하고, 강도 4.5의 지진이 발생하여 어린이집 외부 지정 장소로 대피했습니다.

○반 모두 부상자 없이 지정장소로 안전하게 대피 완료했습니다.

원   장: 오늘 우리나라 전역에 강도 4.5의 지진이 발생하여 지진재난경보가 발령되었습니다.

어린이집에는 보육교직원 11명과 영유아 94명이 있었습니다.

(시계를 확인하며) 오늘 지진 대피 훈련 시간은 총 ○○분 소요되었습니다.

차례를 지켜 다시 각 반으로 돌아가시기 바랍니다.

13

#1. 원장실

원　　장: (기상청 홈페이지를 확인하며) 모든 교직원 여러분께 안내말씀 드립니다.
우리 ○○어린이집이 있는 ○○ 지역에 오늘 오전 9시 30분부터 대설주의보가 발효되었습니다.

#2. 교사실

①반 교사: (일기예보를 보며) 기상청 홈페이지와 일기예보에 의하면 앞으로 5cm 이상의 눈이 더 쌓일 것으로 예상됩니다.

#3. 현관

①반 교사: (미끄럼 방지대와 미끄럼주의 표지판을 설치한 후) 현관에도 눈이 쌓여 미끄러지는 사고를 방지하기 위해 미끄럼 방지대와 미끄럼주의 표지판 설치를 완료하였습니다.

#4. 보육실

④반 교사: (비상연락망, 비상연락 휴대폰을 챙기며) 저는 비상연락망과 비상연락 휴대폰을 확인했습니다.
⑤반 교사: (비상구급함을 챙기며) 저는 비상구급함을 확인했습니다.

①~⑤반 교사: (부모에게 연락하며) 안녕하세요. ○○어린이집 ○반 교사입니다.
오늘 오전 9시 30분부터 ○○ 지역에 대설주의보가 발효되었습니다.
기상청에 따르면 앞으로 5cm 이상의 눈이 쌓인다고 합니다.
폭설로 인해 ○○○이 안전하게 귀가하도록 어린이집에 직접 오셔서 하원을 도와주셨으면 합니다.
○○○의 하원은 몇 시쯤 가능하겠습니까?
눈이 많이 와서 길이 미끄러우니 가급적 대중교통을 이용해 주시기 바랍니다.

#5. 식당

①반 교사: 비상식량과 식수, 보일러 상태를 확인해 주세요.
조 리 원: (비상식량과 식수를 확인하며) 비상식량 ○○개, 생수 ○○병을 조리실에 보관 중입니다.
(보일러 상태를 확인하며) 보일러실 안 보일러 작동에 이상 없음을 확인했습니다.

#6. 보육실

①반 교사: 각 반 인원현황을 보고해 주세요.

②반 교사: ②반 14명 중 10명 등원하였습니다.

③반 교사: ③반 30명 중 20명 등원하였습니다.

④반 교사: ④반 20명 중 15명 등원하였습니다.

⑤반 교사: ⑤반 20명 중 15명 등원하였습니다.

#7. ①반 보육실

원　　장: 각 반 인원현황을 보고해 주세요.

①반 교사: 현재 ①반 10명 중 7명, ②반 14명 중 10명, ③반 30명 중 20명, ④반 20명 중 15명,
　　　　　⑤반 20명 중 15명, 총 67명 등원하였습니다.

원　　장: 연장보육이 필요한 인원은 몇 명인가요?

①반 교사: 모든 출석인원 67명 중 37명이 연장보육 필요합니다.

#8. ②, ④반 보육실

①반 교사: 현재 보육 인원 보고해 주세요.

②반 교사: 현재 영아 출석인원 17명 중 17명은 ②반에서 보육하고 있습니다.

④반 교사: 현재 유아 출석인원 50명 중 50명은 ④, ⑤반에서 보육하고 있습니다.

#9. ③, ⑤반 보육실

①반 교사: 제설작업 진행상황 보고해 주세요.

③, ⑤반 교사: 어린이집 현관과 실외놀이터, 어린이집 주변 인도까지 제설작업 완료하였습니다.

#10. 유희실

원　　장: 오늘 ○○ 지역에 발효되었던 대설주의보가 해제되었습니다.
　　　　　지금까지 대설 상황 훈련을 실시하였습니다.
　　　　　이상으로 대설 상황 훈련을 마치겠습니다.

13

#1. 원장실

원   장: (기상청 홈페이지를 확인하며) 모든 교직원 여러분께 안내말씀 드립니다.
우리 ○○어린이집이 있는 ○○ 지역에 오늘 오전 9시 30분부터 호우주의보가 발효되었습니다.

#2. 교사실

①반 교사: (일기예보를 보며) 기상청 홈페이지와 일기예보에 의하면 앞으로 3시간 이내에 60mm 이상의 비가 더 내릴 것으로 예상됩니다.

#3. 현관

②, ④반 교사: (하수구와 배수구를 점검하며) 하수구와 배수구에 누수된 곳이나 막힌 곳이 없는지 확인하였습니다.

#4. 보육실

④반 교사: (비상연락망, 비상연락 휴대폰을 챙기며) 저는 비상연락망과 비상연락 휴대폰을 확인했습니다.

⑤반 교사: (비상구급함을 챙기며) 저는 비상구급함을 확인했습니다.

①~⑤반 교사: (부모에게 연락하며) 안녕하세요. ○○어린이집 ○반 교사입니다.
오늘 오전 9시 30분부터 ○○ 지역에 호우주의보가 발효되었습니다.
기상청에 따르면 앞으로 3시간 이내에 60mm 이상의 비가 더 내린다고 합니다.
집중호우로 인해 ○○○이 안전하게 귀가하도록 어린이집에 직접 오셔서 하원을 도와주셨으면 합니다.
○○○의 하원은 몇 시쯤 가능하겠습니까?
비가 많이 와서 길이 미끄러우니 가급적 대중교통을 이용해 주시기 바랍니다.

#5. 식당

①반 교사: 비상식량과 식수, 에어컨 실외기 상태를 확인해 주세요.

조 리 원: (비상식량과 식수를 확인하며) 비상식량 ○○개, 생수 ○○병을 조리실에 보관 중입니다.

(에어컨 실외기 상태를 확인하며) 에어컨 실외기 작동에 이상 없음을 확인했습니다.

#6. 보육실

①반 교사: 각 반 인원현황을 보고해 주세요.

②반 교사: ②반 14명 중 10명 등원하였습니다.

③반 교사: ③반 30명 중 20명 등원하였습니다.

④반 교사: ④반 20명 중 15명 등원하였습니다.

⑤반 교사: ⑤반 20명 중 15명 등원하였습니다.

#7. ①반 보육실

원　　장: 각 반 인원현황을 보고해 주세요.

①반 교사: 현재 ①반 10명 중 7명, ②반 14명 중 10명, ③반 30명 중 20명, ④반 20명 중 15명,

⑤반 20명 중 15명, 총 67명 등원하였습니다.

원　　장: 연장보육이 필요한 인원은 몇 명인가요?

①반 교사: 모든 출석인원 67명 중 37명이 연장보육 필요합니다.

원　　장: 집중호우 대비상황 보고해 주세요.

①반 교사: 하수구와 배수구, 에어컨 실외기 점검 완료하였고, 비상식량 ○○개, 생수 ○○병을

조리실에서 보관 중입니다.

#8. 유희실

원　　장: 오늘 ○○ 지역에 발효되었던 호우주의보가 해제되었습니다.

지금까지 집중호우 상황 훈련을 실시하였습니다.

이상으로 집중호우 상황 훈련을 마치겠습니다.

13

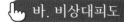 바. 비상대피도

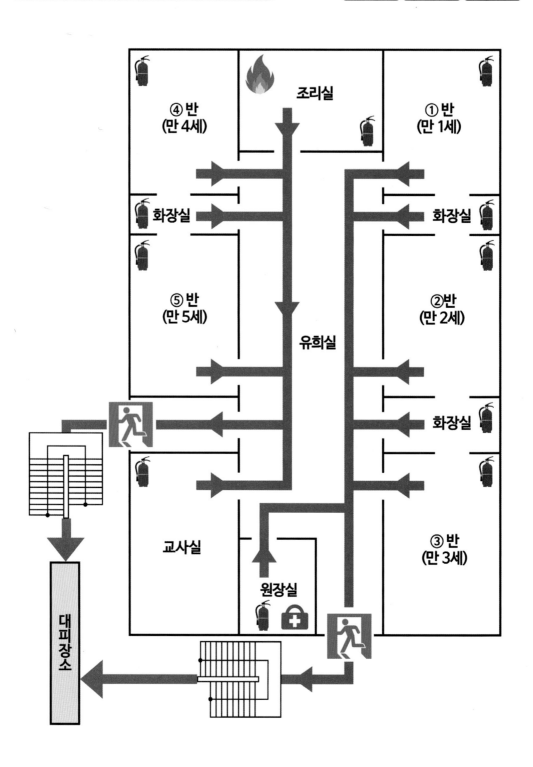

사. 개인별 업무카드 및 비상연락망

업무카드	비상연락망	비상대피도

_____ 반 교사 _____

원 장☎__-__-__   소방서☎__-__-__
경찰서☎__-__-__   병 원☎__-__-__

상황		업무
평상시		
재난시	공통	1. 위기상황 전파 2. 현 위치 초동대응 3. 비상대피로 확보 및 대피 유도
	화재·지진	
	폭설·집중호우	

업무카드	비상연락망	비상대피도

_____ 반 비상연락망

원 장☎__-__-__   소방서☎__-__-__
경찰서☎__-__-__   병 원☎__-__-__

이름	연락처

업무카드	비상연락망	비상대피도

어린이집 비상연락망

원 장☎__-__-__   소방서☎__-__-__
경찰서☎__-__-__   병 원☎__-__-__

교직원 구성	성명	연락처

업무카드	비상연락망	비상대피도

1층 비상대피도

원 장☎__-__-__   소방서☎__-__-__
경찰서☎__-__-__   병 원☎__-__-__

※ 개인별 업무카드는 소책자 형태로 제작하여 휴대
※ [부록]의 사례를 참조하여 재난발생 시 개인별 역할을 구체적으로 분담하되, 상황에 따라 유동적으로 대처할 수 있도록 작성

| **14** | 97명 | 국공립 어린이집 | 공용 | 1층 | 조리원 ○ |

가. 기본현황

보육 정원	연령별 반구성							교직원	보육교직원 구성		
	①반 (만 0세)	②반 (만 1세)	③반 (만 2세)	④반 (만 3세)	⑤반 (만 3세)	⑥반 (만 4세)	⑦반 (만 5세)		원장	보육교사	조리원
97명	3명	10명	14명	15명	15명	20명	20명	12명	1명	9명	2명

나. 평상시 재난 관련 업무분담표

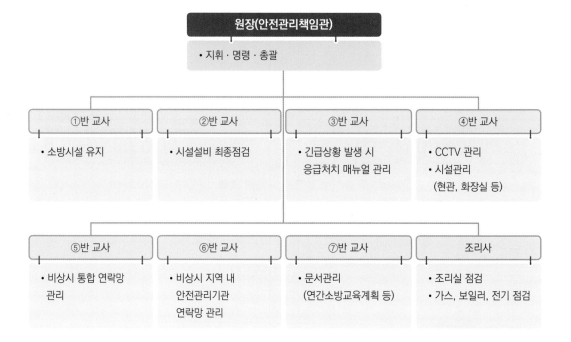

원장(안전관리책임관)
• 지휘 · 명령 · 총괄

①반 교사
• 소방시설 유지

②반 교사
• 시설설비 최종점검

③반 교사
• 긴급상황 발생 시 응급처치 매뉴얼 관리

④반 교사
• CCTV 관리
• 시설관리 (현관, 화장실 등)

⑤반 교사
• 비상시 통합 연락망 관리

⑥반 교사
• 비상시 지역 내 안전관리기관 연락망 관리

⑦반 교사
• 문서관리 (연간소방교육계획 등)

조리사
• 조리실 점검
• 가스, 보일러, 전기 점검

다. 재난 시 업무분담표

담당자	화재 발생 시	지진 발생 시	폭설 발생 시	집중호우 발생 시
원장	• 지휘·명령·총괄 • 응급기관 연락 • 화재 장소 확인 • 지자체 보고	• 지휘·명령·총괄 • 응급기관 연락 • 지진 진원지 확인 • 지자체 보고	• 지휘·명령·총괄 • 지자체 보고	• 지휘·명령·총괄 • 지자체 보고
①반 교사 (만 0세)	• 비상시 비상벨 작동 및 원내 전달 • 관계기관 통보 • 보고서 작성 • 화재 발생 상황 수시 파악 • ①반 대피유도	• 비상시 비상벨 작동 및 원내 전달 • 관계기관 통보 • 보고서 작성 • 지진 발생 상황 수시 파악 • ①반 대피유도	• (보육 총괄) • 폭설 상황 수시 파악 • 보고서 작성(내부)	• (보육 총괄) • 호우 상황 수시 파악 • 보고서 작성(내부)
②반 교사 (만 1세)	• (대피 후 영아 보육 총괄) • ②반 대피유도 및 최종점검	• (대피 후 영아 보육 총괄) • ②반 대피유도 및 최종점검	• (영아반 보육)	• (영아반 보육)
③반 교사 (만 2세)	• 응급처치 및 지정 병원으로 긴급후송 • ③반 대피유도	• 응급처치 및 지정 병원으로 긴급후송 • ③반 대피유도	• 응급처치 및 지정 병원으로 긴급후송	• 응급처치 및 지정 병원으로 긴급후송
④반 교사 (만 3세)	• 현관문 개방 • ④반 대피유도	• 현관문 개방 • ④반 대피유도	• 현관문, 창문 점검 • 제설작업	• 현관문, 창문 점검
⑤반 교사 (만 3세)	• 구급약품 관리 • ⑤반 대피유도	• 구급약품 관리 • ⑤반 대피유도	• 구급약품 관리	• 구급약품 관리
⑥반 교사 (만 4세)	• (대피 후 유아 보육 총괄) • ⑥반 대피유도	• (대피 후 유아 보육 총괄) • ⑥반 대피유도	• (유아반 보육)	• (유아반 보육)
⑦반 교사 (만 5세)	• 주요 서류 및 물건 반출 • 비상문 개방 • ⑦반 대피유도	• 주요 서류 및 물건 반출 • 비상문 개방 • ⑦반 대피유도	• 미끄럼주의 표지판 설치 • 제설작업	• 하수구, 배수구 점검
조리원	• 대피유도 및 보육 보조 • 가스 차단 • 전기 차단	• 대피유도 및 보육 보조 • 가스 차단 • 전기 차단	• 비상식량 확인 • 난방시설 확인	• 비상식량 확인 • 냉방시설 확인 • 가스 점검 • 전기콘센트 점검

14

라. 재난유형별 비상대피훈련 계획

화재 | 지진 | 폭설 | 집중호우

훈련명	비상대피훈련	훈련일	○○○○년 ○○월 ○○일
훈련 참가자	보육교직원 (12) 명 / 영유아 (97) 명	훈련시간	○○시 ○○분
훈련종류	화재 대피 실제 훈련		
훈련목표	• 화재 발생 시 행동요령을 이해한다. • 훈련을 통해 안전한 대피방법을 연습한다. • 실제 화재 발생 시 안전하게 대피한다.		
재난상황 시나리오	조리실에서 점심식사 준비 중 화재 발생으로 대피		
훈련 전 점검	• 훈련 계획의 내용 숙지　　　• 소화기 위치 파악 • 재난 시 업무분담 숙지　　　• 어린이집 앞 표지판 부착 • 대피로 동선 파악　　　　　　(비상대피훈련 중-집결지 안내)		
훈련내용	1. 화재경보 사이렌　　　　　　3. 부상자, 사상자 확인 및 응급처치 2. 대피경로로 대피, 대피장소 집결　4. 부모에게 연락 　(영유아 인원 확인)　　　　　5. 훈련 종료		

훈련계획 세부내용	훈련	평가 중점 내용
	1. 화재 상황 인지 및 알림(화재경보 사이렌)	
	❶ 조리원 발화 발견 　• 화재 첫 발견자는 불이 났음을 주변에 신속하게 알림 　• 소화기 사용하여 조기 진화 시도 　• 가스 및 전기 차단 　• 조리실 문 닫고 ①반(만 0세)으로 이동	육성 및 경보기 소리 전달 여부 소화기 사용
	❷ 원장(지휘·명령·총괄) 　• 화재장소 파악 후 응급기관(119) 연락	위치, 상황 설명
	2. 화재 시 매뉴얼 진행	
	[1단계] 각 반 영유아 대피 시작 • 화재경보 사이렌과 동시에 대피 시작 • 대피 시 양쪽 벽으로 이동하여 통로 가운데 소화출입로를 확보함 • 보행이 어려운 영아는 교사가 안고 대피 • 각 반 교사는 비상연락망을 가지고 대피 • 현관문, 비상문에 먼저 도착한 교사가 현관문, 비상문 개방 • 각 반 인원 확인 후 원장에게 보고	질서 유지하며 대피

훈련				평가 중점 내용
훈련계획 세부내용	1-❶	각 반 대피 시작		대피시간
		대피로	현관문	①, ②, ③, ④반	
			비상문	⑤, ⑥, ⑦반	
		영유아 선두 대피유도	③, ④, ⑦반 교사	
		영유아 후미 대피유도	①, ②, ⑤, ⑥반 교사	
		구급약품 소지	⑤반 교사	
	1-❷	현관문, 비상문 개방		대피한 영유아 수
		현관문 개방	④반 교사	
		비상문 개방	⑦반 교사	
	1-❸	각 반 대피 완료		
		영유아 후미 대피유도, 각 반 보육실 문 닫고 대피	①, ⑤반 교사	
		최종점검 후 대피	②반 교사	
		영유아와 정해진 장소에 집결	전체 보육교직원	
	[2단계] 부상자, 사상자 확인 및 응급처치			부상자 응급처치/ 구급차 후송
	2-❶	응급처치		
		부상자 확인 후 응급처치 실시, 구급차 후송	③반 교사	
		관련기관(인근 병원 등) 연락, 사상자 확인	①반 교사	
	2-❷	각 반 대피 지속		
		영유아와 안전한 곳에서 대피 지속	②, ④, ⑤, ⑥, ⑦반 교사, 조리원	
	[3단계] 각 반 영유아 부모에게 연락			연락시간/ 응대 태도
	3-❶	부모 연락		
		비상연락망 이용하여 부모에게 연락	①, ②, ③, ④, ⑤, ⑥, ⑦반 교사	
	3. 화재 대피 훈련 종료			
	• 화재 대피 훈련 종료 안내			대피시간

※ 부상자가 없을 경우 [1-❶ → 1-❷ → 1-❸ → 3-❶] 순으로 진행

출처: 보건복지부보육기반과(2016). 비상대피훈련 시나리오를 재구성하여 제시함.

14

화재	지진	폭설	집중호우

훈련명	비상대피훈련	훈련일	○○○○년 ○○월 ○○일
훈련 참가자	보육교직원 (12) 명 / 영유아 (97) 명	훈련시간	○○시 ○○분
훈련종류	지진 대피 실제 훈련		

훈련목표	• 지진 발생 시 행동요령을 이해한다. • 훈련을 통해 안전한 대피방법을 연습한다. • 실제 지진 발생 시 안전하게 대피한다.
재난상황 시나리오	②반 보육실에서 먼저 흔들림을 감지하여 어린이집 전체에 알리고 대피(강도 4.5)
훈련 전 점검	• 훈련 계획의 내용 숙지　　　　• 소화기 위치 파악 • 재난 시 업무분담 숙지　　　　• 어린이집 앞 표지판 부착 • 대피로 동선 파악　　　　　　　　(비상대피훈련 중-집결지 안내)
훈련내용	1. 재난위험경보 사이렌　　　　4. 부상자, 사상자 확인 및 응급처치 2. 지진 행동요령 진행　　　　　5. 부모에게 연락 3. 대피경로로 대피, 대피장소 집결　6. 훈련 종료 　 (영유아 인원 확인)

훈련		평가 중점 내용
1. 지진 상황 인지 및 알림		
❶ ②교사 지진 감지 　• 지진 첫 감지자는 지진이 발생했음을 주변 및 원장에게 신속하게 알리고 지진 시 행동요령을 진행함		지진 상황 전달 여부
❷ 원장(지휘 · 명령 · 총괄) 　• 어린이집 전체에 지진 비상상황 알림(재난위험경보 사이렌 울림)		
❸ 조리원 　• 가스 및 전기 차단　　　　• 조리실 문 개방 　• ①반(만 0세)으로 이동		어린이집 전체에 지진 상황 알림
2. 지진 시 매뉴얼 진행		

훈련계획 세부내용

[1단계] 지진 시 행동요령 진행
• 주변에 방석이나 이불 등 쿠션감 있는 것으로 머리 보호

1-❶	문 개방	
	각 반 보육실 문 개방	①,②,③,④,⑤,⑥,⑦반 교사
	현관문 개방	④반 교사
	비상문 개방	⑦반 교사

1-❷	전체 영유아가 자세를 낮추고 머리 보호	
	쿠션 아래로(이불 속 등) 대피	①, ②, ③반(영아반)
	책상 밑으로 대피	④, ⑤, ⑥, ⑦반(유아반)

훈련				평가 중점 내용
훈련계획 세부내용	1-❸	흔들림이 멈출 때까지 대기(2분 정도)		지진 시 행동요령 숙지
		흔들림의 정도를 살핀 후 흔들림이 멈추면 대피경보 사이렌 울림	원장(안전관리책임관)	

[2단계] 각 반 영유아 대피 시작(대피경보 사이렌)
- 흔들림이 멈춘 후 사이렌이 울림과 동시에 대피 시작
- 보행이 어려운 영아는 교사가 안고 대피
- 각 반 교사는 비상연락망을 가지고 대피
- 각 반 인원 확인하여 원장에게 보고

(질서 유지하며 대피)

2-❶	각 반 대피 시작		대피시간
	대피로	현관문	①, ②, ③, ④반
		비상문	⑤, ⑥, ⑦반
	영유아 선두 대피유도		③, ④, ⑦반 교사
	영유아 후미 대피유도		①, ②, ⑤, ⑥반 교사
	구급약품 소지		⑤반 교사

2-❷	각 반 대피 완료		대피한 영유아 수
	최종점검 후 대피	②반 교사	
	영유아와 정해진 장소에 집결	전체 보육교직원	

[3단계] 부상자, 사상자 확인 및 응급처치

3-❶	응급처치		부상자 응급처치/ 구급차 후송
	부상자 확인 후 응급처치 실시, 구급차 후송	③반 교사	
	관련기관(인근 병원 등) 연락, 사상자 확인	①반 교사	

3-❷	각 반 대피 지속		
	영유아와 안전한 곳에서 대피 지속	②, ④, ⑤, ⑥, ⑦반 교사, 조리원	

[4단계] 각 반 영유아 부모에게 연락

4-❶	부모 연락		연락시간/ 응대 태도
	비상연락망 이용하여 부모에게 연락	①, ②, ③, ④, ⑤, ⑥, ⑦반 교사	

3. 지진 대피 훈련 종료	
• 지진 대피 훈련 종료 안내	대피시간

14

※ [1-❶]에서 현관문 및 비상문 개방에 실패했을 경우 대피유도자는 동선을 변경하여 대비
※ 부상자가 없을 경우 [1-❶ → 1-❷ → 2-❶ → 2-❷ → 1-❸ → 4-❶] 순으로 진행
출처: 보건복지부보육기반과(2016). 비상대피훈련 시나리오를 재구성하여 제시함.

50명 미만 어린이집	50명 이상 100명 미만 어린이집	100명 이상 어린이집

화재	지진	폭설	집중호우

훈련명	비상대응훈련	훈련일	○○○○년 ○○월 ○○일
훈련 참가자	보육교직원 (12) 명 / 영유아 (97) 명	훈련시간	○○시 ○○분
훈련종류	폭설 대응 실제 훈련		

훈련목표	• 대설 발생 시 행동요령을 이해한다. • 훈련을 통해 안전한 대비방법을 연습한다. • 실제 대설 상황 시 안전하게 대비한다.
재난상황 시나리오	등원 후 눈이 내려 5cm 두께의 눈이 쌓이고 눈이 계속 오는 상황 • 대설주의보: 24시간 신적설량이 5cm 이상 예상될 때 • 대설경보: 24시간 신적설량이 20cm 이상 예상될 때 (산지는 30cm 이상 예상될 때)
훈련 전 점검	• 제설작업 도구 점검(빗자루, 염화칼슘 또는 모래, 미끄럼주의 표지판)
훈련내용	1. 대설 상황 알림　　　　　　5. 각 반 상황 파악 2. 대설 시 매뉴얼 진행　　　6. 제설작업 3. 기상정보 청취　　　　　　7. 종료 4. 부모에게 연락

훈련계획 세부내용	훈련		평가 중점 내용
	1. 대설 상황 인지 및 알림		
	❶ 원장(지휘 · 명령 · 총괄) 　• 기상청 홈페이지 및 일기예보 참고하여 상황 예측 　• 어린이집 전체에 대설 상황 알림		어린이집 전체에 대설 상황 알림
	2. 대설 시 매뉴얼 진행		
	[1단계] 대설 시 행동요령 진행 • 마실 수 있는 물 공급처가 동결될 것에 대비 • 미끄럼주의 표지판 설치		연락시간/ 응대 태도

	어린이집 시설점검	
1-❶	기상정보 들으며 기상상황 수시 파악	①반 교사
	현관에 미끄럼 방지대 깔기	

	각 반 부모 전화 연락		
1-❷	대설주의보(대설경보) 상황 안내	①,②,③,④,⑤,⑥,⑦반 교사	비상식량 및 식수 확보 보일러 상태 점검
	하원 가능 시간 문의 (석식 준비 및 비상식량 예측)		
	하원 시 어린이집에 안전하게 도착할 수 있도록 주의사항 안내		

훈련계획 세부내용	훈련			평가 중점 내용
	1-❸	**식량 및 보일러 확인**		제설작업 숙지
		비상식량 및 식수 확인, 보일러 상태 점검	조리원	
	1-❹	**상황 보고**		
		각 반 정보 취합하여 원장에게 보고	①반 교사	
		연장보육 및 비상식량 등 상황 정리하여 보고		
	1-❺	**보육 지속 및 제설작업 진행**		
		영유아 안전 보육 담당	②, ⑥반 교사	
		제설작업 담당	④, ⑦반 교사	
	3. 대설 상황 훈련 종료			
	• 대설 상황 훈련 종료 안내			

출처: 보건복지부보육기반과(2016). 비상대피훈련 시나리오를 재구성하여 제시함.

14

| 화재 | 지진 | 폭설 | 집중호우 |

훈련명	비상대응훈련	훈련일	○○○○년 ○○월 ○○일
훈련 참가자	보육교직원 (12) 명 / 영유아 (97) 명	훈련시간	○○시 ○○분
훈련종류	집중호우 대응 실제 훈련		

훈련목표	• 집중호우 발생 시 행동요령을 이해한다. • 훈련을 통해 안전한 대비방법을 연습한다. • 실제 집중호우 상황 시 안전하게 대비한다.
재난상황 시나리오	등원 후 비가 내려 60mm 높이로 잠기고 비가 계속 오는 상황 • 호우주의보: 3시간 강우량이 60mm 이상 예상될 때 또는 12시간 강우량이 110mm 이상 예상될 때 • 호우경보: 3시간 강우량이 90mm 이상 예상될 때 또는 12시간 강우량이 180mm 이상 예상될 때
훈련 전 점검	• 하수구, 배수구 관리 도구 점검(집게)
훈련내용	1. 집중호우 상황 알림 5. 각 반 상황 파악 2. 집중호우 시 매뉴얼 진행 6. 하수구, 배수구 점검 3. 기상정보 청취 7. 종료 4. 부모에게 연락

훈련계획 세부내용	훈련	평가 중점 내용
	1. 집중호우 상황 인지 및 알림	

	❶ 원장(지휘 · 명령 · 총괄)
	   • 기상청 홈페이지 및 일기예보 참고하여 상황 예측
	   • 어린이집 전체에 집중호우 상황 알림
		어린이집 전체에
		집중호우
		상황 알림

	2. 집중호우 시 매뉴얼 진행	
	[1단계] 집중호우 시 행동요령 진행 • 빗물이 범람될 것에 대비	연락시간/ 응대 태도

1-❶	기상상황 파악 및 시설점검	
	기상정보 들으며 기상상황 수시 파악	①반 교사
	하수구, 배수구 점검	⑦반 교사

1-❷	각 반 부모 전화 연락	
	호우주의보(호우경보) 상황 안내	①,②,③,④,⑤,⑥,⑦반 교사
	하원 가능 시간 문의 (석식 준비 및 비상식량 예측)	
	하원 시 어린이집에 안전하게 도착할 수 있도록 주의사항 안내	

훈련계획 세부내용	훈련			평가 중점 내용
	식량 및 실외기 확인			비상식량 및 식수 확보 실외기 상태 점검
	1-❸	비상식량 및 식수 확인, 실외기 상태 확인	조리원	
	상황 보고			
	1-❹	각 반 정보 취합하여 원장에게 보고	①반 교사	
		연장보육 및 비상식량 등 상황 정리하여 보고		
	3. 집중호우 상황 훈련 종료			
	• 집중호우 상황 훈련 종료 안내			

출처: 보건복지부보육기반과(2016). 비상대피훈련 시나리오를 재구성하여 제시함.

14

281

마. 재난유형별 비상대피훈련 시나리오   화재 지진 폭설 집중호우

#1. 조리실

조 리 원: (조리실의 발화를 발견하고 화재경보기를 울리며) 불이야! 불이야!

#2. 원장실

원   장: (119에 연락을 하며) 여기 ○○구 ○○동 ○○어린이집에서 불이 났습니다.

불은 점심식사를 준비하던 조리실에서 발화한 것으로 보입니다.

근처에는 (알기 쉬운 큰 건물)이 있습니다.

제 전화번호는 ○○○-○○○○-○○○○입니다.

어린이집에는 보육교직원 12명과 영유아 97명이 있습니다.

#3. 보육실

모든 보육교직원, 영유아: 불이야! 불이야!

③반 교사: ①, ②, ③, ④반은 현관문으로 대피하겠습니다.

저와 ④반 교사는 선두에서 대피를 유도할 테니, ①, ②반 선생님은 후미에서 대피를 유도해 주세요.

①, ②반 교사: (후미에서 잔류인원 확인 후 대피하며) 저는 후미에서 대피를 유도합니다.

⑦반 교사: ⑤, ⑥, ⑦반은 비상문으로 대피하겠습니다.

저(⑦반 교사)는 선두에서 대피를 유도할 테니, ⑤, ⑥반 선생님은 후미에서 대피를 유도해 주세요.

⑤, ⑥반 교사: (후미에서 잔류인원 확인 후 대피하며) 저는 후미에서 대피를 유도합니다.

⑤반 교사: (비상연락망, 비상연락 휴대폰, 비상구급함을 챙기며) 저는 비상연락망, 비상연락 휴대폰과 비상구급함을 가지고 대피하겠습니다.

#4. 대피 장소

②반 교사: 어린이집 전체 인원 최종점검하겠습니다.

최종점검 결과, 모든 인원 대피 완료했습니다. 이상 없습니다.

원   장: (각 반 교사를 향해) 담임교사는 각 반 인원을 확인해서 알려 주세요.

①반 교사: ①반 교사 1명 중 1명, 조리원 2명 중 2명, 영아 출석인원 3명 중 3명으로 이상 없습니다.

②반 교사: ②반 교사 2명 중 2명, 영아 출석인원 10명 중 10명으로 이상 없습니다.

③반 교사: ③반 교사 2명, 영아 출석인원 14명 중 14명으로 이상 없습니다.

④반 교사: ④반 교사 1명 중 1명, 유아 출석인원 15명 중 15명으로 이상 없습니다.

⑤반 교사: ⑤반 교사 1명 중 1명, 유아 출석인원 15명 중 15명으로 이상 없습니다.

⑥반 교사: ⑥반 교사 1명 중 1명, 유아 출석인원 20명 중 20명으로 이상 없습니다.

⑦반 교사: ⑦반 교사 1명 중 1명, 유아 출석인원 20명 중 19명은 이상 없으나,

　　　　　유아 1명 부상자가 있습니다.

③반 교사: ⑦반에 부상자가 있습니다. 응급처치를 실시하겠습니다. 구급차를 불러 주세요.

①반 교사: (지정 병원에 연락을 하며) 여기는 ○○구 ○○동 ○○어린이집입니다.

　　　　　오늘 화재로 인하여 대피하던 중 부상자가 발생했습니다.

나머지 보육교직원: 모두 여기에서 계속 대피해 주세요.

⑦반 교사: (부상자가 있을 때) 안녕하세요. ○○○학부모님 맞으시죠?

　　　　　○○어린이집 ⑦반 담임교사입니다.

　　　　　점심식사 준비 중 조리실에서 발화를 발견하여 어린이집 외부 지정장소로 대피했습니다.

　　　　　대피를 하는 도중 ○○○의 부상으로 지정 병원으로 후송하였습니다.

①~⑥반 교사: (부상자가 없을 때) 안녕하세요. ○○○학부모님 맞으시죠?

　　　　　○○어린이집 ○반 담임교사입니다.

　　　　　점심식사 준비 중 조리실에서 발화를 발견하여 어린이집 외부 지정장소로 대피했습니다.

　　　　　○반 모두 부상자 없이 지정장소로 안전하게 대피 완료했습니다.

원   장: 오늘 ○○구 ○○동 ○○어린이집에서 불이 났으며, 불은 점심식사를 준비하던 조리
　　　　　실에서 발화한 것으로 보입니다.

　　　　　어린이집에는 보육교직원 12명과 영유아 97명이 있었습니다.

　　　　　(시계를 확인하며) 오늘 화재 대피 훈련 시간은 총 ○○분 소요되었습니다.

　　　　　차례를 지켜 다시 각 반으로 돌아가시기 바랍니다.

14

화재 **지진** **폭설** **집중호우**

#1. ②반 보육실

②반 교사: (②반 보육실에서 흔들림을 감지하고) 어린이집 건물이 흔들리고 있습니다. 지진 시 행동요령을 진행하겠습니다.

#2. 원장실

원　　장: (재난위험경보 사이렌을 울리며) 현재시각 우리나라 전역에 지진재난경보가 발령되었습니다. 강도 4.5의 지진이 발생하였습니다.

#3. 조리실

조 리 원: (가스 및 전기 차단기를 내린 후) 조리실 내의 가스 및 전기 차단을 완료했습니다. 조리실 문을 열고 ①반으로 이동하겠습니다.

#4. 보육실

①, ②, ③반 교사: (쿠션과 이불로 머리를 보호하며) ○반 친구들! 모두 쿠션 아래와 이불 속으로 대피하세요.

④~⑦반 교사: (책상 밑으로 들어가 머리를 보호하며) ○반 친구들! 모두 책상 밑으로 대피하세요.

#5. 원장실

원　　장: (대피경보기를 작동하며) 지진의 흔들림이 멈추었습니다. 모두 어린이집 밖 지정장소로 대피하세요.

#6. 보육실

③반 교사: ①, ②, ③, ④반은 현관문으로 대피하겠습니다. 저와 ④반 선생님은 선두에서 대피를 유도할 테니, ①, ②반 선생님은 후미에서 대피를 유도해 주세요.

①, ②반 교사: (후미에서 잔류인원 확인 후 대피하며) 저는 후미에서 대피를 유도합니다.

⑦반 교사: ⑤, ⑥, ⑦반은 비상문으로 대피하겠습니다. 저(⑦반 교사)는 선두에서 대피를 유도할 테니, ⑤, ⑥반 선생님은 후미에서 대피를 유도해 주세요.

⑤, ⑥반 교사: (후미에서 잔류인원 확인 후 대피하며) 저는 후미에서 대피를 유도합니다.

⑤반 교사: (비상연락망, 비상연락 휴대폰, 비상구급함을 챙기며) 저는 비상연락망, 비상연락 휴대폰과 비상구급함을 가지고 대피하겠습니다.

#7. 대피 장소

②반 교사: 어린이집 전체 인원 최종점검하겠습니다.

　　　　　최종점검 결과, 모든 인원 대피 완료했습니다. 이상 없습니다.

원　　장: (각 반 교사를 향해) 담임교사는 각 반 인원을 확인해서 알려 주세요.

①반 교사: ①반 교사 1명 중 1명, 조리원 2명 중 2명, 영아 출석인원 3명 중 3명으로 이상 없습니다.

②반 교사: ②반 교사 2명 중 2명, 영아 출석인원 10명 중 10명으로 이상 없습니다.

③반 교사: ③반 교사 2명 중 2명, 영아 출석인원 14명 중 14명으로 이상 없습니다.

④반 교사: ④반 교사 1명 중 1명, 유아 출석인원 15명 중 15명으로 이상 없습니다.

⑤반 교사: ⑤반 교사 1명 중 1명, 유아 출석인원 15명 중 15명으로 이상 없습니다.

⑥반 교사: ⑥반 교사 1명 중 1명, 유아 출석인원 20명 중 20명으로 이상 없습니다.

⑦반 교사: ⑦반 교사 1명 중 1명, 유아 출석인원 20명 중 19명은 이상 없으나,

　　　　　유아 1명 부상자가 있습니다.

③반 교사: ⑤반에 부상자가 있습니다. 응급처치를 실시하겠습니다. 구급차를 불러 주세요.

①반 교사: (지정 병원에 연락을 하며) 여기는 ○○구 ○○동 ○○어린이집입니다.

　　　　　오늘 지진으로 인하여 대피하던 중 부상자가 발생했습니다.

나머지 보육교직원: 모두 여기에서 계속 대피해 주세요.

⑦반 교사: (부상자가 있을 때) 안녕하세요. ○○○학부모님 맞으시죠?

　　　　　○○어린이집 ⑦반 담임교사입니다.

　　　　　어린이집 내에서 흔들림을 감지하고, 강도 4.5의 지진이 발생하여 어린이집 외부 지정

　　　　　장소로 대피했습니다.

　　　　　대피를 하는 도중 ○○○이 부상을 입어 지정 병원으로 후송하였습니다.

①~⑥반 교사: (부상자가 없을 때) 안녕하세요. ○○○학부모님 맞으시죠?

　　　　　○○어린이집 ○반 담임교사입니다. 어린이집 내에서 흔들림을 감지하고, 강도 4.5의

　　　　　지진이 발생하여 어린이집 외부 지정장소로 대피했습니다.

　　　　　○반 모두 부상자 없이 지정장소로 안전하게 대피 완료했습니다.

원　　장: 오늘 우리나라 전역에 강도 4.5의 지진이 발생하여 지진재난경보가 발령되었습니다.

　　　　　어린이집에는 보육교직원 12과 영유아 9명이 있었습니다.

　　　　　(시계를 확인하며) 오늘 지진 대피 훈련 시간은 총 ○○분 소요되었습니다.

　　　　　차례를 지켜 다시 각 반으로 돌아가시기 바랍니다.

14

#1. 원장실

원   장: (기상청 홈페이지를 확인하며) 모든 교직원 여러분께 안내말씀 드립니다.
　　　　우리 ○○어린이집이 있는 ○○ 지역에 오늘 오전 9시 30분부터 대설주의보가 발효되었습니다.

#2. 교사실

①반 교사: (일기예보를 보며) 기상청 홈페이지와 일기예보에 의하면 앞으로 5cm 이상의 눈이 더 쌓일 것으로 예상됩니다.

#3. 현관

①반 교사: (미끄럼 방지대와 미끄럼주의 표지판을 설치한 후) 현관에도 눈이 쌓여 미끄러지는 사고를 방지하기 위해 미끄럼 방지대와 미끄럼주의 표지판 설치를 완료하였습니다.

#4. 보육실

⑤반 교사: (비상연락망, 비상연락 휴대폰, 비상구급함을 챙기며) 저는 비상연락망, 비상연락 휴대폰과 비상구급함을 확인했습니다.

①~⑦반 교사: (부모에게 연락하며) 안녕하세요. ○○어린이집 ○반 교사입니다.
　　　　오늘 오전 9시 30분부터 ○○ 지역에 대설주의보가 발효되었습니다.
　　　　기상청에 따르면 앞으로 5cm 이상의 눈이 더 쌓인다고 합니다.
　　　　폭설로 인해 ○○○이 안전하게 귀가하도록 어린이집에 직접 오셔서 하원을 도와주셨으면 합니다.
　　　　○○○의 하원은 몇 시쯤 가능하겠습니까?
　　　　눈이 많이 와서 길이 미끄러우니 가급적 대중교통을 이용해 주시기 바랍니다.

#5. 식당

①반 교사: 비상식량과 식수, 보일러 상태를 확인해 주세요.
조 리 원: (비상식량과 식수를 확인하며) 비상식량 ○○개, 생수 ○○병을 조리실에 보관 중입니다.
　　　　(보일러 상태를 확인하며) 보일러실 안 보일러 작동에 이상 없음을 확인했습니다.

#6. 보육실

①반 교사: 각 반 인원현황을 보고해 주세요.

②반 교사: ②반 10명 모두 등원하였습니다.

③반 교사: ③반 14명 중 10명 등원하였습니다.

④반 교사: ④반 15명 모두 등원하였습니다.

⑤반 교사: ⑤반 15명 중 10명 등원하였습니다.

⑥반 교사: ⑥반 20명 중 15명 등원하였습니다.

⑦반 교사: ⑦반 20명 모두 등원하였습니다.

#7. ①반 보육실

원   장: 각 반 인원현황을 보고해 주세요.

①반 교사: 현재 ①반 3명 중 3명, ②반 10명 중 10명, ③반 14명 중 10명, ④반 15명 중 15명, ⑤반 15명 중 10명, ⑥반 20명 중 15명, ⑦반 20명 중 20명, 총 83명 등원하였습니다.

원   장: 연장보육이 필요한 인원은 몇 명인가요?

①반 교사: 모든 출석인원 83명 중 41명이 연장보육 필요합니다.

#8. ②, ⑥반 보육실

①반 교사: 현재 보육 인원 보고해 주세요.

②반 교사: 현재 영아 출석인원 23명 중 23명은 ②반에서 보육하고 있습니다.

⑥반 교사: 현재 유아 출석인원 60명 중 60명은 ⑥반에서 보육하고 있습니다.

#9. ④, ⑦반 보육실

①반 교사: 제설작업 진행상황 보고해 주세요.

④, ⑦반 교사: 어린이집 현관과 실외놀이터, 어린이집 주변 인도까지 제설작업 완료하였습니다.

#10. 유희실

①반 교사: 오늘 ○○ 지역에 발효되었던 대설주의보가 해제되었습니다.

지금까지 대설 상황 훈련을 실시하였습니다.

이상으로 대설 상황 훈련을 마치겠습니다.

14

#1. 원장실

원　　장: (기상청 홈페이지를 확인하며) 모든 교직원 여러분께 안내말씀 드립니다.
우리 ○○어린이집이 있는 ○○ 지역에 오늘 오전 9시 30분부터 호우주의보가 발효되었습니다.

#2. 교사실

①반 교사: (일기예보를 보며) 기상청 홈페이지와 일기예보에 의하면 앞으로 3시간 이내에 60mm 이상의 비가 더 내릴 것으로 예상됩니다.

#3. 현관

⑦반 교사: (하수구와 배수구를 점검하며) 하수구와 배수구에 누수된 곳이나 막힌 곳이 없는지 확인하였습니다.

#4. 보육실

⑤반 교사: (비상연락망, 비상연락 휴대폰, 비상구급함을 챙기며) 저는 비상연락망, 비상연락 휴대폰과 비상구급함을 확인했습니다.

①~⑦반 교사: (부모에게 연락하며) 안녕하세요. ○○어린이집 ○반 교사입니다.
오늘 오전 9시 30분부터 ○○ 지역에 호우주의보가 발효되었습니다.
기상청에 따르면 앞으로 3시간 이내에 60mm 이상의 비가 더 내린다고 합니다.
집중호우로 인해 ○○○이 안전하게 귀가하도록 어린이집에 직접 오셔서 하원을 도와주셨으면 합니다.
○○○의 하원은 몇 시쯤 가능하겠습니까?
비가 많이 와서 길이 미끄러우니 가급적 대중교통을 이용해 주시기 바랍니다.

#5. 식당

①반 교사: 비상식량과 식수, 에어컨 실외기 상태를 확인해 주세요.
조 리 원: (비상식량과 식수를 확인하며) 비상식량 ○○개, 생수 ○○병을 조리실에 보관 중입니다.
(에어컨 실외기 상태를 확인하며) 에어컨 실외기 작동에 이상 없음을 확인했습니다.

#6. 보육실

①반 교사: 각 반 인원현황을 보고해 주세요.

②반 교사: ②반 10명 모두 등원하였습니다.

③반 교사: ③반 14명 중 10명 등원하였습니다.

④반 교사: ④반 15명 모두 등원하였습니다.

⑤반 교사: ⑤반 15명 중 10명 등원하였습니다.

⑥반 교사: ⑥반 20명 중 15명 등원하였습니다.

⑦반 교사: ⑦반 20명 모두 등원하였습니다.

#7. ①반 보육실

원　　장: 각 반 인원현황을 보고해 주세요.

①반 교사: 현재 ①반 3명 중 3명, ②반 10명 중 10명, ③반 14명 중 10명, ④반 15명 중 15명, ⑤반 15명 중 10명, ⑥반 20명 중 15명, ⑦반 20명 중 20명, 총 83명 등원하였습니다.

원　　장: 연장보육이 필요한 인원은 몇 명인가요?

①반 교사: 모든 출석인원 83명 중 41명이 연장보육 필요합니다.

원　　장: 집중호우 대비상황 보고해 주세요.

①반 교사: 하수구와 배수구, 에어컨 실외기 점검 완료하였고, 비상식량 ○○개, 생수 ○○병을 조리실에서 보관 중입니다.

14

#8. 유희실

원　　장: 오늘 ○○ 지역에 발효되었던 호우주의보가 해제되었습니다.
　　　　 지금까지 집중호우 상황 훈련을 실시하였습니다.
　　　　 이상으로 집중호우 상황 훈련을 마치겠습니다.

바. 비상대피도

지하 1층 1층 2층

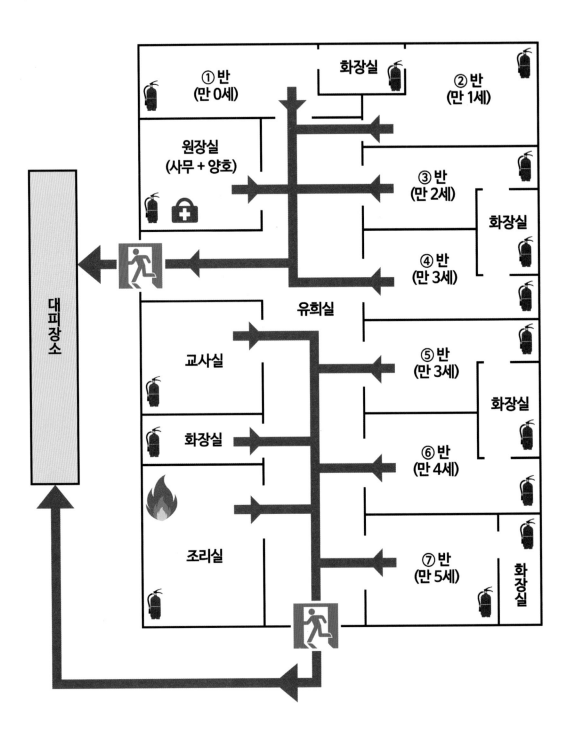

사. 개인별 업무카드 및 비상연락망

업무카드 | 비상연락망 | 비상대피도

___ 반 교사 ___

원 장☎__-__-__   소방서☎__-__-__
경찰서☎__-__-__   병 원☎__-__-__

상황		업무
평상시		
재난시	공통	1. 위기상황 전파 2. 현 위치 초동대응 3. 비상대피로 확보 및 대피 유도
	화재·지진	
	폭설·집중호우	

업무카드 | 비상연락망 | 비상대피도

___ 반 비상연락망

원 장☎__-__-__   소방서☎__-__-__
경찰서☎__-__-__   병 원☎__-__-__

이름	연락처

업무카드 | 비상연락망 | 비상대피도

어린이집 비상연락망

원 장☎__-__-__   소방서☎__-__-__
경찰서☎__-__-__   병 원☎__-__-__

교직원 구성	성명	연락처

업무카드 | 비상연락망 | 비상대피도

1층 비상대피도

원 장☎__-__-__   소방서☎__-__-__
경찰서☎__-__-__   병 원☎__-__-__

14

※ 개인별 업무카드는 소책자 형태로 제작하여 휴대
※ [부록]의 사례를 참조하여 재난발생 시 개인별 역할을 구체적으로 분담하되, 상황에 따라 유동적으로 대처할 수 있도록 작성

291

100명 이상 어린이집의
재난유형별 비상대피훈련 매뉴얼

50명 미만 어린이집	50명 이상 100명 미만 어린이집	100명 이상 어린이집

15	118명	직장 어린이집	전용	2층	조리원 ○

가. 기본현황

보육 정원	연령별 반구성				교직원	보육교직원 구성			
	①반 (만 1세)	②반 (만 1세)	③반 (만 2세)	④반 (만 2세)		원장		보육교사	
118명	10명	10명	14명	14명	20명	1명		12명	
	⑤반 (만 3세)		⑥반 (만 4세)	⑦반 (만 5세)		영양사	간호사	조리원	사무원
	30명		20명	20명		1명	1명	4명	1명

나. 평상시 재난 관련 업무분담표

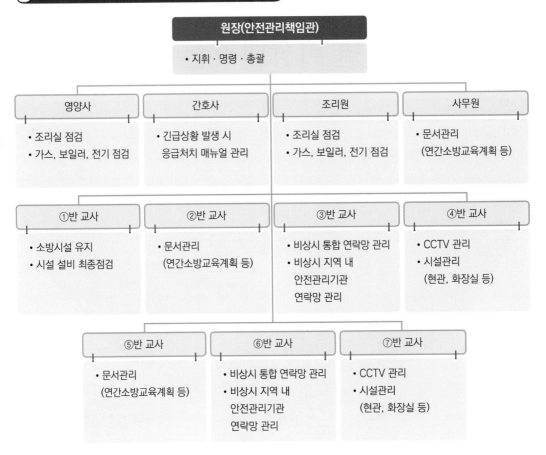

원장(안전관리책임관)
- 지휘 · 명령 · 총괄

영양사
- 조리실 점검
- 가스, 보일러, 전기 점검

간호사
- 긴급상황 발생 시 응급처치 매뉴얼 관리

조리원
- 조리실 점검
- 가스, 보일러, 전기 점검

사무원
- 문서관리 (연간소방교육계획 등)

①반 교사
- 소방시설 유지
- 시설 설비 최종점검

②반 교사
- 문서관리 (연간소방교육계획 등)

③반 교사
- 비상시 통합 연락망 관리
- 비상시 지역 내 안전관리기관 연락망 관리

④반 교사
- CCTV 관리
- 시설관리 (현관, 화장실 등)

⑤반 교사
- 문서관리 (연간소방교육계획 등)

⑥반 교사
- 비상시 통합 연락망 관리
- 비상시 지역 내 안전관리기관 연락망 관리

⑦반 교사
- CCTV 관리
- 시설관리 (현관, 화장실 등)

다. 재난 시 업무분담표

담당자		화재 발생 시	지진 발생 시	폭설 발생 시	집중호우 발생 시
원장		• 지휘·명령·총괄 • 응급기관 연락 • 화재 장소 확인 • 지자체 보고	• 지휘·명령·총괄 • 응급기관 연락 • 지진 진원지 확인 • 지자체 보고	• 지휘·명령·총괄 • 지자체 보고	• 지휘·명령·총괄 • 지자체 보고
1층	①반 교사 (만 1세)	• 비상시 비상벨 작동 및 원내 전달 • ①반 대피유도	• 비상시 비상벨 작동 및 원내 전달 • ①반 대피유도	• (보육 총괄)	• (보육 총괄)
	②반 교사 (만 1세)	• ②반 대피유도 및 1층 최종점검	• ②반 대피유도 및 1층 최종점검	• 미끄럼주의 표지판 설치 • 제설작업	• 하수구, 배수구 점검
	③반 교사 (만 2세)	• (대피 후 영아 보육 총괄) • 현관문 개방 • ③반 대피유도	• (대피 후 영아 보육 총괄) • 현관문 개방 • ③반 대피유도	• (영아반 보육)	• (영아반 보육)
	④반 교사 (만 2세)	• 비상문 개방 • ④반 대피유도	• 비상문 개방 • ④반 대피유도	• 현관문, 창문 점검 • 제설작업	• 현관문, 창문 점검
2층	⑤반 교사 (만 3세)	• ⑤반 대피유도 및 2층 최종점검	• ⑤반 대피유도 및 2층 최종점검	• 미끄럼주의 표지판 설치 • 제설작업	• 하수구, 배수구 점검
	⑥반 교사 (만 4세)	• (대피 후 유아 보육 총괄) • ⑥반 대피유도	• (대피 후 유아 보육 총괄) • ⑥반 대피유도	• (유아반 보육)	• (유아반 보육)
	⑦반 교사 (만 5세)	• 비상문 개방 • ⑦반 대피유도	• 비상문 개방 • ⑦반 대피유도	• 비상문, 창문 점검 • 제설작업	• 비상문, 창문 점검
영양사		• 대피유도 및 보육 보조	• 대피유도 및 보육 보조	• 비상식량 확인	• 비상식량 확인 • 전기콘센트 점검
간호사		• 응급처치 및 지정 병원으로 긴급후송 • 구급약품 관리	• 응급처치 및 지정 병원으로 긴급후송 • 구급약품 관리	• 응급처치 및 지정 병원으로 긴급후송 • 구급약품 관리	• 응급처치 및 지정 병원으로 긴급후송 • 구급약품 관리
조리원		• 가스 차단 • 전기 차단	• 가스 차단 • 전기 차단	• 난방시설 확인	• 가스 점검 • 냉방시설 확인
사무원		• 관계기관 통보 • 보고서 작성 • 화재 발생 상황 수시 파악 • 주요 서류 및 물건 반출	• 관계기관 통보 • 보고서 작성 • 지진 발생 상황 수시 파악 • 주요 서류 및 물건 반출	• 폭설 상황 수시 파악 • 보고서 작성	• 호우 상황 수시 파악 • 보고서 작성

15

라. 재난유형별 비상대피훈련 계획   화재 지진 폭설 집중호우

훈련명	비상대피훈련	훈련일	○○○○년 ○○월 ○○일
훈련 참가자	보육교직원 (20) 명 / 영유아 (118) 명	훈련시간	○○시 ○○분
훈련종류	화재 대피 실제 훈련		

훈련목표	• 화재 발생 시 행동요령을 이해한다. • 훈련을 통해 안전한 대피방법을 연습한다. • 실제 화재 발생 시 안전하게 대피한다.
재난상황 시나리오	조리실에서 점심식사 준비 중 화재 발생으로 대피
훈련 전 점검	• 훈련 계획의 내용 숙지 • 소화기 위치 파악 • 재난 시 업무분담 숙지 • 어린이집 앞 표지판 부착 • 대피로 동선 파악 (비상대피훈련 중-집결지 안내)
훈련내용	1. 화재경보 사이렌 3. 부상자, 사상자 확인 및 응급처치 2. 대피경로로 대피, 대피장소 집결 4. 부모에게 연락 　(영유아 인원 확인) 5. 훈련 종료

훈련계획 세부내용	훈련	평가 중점 내용
	1. 화재 상황 인지 및 알림(화재경보 사이렌)	
	❶ 조리원 발화 발견 • 화재 첫 발견자는 불이 났음을 주변에 신속하게 알림 • 소화기 사용하여 조기 진화 시도 • 가스 및 전기 차단 • 조리실 문 닫고 ①, ②반(만 1세)으로 이동	육성 및 경보기 소리 전달 여부 소화기 사용
	❷ 원장(지휘·명령·총괄) • 화재장소 파악 후 응급기관(119) 연락	위치, 상황 설명
	2. 화재 시 매뉴얼 진행	
	[1단계] 각 반 영유아 대피 시작 • 화재경보 사이렌과 동시에 대피 시작 • 대피 시 양쪽 벽으로 이동하여 통로 가운데 소화출입로를 확보함 • 보행이 어려운 영아는 교사가 안고 대피 • 각 반 교사는 비상연락망을 가지고 대피 • 현관문, 비상문에 먼저 도착한 교사가 현관문, 비상문 개방 • 각 반 인원 확인 후 원장에게 보고	질서 유지하며 대피

훈련계획 세부내용	훈련				평가 중점 내용
	1-❶	각 반 대피 시작			대피시간
		대피로	1층	현관문	①, ②, ③반	
				비상문	①, ②, ④반	
			2층	현관문	⑤, ⑥반	
				비상문	⑦반	
		영유아 선두 대피유도		③, ④, ⑦반 교사	
		영유아 후미 대피유도		①, ②, ⑤, ⑥반 교사	
		구급약품 소지		간호사	
	1-❷	현관문, 비상문 개방			대피한 영유아 수
		현관문 개방		③반 교사	
		비상문 개방		④, ⑦반 교사	
	1-❸	각 반 대피 완료			
		영유아 후미 대피유도, 각 반 보육실 문 닫고 대피		①, ②, ⑤, ⑥반 교사	
		최종점검 후 대피		②, ⑤반 교사	
		영유아와 정해진 장소에 집결		전체 보육교직원	
	[2단계] 부상자, 사상자 확인 및 응급처치				부상자 응급처치/ 구급차 후송
	2-❶	응급처치			
		부상자 확인 후 응급처치 실시, 구급차 후송		간호사	
		관련기관(인근 병원 등) 연락, 사상자 확인		사무원	
	2-❷	각 반 대피 지속			
		영유아와 안전한 곳에서 대피 지속		①, ②, ③, ④, ⑤, ⑥, ⑦반 교사, 조리원	
	[3단계] 각 반 영유아 부모에게 연락				연락시간/ 응대 태도
	3-❶	부모 연락			
		비상연락망 이용하여 부모에게 연락		①, ②, ③, ④, ⑤, ⑥, ⑦반 교사	
	3. 화재 대피 훈련 종료				
	• 화재 대피 훈련 종료 안내				대피시간

※ 부상자가 없을 경우 [1-❶ → 1-❷ → 1-❸ → 3-❶] 순으로 진행

출처: 보건복지부보육기반과(2016). 비상대피훈련 시나리오를 재구성하여 제시함.

15

| 화재 | 지진 | 폭설 | 집중호우 |

훈련명	비상대피훈련	훈련일	○○○○년 ○○월 ○○일
훈련 참가자	보육교직원 (20) 명 / 영유아 (118) 명	훈련시간	○○시 ○○분
훈련종류	지진 대피 실제 훈련		

훈련목표	• 지진 발생 시 행동요령을 이해한다. • 훈련을 통해 안전한 대피방법을 연습한다. • 실제 지진 발생 시 안전하게 대피한다.
재난상황 시나리오	②반 보육실에서 먼저 흔들림을 감지하여 어린이집 전체에 알리고 대피(강도 4.5)
훈련 전 점검	• 훈련 계획의 내용 숙지 • 소화기 위치 파악 • 재난 시 업무분담 숙지 • 어린이집 앞 표지판 부착 • 대피로 동선 파악 (비상대피훈련 중-집결지 안내)
훈련내용	1. 재난위험경보 사이렌 4. 부상자, 사상자 확인 및 응급처치 2. 지진 행동요령 진행 5. 부모에게 연락 3. 대피경로로 대피, 대피장소 집결 6. 훈련 종료 (영유아 인원 확인)

훈련계획 세부내용	훈련	평가 중점 내용
	1. 지진 상황 인지 및 알림	
	❶ ②교사 지진 감지 • 지진 첫 감지자는 지진이 발생했음을 주변 및 원장에게 신속하게 알리고 지진 시 행동요령을 진행함	지진 상황 전달 여부

	❷ 원장(지휘·명령·총괄)
	  • 어린이집 전체에 지진 비상상황 알림(재난위험경보 사이렌 울림)
	❸ 조리원
	  • 가스 및 전기 차단 • 조리실 문 개방
	  • ①, ②반(만 1세)으로 이동
		어린이집 전체에
		지진 상황 알림

	2. 지진 시 매뉴얼 진행	

[1단계] 지진 시 행동요령 진행
• 주변에 방석이나 이불 등 쿠션감 있는 것으로 머리 보호

1-❶	문 개방	
	각 반 보육실 문 개방	①,②,③,④,⑤,⑥,⑦반 교사
	현관문 개방	③반 교사
	비상문 개방	④, ⑦반 교사

1-❷	전체 영유아가 자세를 낮추고 머리 보호	
	쿠션 아래로(이불 속 등) 대피	①, ②, ③, ④반(영아반)
	책상 밑으로 대피	⑤, ⑥, ⑦반(유아반)

훈련				평가 중점 내용
훈련계획 세부내용	1-❸	**흔들림이 멈출 때까지 대기(2분 정도)**		지진 시 행동요령 숙지
		흔들림의 정도를 살핀 후 흔들림이 멈추면 대피경보 사이렌 울림	원장(안전관리책임관)	

[2단계] 각 반 영유아 대피 시작(대피경보 사이렌)

- 흔들림이 멈춘 후 사이렌이 울림과 동시에 대피 시작
- 보행이 어려운 영아는 교사가 안고 대피
- 각 반 교사 비상연락망 가지고 대피
- 각 반 인원 확인하여 원장에게 보고

					평가 중점 내용
2-❶	**각 반 대피 시작**				질서 유지하며 대피
	대피로	1층	현관문	③반	
			비상문	①, ②, ④반	
		2층	현관문	⑤, ⑥반	대피시간
			비상문	⑦반	
	영유아 선두 대피유도			③, ④, ⑦반 교사	
	영유아 후미 대피유도			①, ②, ⑤, ⑥반 교사	
	구급약품 소지			간호사	
2-❷	**각 반 대피 완료**				대피한 영유아 수
	최종점검 후 대피			②, ⑤반 교사	
	영유아와 정해진 장소에 집결			전체 보육교직원	

[3단계] 부상자, 사상자 확인 및 응급처치

			평가 중점 내용
3-❶	**응급처치**		부상자 응급처치/ 구급차 후송
	부상자 확인 후 응급처치 실시, 구급차 후송	간호사	
	관련기관(인근 병원 등) 연락, 사상자 확인	사무원	
3-❷	**각 반 대피 지속**		
	영유아와 안전한 곳에서 대피 지속	①, ②, ③, ④, ⑤, ⑥, ⑦반 교사, 조리원	

[4단계] 각 반 영유아 부모에게 연락

			평가 중점 내용
4-❶	**부모 연락**		연락시간/ 응대 태도
	비상연락망 이용하여 부모에게 연락	①, ②, ③, ④, ⑤, ⑥, ⑦반 교사	

3. 지진 대피 훈련 종료	
• 지진 대피 훈련 종료 안내	대피시간

※ [1-❶]에서 현관문 및 비상문 개방에 실패했을 경우 대피유도자는 동선을 변경하여 대비
※ 부상자가 없을 경우 [1-❶ → 1-❷ → 2-❶ → 2-❷ → 1-❸ → 4-❶] 순으로 진행
출처: 보건복지부보육기반과(2016). 비상대피훈련 시나리오를 재구성하여 제시함.

15

훈련명	비상대응훈련	훈련일	○○○○년 ○○월 ○○일
훈련 참가자	보육교직원 (20) 명 / 영유아 (118) 명	훈련시간	○○시 ○○분
훈련종류	폭설 대응 실제 훈련		
훈련목표	• 대설 발생 시 행동요령을 이해한다. • 훈련을 통해 안전한 대비방법을 연습한다. • 실제 대설 상황 시 안전하게 대비한다.		
재난상황 시나리오	등원 후 눈이 내려 5cm 두께의 눈이 쌓이고 눈이 계속 오는 상황 • 대설주의보: 24시간 신적설량이 5cm 이상 예상될 때 • 대설경보: 24시간 신적설량이 20cm 이상 예상될 때 (산지는 30cm 이상 예상될 때)		
훈련 전 점검	• 제설작업 도구 점검(빗자루, 염화칼슘 또는 모래, 미끄럼주의 표지판)		
훈련내용	1. 대설 상황 알림 2. 대설 시 매뉴얼 진행 3. 기상정보 청취 4. 부모에게 연락 5. 각 반 상황 파악 6. 제설작업 7. 종료		

훈련계획 세부내용

훈련	평가 중점 내용
1. 대설 상황 인지 및 알림	
❶ 원장(지휘 · 명령 · 총괄) • 기상청 홈페이지 및 일기예보 참고하여 상황 예측 • 어린이집 전체에 대설 상황 알림	어린이집 전체에 대설 상황 알림
2. 대설 시 매뉴얼 진행	
[1단계] 대설 시 행동요령 진행 • 마실 수 있는 물 공급처가 동결될 것에 대비 • 미끄럼주의 표지판 설치	연락시간/ 응대 태도

	어린이집 시설점검	
1-❶	기상정보 들으며 기상상황 수시 파악 현관에 미끄럼 방지대 깔기	사무원

	각 반 부모 전화 연락		평가 중점 내용
1-❷	대설주의보(대설경보) 상황 안내 하원 가능 시간 문의 (석식 준비 및 비상식량 예측) 하원 시 어린이집에 안전하게 도착할 수 있도록 주의사항 안내	①, ②, ③, ④, ⑤, ⑥, ⑦반 교사	비상식량 및 식수 확보 보일러 상태 점검

훈련계획 세부내용		훈련		평가 중점 내용
	1-❸	식량 및 보일러 확인		제설작업 숙지
		비상식량 및 식수 확인, 보일러 상태 점검	조리원	
	1-❹	상황 보고		
		각 반 정보 취합하여 원장에게 보고	①, ⑤반 교사	
		연장보육 및 비상식량 등 상황 정리하여 보고		
	1-❺	보육 지속 및 제설작업 진행		
		영유아 안전 보육 담당	③, ⑥반 교사	
		제설작업 담당	②, ④, ⑤, ⑦반 교사	
		3. 대설 상황 훈련 종료		
	• 대설 상황 훈련 종료 안내			

출처: 보건복지부보육기반과(2016). 비상대피훈련 시나리오를 재구성하여 제시함.

15

50명 미만 어린이집	50명 이상 100명 미만 어린이집	100명 이상 어린이집

화재　지진　폭설　**집중호우**

훈련명	비상대응훈련	훈련일	○○○○년 ○○월 ○○일
훈련 참가자	보육교직원 (20) 명 / 영유아 (118) 명	훈련시간	○○시 ○○분
훈련종류	집중호우 대응 실제 훈련		
훈련목표	• 집중호우 발생 시 행동요령을 이해한다. • 훈련을 통해 안전한 대비방법을 연습한다. • 실제 집중호우 상황 시 안전하게 대비한다.		
재난상황 시나리오	등원 후 비가 내려 60mm 높이로 잠기고 비가 계속 오는 상황 • 호우주의보: 3시간 강우량이 60mm 이상 예상될 때 또는 12시간 강우량이 110mm 이상 예상될 때 • 호우경보: 3시간 강우량이 90mm 이상 예상될 때 또는 12시간 강우량이 180mm 이상 예상될 때		
훈련 전 점검	• 하수구, 배수구 관리 도구 점검(집게)		
훈련내용	1. 집중호우 상황 알림　　　　　5. 각 반 상황 파악 2. 집중호우 시 매뉴얼 진행　　　6. 하수구, 배수구 점검 3. 기상정보 청취　　　　　　　 7. 종료 4. 부모에게 연락		

	훈련	평가 중점 내용
훈련계획 세부내용	**1. 집중호우 상황 인지 및 알림**	
	❶ 원장(지휘 · 명령 · 총괄) 　• 기상청 홈페이지 및 일기예보 참고하여 상황 예측 　• 어린이집 전체에 집중호우 상황 알림	어린이집 전체에 집중호우 상황 알림
	2. 집중호우 시 매뉴얼 진행	
	[1단계] 집중호우 시 행동요령 진행 • 빗물이 범람될 것에 대비	연락시간/ 응대 태도

<table>
<tr><td colspan="3">기상상황 파악 및 시설점검</td></tr>
<tr><td rowspan="2">1-❶</td><td>기상정보 들으며 기상상황 수시 파악</td><td>사무원</td></tr>
<tr><td>하수구, 배수구 점검</td><td>②, ⑤반 교사</td></tr>
</table>

<table>
<tr><td colspan="3">각 반 부모 전화 연락</td></tr>
<tr><td rowspan="3">1-❷</td><td>호우주의보(호우경보) 상황 안내</td><td rowspan="3">①, ②, ③, ④, ⑤, ⑥, ⑦반
교사</td></tr>
<tr><td>하원 가능 시간 문의
(석식 준비 및 비상식량 예측)</td></tr>
<tr><td>하원 시 어린이집에 안전하게
도착할 수 있도록 주의사항 안내</td></tr>
</table>

훈련계획 세부내용	훈련			평가 중점 내용
	식량 및 실외기 확인			비상식량 및 식수 확보 실외기 상태 점검
	1-❸	비상식량 및 식수 확인, 실외기 상태 점검	조리원	
	상황 보고			
	1-❹	각 반 정보 취합하여 원장에게 보고	①반 교사	
		연장보육 및 비상식량 등 상황 정리하여 보고		
	3. 집중호우 상황 훈련 종료			
	• 집중호우 상황 훈련 종료 안내			

출처: 보건복지부보육기반과(2016). 비상대피훈련 시나리오를 재구성하여 제시함.

15

마. 재난유형별 비상대피훈련 시나리오

#1. 조리실

조 리 원: (조리실의 발화를 발견하고 화재경보기를 울리며) 불이야! 불이야!

#2. 원장실

원   장: (119에 연락을 하며) 여기 ○○구 ○○동 ○○어린이집에서 불이 났습니다.

불은 점심식사를 준비하던 조리실에서 발화한 것으로 보입니다.

근처에는 (알기 쉬운 큰 건물)이 있습니다.

제 전화번호는 ○○○-○○○○-○○○○입니다.

어린이집에는 보육교직원 20명과 영유아 118명이 있습니다.

#3. 보육실

모든 보육교직원, 영유아: 불이야! 불이야!

③반 교사: ③, ⑤, ⑥반은 1층 현관문으로 대피하겠습니다.

저는 선두에서 대피를 유도할 테니, ⑤, ⑥반 선생님은 후미에서 대피를 유도해 주세요.

⑤, ⑥반 교사: (후미에서 잔류인원 확인 후 대피하며) 저는 후미에서 대피를 유도합니다.

④반 교사: ①, ②, ④반은 1층 비상문으로 대피하겠습니다.

저는 선두에서 대피를 유도할 테니, ①, ②반 선생님은 후미에서 대피를 유도해 주세요.

①, ②반 교사: (후미에서 잔류인원 확인 후 대피하며) 저는 후미에서 대피를 유도합니다.

⑦반 교사: ⑦반은 2층 비상문으로 대피하겠습니다. 저는 선두에서 대피를 유도합니다.

③, ⑥반 교사: (비상연락망, 비상연락 휴대폰을 챙기며) 저는 비상연락망과 비상연락 휴대폰을 가지고 대피하겠습니다.

간 호 사: (비상구급함을 챙기며) 저는 비상구급함을 가지고 대피하겠습니다.

#4. 대피 장소

②반 교사: 어린이집 전체 인원 최종점검하겠습니다.

최종점검 결과, 모든 인원 대피 완료했습니다. 이상 없습니다.

원　　　장: (각 반 교사를 향해) 담임교사는 각 반 인원을 확인해서 알려 주세요.

①반 교사: ①반 교사 2명 중 2명, 조리원 2명 중 2명, 영아 출석인원 10명 중 10명으로 이상 없습니다.

②반 교사: ②반 교사 2명 중 2명, 조리원 2명 중 2명, 영아 출석인원 10명 중 10명으로 이상 없습니다.

③반 교사: ③반 교사 2명 중 2명, 영아 출석인원 14명 중 14명으로 이상 없습니다.

④반 교사: ④반 교사 2명 중 2명, 영아 출석인원 14명 중 14명으로 이상 없습니다.

⑤반 교사: ⑤반 교사 2명 중 2명, 유아 출석인원 30명 중 30명으로 이상 없습니다.

⑥반 교사: ⑥반 교사 1명 중 1명, 유아 출석인원 20명 중 20명으로 이상 없습니다.

⑦반 교사: ⑦반 교사 1명 중 1명, 유아 출석인원 20명 중 19명은 이상 없으나,
　　　　　유아 1명 부상자가 있습니다.

간 호 사: ⑦반에 부상자가 있습니다. 응급처치를 실시하겠습니다. 구급차를 불러 주세요.

사 무 원: (지정 병원에 연락을 하며) 여기는 ○○구 ○○동 ○○어린이집입니다.
　　　　　오늘 화재로 인하여 대피하던 중 부상자가 발생했습니다.

나머지 보육교직원: 모두 여기에서 계속 대피해 주세요.

⑦반 교사: (부상자가 있을 때) 안녕하세요. ○○○학부모님 맞으시죠?
　　　　　○○어린이집 ⑦반 담임교사입니다.
　　　　　점심식사 준비 중 조리실에서 발화를 발견하여 어린이집 외부 지정장소로 대피했습니다.
　　　　　대피를 하는 도중 ○○○이 부상을 입어 지정 병원으로 후송하였습니다.

①~⑥반 교사: (부상자가 없을 때) 안녕하세요. ○○○학부모님 맞으시죠?
　　　　　○○어린이집 ○반 담임교사입니다.
　　　　　점심식사 준비 중 조리실에서 발화를 발견하여 어린이집 외부 지정장소로 대피했습니다.
　　　　　○반 모두 부상자 없이 지정장소로 안전하게 대피 완료했습니다.

원　　　장: 오늘 ○○구 ○○동 ○○어린이집에서 불이 났으며, 불은 점심식사를 준비하던 조리실에서 발화한 것으로 보입니다.
　　　　　어린이집에는 보육교직원 20명과 영유아 118명이 있었습니다.
　　　　　(시계를 확인하며) 오늘 화재 대피 훈련 시간은 총 ○○분 소요되었습니다.
　　　　　차례를 지켜 다시 각 반으로 돌아가시기 바랍니다.

15

#1. ②반 보육실

②반 교사: (②반 보육실에서 흔들림을 감지하고) 어린이집 건물이 흔들리고 있습니다.
지진 시 행동요령을 진행하겠습니다.

#2. 원장실

원　　장: (재난위험경보 사이렌을 울리며) 현재시각 우리나라 전역에 지진재난경보가 발령되었습니다.
강도 4.5의 지진이 발생하였습니다.

#3. 조리실

조 리 원: (가스 및 전기 차단기를 내린 후) 조리실 내의 가스 및 전기 차단을 완료했습니다.
조리실 문을 열고 ①, ②반으로 이동하겠습니다.

#4. 보육실

①~④반 교사: (쿠션과 이불로 머리를 보호하며) ○반 친구들! 모두 쿠션 아래와 이불 속으로 대피
하세요.
⑤~⑦반 교사: (책상 밑으로 들어가 머리를 보호하며) ○반 친구들! 모두 책상 밑으로 대피하세요.

#5. 원장실

원　　장: (대피경보기를 작동하며) 지진의 흔들림이 멈추었습니다.
모두 어린이집 밖 지정장소로 대피하세요.

#6. 보육실

③반 교사: ③, ⑤, ⑥반은 1층 현관문으로 대피하겠습니다.
저는 선두에서 대피를 유도할 테니, ⑤, ⑥반 선생님은 후미에서 대피를 유도해 주세요.
⑤, ⑥반 교사: (후미에서 잔류인원 확인 후 대피하며) 저는 후미에서 대피를 유도합니다.
④반 교사: ①, ②, ④반은 1층 비상문으로 대피하겠습니다.
저는 선두에서 대피를 유도할 테니, ①, ②반 선생님은 후미에서 대피를 유도해 주세요.
①, ②반 교사: (후미에서 잔류인원 확인 후 대피하며) 저는 후미에서 대피를 유도합니다.
⑦반 교사: ⑦반은 2층 비상문으로 대피하겠습니다. 저는 선두에서 대피를 유도합니다.

③, ⑥반 교사: (비상연락망, 비상연락 휴대폰을 챙기며) 저는 비상연락망과 비상연락 휴대폰을 가
지고 대피하겠습니다.
간 호 사: (비상구급함을 챙기며) 저는 비상구급함을 가지고 대피하겠습니다.

#7. 대피 장소

②반 교사: 어린이집 전체 인원 최종점검하겠습니다.

최종점검 결과, 모든 인원 대피 완료했습니다. 이상 없습니다.

원　　장: (각 반 교사를 향해) 담임교사는 각 반 인원을 확인해서 알려 주세요.

①반 교사: ①반 교사 2명 중 2명, 조리원 2명 중 2명, 영아 출석인원 10명 중 10명으로 이상 없습니다.

②반 교사: ②반 교사 2명 중 2명, 조리원 2명 중 2명, 영아 출석인원 10명 중 10명으로 이상 없습니다.

③반 교사: ③반 교사 2명 중 2명, 영아 출석인원 14명 중 14명으로 이상 없습니다.

④반 교사: ④반 교사 2명 중 2명, 영아 출석인원 14명 중 14명으로 이상 없습니다.

⑤반 교사: ⑤반 교사 2명 중 2명, 유아 출석인원 30명 중 30명으로 이상 없습니다.

⑥반 교사: ⑥반 교사 1명 중 1명, 유아 출석인원 20명 중 20명으로 이상 없습니다.

⑦반 교사: ⑦반 교사 1명 중 1명, 유아 출석인원 20명 중 19명은 이상 없으나,

유아 1명 부상자가 있습니다.

간 호 사: ⑦반에 부상자가 있습니다. 응급처치를 실시하겠습니다. 구급차를 불러 주세요.

사 무 원: (지정 병원에 연락을 하며) 여기는 ○○구 ○○동 ○○어린이집입니다.

오늘 지진으로 인하여 대피하던 중 부상자가 발생했습니다.

나머지 보육교직원: 모두 여기에서 계속 대피해 주세요.

⑦반 교사: (부상자가 있을 때) 안녕하세요. ○○○학부모님 맞으시죠?

○○어린이집 ⑦반 담임교사입니다.

어린이집 내에서 흔들림을 감지하고, 강도 4.5의 지진이 발생하여 어린이집 외부 지정 장소로 대피했습니다.

대피를 하는 도중 ○○○이 부상을 입어 지정 병원으로 후송하였습니다.

①~⑥반 교사: (부상자가 없을 때) 안녕하세요. ○○○학부모님 맞으시죠?

○○어린이집 ○반 담임교사입니다. 어린이집 내에서 흔들림을 감지하고, 강도 4.5의 지진이 발생하여 어린이집 외부 지정장소로 대피했습니다.

○반 모두 부상자 없이 지정장소로 안전하게 대피 완료했습니다.

원　　장: 오늘 우리나라 전역에 강도 4.5의 지진이 발생하여 지진재난경보가 발령되었습니다.

어린이집에는 보육교직원 20명과 영유아 118명이 있었습니다.

(시계를 확인하며) 오늘 지진 대피 훈련 시간은 총 ○○분 소요되었습니다.

차례를 지켜 다시 각 반으로 돌아가시기 바랍니다.

15

#1. 원장실

원 장: (기상청 홈페이지를 확인하며) 모든 교직원 여러분께 안내말씀 드립니다. 우리 ○○어린이집이 있는 ○○ 지역에 오늘 오전 9시 30분부터 대설주의보가 발효되었습니다.

#2. 사무실

사 무 원: (일기예보를 보며) 기상청 홈페이지와 일기예보에 의하면 앞으로 5cm 이상의 눈이 더 쌓일 것으로 예상됩니다.

#3. 현관

사 무 원: (미끄럼 방지대와 미끄럼주의 표지판을 설치한 후) 현관에도 눈이 쌓여 미끄러지는 사고를 방지하기 위해 미끄럼 방지대와 미끄럼주의 표지판 설치를 완료하였습니다.

#4. 보육실

③, ⑥반 교사: (비상연락망, 비상연락 휴대폰을 챙기며) 저는 비상연락망과 비상연락 휴대폰을 확인했습니다.

간 호 사: (비상구급함을 챙기며) 저는 비상구급함을 확인했습니다.

①~⑦반 교사: (부모에게 연락하며) 안녕하세요. ○○어린이집 ○반 교사입니다.
오늘 오전 9시 30분부터 ○○ 지역에 대설주의보가 발효되었습니다.
기상청에 따르면 앞으로 5cm 이상의 눈이 쌓인다고 합니다.
폭설로 인해 ○○○이 안전하게 귀가하도록 어린이집에 직접 오셔서 하원을 도와주셨으면 합니다.
○○○의 하원은 몇 시쯤 가능하겠습니까?
눈이 많이 와서 길이 미끄러우니 가급적 대중교통을 이용해 주시기 바랍니다.

#5. 식당

사 무 원: 비상식량과 식수, 보일러 상태를 확인해 주세요.

조 리 원: (비상식량과 식수를 확인하며) 비상식량 ○○개, 생수 ○○병을 조리실에 보관 중입니다.
(보일러 상태를 확인하며) 보일러실 안 보일러 작동에 이상 없음을 확인했습니다.

#6. 보육실

①반 교사: 각 반 인원현황을 보고해 주세요.

②반 교사: ②반 10명 모두 등원하였습니다.

③반 교사: ③반 14명 중 10명 등원하였습니다.

④반 교사: ④반 14명 모두 등원하였습니다.

⑤반 교사: 각 반 인원현황을 보고해 주세요.

⑥반 교사: ⑥반 15명 중 13명 등원하였습니다.

⑦반 교사: ⑦반 20명 모두 등원하였습니다.

#7. ①, ⑤반 보육실

원　　장: 각 반 인원현황을 보고해 주세요.

①반 교사: 현재 영아반 ①반 10명 중 7명, ②반 10명 중 10명, ③반 14명 중 10명, ④반 14명 중 14명, 총 41명 등원하였습니다.

⑤반 교사: 현재 유아반 ⑤반 30명 중 10명, ⑥반 20명 중 13명, ⑦반 20명 중 20명, 총 43명 등원하였습니다.

원　　장: 연장보육이 필요한 인원은 몇 명인가요?

①반 교사: 영아반 출석인원 41명 중 14명이 연장보육 필요합니다.

⑤반 교사: 유아반 출석인원 43명 중 12명이 연장보육 필요합니다.

#8. ③, ⑥반 보육실

①반 교사: 현재 보육 인원 보고해 주세요.

③반 교사: 현재 영아 출석인원 41명 중 14명은 ③반에서 보육하고 있습니다.

⑥반 교사: 현재 유아 출석인원 43명 중 12명은 ⑥반에서 보육하고 있습니다.

#9. ④, ⑥반 보육실

①반 교사: 제설작업 진행상황 보고해 주세요.

④, ⑥반 교사: 어린이집 현관과 실외놀이터, 어린이집 주변 인도까지 제설작업 완료하였습니다.

#10. 복도

원　　장: 오늘 ○○ 지역에 발효되었던 대설주의보가 해제되었습니다.

지금까지 대설 상황 훈련을 실시하였습니다.

이상으로 대설 상황 훈련을 마치겠습니다.

#1. 원장실

원 장: (기상청 홈페이지를 확인하며) 모든 교직원 여러분께 안내말씀 드립니다.

우리 ○○어린이집이 있는 ○○ 지역에 오늘 오전 9시 30분부터 호우주의보가 발효되었습니다.

#2. 사무실

사 무 원: (일기예보를 보며) 기상청 홈페이지와 일기예보에 의하면 앞으로 3시간 이내에 60mm 이상의 비가 더 내릴 것으로 예상됩니다.

#3. 현관

②, ⑤반 교사: (하수구와 배수구를 점검하며) 하수구와 배수구에 누수된 곳이나 막힌 곳이 없는지 확인하였습니다.

#4. 보육실

③, ⑥반 교사: (비상연락망, 비상연락 휴대폰을 챙기며) 저는 비상연락망과 비상연락 휴대폰을 확인했습니다.

간 호 사: (비상구급함을 챙기며) 저는 비상구급함을 확인했습니다.

①~⑦반 교사: (부모에게 연락하며) 안녕하세요. ○○어린이집 ○반 교사입니다.

오늘 오전 9시 30분부터 ○○ 지역에 호우주의보가 발효되었습니다.

기상청에 따르면 앞으로 3시간 이내에 60mm 이상의 비가 더 내린다고 합니다.

집중호우로 인해 ○○○이 안전하게 귀가하도록 어린이집에 직접 오셔서 하원을 도와주셨으면 합니다.

○○○의 하원은 몇 시쯤 가능하겠습니까?

비가 많이 와서 길이 미끄러우니 가급적 대중교통을 이용해 주시기 바랍니다.

#5. 식당

사 무 원: 비상식량과 식수, 에어컨 실외기 상태를 확인해 주세요.

조 리 원: (비상식량과 식수를 확인하며) 비상식량 ○○개, 생수 ○○병을 조리실에 보관 중입니다.
　　　　(에어컨 실외기 상태를 확인하며) 에어컨 실외기 작동에 이상 없음을 확인했습니다.

#6. 보육실

③반 교사: 각 반 인원현황을 보고해 주세요.

①반 교사: ②반 10명 모두 등원하였습니다.

②반 교사: ③반 14명 중 10명 등원하였습니다.

④반 교사: ④반 14명 모두 등원하였습니다.

⑤반 교사: ⑤반 15명 중 10명 등원하였습니다.

⑥반 교사: ⑥반 15명 중 13명 등원하였습니다.

⑦반 교사: ⑦반 20명 모두 등원하였습니다.

#7. ①반 보육실

원　　장: 각 반 인원현황을 보고해 주세요.

①반 교사: 현재 영아반 ①반 10명 중 7명, ②반 10명 중 10명, ③반 14명 중 10명, ④반 14명 중 14명, 총 41명 등원하였습니다.

⑤반 교사: 현재 유아반 ⑤반 30명 중 10명, ⑥반 20명 중 13명, ⑦반 20명 중 20명, 총 43명 등원하였습니다.

원　　장: 연장보육이 필요한 인원은 몇 명인가요?

①반 교사: 영아반 출석인원 41명 중 14명이 연장보육 필요합니다.

⑤반 교사: 유아반 출석인원 43명 중 12명이 연장보육 필요합니다.

원　　장: 집중호우 대비상황 보고해 주세요.

①반 교사: 하수구와 배수구, 에어컨 실외기 점검 완료하였고, 비상식량 ○○개, 생수 ○○병을 조리실에서 보관 중입니다.

#8. 복도

원　　장: 오늘 ○○ 지역에 발효되었던 호우주의보가 해제되었습니다.
　　　　지금까지 집중호우 상황 훈련을 실시하였습니다.
　　　　이상으로 집중호우 상황 훈련을 마치겠습니다.

15

바. 비상대피도

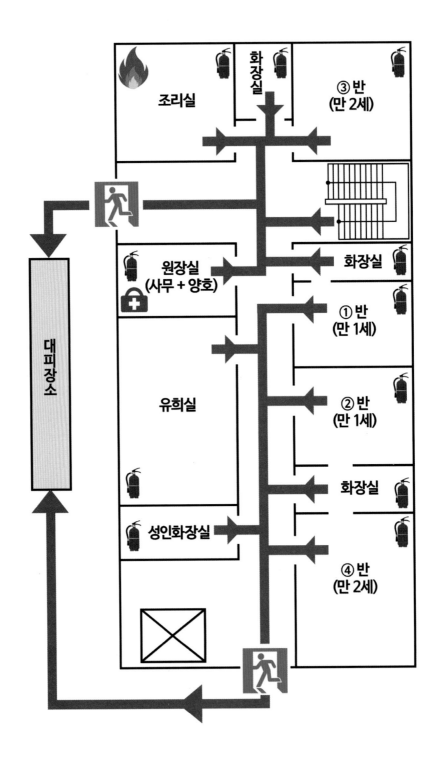

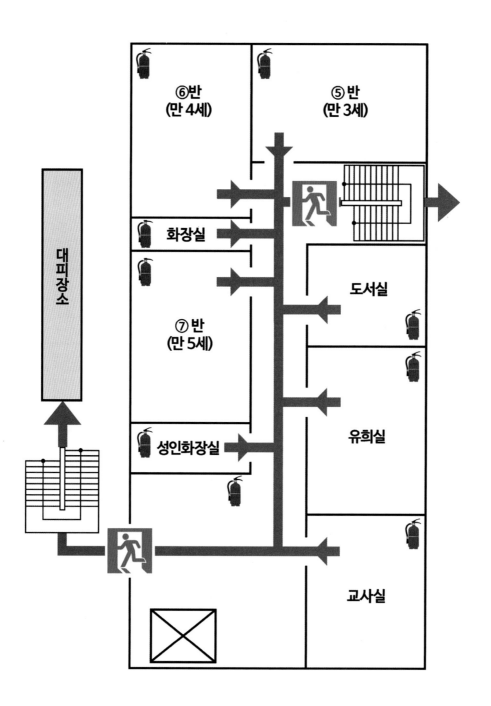

사. 개인별 업무카드 및 비상연락망

업무카드 | 비상연락망 | 비상대피도

____ 반 교사 ____

원 장☎__-__-__   소방서☎__-__-__
경찰서☎__-__-__   병 원☎__-__-__

상황		업무
평상시		
재난시	공통	1. 위기상황 전파 2. 현 위치 초동대응 3. 비상대피로 확보 및 대피 유도
	화재·지진	
	폭설·집중호우	

업무카드 | **비상연락망** | 비상대피도

____ 반 비상연락망

원 장☎__-__-__   소방서☎__-__-__
경찰서☎__-__-__   병 원☎__-__-__

이름	연락처

업무카드 | **비상연락망** | 비상대피도

어린이집 비상연락망

원 장☎__-__-__   소방서☎__-__-__
경찰서☎__-__-__   병 원☎__-__-__

교직원 구성	성명	연락처

업무카드 | 비상연락망 | **비상대피도**

1층 비상대피도

원 장☎__-__-__   소방서☎__-__-__
경찰서☎__-__-__   병 원☎__-__-__

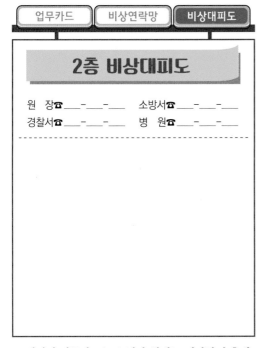

업무카드　비상연락망　**비상대피도**

2층 비상대피도

원 장☎＿＿-＿＿-＿＿　　소방서☎＿＿-＿＿-＿＿
경찰서☎＿＿-＿＿-＿＿　　병 원☎＿＿-＿＿-＿＿

※ 개인별 업무카드는 소책자 형태로 제작하여 휴대
※ [부록]의 사례를 참조하여 재난발생 시 개인별 역할을 구체적으로 분담하되, 상황에 따라 유동적으로 대처할
　　수 있도록 작성

15

16 | 138명 | 국공립 어린이집 | 전용 | 2층 | 조리원 ○

가. 기본현황

보육 정원	연령별 반구성				교직원	보육교직원 구성			
	①반 (만 1세)	②반 (만 1세)	③반 (만 2세)	④반 (만 2세)		원장		보육교사	
138명	10명	10명	14명	14명	21명	1명		13명	
	⑤반 (만 3세)	⑥반 (만 3세)	⑦반 (만 4세)	⑧반 (만 4세)	⑨반 (만 5세)	영양사	간호사	조리원	사무원
	15명	15명	20명	20명	20명	1명	1명	4명	1명

나. 평상시 재난 관련 업무분담표

원장(안전관리책임관)
• 지휘 · 명령 · 총괄

영양사
• 조리실 점검
• 가스, 보일러, 전기 점검

간호사
• 긴급상황 발생 시 응급처치 매뉴얼 관리

조리원
• 조리실 점검
• 가스, 보일러, 전기 점검

사무원
• 문서관리 (연간소방교육계획 등)

①반 교사
• 1층 시설설비 최종점검

②반 교사
• 소방시설 유지

③반 교사
• 시설관리 (현관, 화장실 등)
• CCTV 관리

④반 교사
• 비상시 통합 연락망 관리
• 비상시 지역 내 안전관리기관 연락망 관리

⑤반 교사
• 2층 시설설비 최종점검

⑥반 교사
• 소방시설 유지

⑦반 교사
• 비상시 통합 연락망 관리

⑧반 교사
• 시설관리 (현관, 화장실 등)
• CCTV 관리

⑨반 교사
• 비상시 지역 내 안전관리기관 연락망 관리

다. 재난 시 업무분담표

담당자		화재 발생 시	지진 발생 시	폭설 발생 시	집중호우 발생 시
원장		• 지휘 · 명령 · 총괄 • 응급기관 연락 • 화재 장소 확인 • 지자체 보고	• 지휘 · 명령 · 총괄 • 응급기관 연락 • 지진 진원지 확인 • 지자체 보고	• 지휘 · 명령 · 총괄 • 지자체 보고	• 지휘 · 명령 · 총괄 • 지자체 보고
1층	①반 교사 (만 1세)	• 비상시 비상벨 작동 및 원내 전달 • ①반 대피유도	• 비상시 비상벨 작동 및 원내 전달 • ①반 대피유도	• (보육 총괄)	• (보육 총괄)
1층	②반 교사 (만 1세)	• 현관문 개방 • ②반 대피유도	• 현관문 개방 • ②반 대피유도	• 미끄럼주의 표지판 설치 • 제설작업	• 하수구, 배수구 점검
1층	③반 교사 (만 2세)	• ③반 대피유도 및 1층 최종점검	• ③반 대피유도 및 1층 최종점검	• 현관문, 창문 점검	• 현관문, 창문 점검
1층	④반 교사 (만 2세)	• 비상문 개방 • (대피 후 영아 보육 총괄) • ④반 대피유도	• 비상문 개방 • (대피 후 영아 보육 총괄) • ④반 대피유도	• (영아반 보육)	• (영아반 보육)
2층	⑤반 교사 (만 3세)	• ⑤반 대피유도 및 2층 최종점검	• ⑤반 대피유도 및 2층 최종점검	• 미끄럼주의 표지판 설치	• 하수구, 배수구 점검
2층	⑥반 교사 (만 3세)	• ⑥반 대피유도	• ⑥반 대피유도	• 제설작업	• 하수구, 배수구 점검
2층	⑦반 교사 (만 4세)	• ⑦반 대피유도	• ⑦반 대피유도	• 제설작업	• 하수구, 배수구 점검
2층	⑧반 교사 (만 4세)	• 비상문 개방 • ⑦반 대피유도	• 비상문 개방 • ⑦반 대피유도	• 비상문, 창문 점검	• 비상문, 창문 점검
2층	⑨반 교사 (만 5세)	• (대피 후 유아 보육 총괄) • ⑨반 대피유도	• (대피 후 유아 보육 총괄) • ⑨반 대피유도	• (유아반 보육)	• (유아반 보육)
영양사		• 대피유도 및 보육 보조	• 대피유도 및 보육 보조	• 비상식량 확인	• 비상식량 확인 • 전기콘센트 점검
간호사		• 응급처치 및 지정 병원으로 긴급후송 • 구급약품 관리	• 응급처치 및 지정 병원으로 긴급후송 • 구급약품 관리	• 응급처치 및 지정 병원으로 긴급후송 • 구급약품 관리	• 응급처치 및 지정 병원으로 긴급후송 • 구급약품 관리
조리원		• 가스 차단 • 전기 차단	• 가스 차단 • 전기 차단	• 난방시설 확인	• 가스 점검 • 냉방시설 확인
사무원		• 관계기관 통보 • 보고서 작성 • 화재 발생 상황 수시 파악 • 주요 서류 및 물건 반출	• 관계기관 통보 • 보고서 작성 • 지진 발생 상황 수시 파악 • 주요 서류 및 물건 반출	• 폭설 상황 수시 파악 • 보고서 작성	• 호우 상황 수시 파악 • 보고서 작성

16

👆 **라. 재난유형별 비상대피훈련 계획** 　　　 **화재** 지진 폭설 집중호우

훈련명	비상대피훈련	훈련일	○○○○년 ○○월 ○○일
훈련 참가자	보육교직원 (20) 명 / 영유아 (138) 명	훈련시간	○○시 ○○분
훈련종류	화재 대피 실제 훈련		

훈련목표	• 화재 발생 시 행동요령을 이해한다. • 훈련을 통해 안전한 대피방법을 연습한다. • 실제 화재 발생 시 안전하게 대피한다.
재난상황 시나리오	조리실에서 점심식사 준비 중 화재 발생으로 대피
훈련 전 점검	• 훈련 계획의 내용 숙지　　• 소화기 위치 파악 • 재난 시 업무분담 숙지　　• 어린이집 앞 표지판 부착 • 대피로 동선 파악　　　　　(비상대피훈련 중-집결지 안내)
훈련내용	1. 화재경보 사이렌　　　　　3. 부상자, 사상자 확인 및 응급처치 2. 대피경로로 대피, 대피장소 집결　4. 부모에게 연락 　(영유아 인원 확인)　　　　5. 훈련 종료

	훈련	평가 중점 내용
훈련계획 세부내용	**1. 화재 상황 인지 및 알림**(화재경보 사이렌)	
	❶ 조리원 발화 발견 • 화재 첫 발견자는 불이 났음을 주변에 신속하게 알림 • 소화기 사용하여 조기 진화 시도 • 가스 및 전기 차단 • 조리실 문 닫고 ①, ②반(만 1세)으로 이동	육성 및 경보기 소리 전달 여부 소화기 사용
	❷ 원장(지휘·명령·총괄) • 화재장소 파악 후 응급기관(119) 연락	위치, 상황 설명
	2. 화재 시 매뉴얼 진행	
	[1단계] 각 반 영유아 대피 시작 • 화재경보 사이렌과 동시에 대피 시작 • 대피 시 양쪽 벽으로 이동하여 통로 가운데 소화출입로를 확보함 • 보행이 어려운 영아는 교사가 안고 대피 • 각 반 교사는 비상연락망을 가지고 대피 • 현관문, 비상문에 먼저 도착한 교사가 현관문, 비상문 개방 • 각 반 인원 확인 후 원장에게 보고	질서 유지하며 대피

훈련계획 세부내용	훈련				평가 중점 내용
	1-❶	각 반 대피 시작			대피시간
		대피로	1층	현관문	①, ②반	
				비상문	③, ④반	
			2층	현관문	⑤, ⑥, ⑨반	
				비상문	⑦, ⑧반	
		영유아 선두 대피유도		②, ④, ⑥, ⑧반 교사	
		영유아 후미 대피유도		①, ③, ⑤, ⑦, ⑨반 교사	
		구급약품 소지		간호사	
	1-❷	현관문, 비상문 개방			대피한 영유아 수
		현관문 개방		②반 교사	
		비상문 개방		④, ⑧반 교사	
	1-❸	각 반 대피 완료			
		영유아 후미 대피유도, 각 반 보육실 문 닫고 대피		①, ③, ⑦, ⑨반 교사	
		최종점검 후 대피		③, ⑤반 교사	
		영유아와 정해진 장소에 집결		전체 보육교직원	
	[2단계] 부상자, 사상자 확인 및 응급처치				
	2-❶	응급처치			
		부상자 확인 후 응급처치 실시, 구급차 후송		간호사	
		관련기관(인근 병원 등) 연락, 사상자 확인		사무원	
	2-❷	각 반 대피 지속			부상자 응급처치/ 구급차 후송
		영유아와 안전한 곳에서 대피 지속		①, ②, ③, ④, ⑤, ⑥, ⑦, ⑧, ⑨반 교사, 조리원	
	[3단계] 각 반 영유아 부모에게 연락				
	3-❶	부모 연락			연락시간/ 응대 태도
		비상연락망 이용하여 부모에게 연락		①, ②, ③, ④, ⑤, ⑥, ⑦, ⑧, ⑨반 교사	
	3. 화재 대피 훈련 종료				
	• 화재 대피 훈련 종료 안내				대피시간

※ 부상자가 없을 경우 [1-❶ → 1-❷ → 1-❸ → 3-❶] 순으로 진행

출처: 보건복지부보육기반과(2016). 비상대피훈련 시나리오를 재구성하여 제시함.

화재	지진	폭설	집중호우

훈련명	비상대피훈련	훈련일	○○○○년 ○○월 ○○일
훈련 참가자	보육교직원 (20) 명 / 영유아 (138) 명	훈련시간	○○시 ○○분
훈련종류	지진 대피 실제 훈련		

훈련목표	• 지진 발생 시 행동요령을 이해한다. • 훈련을 통해 안전한 대피방법을 연습한다. • 실제 지진 발생 시 안전하게 대피한다.
재난상황 시나리오	②반 보육실에서 먼저 흔들림을 감지하여 어린이집 전체에 알리고 대피(강도 4.5)
훈련 전 점검	• 훈련 계획의 내용 숙지 • 소화기 위치 파악 • 재난 시 업무분담 숙지 • 어린이집 앞 표지판 부착 • 대피로 동선 파악 (비상대피훈련 중−집결지 안내)
훈련내용	1. 재난위험경보 사이렌 4. 부상자, 사상자 확인 및 응급처치 2. 지진 행동요령 진행 5. 부모에게 연락 3. 대피경로로 대피, 대피장소 집결 6. 훈련 종료 (영유아 인원 확인)

	훈련	평가 중점 내용
훈련계획 세부내용	**1. 지진 상황 인지 및 알림** ❶ ②교사 지진 감지 　• 지진 첫 감지자는 지진이 발생했음을 주변 및 원장에게 신속하게 알리고 지진 시 행동요령을 진행함 ❷ 원장(지휘 · 명령 · 총괄) 　• 어린이집 전체에 지진 비상상황 알림(재난위험경보 사이렌 울림) ❸ 조리원 　• 가스 및 전기 차단 • 조리실 문 개방 　• ①, ②반(만 1세)으로 이동	지진 상황 전달 여부 어린이집 전체에 지진 상황 알림

2. 지진 시 매뉴얼 진행	

[1단계] 지진 시 행동요령 진행

• 주변에 방석이나 이불 등 쿠션감 있는 것으로 머리 보호

1-❶	문 개방	
	각 반 보육실 문 개방	①, ②, ③, ④, ⑤, ⑥, ⑦, ⑧, ⑨반 교사
	현관문 개방	②반 교사
	비상문 개방	④, ⑧반 교사

1-❷	전체 영유아가 자세를 낮추고 머리 보호	
	쿠션 아래로(이불 속 등) 대피	①, ②, ③, ④반(영아반)
	책상 밑으로 대피	⑤, ⑥, ⑦, ⑧, ⑨반(유아반)

훈련계획 세부내용	훈련				평가 중점 내용
	1-❸	**흔들림이 멈출 때까지 대기(2분 정도)**			지진 시 행동요령 숙지
		흔들림의 정도를 살핀 후 흔들림이 멈추면 대피경보 사이렌 울림		원장(안전관리책임관)	
	[2단계] 각 반 영유아 대피 시작(대피경보 사이렌)				질서 유지하며 대피
	• 흔들림이 멈춘 후 사이렌이 울림과 동시에 대피 시작				
	• 보행이 어려운 영아는 교사가 안고 대피				
	• 각 반 교사 비상연락망 가지고 대피				
	• 각 반 인원 확인하여 원장에게 보고				
	2-❶	**각 반 대피 시작**			대피시간
		대피로	1층	현관문	①, ②반	
				비상문	③, ④반	
			2층	현관문	⑤, ⑥, ⑨반	
				비상문	⑦, ⑧반	
		영유아 선두 대피유도		②, ④, ⑥, ⑧반 교사	
		영유아 후미 대피유도		①, ③, ⑤, ⑦, ⑨반 교사	
		구급약품 소지		간호사	
	2-❷	**각 반 대피 완료**			대피한 영유아 수
		최종점검 후 대피		③, ⑤반 교사	
		영유아와 정해진 장소에 집결		전체 보육교직원	
	[3단계] 부상자, 사상자 확인 및 응급처치				부상자 응급처치/ 구급차 후송
	3-❶	**응급처치**			
		부상자 확인 후 응급처치 실시, 구급차 후송		간호사	
		관련기관(인근 병원 등) 연락, 사상자 확인		사무원	
	3-❷	**각 반 대피 지속**			
		영유아와 안전한 곳에서 대피 지속		①, ②, ③, ④, ⑤, ⑥, ⑦, ⑧, ⑨반 교사, 조리원	
	[4단계] 각 반 영유아 부모에게 연락				연락시간/ 응대 태도
	4-❶	**부모 연락**			
		비상연락망 이용하여 부모에게 연락		①, ②, ③, ④, ⑤, ⑥, ⑦, ⑧, ⑨반 교사	
	3. 지진 대피 훈련 종료				
	• 지진 대피 훈련 종료 안내				대피시간

※ [1-❶]에서 현관문 및 비상문 개방에 실패했을 경우 대피유도자는 동선을 변경하여 대비
※ 부상자가 없을 경우 [1-❶ → 1-❷ → 2-❶ → 2-❷ → 1-❸ → 4-❶] 순으로 진행
출처: 보건복지부보육기반과(2016). 비상대피훈련 시나리오를 재구성하여 제시함.

16

훈련명	비상대응훈련	훈련일	○○○○년 ○○월 ○○일
훈련 참가자	보육교직원 (20) 명 / 영유아 (138) 명	훈련시간	○○시 ○○분
훈련종류	폭설 대응 실제 훈련		

훈련목표	• 대설 발생 시 행동요령을 이해한다. • 훈련을 통해 안전한 대비방법을 연습한다. • 실제 대설 상황 시 안전하게 대비한다.
재난상황 시나리오	등원 후 눈이 내려 5cm 두께의 눈이 쌓이고 눈이 계속 오는 상황 • 대설주의보: 24시간 신적설량이 5cm 이상 예상될 때 • 대설경보: 24시간 신적설량이 20cm 이상 예상될 때 (산지는 30cm 이상 예상될 때)
훈련 전 점검	• 제설작업 도구 점검(빗자루, 염화칼슘 또는 모래, 미끄럼주의 표지판)
훈련내용	1. 대설 상황 알림 5. 각 반 상황 파악 2. 대설 시 매뉴얼 진행 6. 제설작업 3. 기상정보 청취 7. 종료 4. 부모에게 연락

훈련계획 세부내용	훈련	평가 중점 내용
	1. 대설 상황 인지 및 알림	
	❶ 원장(지휘 · 명령 · 총괄) • 기상청 홈페이지 및 일기예보 참고하여 상황 예측 • 어린이집 전체에 대설 상황 알림	어린이집 전체에 대설 상황 알림
	2. 대설 시 매뉴얼 진행	
	[1단계] 대설 시 행동요령 진행 • 마실 수 있는 물 공급처가 동결될 것에 대비 • 미끄럼주의 표지판 설치	연락시간/ 응대 태도

		어린이집 시설점검	
	1-❶	기상정보 들으며 기상상황 수시 파악	사무원
		현관에 미끄럼 방지대 깔기	

		각 반 부모 전화 연락		비상식량 및 식수 확보 보일러 상태 점검
	1-❷	대설주의보(대설경보) 상황 안내	①,②,③,④,⑤,⑥,⑦, ⑧,⑨반 교사	
		하원 가능 시간 문의 (석식 준비 및 비상식량 예측)		
		하원 시 어린이집에 안전하게 도착할 수 있도록 주의사항 안내		

훈련계획 세부내용	훈련			평가 중점 내용
	식량 및 보일러 확인			제설작업 숙지
	1-❸	비상식량 및 식수 확인, 보일러 상태 점검	조리원	
	상황 보고			
	1-❹	각 반 정보 취합하여 원장에게 보고	①반 교사	
		연장보육 및 비상식량 등 상황 정리하여 보고		
	보육 지속 및 제설작업 진행			
	1-❺	영유아 안전 보육 담당	①, ④, ⑨반 교사	
		제설작업 담당	②, ⑥, ⑦반 교사	
	3. 대설 상황 훈련 종료			
	• 대설 상황 훈련 종료 안내			

출처: 보건복지부보육기반과(2016). 비상대피훈련 시나리오를 재구성하여 제시함.

16

| 화재 | 지진 | 폭설 | 집중호우 |

훈련명	비상대응훈련	훈련일	○○○○년 ○○월 ○○일
훈련 참가자	보육교직원 (20) 명 / 영유아 (118) 명	훈련시간	○○시 ○○분
훈련종류	집중호우 대응 실제 훈련		
훈련목표	• 집중호우 발생 시 행동요령을 이해한다. • 훈련을 통해 안전한 대비방법을 연습한다. • 실제 집중호우 상황 시 안전하게 대비한다.		
재난상황 시나리오	등원 후 비가 내려 60mm 높이로 잠기고 비가 계속 오는 상황 • 호우주의보: 3시간 강우량이 60mm 이상 예상될 때 또는 12시간 강우량이 110mm 이상 예상될 때 • 호우경보: 3시간 강우량이 90mm 이상 예상될 때 또는 12시간 강우량이 180mm 이상 예상될 때		
훈련 전 점검	• 하수구, 배수구 관리 도구 점검(집게)		
훈련내용	1. 집중호우 상황 알림 2. 집중호우 시 매뉴얼 진행 3. 기상정보 청취 4. 부모에게 연락	5. 각 반 상황 파악 6. 하수구, 배수구 점검 7. 종료	

훈련계획 세부내용	훈련	평가 중점 내용
	1. 집중호우 상황 인지 및 알림	
	❶ 원장(지휘 · 명령 · 총괄) • 기상청 홈페이지 및 일기예보 참고하여 상황 예측 • 어린이집 전체에 집중호우 상황 알림	어린이집 전체에 집중호우 상황 알림
	2. 집중호우 시 매뉴얼 진행	
	[1단계] 집중호우 시 행동요령 진행 • 빗물이 범람될 것에 대비	연락시간/ 응대 태도

	기상상황 파악 및 시설점검	
1-❶	기상정보 들으며 기상상황 수시 파악	사무원
	하수구, 배수구 점검	②, ⑤, ⑥, ⑦반 교사

	각 반 부모 전화 연락	
1-❷	호우주의보(호우경보) 상황 안내	①, ②, ③, ④, ⑤, ⑥, ⑦, ⑧, ⑨반 교사
	하원 가능 시간 문의 (석식 준비 및 비상식량 예측)	
	하원 시 어린이집에 안전하게 도착할 수 있도록 주의사항 안내	

훈련			평가 중점 내용
훈련계획 세부내용	1-❸	**식량 및 실외기 확인**	비상식량 및 식수 확보 실외기 상태 점검
		비상식량 및 식수 확인, 실외기 상태 점검	조리원	
	1-❹	**상황 보고**	
		각 반 정보 취합하여 원장에게 보고	①반 교사	
		연장보육 및 비상식량 등 상황 정리하여 보고		
	3. 집중호우 상황 훈련 종료		
• 집중호우 상황 훈련 종료 안내			

출처: 보건복지부보육기반과(2016). 비상대피훈련 시나리오를 재구성하여 제시함.

마. 재난유형별 비상대피훈련 시나리오

#1. 조리실

조 리 원: (조리실의 발화를 발견하고 화재경보기를 울리며) 불이야! 불이야!

#2. 원장실

원　　장: (119에 연락을 하며) 여기 ○○구 ○○동 ○○어린이집에서 불이 났습니다.

불은 점심식사를 준비하던 조리실에서 발화한 것으로 보입니다.

근처에는 (알기 쉬운 큰 건물)이 있습니다.

제 전화번호는 ○○○-○○○○-○○○○입니다.

어린이집에는 보육교직원 20명과 영유아 138명이 있습니다.

#3. 보육실

모든 보육교직원, 영유아: 불이야! 불이야!

②반 교사: ①, ②, ⑤, ⑥, ⑨반은 1층 현관문으로 대피하겠습니다.

저와 ⑥반 선생님은 선두에서 대피를 유도할 테니, ①, ⑤, ⑨반 선생님은 후미에서 대피를 유도해 주세요.

①, ⑤, ⑨반 교사: (후미에서 잔류인원 확인 후 대피하며) 저는 후미에서 대피를 유도합니다.

④반 교사: ③, ④반은 1층 비상문으로 대피하겠습니다. 저는 선두에서 대피를 유도할 테니, ③반 선생님은 후미에서 대피를 유도해 주세요.

③반 교사: (후미에서 잔류인원 확인 후 대피하며) 저는 후미에서 대피를 유도합니다.

⑧반 교사: ⑦, ⑧반은 2층 비상문으로 대피하겠습니다. 저는 선두에서 대피를 유도할 테니, ⑦반 선생님은 후미에서 대피를 유도해 주세요.

⑦반 교사: (후미에서 잔류인원 확인 후 대피하며) 저는 후미에서 대피를 유도합니다.

④, ⑦반 교사: (비상연락망, 비상연락 휴대폰을 챙기며) 저는 비상연락망과 비상연락 휴대폰을 가지고 대피하겠습니다.

간 호 사: (비상구급함을 챙기며) 저는 비상구급함을 가지고 대피하겠습니다.

#4. 대피 장소

③반 교사: 어린이집 1층 인원 최종점검하겠습니다.

1층 최종점검 결과, 모든 인원 대피 완료했습니다. 이상 없습니다.

⑤반 교사: 어린이집 2층 인원 최종점검하겠습니다.

　　　　　2층 최종점검 결과, 모든 인원 대피 완료했습니다. 이상 없습니다.

원　　　장: (각 반 교사를 향해) 담임교사는 각 반 인원을 확인해서 알려 주세요.

①반 교사: ①반 교사 2명 중 2명, 조리원 2명 중 2명, 영아 출석인원 10명 중 10명으로 이상 없습니다.

②반 교사: ②반 교사 2명 중 2명, 조리원 2명 중 2명, 영아 출석인원 10명 중 10명으로 이상 없습니다.

③반 교사: ③반 교사 2명 중 2명, 영아 출석인원 14명 중 14명으로 이상 없습니다.

④반 교사: ④반 교사 2명 중 2명, 영아 출석인원 14명 중 14명으로 이상 없습니다.

⑤반 교사: ⑤반 교사 1명 중 1명, 유아 출석인원 15명 중 15명으로 이상 없습니다.

⑥반 교사: ⑥반 교사 1명 중 1명, 유아 출석인원 15명 중 15명으로 이상 없습니다.

⑦반 교사: ⑦반 교사 1명 중 1명, 유아 출석인원 20명 중 20명으로 이상 없습니다.

⑧반 교사: ⑧반 교사 1명 중 1명, 유아 출석인원 20명 중 20명으로 이상 없습니다.

⑨반 교사: ⑨반 교사 1명 중 1명, 유아 출석인원 20명 중 19명은 이상 없으나,

　　　　　유아 1명 부상자가 있습니다.

간 호 사: ⑨반에 부상자가 있습니다. 응급처치를 실시하겠습니다. 구급차를 불러 주세요.

사 무 원: (지정 병원에 연락을 하며) 여기는 ○○구 ○○동 ○○어린이집입니다.

　　　　　오늘 화재로 인하여 대피하던 중 부상자가 발생했습니다.

나머지 보육교직원: 모두 여기에서 계속 대피해 주세요.

⑨반 교사: (부상자가 있을 때) 안녕하세요. ○○○학부모님 맞으시죠?

　　　　　○○어린이집 ⑨반 담임교사입니다.

　　　　　점심식사 준비 중 조리실에서 발화를 발견하여 어린이집 외부 지정장소로 대피했습니다.

　　　　　대피를 하는 도중 ○○○이 부상을 입어 지정 병원으로 후송하였습니다.

①~⑧반 교사: (부상자가 없을 때) 안녕하세요. ○○○학부모님 맞으시죠?

　　　　　○○어린이집 ○반 담임교사입니다.

　　　　　점심식사 준비 중 조리실에서 발화를 발견하여 어린이집 외부 지정장소로 대피했습니다.

　　　　　○반 모두 부상자 없이 지정장소로 안전하게 대피 완료했습니다.

원　　　장: 오늘 ○○구 ○○동 ○○어린이집에서 불이 났으며, 불은 점심식사를 준비하던 조리
　　　　　실에서 발화한 것으로 보입니다.

　　　　　어린이집에는 보육교직원 20명과 영유아 138명이 있었습니다.

　　　　　(시계를 확인하며) 오늘 화재 대피 훈련 시간은 총 ○○분 소요되었습니다.

　　　　　차례를 지켜 다시 각 반으로 돌아가시기 바랍니다.

16

#1. ②반 보육실

②반 교사: (②반 보육실에서 흔들림을 감지하고) 어린이집 건물이 흔들리고 있습니다. 지진 시 행동요령을 진행하겠습니다.

#2. 원장실

원　　장: (재난위험경보 사이렌을 울리며) 현재시각 우리나라 전역에 지진재난경보가 발령되었습니다. 강도 4.5의 지진이 발생하였습니다.

#3. 조리실

조 리 원: (가스 및 전기 차단기를 내린 후) 조리실 내의 가스 및 전기 차단을 완료했습니다. 조리실 문을 열고 ①, ②반으로 이동하겠습니다.

#4. 보육실

①, ②, ③반 교사: (쿠션과 이불로 머리를 보호하며) ○반 친구들! 모두 쿠션 아래와 이불 속으로 대피하세요.

④~⑨반 교사: (책상 밑으로 들어가 머리를 보호하며) ○반 친구들! 모두 책상 밑으로 대피하세요.

#5. 원장실

원　　장: (대피경보기를 작동하며) 지진의 흔들림이 멈추었습니다. 모두 어린이집 밖 지정장소로 대피하세요.

#6. 보육실

②반 교사: ①, ②, ⑤, ⑥, ⑨반은 1층 현관문으로 대피하겠습니다. 저와 ⑥반 선생님은 선두에서 대피를 유도할 테니, ①, ⑤, ⑨반 선생님은 후미에서 대피를 유도해 주세요.

①, ⑤, ⑨반 교사: (후미에서 잔류인원 확인 후 대피하며) 저는 후미에서 대피를 유도합니다.

④반 교사: ③, ④반은 1층 비상문으로 대피하겠습니다. 저는 선두에서 대피를 유도할 테니, ③반 선생님은 후미에서 대피를 유도해 주세요.

③반 교사: (후미에서 잔류인원 확인 후 대피하며) 저는 후미에서 대피를 유도합니다.

⑧반 교사: ⑦, ⑧반은 2층 비상문으로 대피하겠습니다. 저는 선두에서 대피를 유도할 테니, ⑦반 선생님은 후미에서 대피를 유도해 주세요.

⑦반 교사: (후미에서 잔류인원 확인 후 대피하며) 저는 후미에서 대피를 유도합니다.

④, ⑦반 교사: (비상연락망, 비상연락 휴대폰을 챙기며) 저는 비상연락망과 비상연락 휴대폰을 가지고 대피하겠습니다.

간 호 사: (비상구급함을 챙기며) 저는 비상구급함을 가지고 대피하겠습니다.

#7. 대피 장소

③반 교사: 어린이집 1층 인원 최종점검하겠습니다.

　　　　1층 최종점검 결과, 모든 인원 대피 완료했습니다. 이상 없습니다.

⑤반 교사: 어린이집 2층 인원 최종점검하겠습니다.

　　　　2층 최종점검 결과, 모든 인원 대피 완료했습니다. 이상 없습니다.

원　　　장: (각 반 교사를 향해) 담임교사는 각 반 인원을 확인해서 알려 주세요.

①반 교사: ①반 교사 2명 중 2명, 조리원 2명 중 2명, 영아 출석인원 10명 중 10명으로 이상 없습니다.

②반 교사: ②반 교사 2명 중 2명, 조리원 2명 중 2명, 영아 출석인원 10명 중 10명으로 이상 없습니다.

③반 교사: ③반 교사 2명 중 2명, 영아 출석인원 14명 중 14명으로 이상 없습니다.

④반 교사: ④반 교사 2명 중 2명, 영아 출석인원 14명 중 14명으로 이상 없습니다.

⑤반 교사: ⑤반 교사 1명 중 1명, 유아 출석인원 15명 중 15명으로 이상 없습니다.

⑥반 교사: ⑥반 교사 1명 중 1명, 유아 출석인원 15명 중 15명으로 이상 없습니다.

⑦반 교사: ⑦반 교사 1명 중 1명, 유아 출석인원 20명 중 20명으로 이상 없습니다.

⑧반 교사: ⑧반 교사 1명 중 1명, 유아 출석인원 20명 중 20명으로 이상 없습니다.

⑨반 교사: ⑨반 교사 1명 중 1명, 유아 출석인원 20명 중 19명은 이상 없으나,

　　　　유아 1명 부상자가 있습니다.

간 호 사: ⑨반에 부상자가 있습니다. 응급처치를 실시하겠습니다. 구급차를 불러 주세요.

사 무 원: (지정 병원에 연락을 하며) 여기는 ○○구 ○○동 ○○어린이집입니다.

　　　　오늘 지진으로 인하여 대피하던 중 부상자가 발생했습니다.

나머지 보육교직원: 모두 여기에서 계속 대피해 주세요.

⑨반 교사: (부상자가 있을 때) 안녕하세요. ○○○학부모님 맞으시죠?

　　　　○○어린이집 ⑨반 담임교사입니다.

　　　　어린이집 내에서 흔들림을 감지하고, 강도 4.5의 지진이 발생하여 어린이집 외부 지정

　　　　장소로 대피했습니다.

　　　　대피를 하는 도중 ○○○이 부상을 입어 지정 병원으로 후송하였습니다.

①~⑧반 교사: (부상자가 없을 때) 안녕하세요. ○○○학부모님 맞으시죠?

　　　　○○어린이집 ○반 담임교사입니다.

　　　　어린이집 내에서 흔들림을 감지하고, 강도 4.5의 지진이 발생하여 어린이집 외부 지정

　　　　장소로 대피했습니다.

　　　　○반 모두 부상자 없이 지정장소로 안전하게 대피 완료했습니다.

원　　　장: 오늘 우리나라 전역에 강도 4.5의 지진이 발생하여 지진재난경보가 발령되었습니다.

　　　　어린이집에는 보육교직원 20명과 영유아 138명이 있었습니다.

　　　　(시계를 확인하며) 오늘 지진 대피 훈련 시간은 총 ○○분 소요되었습니다.

　　　　차례를 지켜 다시 각 반으로 돌아가시기 바랍니다.

16

화재　지진　폭설　집중호우

#1. 원장실

원　　장: (기상청 홈페이지를 확인하며) 모든 교직원 여러분께 안내말씀 드립니다.

우리 ○○어린이집이 있는 ○○ 지역에 오늘 오전 9시 30분부터 대설주의보가 발효되었습니다.

#2. 사무실

사 무 원: (일기예보를 보며) 기상청 홈페이지와 일기예보에 의하면 앞으로 5cm 이상의 눈이 더 쌓일 것으로 예상됩니다.

#3. 현관

사 무 원: (미끄럼 방지대와 미끄럼주의 표지판을 설치한 후) 현관에도 눈이 쌓여 미끄럼 사고를 방지하기 위해 미끄러지는 방지대와 미끄럼주의 표지판 설치 완료하였습니다.

#4. 보육실

④, ⑦반 교사: (비상연락망, 비상연락 휴대폰을 챙기며) 저는 비상연락망과 비상연락 휴대폰을 확인했습니다.

간 호 사: (비상구급함을 챙기며) 저는 비상구급함을 확인했습니다.

①~⑨반 교사: (부모에게 연락하며) 안녕하세요. ○○어린이집 ○반 교사입니다.

오늘 오전 9시 30분부터 ○○ 지역에 대설주의보가 발효되었습니다.

기상청에 따르면 앞으로 5cm 이상의 눈이 쌓인다고 합니다.

폭설로 인해 ○○○이 안전하게 귀가하도록 어린이집에 직접 오셔서 하원을 도와주셨으면 합니다.

○○○의 하원은 몇 시쯤 가능하겠습니까?

눈이 많이 와서 길이 미끄러우니 가급적 대중교통을 이용해 주시기 바랍니다.

#5. 식당

사 무 원: 비상식량과 식수, 보일러 상태를 확인해 주세요.

조 리 원: (비상식량과 식수를 확인하며) 비상식량 ○○개, 생수 ○○병을 조리실에 보관 중입니다.

(보일러 상태를 확인하며) 보일러실 안 보일러 작동에 이상 없음을 확인했습니다.

#6. 보육실

①반 교사: 각 반 인원현황을 보고해 주세요.

②반 교사: ②반 10명 모두 등원하였습니다.

③반 교사: ③반 14명 중 10명 등원하였습니다.

④반 교사: ④반 14명 모두 등원하였습니다.

⑤반 교사: ⑤반 15명 중 10명 등원하였습니다.

⑥반 교사: ⑥반 15명 중 13명 등원하였습니다.

⑦반 교사: ⑦반 20명 모두 등원하였습니다.

⑧반 교사: ⑧반 20명 중 15명 등원하였습니다.

⑨반 교사: ⑨반 20명 중 12명 등원하였습니다.

#7. ①반 보육실

원　　장: 각 반 인원현황을 보고해 주세요.

①반 교사: 현재 ①반 10명 중 7명, ②반 10명 중 10명, ③반 14명 중 10명, ④반 14명 중 14명, ⑤반 15명 중 10명, ⑥반 15명 중 13명, ⑦반 20명 중 20명, ⑧반 15명 중 15명, ⑨반 12명 중 12명, 총 111명 등원하였습니다.

원　　장: 연장보육이 필요한 인원은 몇 명인가요?

①반 교사: 모든 출석인원 111명 중 56명이 연장보육 필요합니다.

#8. ④, ⑨반 보육실

①반 교사: 현재 보육 인원 보고해 주세요.

④반 교사: 현재 영아 출석인원 41명 중 41명은 ③, ④반에서 보육하고 있습니다.

⑨반 교사: 현재 유아 출석인원 70명 중 70명은 ⑧, ⑨반에서 보육하고 있습니다.

#9. ②, ⑥, ⑦반 보육실

①반 교사: 제설작업 진행상황 보고해 주세요.

②, ⑥, ⑦반 교사: 어린이집 현관과 실외놀이터, 어린이집 주변 인도까지 제설작업 완료하였습니다.

#10. 1, 2층 복도

사 무 원: 오늘 ○○ 지역에 발효되었던 대설주의보가 해제되었습니다.

지금까지 대설 상황 훈련을 실시하였습니다.

이상으로 대설 상황 훈련을 마치겠습니다.

16

#1. 원장실

원 장: (기상청 홈페이지를 확인하며) 모든 교직원 여러분께 안내말씀 드립니다.

우리 ○○어린이집이 있는 ○○ 지역에 오늘 오전 9시 30분부터 호우주의보가 발효 되었습니다.

#2. 사무실

사 무 원: (일기예보를 보며) 기상청 홈페이지와 일기예보에 의하면 앞으로 3시간 이내에 60mm 이상의 비가 더 내릴 것으로 예상됩니다.

#3. 현관

②, ⑤, ⑥, ⑦반 교사: (하수구와 배수구를 점검하며) 하수구와 배수구에 누수된 곳이나 막힌 곳이 없는지 확인하였습니다.

#4. 보육실

④, ⑦반 교사: (비상연락망, 비상연락 휴대폰을 챙기며) 저는 비상연락망과 비상연락 휴대폰을 확 인했습니다.

간 호 사: (비상구급함을 챙기며) 저는 비상구급함을 확인했습니다.

①~⑨반 교사: (부모에게 연락하며) 안녕하세요. ○○어린이집 ○반 교사입니다.

오늘 오전 9시 30분부터 ○○ 지역에 호우주의보가 발효되었습니다.

기상청에 따르면 앞으로 3시간 이내에 60mm 이상의 비가 더 내린다고 합니다.

집중호우로 인해 ○○○이 안전하게 귀가하도록 어린이집에 직접 오셔서 하원을 도 와주셨으면 합니다.

○○○의 하원은 몇 시쯤 가능하겠습니까?

비가 많이 와서 길이 미끄러우니 가급적 대중교통을 이용해 주시기 바랍니다.

#5. 식당

사 무 원: 비상식량과 식수, 에어컨 실외기 상태를 확인해 주세요.

조 리 원: (비상식량과 식수를 확인하며) 비상식량 ○○개, 생수 ○○병을 조리실에 보관 중입니다.
　　　　(에어컨 실외기 상태를 확인하며) 에어컨 실외기 작동에 이상 없음을 확인했습니다.

#6. 보육실

①반 교사: 각 반 인원현황을 보고해 주세요.
②반 교사: ②반 10명 모두 등원하였습니다.
③반 교사: ③반 14명 중 10명 등원하였습니다.
④반 교사: ④반 14명 모두 등원하였습니다.
⑤반 교사: ⑤반 15명 중 10명 등원하였습니다.
⑥반 교사: ⑥반 15명 중 13명 등원하였습니다.
⑦반 교사: ⑦반 20명 모두 등원하였습니다.
⑧반 교사: ⑧반 20명 중 15명 등원하였습니다.
⑨반 교사: ⑨반 20명 중 12명 등원하였습니다.

#7. ①반 보육실

원　　장: 각 반 인원현황을 보고해 주세요.
①반 교사: 현재 ①반 10명 중 7명, ②반 10명 중 10명, ③반 14명 중 10명, ④반 14명 중 14명, ⑤반 15명 중 10명, ⑥반 15명 중 13명, ⑦반 20명 중 20명, ⑧반 15명 중 15명, ⑨반 12명 중 12명, 총 111명 등원하였습니다.
원　　장: 연장보육이 필요한 인원은 몇 명인가요?
①반 교사: 모든 출석인원 111명 중 56명이 연장보육 필요합니다.
원　　장: 집중호우 대비상황 보고해 주세요.
①반 교사: 하수구와 배수구, 에어컨 실외기 점검 완료하였고, 비상식량 ○○개, 생수 ○○병을 조리실에서 보관 중입니다.

#8. I, 2층 복도

원　　장: 오늘 ○○ 지역에 발효되었던 호우주의보가 해제되었습니다.
　　　　지금까지 집중호우 상황 훈련을 실시하였습니다.
　　　　이상으로 집중호우 상황 훈련을 마치겠습니다.

16

333

바. 비상대피도

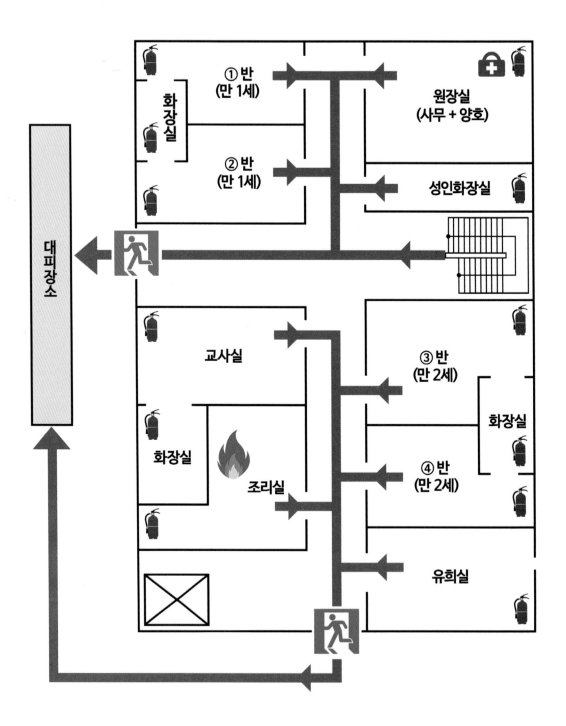

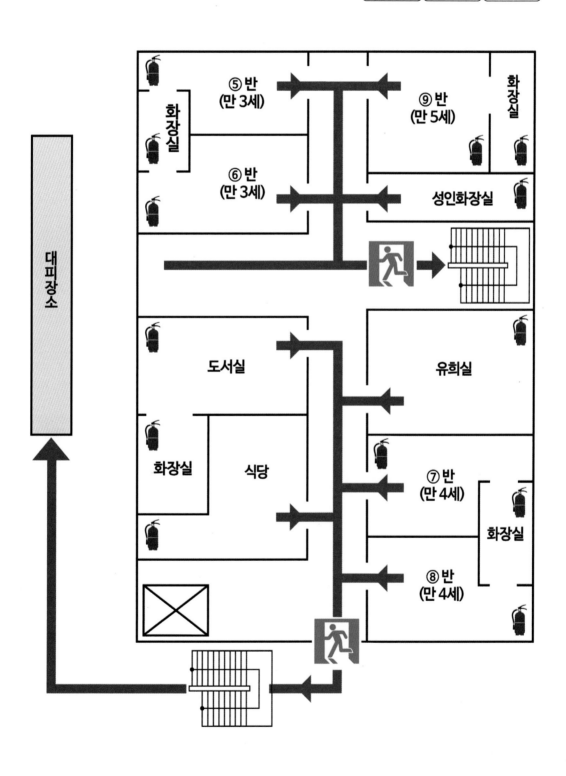

16

👆 사. 개인별 업무카드 및 비상연락망

[업무카드] 비상연락망 비상대피도

＿＿＿ 반 교사 ＿＿＿

원 장☎＿-＿-＿ 소방서☎＿-＿-＿
경찰서☎＿-＿-＿ 병 원☎＿-＿-＿

상황		업무
평상시		
재난시	공통	1. 위기상황 전파 2. 현 위치 초동대응 3. 비상대피로 확보 및 대피 유도
	화재·지진	
	폭설·집중호우	

업무카드 **[비상연락망]** 비상대피도

＿＿＿ 반 비상연락망

원 장☎＿-＿-＿ 소방서☎＿-＿-＿
경찰서☎＿-＿-＿ 병 원☎＿-＿-＿

이름	연락처

업무카드 **[비상연락망]** 비상대피도

어린이집 비상연락망

원 장☎＿-＿-＿ 소방서☎＿-＿-＿
경찰서☎＿-＿-＿ 병 원☎＿-＿-＿

교직원 구성	성명	연락처

업무카드 비상연락망 **[비상대피도]**

1층 비상대피도

원 장☎＿-＿-＿ 소방서☎＿-＿-＿
경찰서☎＿-＿-＿ 병 원☎＿-＿-＿

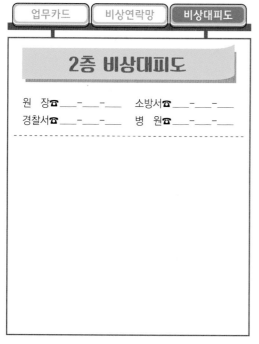

업무카드   비상연락망   **비상대피도**

2층 비상대피도

원 장☎__-__-__   소방서☎__-__-__
경찰서☎__-__-__   병 원☎__-__-__

※ 개인별 업무카드는 소책자 형태로 제작하여 휴대
※ [부록]의 사례를 참조하여 재난발생 시 개인별 역할을 구체적으로 분담하되, 상황에 따라 유동적으로 대처할
   수 있도록 작성

16

| 17 | 178명 | 민간 어린이집 | 전용 | 2층 | 조리원 ○ |

가. 기본현황

보육 정원	연령별 반구성					교직원	보육교직원 구성			
	①반 (만 0세)	②반 (만 1세)	③반 (만 1세)	④반 (만 2세)	⑤반 (만 2세)		원장		보육교사	
178명	6명	10명	10명	21명	21명	26명	1명		18명	
	⑥반 (만 3세)	⑦반 (만 4세)	⑧반 (만 4세)	⑨반 (만 5세)	⑩반 (만 5세)		영양사	간호사	조리원	사무원
	30명	20명	20명	20명	20명		1명	1명	4명	1명

나. 평상시 재난 관련 업무분담표

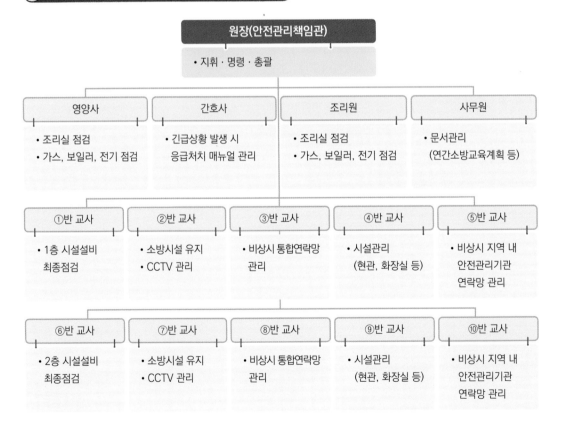

다. 재난 시 업무분담표

담당자		화재 발생 시	지진 발생 시	폭설 발생 시	집중호우 발생 시
원장		• 지휘 · 명령 · 총괄 • 응급기관 연락 • 화재 장소 확인 • 지자체 보고	• 지휘 · 명령 · 총괄 • 응급기관 연락 • 지진 진원지 확인 • 지자체 보고	• 지휘 · 명령 · 총괄 • 지자체 보고	• 지휘 · 명령 · 총괄 • 지자체 보고
1층	①반 교사 (만 0세)	• 비상시 비상벨 작동 및 원내 전달 • 비상문 개방 • ①반 대피유도	• 비상시 비상벨 작동 및 원내 전달 • 비상문 개방 • ①반 대피유도	• (영아 보육 총괄)	• (영아 보육 총괄)
1층	②반 교사 (만 1세)	• ②반 대피유도 및 1층 최종점검	• ②반 대피유도 및 1층 최종점검	• 미끄럼주의 표지판 설치	• 하수구, 배수구 점검
1층	③반 교사 (만 1세)	• (대피 후 영아 보육 총괄) • 현관문 개방 • ③반 대피유도	• (대피 후 영아 보육 총괄) • 현관문 개방 • ③반 대피유도	• (영아반 보육)	• (영아반 보육)
1층	④반 교사 (만 2세)	• ④반 대피유도	• ④반 대피유도	• 현관문, 창문 점검	• 현관문, 창문 점검
1층	⑤반 교사 (만 2세)	• ⑤반 대피유도	• ⑤반 대피유도	• 제설작업	• 하수구, 배수구 점검
2층	⑥반 교사 (만 3세)	• 비상시 비상벨 작동 및 원내 전달 • ⑥반 대피유도	• 비상시 비상벨 작동 및 원내 전달 • ⑥반 대피유도	• (유아 보육 총괄)	• (유아 보육 총괄)
2층	⑦반 교사 (만 4세)	• ⑦반 대피유도 및 2층 최종점검	• ⑦반 대피유도 및 2층 최종점검	• 미끄럼주의 표지판 설치	• 미끄럼주의 표지판 설치
2층	⑧반 교사 (만 4세)	• (대피 후 유아 보육 총괄) • ⑧반 대피유도	• (대피 후 유아 보육 총괄) • ⑧반 대피유도	• (유아반 보육)	• (유아반 보육)
2층	⑨반 교사 (만 5세)	• 비상문 개방 • ⑨반 대피유도	• 비상문 개방 • ⑨반 대피유도	• 비상문, 창문 점검	• 비상문, 창문 점검
2층	⑩반 교사 (만 5세)	• ⑩반 대피유도	• ⑩반 대피유도	• 제설작업	• 하수구, 배수구 점검
영양사		• 대피유도 및 보육 보조	• 대피유도 및 보육 보조	• 비상식량 확인	• 비상식량 확인 • 전기콘센트 점검
간호사		• 응급처치 및 지정 병원으로 긴급후송 • 구급약품 관리	• 응급처치 및 지정 병원으로 긴급후송 • 구급약품 관리	• 응급처치 및 지정 병원으로 긴급후송 • 구급약품 관리	• 응급처치 및 지정 병원으로 긴급후송 • 구급약품 관리
조리원		• 가스 차단 • 전기 차단	• 가스 차단 • 전기 차단	• 난방시설 확인	• 가스 점검 • 냉방시설 확인
사무원		• 관계기관 통보 • 보고서 작성 • 화재 발생 상황 수시 파악 • 주요 서류 및 물건 반출	• 관계기관 통보 • 보고서 작성 • 지진 발생 상황 수시 파악 • 주요 서류 및 물건 반출	• 폭설 상황 수시 파악 • 보고서 작성	• 호우 상황 수시 파악 • 보고서 작성

17

라. 재난유형별 비상대피훈련 계획

화재 지진 폭설 집중호우

훈련명	비상대피훈련	훈련일	○○○○년 ○○월 ○○일
훈련 참가자	보육교직원 (26) 명 / 영유아 (178) 명	훈련시간	○○시 ○○분
훈련종류	화재 대피 실제 훈련		
훈련목표	• 화재 발생 시 행동요령을 이해한다. • 훈련을 통해 안전한 대피방법을 연습한다. • 실제 화재 발생 시 안전하게 대피한다.		
재난상황 시나리오	조리실에서 점심식사 준비 중 화재 발생으로 대피		
훈련 전 점검	• 훈련 계획의 내용 숙지 • 재난 시 업무분담 숙지 • 대피로 동선 파악	• 소화기 위치 파악 • 어린이집 앞 표지판 부착 　(비상대피훈련 중–집결지 안내)	
훈련내용	1. 화재경보 사이렌 2. 대피경로로 대피, 대피장소 집결 　(영유아 인원 확인)	3. 부상자, 사상자 확인 및 응급처치 4. 부모에게 연락 5. 훈련 종료	

	훈련	평가 중점 내용
훈련계획 세부내용	**1. 화재 상황 인지 및 알림(화재경보 사이렌)**	
	❶ 조리원 발화 발견 　• 화재 첫 발견자는 불이 났음을 주변에 신속하게 알림 　• 소화기 사용하여 조기 진화 시도 　• 가스 및 전기 차단 　• 조리실 문 닫고 ①반(만 0세)으로 이동	육성 및 경보기 소리 전달 여부 소화기 사용
	❷ 원장(지휘 · 명령 · 총괄) 　• 화재장소 파악 후 응급기관(119) 연락	위치, 상황 설명
	2. 화재 시 매뉴얼 진행	
	[1단계] 각 반 영유아 대피 시작 　• 화재경보 사이렌과 동시에 대피 시작 　• 대피 시 양쪽 벽으로 이동하여 통로 가운데 소화출입로를 확보함 　• 보행이 어려운 영아는 교사가 안고 대피 　• 각 반 교사는 비상연락망을 가지고 대피 　• 현관문, 비상문에 먼저 도착한 교사가 현관문, 비상문 개방 　• 각 반 인원 확인 후 원장에게 보고	질서 유지하며 대피

훈련				평가 중점 내용
훈련계획 세부내용	1-❶	각 반 대피 시작		대피시간
		대피로 / 1층 / 현관문	③반	
		대피로 / 1층 / 비상문	①, ②, ④, ⑤반	
		대피로 / 2층 / 현관문	⑥, ⑦반	
		대피로 / 2층 / 비상문	⑧, ⑨반	
		영유아 선두 대피유도	①, ③, ⑨반 교사	
		영유아 후미 대피유도	②, ④, ⑤, ⑥, ⑦, ⑧, ⑩반 교사	
		구급약품 소지	간호사	
	1-❷	현관문, 비상문 개방		대피한 영유아 수
		현관문 개방	③반 교사	
		비상문 개방	①, ⑨반 교사	
	1-❸	각 반 대피 완료		
		영유아 후미 대피유도, 각 반 보육실 문 닫고 대피	②, ④, ⑤, ⑥, ⑦, ⑧, ⑩반 교사	
		최종점검 후 대피	②, ⑦반 교사	
		영유아와 정해진 장소에 집결	전체 보육교직원	
	[2단계] 부상자, 사상자 확인 및 응급처치			
	2-❶	응급처치		
		부상자 확인 후 응급처치 실시, 구급차 후송	간호사	
		관련기관(인근 병원 등) 연락, 사상자 확인	사무원	
	2-❷	각 반 대피 지속		부상자 응급처치/ 구급차 후송
		영유아와 안전한 곳에서 대피 지속	①, ②, ③, ④, ⑤, ⑥, ⑦, ⑧, ⑨, ⑩반 교사, 조리원	
	[3단계] 각 반 영유아 부모에게 연락			
	3-❶	부모 연락		연락시간/ 응대 태도
		비상연락망 이용하여 부모에게 연락	①, ②, ③, ④, ⑤, ⑥, ⑦, ⑧, ⑨, ⑩반 교사	
	3. 화재 대피 훈련 종료			
	• 화재 대피 훈련 종료 안내			대피시간

17

※ 부상자가 없을 경우 [1-❶ → 1-❷ → 1-❸ → 3-❶] 순으로 진행

출처: 보건복지부보육기반과(2016). 비상대피훈련 시나리오를 재구성하여 제시함.

화재　지진　폭설　집중호우

훈련명	비상대피훈련	훈련일	○○○○년 ○○월 ○○일
훈련 참가자	보육교직원 (26) 명 / 영유아 (178) 명	훈련시간	○○시 ○○분
훈련종류	지진 대피 실제 훈련		
훈련목표	• 지진 발생 시 행동요령을 이해한다. • 훈련을 통해 안전한 대피방법을 연습한다. • 실제 지진 발생 시 안전하게 대피한다.		
재난상황 시나리오	②반 보육실에서 먼저 흔들림을 감지하여 어린이집 전체에 알리고 대피(강도 4.5)		
훈련 전 점검	• 훈련 계획의 내용 숙지 • 재난 시 업무분담 숙지 • 대피로 동선 파악	• 소화기 위치 파악 • 어린이집 앞 표지판 부착 　(비상대피훈련 중-집결지 안내)	
훈련내용	1. 재난위험경보 사이렌 2. 지진 행동요령 진행 3. 대피경로로 대피, 대피장소 집결 　(영유아 인원 확인)	4. 부상자, 사상자 확인 및 응급처치 5. 부모에게 연락 6. 훈련 종료	

훈련계획 세부내용	훈련	평가 중점 내용
	1. 지진 상황 인지 및 알림	
	❶ ②교사 지진 감지 　• 지진 첫 감지자는 지진이 발생했음을 주변 및 원장에게 신 　속하게 알리고 지진 시 행동요령을 진행함 ❷ 원장(지휘 · 명령 · 총괄) 　• 어린이집 전체에 지진 비상상황 알림(재난위험경보 사이렌 울림) ❸ 조리원 　• 가스 및 전기 차단　　　　　• 조리실 문 개방 　• ①반(만 0세), ④, ⑤반(만 2세)으로 이동	지진 상황 전달 여부 어린이집 전체에 지진 상황 알림
	2. 지진 시 매뉴얼 진행	
	[1단계] 지진 시 행동요령 진행 • 주변에 방석이나 이불 등 쿠션감 있는 것으로 머리 보호	

	문 개방	
1-❶	각 반 보육실 문 개방	①, ②, ③, ④, ⑤, ⑥, ⑦, ⑧, ⑨, ⑩반 교사
	현관문 개방	③반 교사
	비상문 개방	①, ⑨반 교사

	전체 영유아가 자세를 낮추고 머리 보호	
1-❷	쿠션 아래로(이불 속 등) 대피	①, ②, ③, ④, ⑤반(영아반)
	책상 밑으로 대피	⑥, ⑦, ⑧, ⑨, ⑩반(유아반)

훈련				평가 중점 내용
1-❸	흔들림이 멈출 때까지 대기(2분 정도)			지진 시 행동요령 숙지
	흔들림의 정도를 살핀 후 흔들림이 멈추면 대피경보 사이렌 울림		원장(안전관리책임관)	

[2단계] 각 반 영유아 대피 시작(대피경보 사이렌)

- 흔들림이 멈춘 후 사이렌이 울림과 동시에 대피 시작
- 보행이 어려운 영아는 교사가 안고 대피
- 각 반 교사 비상연락망 가지고 대피
- 각 반 인원 확인하여 원장에게 보고

	각 반 대피 시작			
2-❶	대피로	1층	현관문	③반
			비상문	①, ②, ④, ⑤반
		2층	현관문	⑥, ⑦, ⑩반
			비상문	⑧, ⑨반
	영유아 선두 대피유도			①, ③, ⑨반 교사
	영유아 후미 대피유도			②, ④, ⑤, ⑥, ⑦, ⑧, ⑩반 교사
	구급약품 소지			간호사

평가 중점 내용: 질서 유지하며 대피 / 대피시간

	각 반 대피 완료		평가 중점 내용
2-❷	최종점검 후 대피	②, ⑦반 교사	대피한 영유아 수
	영유아와 정해진 장소에 집결	전체 보육교직원	

[3단계] 부상자, 사상자 확인 및 응급처치

	응급처치		평가 중점 내용
3-❶	부상자 확인 후 응급처치 실시, 구급차 후송	간호사	부상자 응급처치/ 구급차 후송
	관련기관(인근 병원 등) 연락, 사상자 확인	사무원	

	각 반 대피 지속		
3-❷	영유아와 안전한 곳에서 대피 지속	①, ②, ③, ④, ⑤, ⑥, ⑦, ⑧, ⑨, ⑩반 교사, 조리원	

[4단계] 각 반 영유아 부모에게 연락

	부모 연락		평가 중점 내용
4-❶	비상연락망 이용하여 부모에게 연락	①, ②, ③, ④, ⑤, ⑥, ⑦, ⑧, ⑨, ⑩반 교사	연락시간/ 응대 태도

3. 지진 대피 훈련 종료	
• 지진 대피 훈련 종료 안내	대피시간

(왼쪽 열 전체 구분: 훈련계획 세부내용)

※ [1-❶]에서 현관문 및 비상문 개방에 실패했을 경우 대피유도자는 동선을 변경하여 대비
※ 부상자가 없을 경우 [1-❶ → 1-❷ → 2-❶ → 2-❷ → 1-❸ → 4-❶] 순으로 진행
출처: 보건복지부보육기반과(2016). 비상대피훈련 시나리오를 재구성하여 제시함.

17

| 화재 | 지진 | 폭설 | 집중호우 |

훈련명	비상대응훈련	훈련일	○○○○년 ○○월 ○○일
훈련 참가자	보육교직원 (26) 명 / 영유아 (178) 명	훈련시간	○○시 ○○분
훈련종류	폭설 대응 실제 훈련		
훈련목표	• 대설 발생 시 행동요령을 이해한다. • 훈련을 통해 안전한 대비방법을 연습한다. • 실제 대설 상황 시 안전하게 대비한다.		
재난상황 시나리오	등원 후 눈이 내려 5cm 두께의 눈이 쌓이고 눈이 계속 오는 상황 • 대설주의보: 24시간 신적설량이 5cm 이상 예상될 때 • 대설경보: 24시간 신적설량이 20cm 이상 예상될 때 (산지는 30cm 이상 예상될 때)		
훈련 전 점검	• 제설작업 도구 점검(빗자루, 염화칼슘 또는 모래, 미끄럼주의 표지판)		
훈련내용	1. 대설 상황 알림 5. 각 반 상황 파악 2. 대설 시 매뉴얼 진행 6. 제설작업 3. 기상정보 청취 7. 종료 4. 부모에게 연락		

훈련	평가 중점 내용
1. 대설 상황 인지 및 알림	
❶ 원장(지휘 · 명령 · 총괄) • 기상청 홈페이지 및 일기예보 참고하여 상황 예측 • 어린이집 전체에 대설 상황 알림	어린이집 전체에 대설 상황 알림
2. 대설 시 매뉴얼 진행	

훈련계획 세부내용

[1단계] 대설 시 행동요령 진행
• 마실 수 있는 물 공급처가 동결될 것에 대비
• 미끄럼주의 표지판 설치

	어린이집 시설점검		평가 중점 내용
1-❶	기상정보 들으며 기상상황 수시 파악	사무원	연락시간/ 응대 태도
	현관에 미끄럼 방지대 깔기		

	각 반 부모 전화 연락		
1-❷	대설주의보(대설경보) 상황 안내	①,②,③,④,⑤,⑥,⑦, ⑧,⑨,⑩반 교사	비상식량 및 식수 확보 보일러 상태 점검
	하원 가능 시간 문의 (석식 준비 및 비상식량 예측)		
	하원 시 어린이집에 안전하게 도착할 수 있도록 주의사항 안내		

훈련계획 세부내용	훈련			평가 중점 내용
	1-❸	식량 및 보일러 확인		제설작업 숙지
		비상식량 및 식수 확인, 보일러 상태 점검	조리원	
	1-❹	상황 보고		
		각 반 정보 취합하여 원장에게 보고	①, ⑥반 교사	
		연장보육 및 비상식량 등 상황 정리하여 보고		
	1-❺	보육 지속 및 제설작업 진행		
		영유아 안전 보육 담당	③, ⑧반 교사	
		제설작업 담당	⑤, ⑩반 교사	
	3. 대설 상황 훈련 종료			
• 대설 상황 훈련 종료 안내				

출처: 보건복지부보육기반과(2016). 비상대피훈련 시나리오를 재구성하여 제시함.

화재	지진	폭설	**집중호우**

훈련명	비상대응훈련	훈련일	○○○○년 ○○월 ○○일
훈련 참가자	보육교직원 (26) 명 / 영유아 (178) 명	훈련시간	○○시 ○○분
훈련종류	집중호우 대응 실제 훈련		

훈련목표	• 집중호우 발생 시 행동요령을 이해한다. • 훈련을 통해 안전한 대비방법을 연습한다. • 실제 집중호우 상황 시 안전하게 대비한다.
재난상황 시나리오	등원 후 비가 내려 60mm 높이로 잠기고 비가 계속 오는 상황 • 호우주의보: 3시간 강우량이 60mm 이상 예상될 때 또는 12시간 강우량이 110mm 이상 예상될 때 • 호우경보: 3시간 강우량이 90mm 이상 예상될 때 또는 12시간 강우량이 180mm 이상 예상될 때
훈련 전 점검	• 하수구, 배수구 관리 도구 점검(집게)
훈련내용	1. 집중호우 상황 알림 5. 각 반 상황 파악 2. 집중호우 시 매뉴얼 진행 6. 하수구, 배수구 점검 3. 기상정보 청취 7. 종료 4. 부모에게 연락

	훈련	평가 중점 내용
훈련계획 세부내용	**1. 집중호우 상황 인지 및 알림**	
	❶ 원장(지휘·명령·총괄) • 기상청 홈페이지 및 일기예보 참고하여 상황 예측 • 어린이집 전체에 집중호우 상황 알림	어린이집 전체에 집중호우 상황 알림
	2. 집중호우 시 매뉴얼 진행	
	[1단계] 집중호우 시 행동요령 진행 • 빗물이 범람될 것에 대비	

	기상상황 파악 및 시설점검		
1-❶	기상정보 들으며 기상상황 수시 파악	사무원	
	하수구, 배수구 점검	②, ⑤, ⑦, ⑩반 교사	연락시간/ 응대 태도

	각 반 부모 전화 연락	
1-❷	호우주의보(호우경보) 상황 안내	①, ②, ③, ④, ⑤, ⑥, ⑦, ⑧, ⑨, ⑩반 교사
	하원 가능 시간 문의 (석식 준비 및 비상식량 예측)	
	하원 시 어린이집에 안전하게 도착할 수 있도록 주의사항 안내	

훈련계획 세부내용	훈련			평가 중점 내용
	식량 및 실외기 확인			비상식량 및 식수 확보 실외기 상태 점검
	1-❸	비상식량 및 식수 확인, 실외기 상태 점검	조리원	
	상황 보고			
	1-❹	각 반 정보 취합하여 원장에게 보고	①, ⑥반 교사	
		연장보육 및 비상식량 등 상황 정리하여 보고		
	3. 집중호우 상황 훈련 종료			
	• 집중호우 상황 훈련 종료 안내			

출처: 보건복지부보육기반과(2016). 비상대피훈련 시나리오를 재구성하여 제시함.

마. 재난유형별 비상대피훈련 시나리오   화재 지진 폭설 집중호우

#1. 조리실

조 리 원: (조리실의 발화를 발견하고 화재경보기를 울리며) 불이야! 불이야!

#2. 원장실

원 장: (119에 연락을 하며) 여기 ○○구 ○○동 ○○어린이집에서 불이 났습니다.

불은 점심식사를 준비하던 조리실에서 발화한 것으로 보입니다.

근처에는 (알기 쉬운 큰 건물)이 있습니다.

제 전화번호는 ○○○-○○○○-○○○○입니다.

어린이집에는 보육교직원 26명과 영유아 178명이 있습니다.

#3. 보육실

모든 보육교직원, 영유아: 불이야! 불이야!

③반 교사: ③, ⑥, ⑦, ⑩반은 1층 현관문으로 대피하겠습니다.

저는 선두에서 대피를 유도할 테니, ⑥, ⑦, ⑩반 선생님은 후미에서 대피를 유도해 주세요.

⑥, ⑦, ⑩반 교사: (후미에서 잔류인원 확인 후 대피하며) 저는 후미에서 대피를 유도합니다.

①반 교사: ①, ②, ④, ⑤반은 1층 비상문으로 대피하겠습니다. 저는 선두에서 대피를 유도할 테니, ②, ④, ⑤반 선생님은 후미에서 대피를 유도해 주세요.

②, ④, ⑤반 교사: (후미에서 잔류인원 확인 후 대피하며) 저는 후미에서 대피를 유도합니다.

⑨반 교사: ⑧, ⑨반은 2층 비상문으로 대피하겠습니다. 저는 선두에서 대피를 유도할 테니, ⑧반 선생님은 후미에서 대피를 유도해 주세요.

⑧반 교사: (후미에서 잔류인원 확인 후 대피하며) 저는 후미에서 대피를 유도합니다.

③, ⑧반 교사: (비상연락망, 비상연락 휴대폰을 챙기며) 저는 비상연락망과 비상연락 휴대폰을 가지고 대피하겠습니다.

간 호 사: (비상구급함을 챙기며) 저는 비상구급함을 가지고 대피하겠습니다.

#4. 대피 장소

②반 교사: 어린이집 1층 인원 최종점검하겠습니다.

1층 최종점검 결과, 모든 인원 대피 완료했습니다. 이상 없습니다.

⑦반 교사: 어린이집 2층 인원 최종점검하겠습니다.

2층 최종점검 결과, 모든 인원 대피 완료했습니다. 이상 없습니다.

원   장: (각 반 교사를 향해) 담임교사는 각 반 인원을 확인해서 알려 주세요.

①반 교사: ①반 교사 2명 중 2명, 조리원 2명 중 2명, 영아 출석인원 6명 중 6명으로 이상 없습니다.

②반 교사: ②반 교사 2명 중 2명, 영아 출석인원 10명 중 10명으로 이상 없습니다.

③반 교사: ③반 교사 2명 중 2명, 영아 출석인원 10명 중 10명으로 이상 없습니다.

④반 교사: ④반 교사 3명 중 3명, 조리원 1명 중 1명, 영아 출석인원 21명 중 21명으로 이상 없습니다.

⑤반 교사: ⑤반 교사 3명 중 3명, 조리원 1명 중 1명, 영아 출석인원 21명 중 21명으로 이상 없습니다.

⑥반 교사: ⑥반 교사 2명 중 2명, 유아 출석인원 30명 중 30명으로 이상 없습니다.

⑦반 교사: ⑦반 교사 1명 중 1명, 유아 출석인원 20명 중 20명으로 이상 없습니다.

⑧반 교사: ⑧반 교사 1명 중 1명, 유아 출석인원 20명 중 20명으로 이상 없습니다.

⑨반 교사: ⑨반 교사 1명 중 1명, 유아 출석인원 20명 중 20명으로 이상 없습니다.

⑩반 교사: ⑩반 교사 1명 중 1명, 유아 출석인원 20명 중 19명은 이상 없으나,
　　　　　유아 1명 부상자가 있습니다.

간 호 사: ⑩반에 부상자가 있습니다. 응급처치를 실시하겠습니다. 구급차를 불러 주세요.

사 무 원: (지정 병원에 연락을 하며) 여기는 ○○구 ○○동 ○○어린이집입니다.
　　　　　오늘 화재로 인하여 대피하던 중 부상자가 발생했습니다.

나머지 보육교직원: 모두 여기에서 계속 대피해 주세요.

⑩반 교사: (부상자가 있을 때) 안녕하세요. ○○○학부모님 맞으시죠?
　　　　　○○어린이집 ⑩반 담임교사입니다. 점심식사 준비 중 조리실에서 발화를 발견하여 어린이집 외부 지정장소로 대피했습니다. 대피를 하는 도중 ○○○이 부상을 입어 지정 병원으로 후송하였습니다.

①~⑨반 교사: (부상자가 없을 때) 안녕하세요. ○○○학부모님 맞으시죠?
　　　　　○○어린이집 ○반 담임교사입니다.
　　　　　점심식사 준비 중 조리실에서 발화를 발견하여 어린이집 외부 지정장소로 대피했습니다.
　　　　　○반 모두 부상자 없이 지정장소로 안전하게 대피 완료했습니다.

원   장: 오늘 ○○구 ○○동 ○○어린이집에서 불이 났으며, 불은 점심식사를 준비하던 조리실에서 발화한 것으로 보입니다.
　　　　　어린이집에는 보육교직원 26명과 영유아 178명이 있었습니다.
　　　　　(시계를 확인하며) 오늘 화재 대피 훈련 시간은 총 ○○분 소요되었습니다.
　　　　　차례를 지켜 다시 각 반으로 돌아가시기 바랍니다.

17

#1. ②반 보육실

②반 교사: (②반 보육실에서 흔들림을 감지하고) 어린이집 건물이 흔들리고 있습니다. 지진 시 행동요령을 진행하겠습니다.

#2. 원장실

원 　 장: (재난위험경보 사이렌을 울리며) 현재시각 우리나라 전역에 지진재난경보가 발령되었습니다.
강도 4.5의 지진이 발생하였습니다.

#3. 조리실

조 리 원: (가스 및 전기 차단기를 내린 후) 조리실 내의 가스 및 전기 차단을 완료했습니다.
조리실 문을 열고 ①, ④, ⑤반으로 이동하겠습니다.

#4. 보육실

①~⑤반 교사: (쿠션과 이불로 머리를 보호하며) ○반 친구들! 모두 쿠션 아래와 이불 속으로 대피하세요.

⑥~⑩반 교사: (책상 밑으로 들어가 머리를 보호하며) ○반 친구들! 모두 책상 밑으로 대피하세요.

#5. 원장실

원 　 장: (대피경보기를 작동하며) 지진의 흔들림이 멈추었습니다.
모두 어린이집 밖 지정장소로 대피하세요.

#6. 보육실

③반 교사: ③, ⑥, ⑦, ⑩반은 1층 현관문으로 대피하겠습니다. 저는 선두에서 대피를 유도할 테니, ⑥, ⑦, ⑩반 선생님은 후미에서 대피를 유도해 주세요.

⑥, ⑦, ⑩반 교사: (후미에서 잔류인원 확인 후 대피하며) 저는 후미에서 대피를 유도합니다.

①반 교사: ①, ②, ④, ⑤반은 1층 비상문으로 대피하겠습니다. 저는 선두에서 대피를 유도할 테니, ②, ④, ⑤반 선생님은 후미에서 대피를 유도해 주세요.

②, ④, ⑤반 교사: (후미에서 잔류인원 확인 후 대피하며) 저는 후미에서 대피를 유도합니다.

⑨반 교사: ⑧, ⑨반은 2층 비상문으로 대피하겠습니다. 저는 선두에서 대피를 유도할 테니, ⑧반 선생님은 후미에서 대피를 유도해 주세요.

⑧반 교사: (후미에서 잔류인원 확인 후 대피하며) 저는 후미에서 대피를 유도합니다.

③, ⑧반 교사: (비상연락망, 비상연락 휴대폰을 챙기며) 저는 비상연락망과 비상연락 휴대폰을 가지고 대피하겠습니다.

간 호 사: (비상구급함을 챙기며) 저는 비상구급함을 가지고 대피하겠습니다.

#7. 대피 장소

②반 교사: 어린이집 1층 인원 최종점검하겠습니다.

　　　　　1층 최종점검 결과, 모든 인원 대피 완료했습니다. 이상 없습니다.

⑦반 교사: 어린이집 2층 인원 최종점검하겠습니다.

　　　　　2층 최종점검 결과, 모든 인원 대피 완료했습니다. 이상 없습니다.

원　　　장: (각 반 교사를 향해) 담임교사는 각 반 인원을 확인해서 알려 주세요.

①반 교사: ①반 교사 2명 중 2명, 조리원 2명 중 2명, 영아 출석인원 6명 중 6명으로 이상 없습니다.

②반 교사: ②반 교사 2명 중 2명, 영아 출석인원 10명 중 10명으로 이상 없습니다.

③반 교사: ③반 교사 2명 중 2명, 영아 출석인원 10명 중 10명으로 이상 없습니다.

④반 교사: ④반 교사 3명 중 3명, 조리원 1명 중 1명, 영아 출석인원 21명 중 21명으로 이상 없습니다.

⑤반 교사: ⑤반 교사 3명 중 3명, 조리원 1명 중 1명, 영아 출석인원 21명 중 21명으로 이상 없습니다.

⑥반 교사: ⑥반 교사 2명 중 2명, 유아 출석인원 30명 중 30명으로 이상 없습니다.

⑦반 교사: ⑦반 교사 1명 중 1명, 유아 출석인원 20명 중 20명으로 이상 없습니다.

⑧반 교사: ⑧반 교사 1명 중 1명, 유아 출석인원 20명 중 20명으로 이상 없습니다.

⑨반 교사: ⑨반 교사 1명 중 1명, 유아 출석인원 20명 중 20명으로 이상 없습니다.

⑩반 교사: ⑩반 교사 1명 중 1명, 유아 출석인원 20명 중 19명은 이상 없으나,

　　　　　유아 1명 부상자가 있습니다.

간 호 사: ⑩반에 부상자가 있습니다. 응급처치를 실시하겠습니다. 구급차를 불러 주세요.

사 무 원: (지정 병원에 연락을 하며) 여기는 ○○구 ○○동 ○○어린이집입니다.

　　　　　오늘 지진으로 인하여 대피하던 중 부상자가 발생했습니다.

나머지 보육교직원: 모두 여기에서 계속 대피해 주세요.

⑩반 교사: (부상자가 있을 때) 안녕하세요. ○○○학부모님 맞으시죠?

　　　　　○○어린이집 ⑩반 담임교사입니다.

　　　　　어린이집 내에서 흔들림을 감지하고, 강도 4.5의 지진이 발생하여 어린이집 외부 지정 장소로 대피했습니다.

　　　　　대피를 하는 도중 ○○○이 부상을 입어 지정 병원으로 후송하였습니다.

①~⑨반 교사: (부상자가 없을 때) 안녕하세요. ○○○학부모님 맞으시죠?

　　　　　○○어린이집 ○반 담임교사입니다.

　　　　　어린이집 내에서 흔들림을 감지하고, 강도 4.5의 지진이 발생하여 어린이집 외부 지정 장소로 대피했습니다.

　　　　　○반 모두 부상자 없이 지정장소로 안전하게 대피 완료했습니다.

원　　　장: 오늘 우리나라 전역에 강도 4.5의 지진이 발생하여 지진재난경보가 발령되었습니다.

　　　　　어린이집에는 보육교직원 26명과 영유아 178명이 있었습니다.

　　　　　(시계를 확인하며) 오늘 지진 대피 훈련 시간은 총 ○○분 소요되었습니다.

　　　　　차례를 지켜 다시 각 반으로 돌아가시기 바랍니다.

17

#1. 원장실

원   장: (기상청 홈페이지를 확인하며) 모든 교직원 여러분께 안내말씀 드립니다.

우리 ○○어린이집이 있는 ○○ 지역에 오늘 오전 9시 30분부터 대설주의보가 발효되었습니다.

#2. 사무실

사 무 원: (일기예보를 보며) 기상청 홈페이지와 일기예보에 의하면 앞으로 5cm 이상의 눈이 더 쌓일 것으로 예상됩니다.

#3. 현관

사 무 원: (미끄럼 방지대와 미끄럼주의 표지판을 설치한 후) 현관에도 눈이 쌓여 미끄러지는 사고를 방지하기 위해 미끄러지는 방지대와 미끄럼주의 표지판 설치를 완료하였습니다.

#4. 보육실

③, ⑧반 교사: (비상연락망, 비상연락 휴대폰을 챙기며) 저는 비상연락망과 비상연락 휴대폰을 확인했습니다.

간 호 사: (비상구급함을 챙기며) 저는 비상구급함을 확인했습니다.

①~⑩반 교사: (부모에게 연락하며) 안녕하세요. ○○어린이집 ○반 교사입니다.

오늘 오전 9시 30분부터 ○○ 지역에 대설주의보가 발효되었습니다.

기상청에 따르면 앞으로 5cm 이상의 눈이 쌓인다고 합니다.

폭설로 인해 ○○○이 안전하게 귀가하도록 어린이집에 직접 오셔서 하원을 도와주셨으면 합니다.

○○○의 하원은 몇 시쯤 가능하겠습니까?

눈이 많이 와서 길이 미끄러우니 가급적 대중교통을 이용해 주시기 바랍니다.

#5. 식당

사 무 원: 비상식량과 식수, 보일러 상태를 확인해 주세요.

조 리 원: (비상식량과 식수를 확인하며) 비상식량 ○○개, 생수 ○○병을 조리실에 보관 중입니다.

(보일러 상태를 확인하며) 보일러실 안 보일러 작동에 이상 없음을 확인했습니다.

#6. 보육실

①반 교사: 각 반 인원현황을 보고해 주세요.

②반 교사: ②반 10명 모두 등원하였습니다.

③반 교사: ③반 10명 중 5명 등원하였습니다.

④반 교사: ④반 21명 중 16명 등원하였습니다.

⑤반 교사: ⑤반 21명 중 14명 등원하였습니다.

⑥반 교사: ⑥반 30명 중 25명 등원하였습니다.

⑦반 교사: ⑦반 20명 중 18명 등원하였습니다.

⑧반 교사: ⑧반 20명 중 17명 등원하였습니다.

⑨반 교사: ⑨반 20명 중 12명 등원하였습니다.

⑩반 교사: ⑩반 20명 중 13명 등원하였습니다.

#7. ①, ⑥반 보육실

원   장: 각 반 인원현황을 보고해 주세요.

①반 교사: 현재 영아반 ①반 6명 중 5명, ②반 10명 중 10명, ③반 10명 중 5명, ④반 21명 중 16명, ⑤반 21명 중 14명, 총 50명 등원하였습니다.

⑥반 교사: 현재 유아반 ⑥반 30명 중 25명, ⑦반 20명 중 18명, ⑧반 20명 중 17명, ⑨반 20명 중 12명, ⑩반 20명 중 13명, 총 85명 등원하였습니다.

원   장: 연장보육이 필요한 인원은 몇 명인가요?

①반 교사: 영아반 출석인원 50명 중 30명이 연장보육 필요합니다.

⑥반 교사: 유아반 출석인원 85명 중 50명이 연장보육 필요합니다.

#8. ③, ⑧반 보육실

①반 교사: 현재 보육 인원 보고해 주세요.

③반 교사: 현재 영아 출석인원 50명 중 50명은 ③, ④반에서 보육하고 있습니다.

⑧반 교사: 현재 유아 출석인원 85명 중 85명은 ⑧, ⑨반에서 보육하고 있습니다.

#9. ⑤, ⑩반 보육실

①반 교사: 제설작업 진행상황 보고해 주세요.

⑤, ⑩반 교사: 어린이집 현관과 실외놀이터, 어린이집 주변 인도까지 제설작업 완료하였습니다.

#10. 1, 2층 복도

사 무 원: 오늘 ○○ 지역에 발효되었던 대설주의보가 해제되었습니다.

지금까지 대설 상황 훈련을 실시하였습니다.

이상으로 대설 상황 훈련을 마치겠습니다.

17

#1. 원장실

원　　장: (기상청 홈페이지를 확인하며) 모든 교직원 여러분께 안내말씀 드립니다.
　　　　우리 ○○어린이집이 있는 ○○ 지역에 오늘 오전 9시 30분부터 호우주의보가 발효
　　　　되었습니다.

#2. 사무실

사 무 원: (일기예보를 보며) 기상청 홈페이지와 일기예보에 의하면 앞으로 3시간 이내에 60mm
　　　　이상의 비가 더 내릴 것으로 예상됩니다.

#3. 현관

②, ⑤, ⑦, ⑩반 교사: (하수구와 배수구를 점검하며) 하수구와 배수구에 누수된 곳이나 막힌 곳이
　　　　없는지 확인하였습니다.

#4. 보육실

③, ⑧반 교사: (비상연락망, 비상연락 휴대폰을 챙기며) 저는 비상연락망과 비상연락 휴대폰을 확
　　　　인했습니다.

간 호 사: (비상구급함을 챙기며) 저는 비상구급함을 확인했습니다.

①~⑩반 교사: (부모에게 연락하며) 안녕하세요. ○○어린이집 ○반 교사 ○○○입니다.
　　　　오늘 오전 9시 30분부터 ○○ 지역에 호우주의보가 발효되었습니다.
　　　　기상청에 따르면 앞으로 3시간 이내에 60mm 이상의 비가 더 내린다고 합니다.
　　　　집중호우로 인해 ○○○이 안전하게 귀가하도록 어린이집에 직접 오셔서 하원을 도
　　　　와주셨으면 합니다.
　　　　○○○의 하원은 몇 시쯤 가능하겠습니까?
　　　　비가 많이 와서 길이 미끄러우니 가급적 대중교통을 이용해 주시기 바랍니다.

#5. 식당

사 무 원: 비상식량과 식수, 에어컨 실외기 상태를 확인해 주세요.

조 리 원: (비상식량과 식수를 확인하며) 비상식량 ○○개, 생수 ○○병을 조리실에 보관 중입니다.
　　　　(에어컨 실외기 상태를 확인하며) 에어컨 실외기 작동에 이상 없음을 확인했습니다.

#6. 보육실

①반 교사: 각 반 인원현황을 보고해 주세요.

②반 교사: ②반 10명 모두 등원하였습니다.

③반 교사: ③반 10명 중 5명 등원하였습니다.

④반 교사: ④반 21명 중 16명 등원하였습니다.

⑤반 교사: ⑤반 21명 중 14명 등원하였습니다.

⑥반 교사: ⑥반 30명 중 25명 등원하였습니다.

⑦반 교사: ⑦반 20명 중 18명 등원하였습니다.

⑧반 교사: ⑧반 20명 중 17명 등원하였습니다.

⑨반 교사: ⑨반 20명 중 12명 등원하였습니다.

⑩반 교사: ⑩반 20명 중 13명 등원하였습니다.

#7. ①, ⑥반 보육실

원　　　장: 각 반 인원현황을 보고해 주세요.

①반 교사: 현재 영아반 ①반 6명 중 5명, ②반 10명 중 10명, ③반 10명 중 5명, ④반 21명 중 16명, ⑤반 21명 중 14명, 총 50명 등원하였습니다.

⑥반 교사: 현재 유아반 ⑥반 30명 중 25명, ⑦반 20명 중 18명, ⑧반 20명 중 17명, ⑨반 20명 중 12명, ⑩반 20명 중 13명, 총 85명 등원하였습니다.

원　　　장: 연장보육이 필요한 인원은 몇 명인가요?

①반 교사: 영아반 출석인원 50명 중 30명이 연장보육 필요합니다.

⑥반 교사: 유아반 출석인원 85명 중 50명이 연장보육 필요합니다.

원　　　장: 집중호우 대비상황 보고해 주세요.

①반 교사: 하수구와 배수구, 에어컨 실외기 점검 완료하였고, 비상식량 ○○개, 생수 ○○병을 조리실에서 보관 중입니다.

#8. 복도

원　　　장: 오늘 ○○ 지역에 발효되었던 호우주의보가 해제되었습니다.
지금까지 집중호우 상황 훈련을 실시하였습니다.
이상으로 집중호우 상황 훈련을 마치겠습니다.

17

바. 비상대피도　　　　　　　　　지하 1층　1층　2층

③반
(만 1세)

화장실

②반
(만 1세)

①반
(만 0세)

원장실
(사무 + 양호)

조리실

④반
(만 2세)

⑤반
(만 2세)

화장실

대피장소

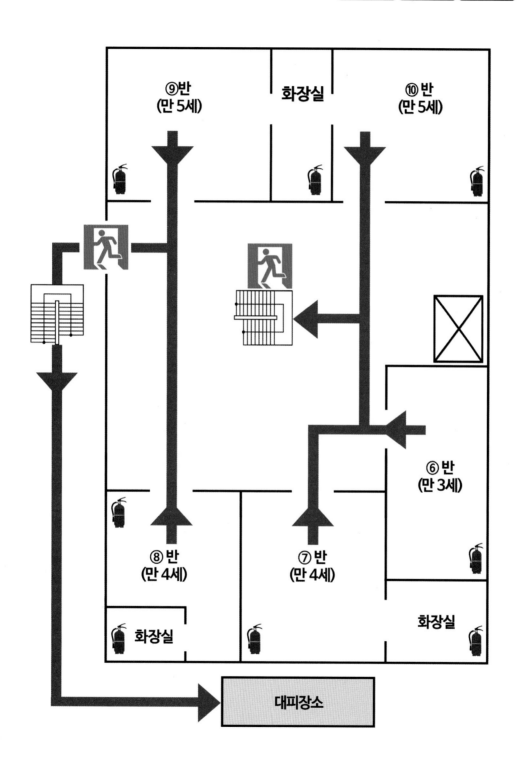

사. 개인별 업무카드 및 비상연락망

업무카드 · 비상연락망 · 비상대피도

____ 반 교사 ____

원 장☎__-__-__   소방서☎__-__-__
경찰서☎__-__-__   병 원☎__-__-__

상황		업무
평상시		
재난시	공통	1. 위기상황 전파 2. 현 위치 초동대응 3. 비상대피로 확보 및 대피 유도
	화재·지진	
	폭설·집중호우	

업무카드 · **비상연락망** · 비상대피도

____ 반 비상연락망

원 장☎__-__-__   소방서☎__-__-__
경찰서☎__-__-__   병 원☎__-__-__

이름	연락처

업무카드 · **비상연락망** · 비상대피도

어린이집 비상연락망

원 장☎__-__-__   소방서☎__-__-__
경찰서☎__-__-__   병 원☎__-__-__

교직원구성	성명	연락처

업무카드 · 비상연락망 · **비상대피도**

1층 비상대피도

원 장☎__-__-__   소방서☎__-__-__
경찰서☎__-__-__   병 원☎__-__-__

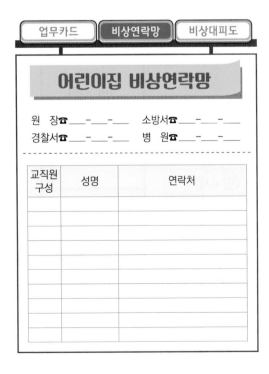

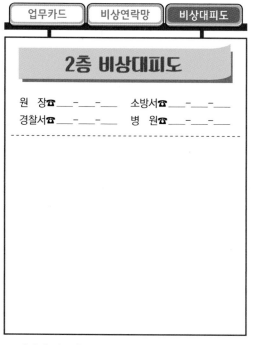

업무카드　　비상연락망　　**비상대피도**

2층 비상대피도

원　장☎＿＿-＿＿-＿＿　　소방서☎＿＿-＿＿-＿＿
경찰서☎＿＿-＿＿-＿＿　　병　원☎＿＿-＿＿-＿＿

※ 개인별 업무카드는 소책자 형태로 제작하여 휴대
※ [부록]의 사례를 참조하여 재난발생 시 개인별 역할을 구체적으로 분담하되, 상황에 따라 유동적으로 대처할
　 수 있도록 작성

17

18	212명	직장 어린이집	전용	3층	조리원 ○

가. 기본현황

보육 정원	연령별 반구성						교직원	보육교직원 구성			
	①반 (만 1세)	②반 (만 1세)	③반 (만 1세)	④반 (만 2세)	⑤반 (만 2세)	⑥반 (만 2세)		원장		보육교사	
212명	10명	10명	10명	14명	14명	14명	29명	1명		20명	
	⑦반 (만 3세)	⑧반 (만 3세)	⑨반 (만 4세)	⑩반 (만 4세)	⑪반 (만 5세)	⑫반 (만 5세)		영양사	간호사	조리원	사무원
	30명	30명	20명	20명	20명	20명		1명	1명	5명	1명

나. 평상시 재난 관련 업무분담표

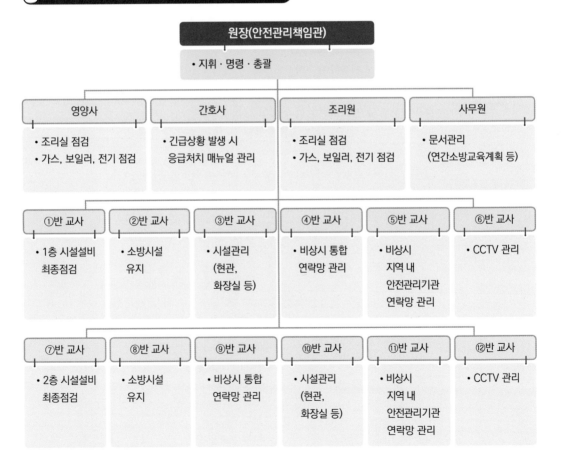

다. 재난 시 업무분담표

담당자		화재 발생 시	지진 발생 시	폭설 발생 시	집중호우 발생 시
	원장	• 지휘 · 명령 · 총괄 • 응급기관 연락 • 화재 장소 확인 • 지자체 보고	• 지휘 · 명령 · 총괄 • 응급기관 연락 • 지진 진원지 확인 • 지자체 보고	• 지휘 · 명령 · 총괄 • 지자체 보고	• 지휘 · 명령 · 총괄 • 지자체 보고
1층	①반 교사 (만 1세)	• 비상시 비상벨 작동 및 원내 전달 • ①반 대피유도 및 1층 최종점검	• 비상시 비상벨 작동 및 원내 전달 • ①반 대피유도 및 1층 최종점검	• (영아 보육 총괄)	• (영아 보육 총괄)
	②반 교사 (만 1세)	• (대피 후 만 1세 보육 총괄) • ②반 대피유도	• (대피 후 만 1세 보육 총괄) • ②반 대피유도	• (만 1세반 보육)	• (만 1세반 보육)
	③반 교사 (만 1세)	• 현관문 개방 • ③반 대피유도	• 현관문 개방 • ③반 대피유도	• 미끄럼주의 표지판 설치 • 현관문, 창문 점검	• 현관문, 창문 점검
	④반 교사 (만 2세)	• (대피 후 만 2세 보육 총괄) • ④반 대피유도	• (대피 후 만 2세 보육 총괄) • ④반 대피유도	• (만 2세반 보육)	• (만 2세 보육)
	⑤반 교사 (만 2세)	• 비상문 개방 • ⑤반 대피유도	• 비상문 개방 • ⑤반 대피유도	• 제설작업	• 하수구, 배수구 점검
	⑥반 교사 (만 2세)	• ⑥반 대피유도	• ⑥반 대피유도	• 제설작업	• 하수구, 배수구 점검
2층	⑦반 교사 (만 3세)	• 비상시 비상벨 작동 및 원내 전달 • ⑦반 대피유도 및 2층 최종점검	• 비상시 비상벨 작동 및 원내 전달 • ⑦반 대피유도 및 2층 최종점검	• (유아 보육 총괄)	• (유아 보육 총괄)
	⑧반 교사 (만 3세)	• (대피 후 만 3세 보육 총괄) • ⑧반 대피유도	• (대피 후 만 3세 보육 총괄) • ⑧반 대피유도	• (만 3세반 보육)	• (만 3세반 보육)
	⑨반 교사 (만 4세)	• (대피 후 만 4세 보육 총괄) • ⑨반 대피유도	• (대피 후 만 4세 보육 총괄) • ⑨반 대피유도	• (만 4세반 보육)	• (만 4세반 보육)
	⑩반 교사 (만 4세)	• ⑩반 대피유도	• ⑩반 대피유도	• 미끄럼주의 표지판 설치 • 비상문, 창문 점검	• 비상문, 창문 점검
	⑪반 교사 (만 5세)	• 비상문 개방 • ⑪반 대피유도	• 비상문 개방 • ⑪반 대피유도	• 제설작업	• 하수구, 배수구 점검
	⑫반 교사 (만 5세)	• (대피 후 만 5세 보육 총괄) • ⑫반 대피유도	• (대피 후 만 5세 보육 총괄) • ⑫반 대피유도	• (만 5세반 보육)	• (만 5세반 보육)
	영양사	• 대피유도 및 보육 보조	• 대피유도 및 보육 보조	• 비상식량 확인	• 비상식량 확인 • 전기콘센트 점검
	간호사	• 응급처치 및 지정 병원으로 긴급후송 • 구급약품 관리	• 응급처치 및 지정 병원으로 긴급후송 • 구급약품 관리	• 응급처치 및 지정 병원으로 긴급후송 • 구급약품 관리	• 응급처치 및 지정 병원으로 긴급후송 • 구급약품 관리
	조리원	• 가스 차단 • 전기 차단	• 가스 차단 • 전기 차단	• 난방시설 확인	• 가스 점검 • 냉방시설 확인
	사무원	• 관계기관 통보 • 보고서 작성 • 화재 발생 상황 수시 파악 • 주요 서류 및 물건 반출	• 관계기관 통보 • 보고서 작성 • 지진 발생 상황 수시 파악 • 주요 서류 및 물건 반출	• 폭설 상황 수시 파악 • 보고서 작성	• 호우 상황 수시 파악 • 보고서 작성

18

361

라. 재난유형별 비상대피훈련 계획

화재 지진 폭설 집중호우

훈련명	비상대피훈련	훈련일	○○○○년 ○○월 ○○일
훈련 참가자	보육교직원 (29) 명 / 영유아 (212) 명	훈련시간	○○시 ○○분
훈련종류	화재 대피 실제 훈련		
훈련목표	• 화재 발생 시 행동요령을 이해한다. • 훈련을 통해 안전한 대피방법을 연습한다. • 실제 화재 발생 시 안전하게 대피한다.		
재난상황 시나리오	조리실에서 점심식사 준비 중 화재 발생으로 대피		
훈련 전 점검	• 훈련 계획의 내용 숙지 • 재난 시 업무분담 숙지 • 대피로 동선 파악	• 소화기 위치 파악 • 어린이집 앞 표지판 부착 (비상대피훈련 중-집결지 안내)	
훈련내용	1. 화재경보 사이렌 2. 대피경로로 대피, 대피장소 집결 (영유아 인원 확인)	3. 부상자, 사상자 확인 및 응급처치 4. 부모에게 연락 5. 훈련 종료	

	훈련	평가 중점 내용
훈련계획 세부내용	**1. 화재 상황 인지 및 알림(화재경보 사이렌)**	
	❶ 조리원 발화 발견 • 화재 첫 발견자는 불이 났음을 주변에 신속하게 알림 • 소화기 사용하여 조기 진화 시도 • 가스 및 전기 차단 • 조리실 문 닫고 ①, ②, ③반(만 1세)으로 이동	육성 및 경보기 소리 전달 여부 소화기 사용
	❷ 원장(지휘 · 명령 · 총괄) • 화재장소 파악 후 응급기관(119) 연락	위치, 상황 설명
	2. 화재 시 매뉴얼 진행	
	[1단계] 각 반 영유아 대피 시작 • 화재경보 사이렌과 동시에 대피 시작 • 대피 시 양쪽 벽으로 이동하여 통로 가운데 소화출입로를 확보함 • 보행이 어려운 영아는 교사가 안고 대피 • 각 반 교사는 비상연락망을 가지고 대피 • 현관문, 비상문에 먼저 도착한 교사가 현관문, 비상문 개방 • 각 반 인원 확인 후 원장에게 보고	질서 유지하며 대피

훈련계획 세부내용	훈련					평가 중점 내용
	1-❶	각 반 대피 시작				대피시간
		대피로	1층	현관문	①, ②, ③반	
				비상문	④, ⑤, ⑥반	
			2층	현관문	⑧, ⑨, ⑩반	
				비상문	⑦, ⑪, ⑫반	
		영유아 선두 대피유도			③, ⑤, ⑨, ⑪반 교사	
		영유아 후미 대피유도			①, ②, ④, ⑥, ⑦, ⑧, ⑩, ⑫반 교사	
		구급약품 소지			간호사	
	1-❷	현관문, 비상문 개방				대피한 영유아 수
		현관문 개방			③반 교사	
		비상문 개방			⑤, ⑪반 교사	
	1-❸	각 반 대피 완료				
		영유아 후미 대피유도, 각 반 보육실 문 닫고 대피			①, ②, ④, ⑥, ⑦, ⑧, ⑩, ⑫반 교사	
		최종점검 후 대피			①, ⑦반 교사	
		영유아와 정해진 장소에 집결			전체 보육교직원	
	[2단계] 부상자, 사상자 확인 및 응급처치					
	2-❶	응급처치				
		부상자 확인 후 응급처치 실시, 구급차 후송			간호사	
		관련기관(인근 병원 등) 연락, 사상자 확인			사무원	
	2-❷	각 반 대피 지속				부상자 응급처치/ 구급차 후송
		영유아와 안전한 곳에서 대피 지속			①, ②, ③, ④, ⑤, ⑥, ⑦, ⑧, ⑨, ⑩, ⑪, ⑫반 교사, 조리원	
	[3단계] 각 반 영유아 부모에게 연락					연락시간/ 응대 태도
	3-❶	부모 연락				
		비상연락망 이용하여 부모에게 연락			①, ②, ③, ④, ⑤, ⑥, ⑦, ⑧, ⑨, ⑩, ⑪, ⑫반 교사	
	3. 화재 대피 훈련 종료					
	• 화재 대피 훈련 종료 안내					대피시간

※ 부상자가 없을 경우 [1-❶ → 1-❷ → 1-❸ → 3-❶] 순으로 진행

출처: 보건복지부보육기반과(2016). 비상대피훈련 시나리오를 재구성하여 제시함.

18

훈련명	비상대피훈련		훈련일	○○○○년 ○○월 ○○일
훈련 참가자	보육교직원 (29) 명 / 영유아 (212) 명		훈련시간	○○시 ○○분
훈련종류	지진 대피 실제 훈련			
훈련목표	• 지진 발생 시 행동요령을 이해한다. • 훈련을 통해 안전한 대피방법을 연습한다. • 실제 지진 발생 시 안전하게 대피한다.			
재난상황 시나리오	②반 보육실에서 먼저 흔들림을 감지하여 어린이집 전체에 알리고 대피(강도 4.5)			
훈련 전 점검	• 훈련 계획의 내용 숙지 • 재난 시 업무분담 숙지 • 대피로 동선 파악	• 소화기 위치 파악 • 어린이집 앞 표지판 부착 　(비상대피훈련 중 – 집결지 안내)		
훈련내용	1. 재난위험경보 사이렌 2. 지진 행동요령 진행 3. 대피경로로 대피, 대피장소 집결 　(영유아 인원 확인)	4. 부상자, 사상자 확인 및 응급처치 5. 부모에게 연락 6. 훈련 종료		

	훈련	평가 중점 내용
훈련계획 세부내용	**1. 지진 상황 인지 및 알림**	
	❶ ②교사 지진 감지 　• 지진 첫 감지자는 지진이 발생했음을 주변 및 원장에게 신속하게 알리고 지진 시 행동요령을 진행함	지진 상황 전달 여부
	❷ 원장(지휘·명령·총괄) 　• 어린이집 전체에 지진 비상상황 알림(재난위험경보 사이렌 울림)	
	❸ 조리원 　• 가스 및 전기 차단　　　　• 조리실 문 개방 　• ①, ②, ③반(만 1세)으로 이동	어린이집 전체에 지진 상황 알림
	2. 지진 시 매뉴얼 진행	
	[1단계] 지진 시 행동요령 진행 • 주변에 방석이나 이불 등 쿠션감 있는 것으로 머리 보호	

1-❶	문 개방	
	각 반 보육실 문 개방	①, ②, ③, ④, ⑤, ⑥, ⑦, ⑧, ⑨, ⑪, ⑩, ⑫반 교사
	현관문 개방	③반 교사
	비상문 개방	⑤, ⑪반 교사

1-❷	전체 영유아가 자세를 낮추고 머리 보호	
	쿠션 아래로(이불 속 등) 대피	①, ②, ③, ④, ⑤, ⑥반(영아반)
	책상 밑으로 대피	⑦, ⑧, ⑨, ⑩, ⑪, ⑫반(유아반)

훈련				평가 중점 내용
훈련계획 세부내용	1-❸	**흔들림이 멈출 때까지 대기**(2분 정도)		지진 시 행동요령 숙지
		흔들림의 정도를 살핀 후 흔들림이 멈추면 대피경보 사이렌 울림	원장(안전관리책임관)	

[2단계] 각 반 영유아 대피 시작(대피경보 사이렌)
- 흔들림이 멈춘 후 사이렌이 울림과 동시에 대피 시작
- 보행이 어려운 영아는 교사가 안고 대피
- 각 반 교사 비상연락망 가지고 대피
- 각 반 인원 확인하여 원장에게 보고

평가 중점 내용: 질서 유지하며 대피

2-❶	**각 반 대피 시작**			대피시간
	대피로	1층	현관문	①, ②, ③반
			비상문	④, ⑤, ⑥반
		2층	현관문	⑧, ⑨, ⑩반
			비상문	⑦, ⑪, ⑫반
	영유아 선두 대피유도			③, ⑤, ⑨, ⑪반 교사
	영유아 후미 대피유도			①, ②, ④, ⑥, ⑦, ⑧, ⑩, ⑫반 교사
	구급약품 소지			간호사

2-❷	**각 반 대피 완료**		대피한 영유아 수
	최종점검 후 대피	①, ⑦반 교사	
	영유아와 정해진 장소에 집결	전체 보육교직원	

[3단계] 부상자, 사상자 확인 및 응급처치

3-❶	**응급처치**		부상자 응급처치/ 구급차 후송
	부상자 확인 후 응급처치 실시, 구급차 후송	간호사	
	관련기관(인근 병원 등) 연락, 사상자 확인	사무원	

3-❷	**각 반 대피 지속**	
	영유아와 안전한 곳에서 대피 지속	①, ②, ③, ④, ⑤, ⑥, ⑦, ⑧, ⑨, ⑩, ⑪, ⑫반 교사, 조리원

[4단계] 각 반 영유아 부모에게 연락

4-❶	**부모 연락**		연락시간/ 응대 태도
	비상연락망 이용하여 부모에게 연락	①, ②, ③, ④, ⑤, ⑥, ⑦, ⑧, ⑨, ⑩, ⑪, ⑫반 교사	

3. 지진 대피 훈련 종료	
• 지진 대피 훈련 종료 안내	대피시간

18

※ [1-❶]에서 현관문 및 비상문 개방에 실패했을 경우 대피유도자는 동선을 변경하여 대비
※ 부상자가 없을 경우 [1-❶ → 1-❷ → 2-❶ → 2-❷ → 1-❸ → 4-❶] 순으로 진행
출처: 보건복지부보육기반과(2016). 비상대피훈련 시나리오를 재구성하여 제시함.

| 화재 | 지진 | 폭설 | 집중호우 |

훈련명	비상대응훈련	훈련일	○○○○년 ○○월 ○○일
훈련 참가자	보육교직원 (29) 명 / 영유아 (212) 명	훈련시간	○○시 ○○분
훈련종류	폭설 대응 실제 훈련		

훈련목표	• 대설 발생 시 행동요령을 이해한다. • 훈련을 통해 안전한 대비방법을 연습한다. • 실제 대설 상황 시 안전하게 대비한다.
재난상황 시나리오	등원 후 눈이 내려 5cm 두께의 눈이 쌓이고 눈이 계속 오는 상황 • 대설주의보: 24시간 신적설량이 5cm 이상 예상될 때 • 대설경보: 24시간 신적설량이 20cm 이상 예상될 때 　(산지는 30cm 이상 예상될 때)
훈련 전 점검	• 제설작업 도구 점검(빗자루, 염화칼슘 또는 모래, 미끄럼주의 표지판)
훈련내용	1. 대설 상황 알림　　　　　　　5. 각 반 상황 파악 2. 대설 시 매뉴얼 진행　　　　6. 제설작업 3. 기상정보 청취　　　　　　　7. 종료 4. 부모에게 연락

훈련계획 세부내용	훈련		평가 중점 내용
	1. 대설 상황 인지 및 알림		
	❶ 원장(지휘 · 명령 · 총괄) 　• 기상청 홈페이지 및 일기예보 참고하여 상황 예측 　• 어린이집 전체에 대설 상황 알림		어린이집 전체에 대설 상황 알림
	2. 대설 시 매뉴얼 진행		
	[1단계] 대설 시 행동요령 진행 • 마실 수 있는 물 공급처가 동결될 것에 대비 • 미끄럼주의 표지판 설치		연락시간/ 응대 태도
	1-❶	**어린이집 시설점검** 기상정보 들으며 기상상황 수시 파악 / 사무원 현관에 미끄럼 방지대 깔기	
	1-❷	**각 반 부모 전화 연락** 대설주의보(대설경보) 상황 안내 하원 가능 시간 문의 (석식 준비 및 비상식량 예측) / ①,②,③,④,⑤,⑥,⑦,⑧,⑨,⑩,⑪,⑫반 교사 하원 시 어린이집에 안전하게 도착할 수 있도록 주의사항 안내	비상식량 및 식수 확보 보일러 상태 점검

훈련계획 세부내용	훈련			평가 중점 내용
	식량 및 보일러 확인			제설작업 숙지
	1-❸	비상식량 및 식수 확인, 보일러 상태 점검	조리원	
	상황 보고			
	1-❹	각 반 정보 취합하여 원장에게 보고	①, ⑦반 교사	
		연장보육 및 비상식량 등 상황 정리하여 보고		
	보육 지속 및 제설작업 진행			
	1-❺	영유아 안전 보육 담당	②, ④, ⑧, ⑨, ⑫반 교사	
		제설작업 담당	⑤, ⑥, ⑪반 교사	
	3. 대설 상황 훈련 종료			
	• 대설 상황 훈련 종료 안내			

출처: 보건복지부보육기반과(2016). 비상대피훈련 시나리오를 재구성하여 제시함.

18

화재　지진　폭설　집중호우

훈련명	비상대응훈련	훈련일	○○○○년 ○○월 ○○일
훈련 참가자	보육교직원 (29) 명 / 영유아 (212) 명	훈련시간	○○시 ○○분
훈련종류	집중호우 대응 실제 훈련		
훈련목표	• 집중호우 발생 시 행동요령을 이해한다. • 훈련을 통해 안전한 대비방법을 연습한다. • 실제 집중호우 상황 시 안전하게 대비한다.		
재난상황 시나리오	등원 후 비가 내려 60mm 높이로 잠기고 비가 계속 오는 상황 • 호우주의보: 3시간 강우량이 60mm 이상 예상될 때 또는 12시간 강우량이 110mm 이상 예상될 때 • 호우경보: 3시간 강우량이 90mm 이상 예상될 때 또는 12시간 강우량이 180mm 이상 예상될 때		
훈련 전 점검	• 하수구, 배수구 관리 도구 점검(집게)		
훈련내용	1. 집중호우 상황 알림　　　　　5. 각 반 상황 파악 2. 집중호우 시 매뉴얼 진행　　　6. 하수구, 배수구 점검 3. 기상정보 청취　　　　　　　7. 종료 4. 부모에게 연락		

훈련계획 세부내용	훈련	평가 중점 내용
	1. 집중호우 상황 인지 및 알림	
	❶ 원장(지휘 · 명령 · 총괄) 　• 기상청 홈페이지 및 일기예보 참고하여 상황 예측 　• 어린이집 전체에 집중호우 상황 알림	어린이집 전체에 집중호우 상황 알림
	2. 집중호우 시 매뉴얼 진행	
	[1단계] 집중호우 시 행동요령 진행 • 빗물이 범람될 것에 대비	연락시간/ 응대 태도

기상상황 파악 및 시설점검

1-❶	기상정보 들으며 기상상황 수시 파악	사무원
	하수구, 배수구 점검	⑤, ⑥, ⑫반 교사

각 반 부모 전화 연락

1-❷	호우주의보(호우경보) 상황 안내	①, ②, ③, ④, ⑤, ⑥, ⑦, ⑧, ⑨, ⑩, ⑪, ⑫반 교사
	하원 가능 시간 문의 (석식 준비 및 비상식량 예측)	
	하원 시 어린이집에 안전하게 도착할 수 있도록 주의사항 안내	

	훈련			평가 중점 내용
훈련계획 세부내용	1-❸	**식량 및 실외기 확인**		비상식량 및 식수 확보 실외기 상태 점검
		비상식량 및 식수 확인, 실외기 상태 점검	조리원	
	1-❹	**상황 보고**		
		각 반 정보 취합하여 원장에게 보고	①, ⑦반 교사	
		연장보육 및 비상식량 등 상황 정리하여 보고		
	3. 집중호우 상황 훈련 종료			
• 집중호우 상황 훈련 종료 안내				

출처: 보건복지부보육기반과(2016). 비상대피훈련 시나리오를 재구성하여 제시함.

18

마. 재난유형별 비상대피훈련 시나리오   화재   지진   폭설   집중호우

#1. 조리실

조 리 원: (조리실의 발화를 발견하고 화재경보기를 울리며) 불이야! 불이야!

#2. 원장실

원   장: (119에 연락을 하며) 여기 ○○구 ○○동 ○○어린이집에서 불이 났습니다.

불은 점심식사를 준비하던 조리실에서 발화한 것으로 보입니다.

근처에는 (알기 쉬운 큰 건물)이 있습니다.

제 전화번호는 ○○○-○○○○-○○○○입니다.

어린이집에는 보육교직원 29명과 영유아 212명이 있습니다.

#3. 보육실

모든 보육교직원, 영유아: 불이야! 불이야!

③반 교사: ①, ②, ③, ⑧, ⑨, ⑩반은 1층 현관문으로 대피하겠습니다.

저와 ⑨반 교사는 선두에서 대피를 유도할 테니, ①, ②, ⑧, ⑩반 선생님은 후미에서
대피를 유도해 주세요.

①, ②, ⑧, ⑩반 교사: (후미에서 잔류인원 확인 후 대피하며) 저는 후미에서 대피를 유도합니다.

⑤반 교사: ④, ⑤, ⑥반은 1층 비상문으로 대피하겠습니다. 저는 선두에서 대피를 유도할 테니,
④, ⑥반 선생님은 후미에서 대피를 유도해 주세요.

④, ⑥반 교사: (후미에서 잔류인원 확인 후 대피하며) 저는 후미에서 대피를 유도합니다.

⑪반 교사: ⑦, ⑪, ⑫반은 2층 비상문으로 대피하겠습니다. 저는 선두에서 대피를 유도할 테니,
⑦, ⑫반 선생님은 후미에서 대피를 유도해 주세요.

⑦, ⑫반 교사: (후미에서 잔류인원 확인 후 대피하며) 저는 후미에서 대피를 유도합니다.

④반 교사: (비상연락망, 비상연락 휴대폰을 챙기며) 저는 비상연락망과 비상연락 휴대폰을 가지고
대피하겠습니다.

간 호 사: (비상구급함을 챙기며) 저는 비상구급함을 가지고 대피하겠습니다.

#4. 대피 장소

①반 교사: 어린이집 1층 인원 최종점검하겠습니다.

1층 최종점검 결과, 모든 인원 대피 완료했습니다. 이상 없습니다.

⑦반 교사: 어린이집 2층 인원 최종점검하겠습니다.

2층 최종점검 결과, 모든 인원 대피 완료했습니다. 이상 없습니다.

원　　　장: (각 반 교사를 향해) 담임교사는 각 반 인원을 확인해서 알려 주세요.

①반 교사: ①반 교사 2명 중 2명, 조리원 2명 중 2명, 영아 출석인원 10명 중 10명으로 이상 없습니다.

②반 교사: ②반 교사 2명 중 2명, 조리원 2명 중 2명, 영아 출석인원 10명 중 10명으로 이상 없습니다.

③반 교사: ③반 교사 2명 중 2명, 조리원 1명 중 1명, 영아 출석인원 10명 중 10명으로 이상 없습니다.

④반 교사: ④반 교사 2명 중 2명, 영아 출석인원 14명 중 14명으로 이상 없습니다.

⑤반 교사: ⑤반 교사 2명 중 2명, 영아 출석인원 14명 중 14명으로 이상 없습니다.

⑥반 교사: ⑥반 교사 2명 중 2명, 영아 출석인원 14명 중 14명으로 이상 없습니다.

⑦반 교사: ⑦반 교사 2명 중 2명, 유아 출석인원 30명 중 30명으로 이상 없습니다.

⑧반 교사: ⑧반 교사 2명 중 2명, 유아 출석인원 30명 중 30명으로 이상 없습니다.

⑨반 교사: ⑨반 교사 1명 중 1명, 유아 출석인원 20명 중 20명으로 이상 없습니다.

⑩반 교사: ⑩반 교사 1명 중 1명, 유아 출석인원 20명 중 20명으로 이상 없습니다.

⑪반 교사: ⑪반 교사 1명 중 1명, 유아 출석인원 20명 중 20명으로 이상 없습니다.

⑫반 교사: ⑫반 교사 1명 중 1명, 유아 출석인원 20명 중 19명은 이상 없으나,
　　　　　 유아 1명 부상자가 있습니다.

간 호 사: ⑫반에 부상자가 있습니다. 응급처치를 실시하겠습니다. 구급차를 불러 주세요.

사 무 원: (지정 병원에 연락을 하며) 여기는 ○○구 ○○동 ○○어린이집입니다.
　　　　　 오늘 화재로 인하여 대피하던 중 부상자가 발생했습니다.

나머지 보육교직원: 모두 여기에서 계속 대피해 주세요.

⑫반 교사: (부상자가 있을 때) 안녕하세요. ○○○학부모님 맞으시죠?
　　　　　 ○○어린이집 ⑫반 담임교사입니다.
　　　　　 점심식사 준비 중 조리실에서 발화를 발견하여 어린이집 외부 지정장소로 대피했습니다.
　　　　　 대피를 하는 도중 ○○○이 부상을 입어 지정 병원으로 후송하였습니다.

①~⑪반 교사: (부상자가 없을 때) 안녕하세요. ○○○학부모님 맞으시죠?
　　　　　 ○○어린이집 ○반 담임교사입니다.
　　　　　 점심식사 준비 중 조리실에서 발화를 발견하여 어린이집 외부 지정장소로 대피했습니다.
　　　　　 ○반 모두 부상자 없이 지정장소로 안전하게 대피 완료했습니다.

원　　　장: 오늘 ○○구 ○○동 ○○어린이집에서 불이 났으며, 불은 점심식사를 준비하던 조리
　　　　　 실에서 발화한 것으로 보입니다.
　　　　　 어린이집에는 보육교직원 29명과 영유아 212명이 있었습니다.
　　　　　 (시계를 확인하며) 오늘 화재 대피 훈련 시간은 총 ○○분 소요되었습니다.
　　　　　 차례를 지켜 다시 각 반으로 돌아가시기 바랍니다.

18

#1. ②반 보육실

②반 교사: (②반 보육실에서 흔들림을 감지하고) 어린이집 건물이 흔들리고 있습니다. 지진 시 행동요령을 진행하겠습니다.

#2. 원장실

원　　장: (재난위험경보 사이렌을 울리며) 현재시각 우리나라 전역에 지진재난경보가 발령되었습니다.
강도 4.5의 지진이 발생하였습니다.

#3. 조리실

조 리 원: (가스 및 전기 차단기를 내린 후) 조리실 내의 가스 및 전기 차단을 완료했습니다.
조리실 문을 열고 ①, ②반으로 이동하겠습니다.

#4. 보육실

①~⑥반 교사: (쿠션과 이불로 머리를 보호하며) ○반 친구들! 모두 쿠션 아래와 이불 속으로 대피하세요.
⑦~⑫반 교사: (책상 밑으로 들어가 머리를 보호하며) ○반 친구들! 모두 책상 밑으로 대피하세요.

#5. 원장실

원　　장: (대피경보기를 작동하며) 지진의 흔들림이 멈추었습니다.
모두 어린이집 밖 지정장소로 대피하세요.

#6. 보육실

③반 교사: ①, ②, ③, ⑧, ⑨, ⑩반은 1층 현관문으로 대피하겠습니다.
저와 ⑨반 선생님은 선두에서 대피를 유도할 테니, ①, ②, ⑧, ⑩반 선생님은 후미에서 대피를 유도해 주세요.
①, ②, ⑧, ⑩반 교사: (후미에서 잔류인원 확인 후 대피하며) 저는 후미에서 대피를 유도합니다.
⑤반 교사: ④, ⑤, ⑥반은 1층 비상문으로 대피하겠습니다. 저는 선두에서 대피를 유도할 테니,
④, ⑥반 선생님은 후미에서 대피를 유도해 주세요.
④, ⑥반 교사: (후미에서 잔류인원 확인 후 대피하며) 저는 후미에서 대피를 유도합니다.
⑪반 교사: ⑦, ⑪, ⑫반은 2층 비상문으로 대피하겠습니다. 저는 선두에서 대피를 유도할 테니,
⑦, ⑫반 선생님은 후미에서 대피를 유도해 주세요.
⑦, ⑫반 교사: (후미에서 잔류인원 확인 후 대피하며) 저는 후미에서 대피를 유도합니다.

④반 교사: (비상연락망, 비상연락 휴대폰을 챙기며) 저는 비상연락망과 비상연락 휴대폰을 가지고 대피하겠습니다.
간 호 사: (비상구급함을 챙기며) 저는 비상구급함을 가지고 대피하겠습니다.

#7. 대피 장소

①반 교사: 어린이집 1층 인원 최종점검하겠습니다.
　　　　　1층 최종점검 결과, 모든 인원 대피 완료했습니다. 이상 없습니다.
⑦반 교사: 어린이집 2층 인원 최종점검하겠습니다.
　　　　　2층 최종점검 결과, 모든 인원 대피 완료했습니다. 이상 없습니다.

원　　장: (각 반 교사를 향해) 담임교사는 각 반 인원을 확인해서 알려 주세요.
①반 교사: ①반 교사 2명 중 2명, 조리원 2명 중 2명, 영아 출석인원 10명 중 10명으로 이상 없습니다.
②반 교사: ②반 교사 2명 중 2명, 조리원 2명 중 2명, 영아 출석인원 10명 중 10명으로 이상 없습니다.
③반 교사: ③반 교사 2명 중 2명, 조리원 1명 중 1명, 영아 출석인원 10명 중 10명으로 이상 없습니다.
④반 교사: ④반 교사 2명 중 2명, 영아 출석인원 14명 중 14명으로 이상 없습니다.
⑤반 교사: ⑤반 교사 2명 중 2명, 영아 출석인원 14명 중 14명으로 이상 없습니다.
⑥반 교사: ⑥반 교사 2명 중 2명, 영아 출석인원 14명 중 14명으로 이상 없습니다.
⑦반 교사: ⑦반 교사 2명 중 2명, 유아 출석인원 30명 중 30명으로 이상 없습니다.
⑧반 교사: ⑧반 교사 2명 중 2명, 유아 출석인원 30명 중 30명으로 이상 없습니다.
⑨반 교사: ⑨반 교사 1명 중 1명, 유아 출석인원 20명 중 20명으로 이상 없습니다.
⑩반 교사: ⑩반 교사 1명 중 1명, 유아 출석인원 20명 중 20명으로 이상 없습니다.
⑪반 교사: ⑪반 교사 1명 중 1명, 유아 출석인원 20명 중 20명으로 이상 없습니다.
⑫반 교사: ⑫반 교사 1명 중 1명, 유아 출석인원 20명 중 19명은 이상 없으나,
　　　　　유아 1명 부상자가 있습니다.
간 호 사: ⑫반에 부상자가 있습니다. 응급처치를 실시하겠습니다. 구급차를 불러 주세요.
사 무 원: (지정 병원에 연락을 하며) 여기는 ○○구 ○○동 ○○어린이집입니다.
　　　　　오늘 지진으로 인하여 대피하던 중 부상자가 발생했습니다.

나머지 보육교직원: 모두 여기에서 계속 대피해 주세요.

⑫반 교사: (부상자가 있을 때) 안녕하세요. ○○○학부모님 맞으시죠?
　　　　　○○어린이집 ⑫반 담임교사입니다.
　　　　　어린이집 내에서 흔들림을 감지하고, 강도 4.5의 지진이 발생하여 어린이집 외부 지정
　　　　　장소로 대피했습니다.
　　　　　대피를 하는 도중 ○○○이 부상을 입어 지정 병원으로 후송하였습니다.
①~⑪반 교사: (부상자가 없을 때) 안녕하세요. ○○○학부모님 맞으시죠?
　　　　　○○어린이집 ○반 담임교사입니다.
　　　　　어린이집 내에서 흔들림을 감지하고, 강도 4.5의 지진이 발생하여 어린이집 외부 지정
　　　　　장소로 대피했습니다.
　　　　　○반 모두 부상자 없이 지정장소로 안전하게 대피 완료했습니다.

원　　장: 오늘 우리나라 전역에 강도 4.5의 지진이 발생하여 지진재난경보가 발령되었습니다.
　　　　　어린이집에는 보육교직원 29명과 영유아 212명이 있었습니다.
　　　　　(시계를 확인하며) 오늘 지진 대피 훈련 시간은 총 ○○분 소요되었습니다.
　　　　　차례를 지켜 다시 각 반으로 돌아가시기 바랍니다.

18

#1. 원장실

원　　장: (기상청 홈페이지를 확인하며) 모든 교직원 여러분께 안내말씀 드립니다.

우리 ○○어린이집이 있는 ○○ 지역에 오늘 오전 9시 30분부터 대설주의보가 발효되었습니다.

#2. 사무실

사 무 원: (일기예보를 보며) 기상청 홈페이지와 일기예보에 의하면 앞으로 5cm 이상의 눈이 더 쌓일 것으로 예상됩니다.

#3. 현관

사 무 원: (미끄럼 방지대와 미끄럼주의 표지판을 설치한 후) 현관에도 눈이 쌓여 미끄러지는 사고를 방지하기 위해 미끄러지는 방지대와 미끄럼주의 표지판 설치 완료하였습니다.

#4. 보육실

④반 교사: (비상연락망, 비상연락 휴대폰을 챙기며) 저는 비상연락망과 비상연락 휴대폰을 확인했습니다.

간 호 사: (비상구급함을 챙기며) 저는 비상구급함을 확인했습니다.

①~⑫반 교사: (부모에게 연락하며) 안녕하세요. ○○어린이집 ○반 교사입니다.

오늘 오전 9시 30분부터 ○○ 지역에 대설주의보가 발효되었습니다.

기상청에 따르면 앞으로 5cm 이상의 눈이 쌓인다고 합니다.

폭설로 인해 ○○○이 안전하게 귀가하도록 어린이집에 직접 오셔서 하원을 도와주셨으면 합니다.

○○○의 하원은 몇 시쯤 가능하겠습니까?

눈이 많이 와서 길이 미끄러우니 가급적 대중교통을 이용해 주시기 바랍니다.

#5. 식당

사 무 원: 비상식량과 식수, 보일러 상태를 확인해 주세요.

조 리 원: (비상식량과 식수를 확인하며) 비상식량 ○○개, 생수 ○○병을 조리실에 보관 중입니다.

(보일러 상태를 확인하며) 보일러실 안 보일러 작동에 이상 없음을 확인했습니다.

#6. 보육실

①반 교사: 각 반 인원현황을 보고해 주세요.

②반 교사: ②반 10명 모두 등원하였습니다.

③반 교사: ③반 10명 중 8명 등원하였습니다.
④반 교사: ④반 14명 모두 등원하였습니다.
⑤반 교사: ⑤반 14명 중 10명 등원하였습니다.
⑥반 교사: ⑥반 14명 중 13명 등원하였습니다.
⑦반 교사: 각 반 인원현황을 보고해 주세요.
⑧반 교사: ⑧반 30명 중 25명 등원하였습니다.
⑨반 교사: ⑨반 20명 중 12명 등원하였습니다.
⑩반 교사: ⑩반 20명 중 18명 등원하였습니다.
⑪반 교사: ⑪반 20명 중 14명 등원하였습니다.
⑫반 교사: ⑫반 20명 중 16명 등원하였습니다.

#7. ①, ⑦반 보육실

원　　　장: 각 반 인원현황을 보고해 주세요.
①반 교사: 현재 영아반 ①반 10명 중 5명, ②반 10명 중 10명, ③반 10명 중 8명, ④반 14명 중 14명, ⑤반 14명 중 10명, ⑥반 14명 중 13명, 총 60명 등원하였습니다.
⑦반 교사: 현재 유아반 ⑦반 30명 중 20명, ⑧반 30명 중 25명, ⑨반 20명 중 12명, ⑩반 20명 중 18명, ⑪반 20명 중 14명, ⑫반 20명 중 16명, 총 105명 등원하였습니다.
원　　　장: 연장보육이 필요한 인원은 몇 명인가요?
①반 교사: 영아반 출석인원 60명 중 33명이 연장보육 필요합니다.
⑦반 교사: 유아반 출석인원 105명 중 86명이 연장보육 필요합니다.

#8. ②, ④, ⑧, ⑨, ⑫반 보육실

①반 교사: 현재 보육 인원 보고해 주세요.
②, ④반 교사: 현재 영아 출석인원 60명 중 60명은 ②, ④반에서 보육하고 있습니다.
⑧, ⑨, ⑫반 교사: 현재 유아 출석인원 86명 중 86명은 ⑧, ⑨, ⑫반에서 보육하고 있습니다.

#9. ⑤, ⑥, ⑪반 보육실

①반 교사: 제설작업 진행상황 보고해 주세요.
⑤, ⑥, ⑪반 교사: 어린이집 현관과 실외놀이터, 어린이집 주변 인도까지 제설작업 완료하였습니다.

#10. 복도

원　　　장: 오늘 ○○ 지역에 발효되었던 대설주의보가 해제되었습니다.
　　　　　　지금까지 대설 상황 훈련을 실시하였습니다.
　　　　　　이상으로 대설 상황 훈련을 마치겠습니다.

18

화재　지진　폭설　**집중호우**

#1. 원장실

원　　장: (기상청 홈페이지를 확인하며) 모든 교직원 여러분께 안내말씀 드립니다. 우리 ○○어린이집이 있는 ○○ 지역에 오늘 오전 9시 30분부터 호우주의보가 발효되었습니다.

#2. 사무실

사 무 원: (일기예보를 보며) 기상청 홈페이지와 일기예보에 의하면 앞으로 3시간 이내에 60mm 이상의 비가 더 내릴 것으로 예상됩니다.

#3. 현관

⑤, ⑥, ⑫반 교사: (하수구와 배수구를 점검하며) 하수구와 배수구에 누수된 곳이나 막힌 곳이 없는지 확인하였습니다.

#4. 보육실

④반 교사: (비상연락망, 비상연락 휴대폰을 챙기며) 저는 비상연락망과 비상연락 휴대폰을 확인했습니다.

간 호 사: (비상구급함을 챙기며) 저는 비상구급함을 확인했습니다.

①~⑫반 교사: (부모에게 연락하며) 안녕하세요. ○○어린이집 ○반 교사입니다.
오늘 오전 9시 30분부터 ○○ 지역에 호우주의보가 발효되었습니다.
기상청에 따르면 앞으로 3시간 이내에 60mm 이상의 비가 더 내린다고 합니다.
집중호우로 인해 ○○○이 안전하게 귀가하도록 어린이집에 직접 오셔서 하원을 도와주셨으면 합니다.
○○○의 하원은 몇 시쯤 가능하겠습니까?
비가 많이 와서 길이 미끄러우니 가급적 대중교통을 이용해 주시기 바랍니다.

#5. 식당

사 무 원: 비상식량과 식수, 에어컨 실외기 상태를 확인해 주세요.

조 리 원: (비상식량과 식수를 확인하며) 비상식량 ○○개, 생수 ○○병을 조리실에 보관 중입니다.
(에어컨 실외기 상태를 확인하며) 에어컨 실외기 작동에 이상 없음을 확인했습니다.

#6. 보육실

①반 교사: 각 반 인원현황을 보고해 주세요.

②반 교사: ②반 10명 모두 등원하였습니다.

③반 교사: ③반 10명 중 8명 등원하였습니다.

④반 교사: ④반 14명 모두 등원하였습니다.

⑤반 교사: ⑤반 14명 중 10명 등원하였습니다.

⑥반 교사: ⑥반 14명 중 13명 등원하였습니다.

⑦반 교사: 각 반 인원현황을 보고해 주세요.

⑧반 교사: ⑧반 30명 중 25명 등원하였습니다.

⑨반 교사: ⑨반 20명 중 12명 등원하였습니다.

⑩반 교사: ⑩반 20명 중 18명 등원하였습니다.

⑪반 교사: ⑪반 20명 중 14명 등원하였습니다.

⑫반 교사: ⑫반 20명 중 16명 등원하였습니다.

#7. ①, ⑦반 보육실

원　　　장: 각 반 인원현황을 보고해 주세요.

①반 교사: 현재 영아반 ①반 10명 중 5명, ②반 10명 중 10명, ③반 10명 중 8명, ④반 14명 중 14명, ⑤반 14명 중 10명, ⑥반 14명 중 13명, 총 60명 등원하였습니다.

⑦반 교사: 현재 유아반 ⑦반 30명 중 20명, ⑧반 30명 중 25명, ⑨반 20명 중 12명, ⑩반 20명 중 18명, ⑪반 20명 중 14명, ⑫반 20명 중 16명, 총 105명 등원하였습니다.

원　　　장: 연장보육이 필요한 인원은 몇 명인가요?

①반 교사: 영아반 출석인원 60명 중 33명이 연장보육 필요합니다.

⑦반 교사: 유아반 출석인원 105명 중 86명이 연장보육 필요합니다.

원　　　장: 집중호우 대비상황 보고해 주세요.

①반 교사: 하수구와 배수구, 에어컨 실외기 점검 완료하였고, 비상식량 ○○개, 생수 ○○병을 조리실에서 보관 중입니다.

#8. 복도

원　　　장: 오늘 ○○ 지역에 발효되었던 호우주의보가 해제되었습니다.

지금까지 집중호우 상황 훈련을 실시하였습니다.

이상으로 집중호우 상황 훈련을 마치겠습니다.

18

👆 바. 비상대피도

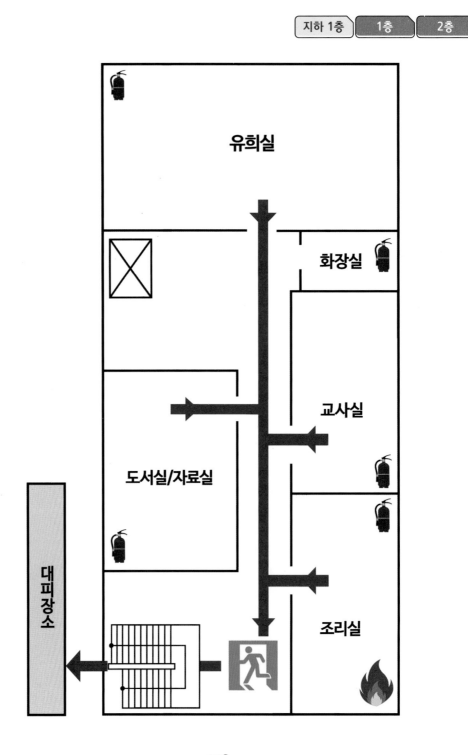

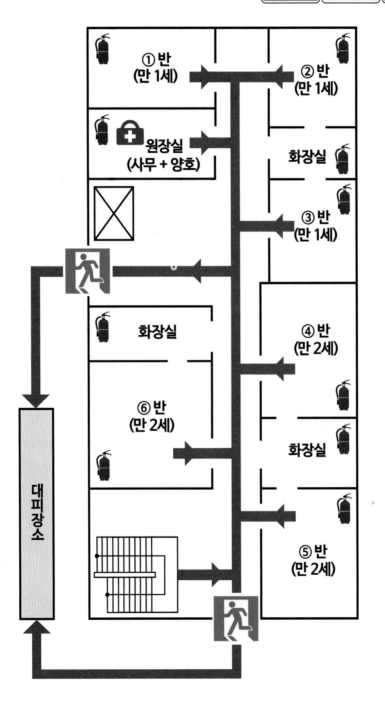

18

지하 1층 | 1층 | 2층

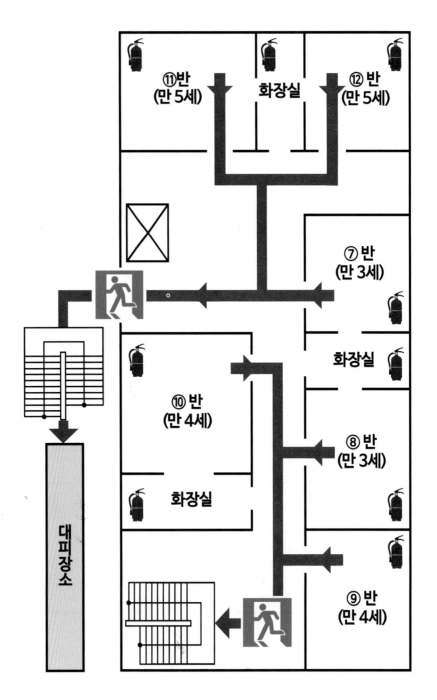

사. 개인별 업무카드 및 비상연락망

| 업무카드 | 비상연락망 | 비상대피도 |

___ 반 교사 ___

원 장☎__-__-__   소방서☎__-__-__
경찰서☎__-__-__   병 원☎__-__-__

상황		업무
평상시		
재난시	공통	1. 위기상황 전파 2. 현 위치 초동대응 3. 비상대피로 확보 및 대피 유도
	화재·지진	
	폭설·집중호우	

| 업무카드 | 비상연락망 | 비상대피도 |

___ 반 비상연락망

원 장☎__-__-__   소방서☎__-__-__
경찰서☎__-__-__   병 원☎__-__-__

이름	연락처

| 업무카드 | 비상연락망 | 비상대피도 |

어린이집 비상연락망

원 장☎__-__-__   소방서☎__-__-__
경찰서☎__-__-__   병 원☎__-__-__

교직원 구성	성명	연락처

| 업무카드 | 비상연락망 | 비상대피도 |

지하 1층 비상대피도

원 장☎__-__-__   소방서☎__-__-__
경찰서☎__-__-__   병 원☎__-__-__

18

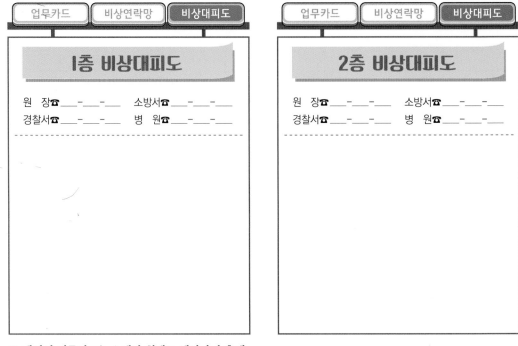

| 업무카드 | 비상연락망 | 비상대피도 |

1층 비상대피도

원 장☎__-__-__   소방서☎__-__-__
경찰서☎__-__-__   병 원☎__-__-__

| 업무카드 | 비상연락망 | 비상대피도 |

2층 비상대피도

원 장☎__-__-__   소방서☎__-__-__
경찰서☎__-__-__   병 원☎__-__-__

※ 개인별 업무카드는 소책자 형태로 제작하여 휴대
※ [부록]의 사례를 참조하여 재난발생 시 개인별 역할을 구체적으로 분담하되, 상황에 따라 유동적으로 대처할
   수 있도록 작성

19	233명	국공립 어린이집	전용	3층	조리원 ○

가. 기본현황

보육 정원	연령별 반구성						교직원	보육교직원 구성			
	①반 (만 1세)	②반 (만 1세)	③반 (만 1세)	④반 (만 2세)	⑤반 (만 2세)	⑥반 (만 2세)		원장		보육교사	
233명	10명	10명	10명	21명	21명	21명	29명	1명		20명	
	⑦반 (만 3세)	⑧반 (만 3세)	⑨반 (만 4세)	⑩반 (만 4세)	⑪반 (만 5세)	⑫반 (만 5세)		영양사	간호사	조리원	사무원
	30명	30명	20명	20명	20명	20명		1명	1명	5명	1명

나. 평상시 재난 관련 업무분담표

원장(안전관리책임관)
- 지휘 · 명령 · 총괄

영양사
- 조리실 점검
- 가스, 보일러, 전기 점검

간호사
- 긴급상황 발생 시 응급처치 매뉴얼 관리

조리원
- 조리실 점검
- 가스, 보일러, 전기 점검

사무원
- 문서관리 (연간소방교육계획 등)

①반 교사
- 1층 시설설비 최종점검

②반 교사
- 소방시설 유지

③반 교사
- CCTV 관리

④반 교사
- 비상시 통합 연락망 관리

⑤반 교사
- 비상시 지역 내 안전관리기관 연락망 관리

⑥반 교사
- 시설관리 (현관, 화장실 등)

⑦반 교사
- 2층 시설설비 최종점검

⑧반 교사
- 소방시설 유지

⑨반 교사
- CCTV 관리

⑩반 교사
- 비상시 통합 연락망 관리

⑪반 교사
- 비상시 지역 내 안전관리기관 연락망 관리

⑫반 교사
- 시설관리 (현관, 화장실 등)

담당자		화재 발생 시	지진 발생 시	폭설 발생 시	집중호우 발생 시
원장		• 지휘·명령·총괄 • 응급기관 연락 • 화재 장소 확인 • 지자체 보고 및 보고서 작성	• 지휘·명령·총괄 • 응급기관 연락 • 지진 진원지 확인 • 지자체 보고 및 보고서 작성	• 지휘·명령·총괄 • 지자체 보고 및 보고서 작성	• 지휘·명령·총괄 • 지자체 보고 및 보고서 작성
1층	①반 교사 (만 1세)	• 비상시 비상벨 작동 및 원내 전달 • ①반 대피유도 및 1층 최종점검	• 비상시 비상벨 작동 및 원내 전달 • ①반 대피유도 및 1층 최종점검	• (영아 보육 총괄)	• (영아 보육 총괄)
	②반 교사 (만 1세)	• 현관문 개방 • ②반 대피유도	• 현관문 개방 • ②반 대피유도	• 미끄럼주의 표지판 설치 • 제설작업	• 하수구, 배수구 점검
	③반 교사 (만 1세)	• (대피 후 만 1세 보육 총괄) • ③반 대피유도	• (대피 후 만 1세 보육 총괄) • ③반 대피유도	• (만 1세반 보육)	• (만 1세반 보육)
	④반 교사 (만 2세)	• (대피 후 만 2세 보육 총괄) • ④반 대피유도	• (대피 후 만 2세 보육 총괄) • ④반 대피유도	• (만 2세반 보육)	• (만 2세반 보육)
	⑤반 교사 (만 2세)	• ⑤반 대피유도	• ⑤반 대피유도	• 제설작업	• 하수구, 배수구 점검
	⑥반 교사 (만 2세)	• 비상문 개방 • ⑥반 대피유도	• 비상문 개방 • ⑥반 대피유도	• 현관문, 창문 점검	• 현관문, 창문 점검
2층	⑦반 교사 (만 3세)	• 비상시 비상벨 작동 및 원내 전달 • ⑦반 대피유도 및 2층 최종점검	• 비상시 비상벨 작동 및 원내 전달 • ⑦반 대피유도 및 2층 최종점검	• (유아 보육 총괄)	• (유아 보육 총괄)
	⑧반 교사 (만 3세)	• (대피 후 만 3세 보육 총괄) • ⑧반 대피유도	• (대피 후 만 3세 보육 총괄) • ⑧반 대피유도	• (만 3세반 보육)	• (만 3세반 보육)
	⑨반 교사 (만 4세)	• (대피 후 만 4세 보육 총괄) • ⑨반 대피유도	• (대피 후 만 4세 보육 총괄) • ⑨반 대피유도	• (만 4세반 보육)	• (만 4세반 보육)
	⑩반 교사 (만 4세)	• ⑩반 대피유도	• ⑩반 대피유도	• 미끄럼주의 표지판 설치 • 제설작업	• 하수구, 배수구 점검
	⑪반 교사 (만 5세)	• (대피 후 만 5세 보육 총괄) • ⑪반 대피유도	• (대피 후 만 5세 보육 총괄) • ⑪반 대피유도	• (만 5세반 보육)	• (만 5세반 보육)
	⑫반 교사 (만 5세)	• 비상문 개방 • ⑫반 대피유도	• 비상문 개방 • ⑫반 대피유도	• 비상문, 창문 점검	• 비상문, 창문 점검
영양사		• 대피유도 및 보육 보조	• 대피유도 및 보육 보조	• 비상식량 확인	• 비상식량 확인 • 전기콘센트 점검
간호사		• 응급처치 및 지정 병원으로 긴급후송 • 구급약품 관리	• 응급처치 및 지정 병원으로 긴급후송 • 구급약품 관리	• 응급처치 및 지정 병원으로 긴급후송 • 구급약품 관리	• 응급처치 및 지정 병원으로 긴급후송 • 구급약품 관리
조리원		• 가스 차단 • 전기 차단	• 가스 차단 • 전기 차단	• 난방시설 확인	• 가스 점검 • 냉방시설 확인
사무원		• 관계기관 통보 • 보고서 작성(내부) • 화재 발생 상황 수시 파악 • 주요 서류 및 물건 반출	• 관계기관 통보 • 보고서 작성(내부) • 지진 발생 상황 수시 파악 • 주요 서류 및 물건 반출	• 폭설 상황 수시 파악 • 보고서 작성(내부)	• 호우 상황 수시 파악 • 보고서 작성(내부)

19

라. 재난유형별 비상대피훈련 계획   `화재` `지진` `폭설` `집중호우`

훈련명	비상대피훈련	훈련일	○○○○년 ○○월 ○○일
훈련 참가자	보육교직원 (29) 명 / 영유아 (233) 명	훈련시간	○○시 ○○분
훈련종류	화재 대피 실제 훈련		

훈련목표	• 화재 발생 시 행동요령을 이해한다. • 훈련을 통해 안전한 대피방법을 연습한다. • 실제 화재 발생 시 안전하게 대피한다.
재난상황 시나리오	조리실에서 점심식사 준비 중 화재 발생으로 대피
훈련 전 점검	• 훈련 계획의 내용 숙지 • 소화기 위치 파악 • 재난 시 업무분담 숙지 • 어린이집 앞 표지판 부착 • 대피로 동선 파악 (비상대피훈련 중–집결지 안내)
훈련내용	1. 화재경보 사이렌 3. 부상자, 사상자 확인 및 응급처치 2. 대피경로로 대피, 대피장소 집결 4. 부모에게 연락 (영유아 인원 확인) 5. 훈련 종료

훈련계획 세부내용	훈련	평가 중점 내용
	1. 화재 상황 인지 및 알림(화재경보 사이렌)	
	❶ 조리원 발화 발견 　• 화재 첫 발견자는 불이 났음을 주변에 신속하게 알림 　• 소화기 사용하여 조기 진화 시도 　• 가스 및 전기 차단 　• 조리실 문 닫고 ①, ②, ③반(만 1세)으로 이동	육성 및 경보기 소리 전달 여부 소화기 사용
	❷ 원장(지휘 · 명령 · 총괄) 　• 화재장소 파악 후 응급기관(119) 연락	위치, 상황 설명
	2. 화재 시 매뉴얼 진행	
	[1단계] 각 반 영유아 대피시작 　• 화재경보 사이렌과 동시에 대피 시작 　• 대피 시 양쪽 벽으로 이동하여 통로 가운데 소화출입로를 확보함 　• 보행이 어려운 영아는 교사가 안고 대피 　• 각 반 교사는 비상연락망을 가지고 대피 　• 현관문, 비상문에 먼저 도착한 교사가 현관문, 비상문 개방 　• 각 반 인원 확인 후 원장에게 보고	질서 유지하며 대피

훈련계획 세부내용		훈련				평가 중점 내용
	1-❶	각 반 대피 시작				대피시간
		대피로	1층	현관문	①, ②, ③반	
				비상문	④, ⑤, ⑥반	
			2층	현관문	⑦, ⑧, ⑨, ⑩반	
				비상문	⑪, ⑫반	
		영유아 선두 대피유도			②, ⑥, ⑧, ⑩, ⑫반 교사	
		영유아 후미 대피유도			①, ③, ④, ⑤, ⑦, ⑨, ⑪반 교사	
		구급약품 소지			간호사	
	1-❷	현관문, 비상문 개방				대피한 영유아 수
		현관문 개방			②반 교사	
		비상문 개방			⑥, ⑫반 교사	
	1-❸	각 반 대피 완료				
		영유아 후미 대피유도, 각 반 보육실 문 닫고 대피			③, ④, ⑨, ⑪반 교사	
		최종점검 후 대피			①, ⑦반 교사	
		영유아와 정해진 장소에 집결			전체 보육교직원	
	[2단계] 부상자, 사상자 확인 및 응급처치					
	2-❶	응급처치				부상자 응급처치/ 구급차 후송
		부상자 확인 후 응급처치 실시, 구급차 후송			간호사	
		관련기관(인근 병원 등) 연락, 사상자 확인			사무원	
	2-❷	각 반 대피 지속				
		영유아와 안전한 곳에서 대피 지속			①, ②, ③, ④, ⑤, ⑥, ⑦, ⑧, ⑨, ⑩, ⑪, ⑫반 교사, 조리원	
	[3단계] 각 반 영유아 부모에게 연락					연락시간/ 응대 태도
	3-❶	부모 연락				
		비상연락망 이용하여 부모에게 연락			①, ②, ③, ④, ⑤, ⑥, ⑦, ⑧, ⑨, ⑩, ⑪, ⑫반 교사	
	3. 화재 대피 훈련 종료					
	• 화재 대피 훈련 종료 안내					대피시간

※ 부상자가 없을 경우 [1-❶ → 1-❷ → 1-❸ → 3-❶] 순으로 진행
출처: 보건복지부보육기반과(2016). 비상대피훈련 시나리오를 재구성하여 제시함.

화재 지진 폭설 집중호우

훈련명	비상대피훈련	훈련일	○○○○년 ○○월 ○○일
훈련 참가자	보육교직원 (29) 명 / 영유아 (233) 명	훈련시간	○○시 ○○분
훈련종류	지진 대피 실제 훈련		
훈련목표	• 지진 발생 시 행동요령을 이해한다. • 훈련을 통해 안전한 대피방법을 연습한다. • 실제 지진 발생 시 안전하게 대피한다.		
재난상황 시나리오	②반 보육실에서 먼저 흔들림을 감지하여 어린이집 전체에 알리고 대피(강도 4.5)		
훈련 전 점검	• 훈련 계획의 내용 숙지 • 재난 시 업무분담 숙지 • 대피로 동선 파악	• 소화기 위치 파악 • 어린이집 앞 표지판 부착 　(비상대피훈련 중-집결지 안내)	
훈련내용	1. 재난위험경보 사이렌 2. 지진 행동요령 진행 3. 대피경로로 대피, 대피장소 집결 　(영유아 인원 확인)	4. 부상자, 사상자 확인 및 응급처치 5. 부모에게 연락 6. 훈련 종료	

훈련계획 세부내용	훈련	평가 중점 내용
	1. 지진 상황 인지 및 알림	
	❶ ②교사 지진 감지 　• 지진 첫 감지자는 지진이 발생했음을 주변 및 원장에게 신속하게 알리고 지진 시 행동요령을 진행함	지진 상황 전달 여부
	❷ 원장(지휘·명령·총괄) 　• 어린이집 전체에 지진 비상상황 알림(재난위험경보 사이렌 울림) ❸ 조리원 　• 가스 및 전기 차단　　　　• 조리실 문 개방 　• ①, ②, ③반(만 1세)으로 이동	어린이집 전체에 지진 상황 알림
	2. 지진 시 매뉴얼 진행	
	[1단계] 지진 시 행동요령 진행 • 주변에 방석이나 이불 등 쿠션감 있는 것으로 머리 보호	

1-❶	문 개방	
	각 반 보육실 문 개방	①, ②, ③, ④, ⑤, ⑥, ⑦, ⑧, ⑨, ⑩, ⑪, ⑫반 교사
	현관문 개방	②반 교사
	비상문 개방	⑥, ⑫반 교사

1-❷	전체 영유아가 자세를 낮추고 머리 보호	
	쿠션 아래로(이불 속 등) 대피	①, ②, ③, ④, ⑤, ⑥반(영아반)
	책상 밑으로 대피	⑦, ⑧, ⑨, ⑩, ⑪, ⑫반(유아반)

훈련				평가 중점 내용
훈련계획 세부내용	1-❸	흔들림이 멈출 때까지 대기(2분 정도)		지진 시 행동요령 숙지
		흔들림의 정도를 살핀 후 흔들림이 멈추면 대피경보 사이렌 울림	원장(안전관리책임관)	

[2단계] 각 반 영유아 대피 시작(대피경보 사이렌)
- 흔들림이 멈춘 후 사이렌이 울림과 동시에 대피 시작
- 보행이 어려운 영아는 교사가 안고 대피
- 각 반 교사 비상연락망 가지고 대피
- 각 반 인원 확인하여 원장에게 보고

(평가 중점 내용: 질서 유지하며 대피)

2-❶	각 반 대피 시작			대피시간
	대피로	1층	현관문	①, ②, ③반
			비상문	④, ⑤, ⑥반
		2층	현관문	⑦, ⑧, ⑨, ⑩반
			비상문	⑪, ⑫반
	영유아 선두 대피유도			②, ⑥, ⑧, ⑩, ⑫반 교사
	영유아 후미 대피유도			①, ③, ④, ⑤, ⑦, ⑨, ⑪반 교사
	구급약품 소지			간호사

2-❷	각 반 대피 완료		대피한 영유아 수
	최종점검 후 대피	①, ⑦반 교사	
	영유아와 정해진 장소에 집결	전체 보육교직원	

[3단계] 부상자, 사상자 확인 및 응급처치

3-❶	응급처치		부상자 응급처치/ 구급차 후송
	부상자 확인 후 응급처치 실시, 구급차 후송	간호사	
	관련기관(인근 병원 등) 연락, 사상자 확인	사무원	

3-❷	각 반 대피 지속	
	영유아와 안전한 곳에서 대피 지속	①, ②, ③, ④, ⑤, ⑥, ⑦, ⑧, ⑨, ⑩, ⑪, ⑫반 교사, 조리원

[4단계] 각 반 영유아 부모에게 연락

4-❶	부모 연락		연락시간/ 응대 태도
	비상연락망 이용하여 부모에게 연락	①, ②, ③, ④, ⑤, ⑥, ⑦, ⑧, ⑨, ⑩, ⑪, ⑫반 교사	

3. 지진 대피 훈련 종료	
• 지진 대피 훈련 종료 안내	대피시간

※ [1-❶]에서 현관문 및 비상문 개방에 실패했을 경우 대피유도자는 동선을 변경하여 대비
※ 부상자가 없을 경우 [1-❶ → 1-❷ → 2-❶ → 2-❷ → 1-❸ → 4-❶] 순으로 진행
출처: 보건복지부보육기반과(2016). 비상대피훈련 시나리오를 재구성하여 제시함.

19

| 화재 | 지진 | 폭설 | 집중호우 |

훈련명	비상대응훈련	훈련일	○○○○년 ○○월 ○○일
훈련 참가자	보육교직원 (29) 명 / 영유아 (233) 명	훈련시간	○○시 ○○분
훈련종류	폭설 대응 실제 훈련		

훈련목표	• 대설 발생 시 행동요령을 이해한다. • 훈련을 통해 안전한 대비방법을 연습한다. • 실제 대설 상황 시 안전하게 대비한다.
재난상황 시나리오	등원 후 눈이 내려 5cm 두께의 눈이 쌓이고 눈이 계속 오는 상황 • 대설주의보: 24시간 신적설량이 5cm 이상 예상될 때 • 대설경보: 24시간 신적설량이 20cm 이상 예상될 때 　(산지는 30cm 이상 예상될 때)
훈련 전 점검	• 제설작업 도구 점검(빗자루, 염화칼슘 또는 모래, 미끄럼주의 표지판)
훈련내용	1. 대설 상황 알림　　　　　5. 각 반 상황 파악 2. 대설 시 매뉴얼 진행　　　6. 제설작업 3. 기상정보 청취　　　　　　7. 종료 4. 부모에게 연락

훈련계획 세부내용	훈련	평가 중점 내용
	1. 대설 상황 인지 및 알림	
	❶ 원장(지휘 · 명령 · 총괄) • 기상청 홈페이지 및 일기예보 참고하여 상황 예측 • 어린이집 전체에 대설 상황 알림	어린이집 전체에 대설 상황 알림
	2. 대설 시 매뉴얼 진행	
	[1단계] 대설 시 행동요령 진행 • 마실 수 있는 물 공급처가 동결될 것에 대비 • 미끄럼주의 표지판 설치	연락시간/ 응대 태도

	어린이집 시설점검	
1-❶	기상정보 들으며 기상상황 수시 파악	사무원
	현관에 미끄럼 방지대 깔기	

	각 반 부모 전화 연락		비상식량 및 식수 확보 보일러 상태 점검
1-❷	대설주의보(대설경보) 상황 안내	①,②,③,④,⑤,⑥,⑦, ⑧,⑨,⑩,⑪,⑫반 교사	
	하원 가능 시간 문의 (석식 준비 및 비상식량 예측)		
	하원 시 어린이집에 안전하게 도착할 수 있도록 주의사항 안내		

	훈련			평가 중점 내용
훈련계획 세부내용	1-❸	**식량 및 보일러 확인**		제설작업 숙지
		비상식량 및 식수 확인, 보일러 상태 점검	조리원	
	1-❹	**상황 보고**		
		각 반 정보 취합하여 원장에게 보고	①, ⑦반 교사	
		연장보육 및 비상식량 등 상황 정리하여 보고		
	1-❺	**보육 지속 및 제설작업 진행**		
		영유아 안전 보육 담당	①, ②, ④, ⑦, ⑧, ⑨, ⑪반 교사	
		제설작업 담당	③, ⑤, ⑩반 교사	
	3. 대설 상황 훈련 종료			
• 대설 상황 훈련 종료 안내				

출처: 보건복지부보육기반과(2016). 비상대피훈련 시나리오를 재구성하여 제시함.

19

| 화재 | 지진 | 폭설 | 집중호우 |

훈련명	비상대응훈련	훈련일	○○○○년 ○○월 ○○일
훈련 참가자	보육교직원 (29) 명 / 영유아 (233) 명	훈련시간	○○시 ○○분
훈련종류	집중호우 대응 실제 훈련		
훈련목표	• 집중호우 발생 시 행동요령을 이해한다. • 훈련을 통해 안전한 대비방법을 연습한다. • 실제 집중호우 상황 시 안전하게 대비한다.		
재난상황 시나리오	등원 후 비가 내려 60mm 높이로 잠기고 비가 계속 오는 상황 • 호우주의보: 3시간 강우량이 60mm 이상 예상될 때 또는 12시간 강우량이 110mm 이상 예상될 때 • 호우경보: 3시간 강우량이 90mm 이상 예상될 때 또는 12시간 강우량이 180mm 이상 예상될 때		
훈련 전 점검	• 하수구, 배수구 관리 도구 점검(집게)		
훈련내용	1. 집중호우 상황 알림 2. 집중호우 시 매뉴얼 진행 3. 기상정보 청취 4. 부모에게 연락	5. 각 반 상황 파악 6. 하수구, 배수구 점검 7. 종료	

	훈련	평가 중점 내용
훈련계획 세부내용	**1. 집중호우 상황 인지 및 알림**	
	❶ 원장(지휘·명령·총괄) • 기상청 홈페이지 및 일기예보 참고하여 상황 예측 • 어린이집 전체에 집중호우 상황 알림	어린이집 전체에 집중호우 상황 알림
	2. 집중호우 시 매뉴얼 진행	
	[1단계] 집중호우 시 행동요령 진행 • 빗물이 범람될 것에 대비	연락시간/ 응대 태도

1-❶
기상상황 파악 및 시설점검	
기상정보 들으며 기상상황 수시 파악	사무원
하수구, 배수구 점검	②, ⑤, ⑩반 교사

1-❷
각 반 부모 전화 연락	
호우주의보(호우경보) 상황 안내	①, ②, ③, ④, ⑤, ⑥, ⑦, ⑧, ⑨, ⑩, ⑪, ⑫반 교사
하원 가능 시간 문의 (석식 준비 및 비상식량 예측)	
하원 시 어린이집에 안전하게 도착할 수 있도록 주의사항 안내	

		훈련		평가 중점 내용
훈련계획 세부내용	1-❸	식량 및 실외기 확인		비상식량 및 식수 확보 실외기 상태 점검
		비상식량 및 식수 확인, 실외기 상태 점검	조리원	
	1-❹	상황 보고		
		각 반 정보 취합하여 원장에게 보고	①, ⑦반 교사	
		연장보육 및 비상식량 등 상황 정리하여 보고		
	3. 집중호우 상황 훈련 종료			
• 집중호우 상황 훈련 종료 안내				

출처: 보건복지부보육기반과(2016). 비상대피훈련 시나리오를 재구성하여 제시함.

19

마. 재난유형별 비상대피훈련 시나리오   화재   지진   폭설   집중호우

#1. 조리실

조 리 원: (조리실의 발화를 발견하고 화재경보기를 울리며) 불이야! 불이야!

#2. 원장실

원   장: (119에 연락을 하며) 여기 ○○구 ○○동 ○○어린이집에서 불이 났습니다.

불은 점심식사를 준비하던 조리실에서 발화한 것으로 보입니다.

근처에는 (알기 쉬운 큰 건물)이 있습니다.

제 전화번호는 ○○○-○○○○-○○○○입니다. 어린이집에는 보육교직원 29명
과 영유아 233명이 있습니다.

#3. 보육실

모든 보육교직원, 영유아: 불이야! 불이야!

②반 교사: ①, ②, ③, ⑦, ⑧, ⑨, ⑩반은 1층 현관문으로 대피하겠습니다.

저와 ⑧, ⑩반 교사는 선두에서 대피를 유도할 테니, ①, ③, ⑦, ⑨반 선생님은 후미에
서 대피를 유도해 주세요.

①, ③, ⑦, ⑨반 교사: (후미에서 잔류인원 확인 후 대피하며) 저는 후미에서 대피를 유도합니다.

⑥반 교사: ④, ⑤, ⑥반은 1층 비상문으로 대피하겠습니다. 저는 선두에서 대피를 유도할 테니,
④, ⑤반 교사는 후미에서 대피를 유도해 주세요.

④, ⑤반 교사: (후미에서 잔류인원 확인 후 대피하며) 저는 후미에서 대피를 유도합니다.

⑫반 교사: ⑪, ⑫반은 2층 비상문으로 대피하겠습니다. 저는 선두에서 대피를 유도할 테니, ⑪반
교사는 후미에서 대피를 유도해 주세요.

⑪반 교사: (후미에서 잔류인원 확인 후 대피하며) 저는 후미에서 대피를 유도합니다.

④, ⑩반 교사: (비상연락망, 비상연락 휴대폰을 챙기며) 저는 비상연락망과 비상연락 휴대폰을 가
지고 대피하겠습니다.

간 호 사: (비상구급함을 챙기며) 저는 비상구급함을 가지고 대피하겠습니다.

#4. 대피 장소

①반 교사: 어린이집 1층 인원 최종점검하겠습니다.

1층 최종점검 결과, 모든 인원 대피 완료했습니다. 이상 없습니다.

⑦반 교사: 어린이집 2층 인원 최종점검하겠습니다.

2층 최종점검 결과, 모든 인원 대피 완료했습니다. 이상 없습니다.

원　　장: (각 반 교사를 향해) 담임교사는 각 반 인원을 확인해서 알려 주세요.

①반 교사: ①반 교사 2명 중 2명, 조리원 2명 중 2명, 영아 출석인원 10명 중 10명으로 이상 없습니다.

②반 교사: ②반 교사 2명 중 2명, 조리원 2명 중 2명, 영아 출석인원 10명 중 10명으로 이상 없습니다.

③반 교사: ③반 교사 2명 중 2명, 조리원 1명, 영아 출석인원 10명 중 10명으로 이상 없습니다.

④반 교사: ④반 교사 3명 중 3명, 영아 출석인원 21명 중 21명으로 이상 없습니다.

⑤반 교사: ⑤반 교사 3명 중 3명, 영아 출석인원 21명 중 21명으로 이상 없습니다.

⑥반 교사: ⑥반 교사 3명 중 3명, 영아 출석인원 21명 중 21명으로 이상 없습니다.

⑦반 교사: ⑦반 교사 2명 중 2명, 유아 출석인원 30명 중 30명으로 이상 없습니다.

⑧반 교사: ⑧반 교사 2명 중 2명, 유아 출석인원 30명 중 30명으로 이상 없습니다.

⑨반 교사: ⑨반 교사 1명 중 1명, 유아 출석인원 20명 중 20명으로 이상 없습니다.

⑩반 교사: ⑩반 교사 1명 중 1명, 유아 출석인원 20명 중 20명으로 이상 없습니다.

⑪반 교사: ⑪반 교사 1명 중 1명, 유아 출석인원 20명 중 20명으로 이상 없습니다.

⑫반 교사: ⑫반 교사 1명 중 1명, 유아 출석인원 20명 중 19명은 이상 없으나,

　　　　　유아 1명 부상자가 있습니다.

간 호 사: ⑫반에 부상자가 있습니다. 응급처치를 실시하겠습니다. 구급차를 불러 주세요.

사 무 원: (지정 병원에 연락을 하며) 여기는 ○○구 ○○동 ○○어린이집입니다.

　　　　　오늘 화재로 인하여 대피하던 중 부상자가 발생했습니다.

나머지 보육교직원: 모두 여기에서 계속 대피해 주세요.

⑫반 교사: (부상자가 있을 때) 안녕하세요. ○○○학부모님 맞으시죠?

　　　　　○○어린이집 ⑫반 담임교사입니다.

　　　　　점심식사 준비 중 조리실에서 발화를 발견하여 어린이집 외부 지정장소로 대피했습니다.

　　　　　대피를 하는 도중 ○○○이 부상을 입어 지정 병원으로 후송하였습니다.

①~⑪반 교사: (부상자가 없을 때) 안녕하세요. ○○○학부모님 맞으시죠?

　　　　　○○어린이집 ○반 담임교사입니다.

　　　　　점심식사 준비 중 조리실에서 발화를 발견하여 어린이집 외부 지정장소로 대피했습니다.

　　　　　○반 모두 부상자 없이 지정장소로 안전하게 대피 완료했습니다.

원　　장: 오늘 ○○구 ○○동 ○○어린이집에서 불이 났으며, 불은 점심식사를 준비하던 조리실에서 발화한 것으로 보입니다.

　　　　　어린이집에는 보육교직원 29명과 영유아 233명이 있었습니다.

　　　　　(시계를 확인하며) 오늘 화재 대피 훈련 시간은 총 ○○분 소요되었습니다.

　　　　　차례를 지켜 다시 각 반으로 돌아가시기 바랍니다.

19

#1. ②반 보육실

②반 교사: (②반 보육실에서 흔들림을 감지하고) 어린이집 건물이 흔들리고 있습니다. 지진 시 행동요령을 진행하겠습니다.

#2. 원장실

원　장: (재난위험경보 사이렌을 울리며) 현재시각 우리나라 전역에 지진재난경보가 발령되었습니다. 강도 4.5의 지진이 발생하였습니다.

#3. 조리실

조 리 원: (가스 및 전기 차단기를 내린 후) 조리실 내의 가스 및 전기 차단을 완료했습니다. 조리실 문을 열고 ①, ②, ③반으로 이동하겠습니다.

#4. 보육실

①~⑥반 교사: (쿠션과 이불로 머리를 보호하며) ○반 친구들! 모두 쿠션 아래와 이불 속으로 대피하세요.

⑦~⑫반 교사: (책상 밑으로 들어가 머리를 보호하며) ○반 친구들! 모두 책상 밑으로 대피하세요.

#5. 원장실

원　장: (대피경보기를 작동하며) 지진의 흔들림이 멈추었습니다. 모두 어린이집 밖 지정장소로 대피하세요.

#6. 보육실

②반 교사: ①, ②, ③, ⑦, ⑧, ⑨, ⑩반은 1층 현관문으로 대피하겠습니다. 저와 ⑧, ⑩반 선생님은 선두에서 대피를 유도할 테니, ①, ③, ⑦, ⑨반 선생님은 후미에서 대피를 유도해 주세요.

①, ③, ⑦, ⑨반 교사: (후미에서 잔류인원 확인 후 대피하며) 저는 후미에서 대피를 유도합니다.

⑥반 교사: ④, ⑤, ⑥반은 1층 비상문으로 대피하겠습니다. 저는 선두에서 대피를 유도할 테니, ④, ⑤반 선생님은 후미에서 대피를 유도해 주세요.

④, ⑤반 교사: (후미에서 잔류인원 확인 후 대피하며) 저는 후미에서 대피를 유도합니다.

⑫반 교사: ⑪, ⑫반은 2층 비상문으로 대피하겠습니다. 저는 선두에서 대피를 유도할 테니, ⑪반 선생님은 후미에서 대피를 유도해 주세요.

⑪반 교사: (후미에서 잔류인원 확인 후 대피하며) 저는 후미에서 대피를 유도합니다.

④, ⑩반 교사: (비상연락망, 비상연락 휴대폰을 챙기며) 저는 비상연락망과 비상연락 휴대폰을 가지고 대피하겠습니다.

간 호 사: (비상구급함을 챙기며) 저는 비상구급함을 가지고 대피하겠습니다.

#7. 대피 장소

①반 교사: 어린이집 1층 인원 최종점검하겠습니다.

　　　　1층 최종점검 결과, 모든 인원 대피 완료했습니다. 이상 없습니다.

⑦반 교사: 어린이집 2층 인원 최종점검하겠습니다.

　　　　2층 최종점검 결과, 모든 인원 대피 완료했습니다. 이상 없습니다.

원　　장: (각 반 교사를 향해) 담임교사는 각 반 인원을 확인해서 알려 주세요.

①반 교사: ①반 교사 2명 중 2명, 조리원 2명 중 2명, 영아 출석인원 10명 중 10명으로 이상 없습니다.

②반 교사: ②반 교사 2명 중 2명, 조리원 2명 중 2명, 영아 출석인원 10명 중 10명으로 이상 없습니다.

③반 교사: ③반 교사 2명 중 2명, 조리원 1명, 영아 출석인원 10명 중 10명으로 이상 없습니다.

④반 교사: ④반 교사 3명 중 3명, 영아 출석인원 21명 중 21명으로 이상 없습니다.

⑤반 교사: ⑤반 교사 3명 중 3명, 영아 출석인원 21명 중 21명으로 이상 없습니다.

⑥반 교사: ⑥반 교사 3명 중 3명, 영아 출석인원 21명 중 21명으로 이상 없습니다.

⑦반 교사: ⑦반 교사 2명 중 2명, 유아 출석인원 30명 중 30명으로 이상 없습니다.

⑧반 교사: ⑧반 교사 2명 중 2명, 유아 출석인원 30명 중 30명으로 이상 없습니다.

⑨반 교사: ⑨반 교사 1명 중 1명, 유아 출석인원 20명 중 20명으로 이상 없습니다.

⑩반 교사: ⑩반 교사 1명 중 1명, 유아 출석인원 20명 중 20명으로 이상 없습니다.

⑪반 교사: ⑪반 교사 1명 중 1명, 유아 출석인원 20명 중 20명으로 이상 없습니다.

⑫반 교사: ⑫반 교사 1명 중 1명, 유아 출석인원 20명 중 19명은 이상 없으나,

　　　　유아 1명 부상자가 있습니다.

간 호 사: ⑫반에 부상자가 있습니다. 응급처치를 실시하겠습니다. 구급차를 불러 주세요.

사 무 원: (지정 병원에 연락을 하며) 여기는 ○○구 ○○동 ○○어린이집입니다.

　　　　오늘 지진으로 인하여 대피하던 중 부상자가 발생했습니다.

나머지 보육교직원: 모두 여기에서 계속 대피해 주세요.

⑫반 교사: (부상자가 있을 때) 안녕하세요. ○○○학부모님 맞으시죠?

　　　　○○어린이집 ⑫반 담임교사입니다.

　　　　어린이집 내에서 흔들림을 감지하고, 강도 4.5의 지진이 발생하여 어린이집 외부 지정 장소로 대피했습니다.

　　　　대피를 하는 도중 ○○○이 부상을 입어 지정 병원으로 후송하였습니다.

①~⑪반 교사: (부상자가 없을 때) 안녕하세요. ○○○학부모님 맞으시죠?

　　　　○○어린이집 ○반 담임교사입니다.

　　　　어린이집 내에서 흔들림을 감지하고, 강도 4.5의 지진이 발생하여 어린이집 외부 지정 장소로 대피했습니다.

　　　　○반 모두 부상자 없이 지정장소로 안전하게 대피 완료했습니다.

원　　장: 오늘 우리나라 전역에 강도 4.5의 지진이 발생하여 지진재난경보가 발령되었습니다.

　　　　어린이집에는 보육교직원 29명과 영유아 233명이 있었습니다.

　　　　(시계를 확인하며) 오늘 지진 대피 훈련 시간은 총 ○○분 소요되었습니다.

　　　　차례를 지켜 다시 각 반으로 돌아가시기 바랍니다.

19

#1. 원장실

원   장: (기상청 홈페이지를 확인하며) 모든 교직원 여러분께 안내말씀 드립니다. 우리 ○○어린이집이 있는 ○○ 지역에 오늘 오전 9시 30분부터 대설주의보가 발효되었습니다.

#2. 사무실

사 무 원: (일기예보를 보며) 기상청 홈페이지와 일기예보에 의하면 앞으로 5cm 이상의 눈이 더 쌓일 것으로 예상됩니다.

#3. 현관

사 무 원: (미끄럼 방지대와 미끄럼주의 표지판을 설치한 후) 현관에도 눈이 쌓여 미끄러지는 사고를 방지하기 위해 미끄러지는 방지대와 미끄럼주의 표지판 설치를 완료하였습니다.

#4. 보육실

④, ⑩반 교사: (비상연락망, 비상연락 휴대폰을 챙기며) 저는 비상연락망과 비상연락 휴대폰을 확인했습니다.

간 호 사: (비상구급함을 챙기며) 저는 비상구급함을 확인했습니다.

①~⑫반 교사: (부모에게 연락하며) 안녕하세요. ○○어린이집 ○반 교사 ○○○입니다. 오늘 오전 9시 30분부터 ○○ 지역에 대설주의보가 발효되었습니다. 기상청에 따르면 앞으로 5cm 이상의 눈이 더 쌓인다고 합니다. 폭설로 인해 ○○○이 안전하게 귀가하도록 어린이집에 직접 오셔서 하원을 도와주셨으면 합니다. ○○○의 하원은 몇 시쯤 가능하겠습니까? 눈이 많이 와서 길이 미끄러우니 가급적 대중교통을 이용해 주시기 바랍니다.

#5. 식당

사 무 원: 비상식량과 식수, 보일러 상태를 확인해 주세요.

조 리 원: (비상식량과 식수를 확인하며) 비상식량 ○○개, 생수 ○○병을 조리실에 보관 중입니다. (보일러 상태를 확인하며) 보일러실 안 보일러 작동에 이상 없음을 확인했습니다.

#6. 보육실

①반 교사: 각 반 인원현황을 보고해 주세요.

②반 교사: ②반 10명 모두 등원하였습니다.

③반 교사: ③반 10명 중 5명 등원하였습니다.

④반 교사: ④반 21명 중 15명 등원하였습니다.

⑤반 교사: ⑤반 21명 중 17명 등원하였습니다.

⑥반 교사: ⑥반 21명 중 13명 등원하였습니다.

⑦반 교사: 각 반 인원현황을 보고해 주세요.

⑧반 교사: ⑧반 30명 중 15명 등원하였습니다.

⑨반 교사: ⑨반 20명 중 12명 등원하였습니다.

⑩반 교사: ⑩반 20명 중 17명 등원하였습니다.

⑪반 교사: ⑪반 20명 중 15명 등원하였습니다.

⑫반 교사: ⑫반 20명 중 18명 등원하였습니다.

#7. ①, ⑦반 보육실

원   장: 각 반 인원현황을 보고해 주세요.

①반 교사: 현재 영아반 ①반 10명 중 7명, ②반 10명 중 10명, ③반 1명 중 5명, ④반 21명 중 15명, ⑤반 21명 중 17명, ⑥반 21명 중 13명, 총 67명 등원하였습니다.

⑦반 교사: 현재 유아반 ⑦반 30명 중 20명, ⑧반 30명 중 15명, ⑨반 20명 중 12명, ⑩반 20명 중 17명, ⑪반 15명 중 15명, ⑫반 20명 18명, 총 97명 등원하였습니다.

원   장: 연장보육이 필요한 인원은 몇 명인가요?

①반 교사: 영아반에서 출석인원 67명 중 44명이 연장보육 필요합니다.

⑦반 교사: 유아반에서 출석인원 97명 중 57명이 연장보육 필요합니다.

#8. ②, ④, ⑧, ⑨, ⑪반 보육실

①반 교사: 현재 보육 인원 보고해 주세요.

②, ④반 교사: 현재 영아 출석인원 67명 중 67명은 ②, ④반에서 보육하고 있습니다.

⑦반 교사: 유아 보육 인원 보고해 주세요.

⑧, ⑨, ⑪반 교사: 현재 유아 출석인원 97명 중 97명은 ⑧, ⑨, ⑪반에서 보육하고 있습니다.

#9. ③, ⑤, ⑩반 보육실

①반 교사: 제설작업 진행상황 보고해 주세요.

③, ⑤, ⑩반 교사: 어린이집 현관과 실외놀이터, 어린이집 주변 인도까지 제설작업 완료하였습니다.

#10. 복도

사 무 원: 오늘 ○○ 지역에 발효되었던 대설주의보가 해제되었습니다.

지금까지 대설 상황 훈련을 실시하였습니다.

이상으로 대설 상황 훈련을 마치겠습니다.

19

#1. 원장실

원   장: (기상청 홈페이지를 확인하며) 모든 교직원 여러분께 안내말씀 드립니다.

우리 ○○어린이집이 있는 ○○ 지역에 오늘 오전 9시 30분부터 호우주의보가 발효되었습니다.

#2. 사무실

사 무 원: (일기예보를 보며) 기상청 홈페이지와 일기예보에 의하면 앞으로 3시간 이내에 60mm 이상의 비가 더 내릴 것으로 예상됩니다.

#3. 현관

②, ⑤, ⑩반 교사: (하수구와 배수구를 점검하며) 하수구와 배수구에 누수된 곳이나 막힌 곳이 없는지 확인하였습니다.

#4. 보육실

④, ⑩반 교사: (비상연락망, 비상연락 휴대폰을 챙기며) 저는 비상연락망과 비상연락 휴대폰을 확인했습니다.

간 호 사: (비상구급함을 챙기며) 저는 비상구급함을 확인했습니다.

①~⑫반 교사: (부모에게 연락하며) 안녕하세요. ○○어린이집 ○반 교사입니다.

오늘 오전 9시 30분부터 ○○ 지역에 호우주의보가 발효되었습니다.

기상청에 따르면 앞으로 3시간 이내에 60mm 이상의 비가 더 내린다고 합니다.

집중호우로 인해 ○○○이 안전하게 귀가하도록 어린이집에 직접 오셔서 하원을 도와주셨으면 합니다. ○○○의 하원은 몇 시쯤 가능하겠습니까?

비가 많이 와서 길이 미끄러우니 가급적 대중교통을 이용해 주시기 바랍니다.

#5. 식당

①반 교사: 비상식량과 식수, 에어컨 실외기 상태를 확인해 주세요.

조 리 원: (비상식량과 식수를 확인하며) 비상식량 ○○개, 생수 ○○병을 조리실에 보관 중입니다.

(에어컨 실외기 상태를 확인하며) 에어컨 실외기 작동에 이상 없음을 확인했습니다.

#6. 보육실

①반 교사: 각 반 인원현황을 보고해 주세요.

②반 교사: ②반 10명 모두 등원하였습니다.

③반 교사: ③반 10명 중 5명 등원하였습니다.

④반 교사: ④반 21명 중 15명 등원하였습니다.

⑤반 교사: ⑤반 21명 중 17명 등원하였습니다.

⑥반 교사: ⑥반 21명 중 13명 등원하였습니다.

⑦반 교사: ⑦반 30명 중 20명 등원하였습니다.

⑧반 교사: ⑧반 30명 중 15명 등원하였습니다.

⑨반 교사: ⑨반 20명 중 12명 등원하였습니다.

⑩반 교사: ⑩반 20명 중 17명 등원하였습니다.

⑪반 교사: ⑪반 20명 중 15명 등원하였습니다.

⑫반 교사: ⑫반 20명 중 18명 등원하였습니다.

#7. ①, ⑦반 보육실

원　　장: 각 반 인원현황을 보고해 주세요.

①반 교사: 현재 영아반 ①반 10명 중 7명, ②반 10명 중 10명, ③반 1명 중 5명, ④반 21명 중 15명, ⑤반 21명 중 17명, ⑥반 21명 중 13명, 총 67명 등원하였습니다.

⑦반 교사: 현재 유아반 ⑦반 30명 중 20명, ⑧반 30명 중 15명, ⑨반 20명 중 12명, ⑩반 20명 중 17명, ⑪반 15명 중 15명, ⑫반 20명 18명, 총 97명 등원하였습니다.

원　　장: 연장보육이 필요한 인원은 몇 명인가요?

①반 교사: 영아반에서 44명이 연장보육 필요합니다.

⑦반 교사: 유아반에서 57명이 연장보육 필요합니다.

원　　장: 집중호우 대비상황 보고해 주세요.

①, ⑦반 교사: 하수구와 배수구, 에어컨 실외기 점검 완료하였고, 비상식량 ○○개, 생수 ○○병을 조리실에서 보관 중입니다.

#8. I, 2층 복도

원　　장: 오늘 ○○ 지역에 발효되었던 호우주의보가 해제되었습니다.

지금까지 집중호우 상황 훈련을 실시하였습니다.

이상으로 집중호우 상황 훈련을 마치겠습니다.

바. 비상대피도

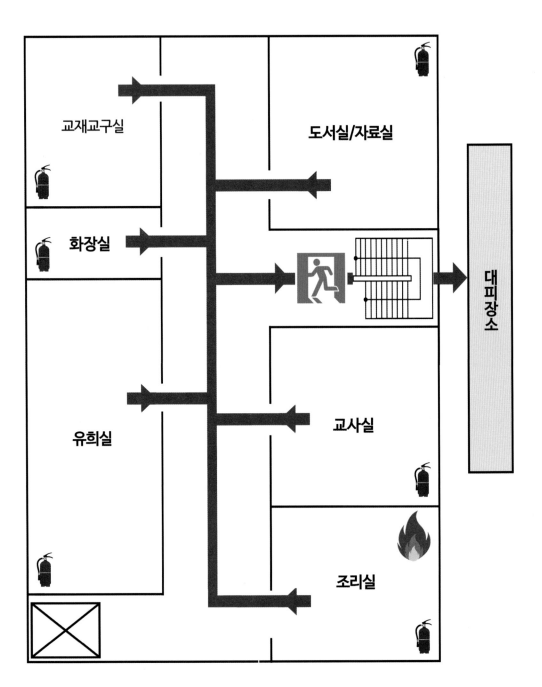

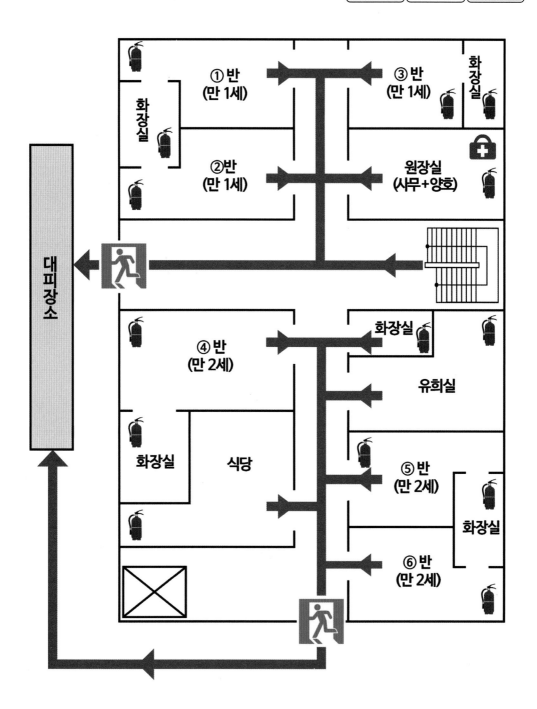

19

지하 1층 1층 2층

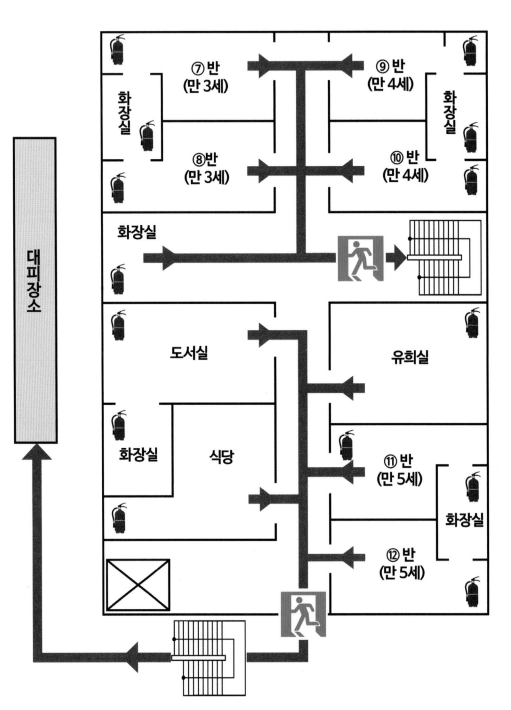

404

업무카드 | 비상연락망 | 비상대피도

_____ 반 교사 _____

원 장☎__-__-__   소방서☎__-__-__
경찰서☎__-__-__   병 원☎__-__-__

상황		업무
평상시		
재난시	공통	1. 위기상황 전파 2. 현 위치 초동대응 3. 비상대피로 확보 및 대피 유도
	화재·지진	
	폭설·집중호우	

업무카드 | 비상연락망 | 비상대피도

_____ 반 비상연락망

원 장☎__-__-__   소방서☎__-__-__
경찰서☎__-__-__   병 원☎__-__-__

이름	연락처

업무카드 | 비상연락망 | 비상대피도

어린이집 비상연락망

원 장☎__-__-__   소방서☎__-__-__
경찰서☎__-__-__   병 원☎__-__-__

교직원 구성	성명	연락처

업무카드 | 비상연락망 | 비상대피도

지하 1층 비상대피도

원 장☎__-__-__   소방서☎__-__-__
경찰서☎__-__-__   병 원☎__-__-__

19

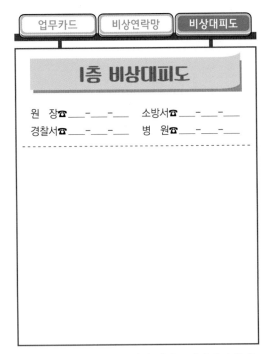

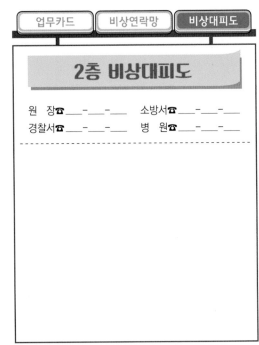

※ 개인별 업무카드는 소책자 형태로 제작하여 휴대

※ [부록]의 사례를 참조하여 재난발생 시 개인별 역할을 구체적으로 분담하되, 상황에 따라 유동적으로 대처할
　수 있도록 작성

20	245명	민간 어린이집	전용	3층	조리원 ○

👆 가. 기본현황

보육 정원	연령별 반구성								교직원	보육교직원 구성			
	①반 (만 0세)	②반 (만 0세)	③반 (만 1세)	④반 (만 1세)	⑤반 (만 1세)	⑥반 (만 2세)	⑦반 (만 2세)	⑧반 (만 2세)		원장		보육교사	
245명	6명	6명	10명	10명	10명	21명	21명	21명	36명	1명		27명	
	⑨반 (만 3세)	⑩반 (만 3세)	⑪반 (만 4세)	⑫반 (만 4세)	⑬반 (만 5세)	⑭반 (만 5세)				영양사	간호사	조리원	사무원
	30명	30명	20명	20명	20명	20명				1명	1명	5명	1명

👆 나. 평상시 재난 관련 업무분담표

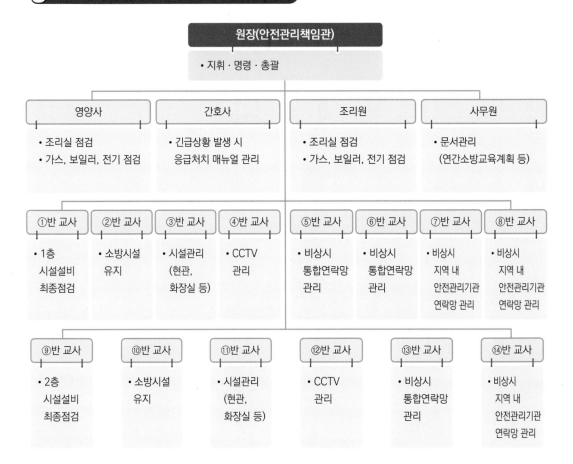

다. 재난 시 업무분담표

담당자		화재 발생 시	지진 발생 시	폭설 발생 시	집중호우 발생 시
원장		• 지휘·명령·총괄 • 응급기관 연락 • 화재 장소 확인 • 지자체 보고 및 보고서 작성(외부)	• 지휘·명령·총괄 • 응급기관 연락 • 지진 진원지 확인 • 지자체 보고 및 보고서 작성(외부)	• 지휘·명령·총괄 • 지자체 보고 및 보고서 작성(외부)	• 지휘·명령·총괄 • 지자체 보고 및 보고서 작성(외부)
1층	①반 교사 (만 0세)	• 비상시 비상벨 작동 및 원내 전달 • ①반 대피유도 및 1층 최종점검	• 비상시 비상벨 작동 및 원내 전달 • ①반 대피유도 및 1층 최종점검	• (영아 보육 총괄)	• (영아 보육 총괄)
	②반 교사 (만 0세)	• (대피후 만 0세 보육 총괄) • ②반 대피유도	• (대피후 만 0세 보육 총괄) • ②반 대피유도	• (만 0세반 보육)	• (만 0세반 보육)
	③반 교사 (만 1세)	• 비상문 개방 • ③반 대피유도	• 비상문 개방 • ③반 대피유도	• 현관문, 창문 점검	• 현관문, 창문 점검
	④반 교사 (만 1세)	• (대피후 만 1세 보육 총괄) • ④반 대피유도	• (대피후 만 1세 보육 총괄) • ④반 대피유도	• (만 1세반 보육)	• (만 1세반 보육)
	⑤반 교사 (만 1세)	• 현관문 개방 • ⑤반 대피유도	• 현관문 개방 • ⑤반 대피유도	• 미끄럼주의 표지판 설치	• 현관문, 창문 점검
	⑥반 교사 (만 2세)	• (대피후 만 2세 보육 총괄) • ⑥반 대피유도	• (대피후 만 2세 보육 총괄) • ⑥반 대피유도	• (만 2세반 보육)	• (만 2세반 보육)
	⑦반 교사 (만 2세)	• ⑦반 대피유도	• ⑦반 대피유도	• 제설작업	• 하수구, 배수구 점검
	⑧반 교사 (만 2세)	• ⑧반 대피유도	• ⑧반 대피유도	• 제설작업	• 하수구, 배수구 점검
2층	⑨반 교사 (만 3세)	• 비상시 비상벨 작동 및 원내 전달 • ⑨반 대피유도 및 2층 최종점검	• 비상시 비상벨 작동 및 원내 전달 • ⑨반 대피유도 및 2층 최종점검	• (유아 보육 총괄)	• (유아 보육 총괄)
	⑩반 교사 (만 3세)	• (대피후 만 3세 보육 총괄) • ⑩반 대피유도	• (대피후 만 3세 보육 총괄) • ⑩반 대피유도	• (만 3세반 보육)	• (만 3세반 보육)
	⑪반 교사 (만 4세)	• (대피후 만 4세 보육 총괄) • ⑪반 대피유도	• (대피후 만 4세 보육 총괄) • ⑪반 대피유도	• (만 4세반 보육)	• (만 4세반 보육)
	⑫반 교사 (만 4세)	• 비상문 개방 • ⑫반 대피유도	• 비상문 개방 • ⑫반 대피유도	• 미끄럼주의 표지판 설치 • 비상문, 창문 점검	• 비상문, 창문 점검
	⑬반 교사 (만 5세)	• (대피후 만 5세 보육 총괄) • ⑬반 대피유도	• (대피후 만 5세 보육 총괄) • ⑬반 대피유도	• (만 5세반 보육)	• (만 5세반 보육)
	⑭반 교사 (만 5세)	• ⑭반 대피유도	• ⑭반 대피유도	• 제설작업	• 하수구, 배수구 점검
영양사		• 대피유도 및 보육 보조	• 대피유도 및 보육 보조	• 비상식량 확인	• 비상식량 확인 • 전기콘센트 점검
간호사		• 응급처치 및 지정 병원으로 긴급후송 • 구급약품 관리	• 응급처치 및 지정 병원으로 긴급후송 • 구급약품 관리	• 응급처치 및 지정 병원으로 긴급후송 • 구급약품 관리	• 응급처치 및 지정 병원으로 긴급후송 • 구급약품 관리
조리원		• 가스 차단 • 전기 차단	• 가스 차단 • 전기 차단	• 난방시설 확인	• 가스 점검 • 냉방시설 확인
사무원		• 관계기관 통보 • 보고서 작성(내부) • 화재 발생 상황 수시 파악 • 주요 서류 및 물건 반출	• 관계기관 통보 • 보고서 작성(내부) • 지진 발생 상황 수시 파악 • 주요 서류 및 물건 반출	• 폭설 상황 수시 파악 • 보고서 작성(내부)	• 호우 상황 수시 파악 • 보고서 작성(내부)

라. 재난유형별 비상대피훈련 계획 　**화재**　**지진**　**폭설**　**집중호우**

훈련명	비상대피훈련	훈련일	○○○○년 ○○월 ○○일
훈련 참가자	보육교직원 (36) 명 / 영유아 (245) 명	훈련시간	○○시 ○○분
훈련종류	화재 대피 실제 훈련		

훈련목표	• 화재 발생 시 행동요령을 이해한다. • 훈련을 통해 안전한 대피방법을 연습한다. • 실제 화재 발생 시 안전하게 대피한다.
재난상황 시나리오	조리실에서 점심식사 준비 중 화재 발생으로 대피
훈련 전 점검	• 훈련 계획의 내용 숙지　　　• 소화기 위치 파악 • 재난 시 업무분담 숙지　　　• 어린이집 앞 표지판 부착 • 대피로 동선 파악　　　　　　(비상대피훈련 중-집결지 안내)
훈련내용	1. 화재경보 사이렌　　　　　　3. 부상자, 사상자 확인 및 응급처치 2. 대피경로로 대피, 대피장소 집결　4. 부모에게 연락 　(영유아 인원 확인)　　　　　5. 훈련 종료

	훈련	평가 중점 내용
훈련계획 세부내용	**1. 화재 상황 인지 및 알림(화재경보 사이렌)**	
	❶ 조리원 발화 발견 　• 화재 첫 발견자는 불이 났음을 주변에 신속하게 알림 　• 소화기 사용하여 조기 진화 시도 　• 가스 및 전기 차단 　• 조리실 문 닫고 ①, ②반(만 0세)으로 이동	육성 및 경보기 소리 전달 여부 소화기 사용
	❷ 원장(지휘·명령·총괄) 　• 화재장소 파악 후 응급기관(119) 연락	위치, 상황 설명
	2. 화재 시 매뉴얼 진행	
	[1단계] 각 반 영유아 대피 시작 　• 화재경보 사이렌과 동시에 대피 시작 　• 대피 시 양쪽 벽으로 이동하여 통로 가운데 소화출입로를 확보함 　• 보행이 어려운 영아는 교사가 안고 대피 　• 각 반 교사는 비상연락망을 가지고 대피 　• 현관문, 비상문에 먼저 도착한 교사가 현관문, 비상문 개방 　• 각 반 인원 확인 후 원장에게 보고	질서 유지하며 대피

훈련				평가 중점 내용
훈련계획 세부내용	**각 반 대피 시작**			대피시간
	1-❶	대피로	1층	현관문	⑤, ⑥, ⑦, ⑧반	
				비상문	①, ②, ③, ④반	
			2층	현관문	⑨, ⑩, ⑭반	
				비상문	⑪, ⑫, ⑬반	
		영유아 선두 대피유도		③, ⑤, ⑫, ⑭반 교사	
		영유아 후미 대피유도		①, ②, ④, ⑥, ⑦, ⑧, ⑨, ⑩, ⑪, ⑬반 교사	
		구급약품 소지		간호사	
	1-❷	**현관문, 비상문 개방**			대피한 영유아 수
		현관문 개방		⑤반 교사	
		비상문 개방		③, ⑫반 교사	
	1-❸	**각 반 대피 완료**			
		영유아 후미 대피유도, 각 반 보육실 문 닫고 대피		①, ②, ④, ⑥, ⑦, ⑧, ⑨, ⑩, ⑪, ⑬반 교사	
		최종점검 후 대피		①, ⑨반 교사	
		영유아와 정해진 장소에 집결		전체 보육교직원	

[2단계] 부상자, 사상자 확인 및 응급처치			
2-❶	**응급처치**		부상자 응급처치/ 구급차 후송
	부상자 확인 후 응급처치 실시, 구급차 후송	간호사	
	관련기관(인근 병원 등) 연락, 사상자 확인	사무원	
2-❷	**각 반 대피 지속**		
	영유아와 안전한 곳에서 대피 지속	①, ②, ③, ④, ⑤, ⑥, ⑦, ⑧, ⑨, ⑩, ⑪, ⑫, ⑬, ⑭반 교사, 조리원	

[3단계] 각 반 영유아 부모에게 연락			
3-❶	**부모 연락**		연락시간/ 응대 태도
	비상연락망 이용하여 부모에게 연락	①, ②, ③, ④, ⑤, ⑥, ⑦, ⑧, ⑨, ⑩, ⑪, ⑫, ⑬, ⑭반 교사	

3. 화재 대피 훈련 종료		
• 화재 대피 훈련 종료 안내		대피시간

20

※ 부상자가 없을 경우 [1-❶ → 1-❷ → 1-❸ → 3-❶] 순으로 진행

출처: 보건복지부보육기반과(2016). 비상대피훈련 시나리오를 재구성하여 제시함.

411

화재	지진	폭설	집중호우

훈련명	비상대피훈련	훈련일	○○○○년 ○○월 ○○일
훈련 참가자	보육교직원 (36) 명 / 영유아 (245) 명	훈련시간	○○시 ○○분
훈련종류	지진 대피 실제 훈련		

훈련목표	• 지진 발생 시 행동요령을 이해한다. • 훈련을 통해 안전한 대피방법을 연습한다. • 실제 지진 발생 시 안전하게 대피한다.
재난상황 시나리오	②반 보육실에서 먼저 흔들림을 감지하여 어린이집에 알리고 대피(강도 4.5)
훈련 전 점검	• 훈련 계획의 내용 숙지 • 소화기 위치 파악 • 재난 시 업무분담 숙지 • 어린이집 앞 표지판 부착 • 대피로 동선 파악 (비상대피훈련 중-집결지 안내)
훈련내용	1. 재난위험경보 사이렌 4. 부상자, 사상자 확인 및 응급처치 2. 지진 행동요령 진행 5. 부모에게 연락 3. 대피경로로 대피, 대피장소 집결 6. 훈련 종료 (영유아 인원 확인)

	훈련	평가 중점 내용
훈련계획 세부내용	**1. 지진 상황 인지 및 알림**	

	❶ ②교사 지진 감지
	  • 지진 첫 감지자는 지진이 발생했음을 주변 및 원장에게 신
	   속하게 알리고 지진 시 행동요령을 진행함
		지진 상황
		전달 여부

	❷ 원장(지휘 · 명령 · 총괄) • 어린이집 전체에 지진 비상상황 알림(재난위험경보 사이렌 울림)	

	❸ 조리원
	  • 가스 및 전기 차단
	  • 조리실 문 개방
	  • ①, ②반(만 0세)으로 이동
		어린이집 전체에
		지진 상황 알림

	2. 지진 시 매뉴얼 진행	
	[1단계] 지진 시 행동요령 진행 • 주변에 방석이나 이불 등 쿠션감 있는 것으로 머리 보호	

	문 개방	
1-❶	각 반 보육실 문 개방	①, ②, ③, ④, ⑤, ⑥, ⑦, ⑧, ⑨, ⑩, ⑪, ⑫, ⑬, ⑭반 교사
	현관문 개방	③반 교사
	비상문 개방	⑤, ⑪반 교사

훈련				평가 중점 내용

		훈련		평가 중점 내용
훈련계획 세부내용	1-②	전체 영유아가 자세를 낮추고 머리 보호		지진 시 행동요령 숙지
		쿠션 아래로(이불 속 등) 대피	①, ②, ③, ④, ⑤, ⑥, ⑦, ⑧반(영아반)	
		책상 밑으로 대피	⑨, ⑩, ⑪, ⑫, ⑬, ⑭반(유아반)	
	1-③	흔들림이 멈출 때까지 대기(2분 정도)		
		흔들림의 정도를 살핀 후 흔들림이 멈추면 대피경보 사이렌 울림	원장(안전관리책임관)	
	[2단계] 각 반 영유아 대피 시작(대피경보 사이렌)			질서 유지하며 대피
	• 흔들림이 멈춘 후 사이렌이 울림과 동시에 대피 시작			
	• 보행이 어려운 영아는 교사가 안고 대피			
	• 각 반 교사 비상연락망 가지고 대피			
	• 각 반 인원 확인하여 원장에게 보고			
	2-①	각 반 대피 시작		대피시간
		대피로 / 1층	현관문	⑤, ⑥, ⑦, ⑧반
			비상문	①, ②, ③, ④반
		2층	현관문	⑨, ⑩, ⑭반
			비상문	⑪, ⑫, ⑬반
		영유아 선두 대피유도	③, ⑤, ⑫, ⑭반 교사	
		영유아 후미 대피유도	①, ②, ④, ⑥, ⑦, ⑧, ⑨, ⑩, ⑪, ⑬반 교사	
		구급약품 소지	간호사	
	2-②	각 반 대피 완료		대피한 영유아 수
		최종점검 후 대피	①, ⑨반 교사	
		영유아와 정해진 장소에 집결	전체 보육교직원	
	[3단계] 부상자, 사상자 확인 및 응급처치			부상자 응급처치/ 구급차 후송
	3-①	응급처치		
		부상자 확인 후 응급처치 실시, 구급차 후송	간호사	
		관련기관(인근 병원 등) 연락, 사상자 확인	사무원	
	3-②	각 반 대피 지속		
		영유아와 안전한 곳에서 대피 지속	①, ②, ③, ④, ⑤, ⑥, ⑦, ⑧, ⑨, ⑩, ⑪, ⑫, ⑬, ⑭반 교사, 조리원	
	[4단계] 각 반 영유아 부모에게 연락			연락시간/ 응대 태도
	4-①	부모 연락		
		비상연락망 이용하여 부모에게 연락	①, ②, ③, ④, ⑤, ⑥, ⑦, ⑧, ⑨, ⑩, ⑪, ⑫, ⑬, ⑭반 교사	
	3. 지진 대피 훈련 종료			
	• 지진 대피 훈련 종료 안내			대피시간

20

※ [1-❶]에서 현관문 및 비상문 개방에 실패했을 경우 대피유도자는 동선을 변경하여 대비
※ 부상자가 없을 경우 [1-❶ → 1-❷ → 2-❶ → 2-❷ → 1-❸ → 4-❶] 순으로 진행
출처: 보건복지부보육기반과(2016). 비상대피훈련 시나리오를 재구성하여 제시함.

| 화재 | 지진 | 폭설 | 집중호우 |

훈련명	비상대응훈련	훈련일	○○○○년 ○○월 ○○일
훈련 참가자	보육교직원 (36) 명 / 영유아 (245) 명	훈련시간	○○시 ○○분
훈련종류	폭설 대응 실제 훈련		

훈련목표	• 대설 발생 시 행동요령을 이해한다. • 훈련을 통해 안전한 대비방법을 연습한다. • 실제 대설 상황 시 안전하게 대비한다.
재난상황 시나리오	등원 후 눈이 내려 5cm 두께의 눈이 쌓이고 눈이 계속 오는 상황 • 대설주의보: 24시간 신적설량이 5cm 이상 예상될 때 • 대설경보: 24시간 신적설량이 20cm 이상 예상될 때 (산지는 30cm 이상 예상될 때)
훈련 전 점검	• 제설작업 도구 점검(빗자루, 염화칼슘 또는 모래, 미끄럼주의 표지판)
훈련내용	1. 대설 상황 알림　　　　　　5. 각 반 상황 파악 2. 대설 시 매뉴얼 진행　　　6. 제설작업 3. 기상정보 청취　　　　　　7. 종료 4. 부모에게 연락

훈련		평가 중점 내용
1. 대설 상황 인지 및 알림		
❶ 원장(지휘 · 명령 · 총괄) 　• 기상청 홈페이지 및 일기예보 참고하여 상황 예측 　• 어린이집 전체에 대설 상황 알림		어린이집 전체에 대설 상황 알림
2. 대설 시 매뉴얼 진행		
[1단계] 대설 시 행동요령 진행 • 마실 수 있는 물 공급처가 동결될 것에 대비 • 미끄럼주의 표지판 설치		연락시간/ 응대 태도

훈련계획 세부내용

어린이집 시설점검		
1-❶	기상정보 들으며 기상상황 수시 파악	사무원
	현관에 미끄럼 방지대 깔기	

각 반 부모 전화 연락		
1-❷	대설주의보(대설경보) 상황 안내	①, ②, ③, ④, ⑤, ⑥, ⑦, ⑧, ⑨, ⑩, ⑪, ⑫, ⑬, ⑭반 교사
	하원 가능 시간 문의 (석식 준비 및 비상식량 예측)	
	하원 시 어린이집에 안전하게 도착할 수 있도록 주의사항 안내	

비상식량 및 식수 확보 보일러 상태 점검

훈련			평가 중점 내용
훈련계획 세부내용	1-❸	식량 및 보일러 확인		제설작업 숙지
		비상식량 및 식수 확인, 보일러 상태 점검	조리원	
	1-❹	상황 보고		
		각 반 정보 취합하여 원장에게 보고	①, ⑨반 교사	
		연장보육 및 비상식량 등 상황 정리하여 보고		
	1-❺	보육 지속 및 제설작업 진행		
		영유아 안전 보육 담당	②, ④, ⑥, ⑩, ⑪, ⑬반 교사	
		제설작업 담당	⑦, ⑧, ⑭반 교사	
3. 대설 상황 훈련 종료			
• 대설 상황 훈련 종료 안내			

출처: 보건복지부보육기반과(2016). 비상대피훈련 시나리오를 재구성하여 제시함.

훈련명	비상대응훈련	훈련일	○○○○년 ○○월 ○○일
훈련 참가자	보육교직원 (36) 명 / 영유아 (245) 명	훈련시간	○○시 ○○분
훈련종류	집중호우 대응 실제 훈련		

훈련목표	• 집중호우 발생 시 행동요령을 이해한다. • 훈련을 통해 안전한 대비방법을 연습한다. • 실제 집중호우 상황 시 안전하게 대비한다.
재난상황 시나리오	등원 후 비가 내려 60mm 높이로 잠기고 비가 계속 오는 상황 • 호우주의보: 3시간 강우량이 60mm 이상 예상될 때 또는 12시간 강우량이 110mm 이상 예상될 때 • 호우경보: 3시간 강우량이 90mm 이상 예상될 때 또는 12시간 강우량이 180mm 이상 예상될 때
훈련 전 점검	• 하수구, 배수구 관리 도구 점검(집게)
훈련내용	1. 집중호우 상황 알림　　　　　5. 각 반 상황 파악 2. 집중호우 시 매뉴얼 진행　　6. 하수구, 배수구 점검 3. 기상정보 청취　　　　　　　7. 종료 4. 부모에게 연락

	훈련	평가 중점 내용
	1. 집중호우 상황 인지 및 알림	
훈련계획 세부내용	❶ 원장(지휘 · 명령 · 총괄) 　• 기상청 홈페이지 및 일기예보 참고하여 상황 예측 　• 어린이집 전체에 집중호우 상황 알림	어린이집 전체에 집중호우 상황 알림
	2. 집중호우 시 매뉴얼 진행	
	[1단계] 집중호우 시 행동요령 진행 • 빗물이 범람될 것에 대비	연락시간/ 응대 태도

1-❶	기상상황 파악 및 시설점검	
	기상정보 들으며 기상상황 수시 파악	사무원
	하수구, 배수구 점검	⑦, ⑧, ⑭반 교사

1-❷	각 반 부모 전화 연락	
	호우주의보(호우경보) 상황 안내	①, ②, ③, ④, ⑤, ⑥, ⑦, ⑧, ⑨, ⑩, ⑪, ⑫, ⑬, ⑭반 교사
	하원 가능 시간 문의 (석식 준비 및 비상식량 예측)	
	하원 시 어린이집에 안전하게 도착할 수 있도록 주의사항 안내	

훈련계획 세부내용		훈련		평가 중점 내용
	1-❸	식량 및 실외기 확인		비상식량 및 식수 확보 실외기 상태 점검
		비상식량 및 식수 확인, 실외기 상태 점검	조리원	
	1-❹	상황 보고		
		각 반 정보 취합하여 원장에게 보고	①, ⑨반 교사	
		연장보육 및 비상식량 등 상황 정리하여 보고		
		3. 집중호우 상황 훈련 종료		
	• 집중호우 상황 훈련 종료 안내			

출처: 보건복지부보육기반과(2016). 비상대피훈련 시나리오를 재구성하여 제시함.

마. 재난유형별 비상대피훈련 시나리오

#1. 조리실

조 리 원: (조리실의 발화를 발견하고 화재경보기를 울리며) 불이야! 불이야!

#2. 원장실

원　　장: (119에 연락을 하며) 여기 ○○구 ○○동 ○○어린이집에서 불이 났습니다.
불은 점심식사를 준비하던 조리실에서 발화한 것으로 보입니다.
근처에는 (알기 쉬운 큰 건물)이 있습니다.
제 전화번호는 ○○○-○○○○-○○○○입니다. 어린이집에는 보육교직원 36명
과 영유아 245명이 있습니다.

#3. 보육실

모든 보육교직원, 영유아: 불이야! 불이야!

⑤반 교사: ⑤, ⑥, ⑦, ⑧, ⑨, ⑩, ⑭반은 1층 현관문으로 대피하겠습니다.
저와 ⑭반 교사는 선두에서 대피를 유도할 테니, ⑥, ⑦, ⑧, ⑨, ⑩반 선생님은 후미에
서 대피를 유도해 주세요.
⑥~⑩반 교사: (후미에서 잔류인원 확인 후 대피하며) 저는 후미에서 대피를 유도합니다.
③반 교사: ①, ②, ③, ④반은 1층 비상문으로 대피하겠습니다. 저는 선두에서 대피를 유도할 테
니, ①, ②, ④반 교사는 후미에서 대피를 유도해 주세요.
①, ②, ④반 교사: (후미에서 잔류인원 확인 후 대피하며) 저는 후미에서 대피를 유도합니다.
⑫반 교사: ⑪, ⑫, ⑬반은 2층 비상문으로 대피하겠습니다. 저는 선두에서 대피를 유도할 테니,
⑪, ⑬반 교사는 후미에서 대피를 유도해 주세요.
⑪, ⑬반 교사: (후미에서 잔류인원 확인 후 대피하며) 저는 후미에서 대피를 유도합니다.

⑤, ⑥, ⑬반 교사: (비상연락망, 비상연락 휴대폰을 챙기며) 저는 비상연락망과 비상연락 휴대폰
을 가지고 대피하겠습니다.
간 호 사: (비상구급함을 챙기며) 저는 비상구급함을 가지고 대피하겠습니다.

#4. 대피 장소

①반 교사: 어린이집 1층 인원 최종점검하겠습니다.
1층 최종점검 결과, 모든 일원 대피 완료했습니다. 이상 없습니다.
⑨반 교사: 어린이집 2층 인원 최종점검하겠습니다.
2층 최종점검 결과, 모든 일원 대피 완료했습니다. 이상 없습니다.

원　　　장: (각 반 교사를 향해) 담임교사는 각 반 인원을 확인해서 알려 주세요.

①반 교사: ①반 교사 2명 중 2명, 조리원 3명 중 3명, 영아 출석인원 6명 중 6명으로 이상 없습니다.

②반 교사: ②반 교사 2명 중 2명, 조리원 2명 중 2명, 영아 출석인원 6명 중 6명으로 이상 없습니다.

③반 교사: ③반 교사 2명 중 2명, 영아 출석인원 10명 중 10명으로 이상 없습니다.

④반 교사: ④반 교사 2명 중 2명, 영아 출석인원 10명 중 10명으로 이상 없습니다.

⑤반 교사: ⑤반 교사 2명 중 2명, 영아 출석인원 10명 중 10명으로 이상 없습니다.

⑥반 교사: ⑥반 교사 3명 중 3명, 영아 출석인원 21명 중 21명으로 이상 없습니다.

⑦반 교사: ⑦반 교사 3명 중 3명, 영아 출석인원 21명 중 21명으로 이상 없습니다.

⑧반 교사: ⑧반 교사 3명 중 3명, 영아 출석인원 21명 중 21명으로 이상 없습니다.

⑨반 교사: ⑨반 교사 2명 중 2명, 유아 출석인원 30명 중 30명으로 이상 없습니다.

⑩반 교사: ⑩반 교사 2명 중 2명, 유아 출석인원 30명 중 30명으로 이상 없습니다.

⑪반 교사: ⑪반 교사 1명 중 1명, 유아 출석인원 20명 중 20명으로 이상 없습니다.

⑫반 교사: ⑫반 교사 1명 중 1명, 유아 출석인원 20명 중 20명으로 이상 없습니다.

⑬반 교사: ⑬반 교사 1명 중 1명, 유아 출석인원 20명 중 20명으로 이상 없습니다.

⑭반 교사: ⑭반 교사 1명 중 1명, 유아 출석인원 20명 중 19명은 이상 없으나,
　　　　　유아 1명 부상자가 있습니다.

간 호 사: ⑭반에 부상자가 있습니다. 응급처치를 실시하겠습니다. 구급차를 불러 주세요.

사 무 원: (지정 병원에 연락을 하며) 여기는 ○○구 ○○동 ○○어린이집입니다.
　　　　　오늘 지진으로 인하여 대피하던 중 부상자가 발생했습니다.

나머지 보육교직원: 모두 여기에서 계속 대피해 주세요.

⑭반 교사: (부상자가 있을 때) 안녕하세요. ○○○학부모님 맞으시죠?
　　　　　○○어린이집 ⑭반 담임교사입니다.
　　　　　점심식사 준비 중 조리실에서 발화를 발견하여 어린이집 외부 지정장소로 대피했습니다.
　　　　　대피를 하는 도중 ○○○이 부상을 입어 지정 병원으로 후송하였습니다.

①~⑬반 교사: (부상자가 없을 때) 안녕하세요. ○○○학부모님 맞으시죠?
　　　　　○○어린이집 ○반 담임교사입니다.
　　　　　점심식사 준비 중 조리실에서 발화를 발견하여 어린이집 외부 지정장소로 대피했습니다.
　　　　　○반 모두 부상자 없이 지정장소로 안전하게 대피 완료했습니다.

원　　　장: 오늘 ○○구 ○○동 ○○어린이집에서 불이 났으며, 불은 점심식사를 준비하던 조리
　　　　　실에서 발화한 것으로 보입니다.
　　　　　어린이집에는 보육교직원 36명과 영유아 245명이 있었습니다.
　　　　　(시계를 확인하며) 오늘 화재 대피 훈련 시간은 총 ○○분 소요되었습니다.
　　　　　차례를 지켜 다시 각 반으로 돌아가시기 바랍니다.

20

#1. ②반 보육실

②반 교사: (②반 보육실에서 흔들림을 감지하고) 어린이집 건물이 흔들리고 있습니다. 지진 시 행동요령을 진행하겠습니다.

#2. 원장실

원　　장: (재난위험경보 사이렌을 울리며) 현재시각 우리나라 전역에 지진재난경보가 발령되었습니다. 강도 4.5의 지진이 발생하였습니다.

#3. 조리실

조 리 원: (가스 및 전기 차단기를 내린 후) 조리실 내의 가스 및 전기 차단을 완료했습니다. 조리실 문을 열고 ①, ②반으로 이동하겠습니다.

#4. 보육실

①~⑧반 교사: (쿠션과 이불로 머리를 보호하며) ○반 친구들! 모두 쿠션 아래와 이불 속으로 대피하세요.

⑨~⑭반 교사: (책상 밑으로 들어가 머리를 보호하며) ○반 친구들! 모두 책상 밑으로 대피하세요.

#5. 원장실

원　　장: (대피경보기를 작동하며) 지진의 흔들림이 멈추었습니다. 모두 어린이집 밖 지정장소로 대피하세요.

#6. 보육실

⑤반 교사: ⑤, ⑥, ⑦, ⑧, ⑨, ⑩, ⑭반은 1층 현관문으로 대피하겠습니다. 저와 ⑭반 선생님은 선두에서 대피를 유도할 테니, ⑥, ⑦, ⑧, ⑨, ⑩반 선생님은 후미에서 대피를 유도해 주세요.

⑥~⑩반 교사: (후미에서 잔류인원 확인 후 대피하며) 저는 후미에서 대피를 유도합니다.

③반 교사: ①, ②, ③, ④반은 1층 비상문으로 대피하겠습니다. 저는 선두에서 대피를 유도할 테니, ①, ②, ④반 선생님은 후미에서 대피를 유도해 주세요.

①, ②, ④반 교사: (후미에서 잔류인원 확인 후 대피하며) 저는 후미에서 대피를 유도합니다.

⑫반 교사: ⑪, ⑫, ⑬반은 2층 비상문으로 대피하겠습니다. 저는 선두에서 대피를 유도할 테니, ⑪, ⑬반 선생님은 후미에서 대피를 유도해 주세요.

⑪, ⑬반 교사: (후미에서 잔류인원 확인 후 대피하며) 저는 후미에서 대피를 유도합니다.

⑤, ⑥, ⑬반 교사: (비상연락망, 비상연락 휴대폰을 챙기며) 저는 비상연락망과 비상연락 휴대폰을 가지고 대피하겠습니다.

간 호 사: (비상구급함을 챙기며) 저는 비상구급함을 가지고 대피하겠습니다.

#7. 대피 장소

①반 교사: 어린이집 1층 인원 최종점검하겠습니다. 1층 최종점검 결과, 모든 인원 대피 완료했습니다. 이상 없습니다.

⑨반 교사: 어린이집 2층 인원 최종점검하겠습니다.
　　　　 2층 최종점검 결과, 모든 인원 대피 완료했습니다. 이상 없습니다.

원　　　장: (각 반 교사를 향해) 담임교사는 각 반 인원을 확인해서 알려 주세요.
①반 교사: ①반 교사 2명 중 2명, 조리원 3명 중 3명, 영아 출석인원 6명 중 6명으로 이상 없습니다.
②반 교사: ②반 교사 2명 중 2명, 조리원 2명 중 2명, 영아 출석인원 6명 중 6명으로 이상 없습니다.
③반 교사: ③반 교사 2명 중 2명, 영아 출석인원 10명 중 10명으로 이상 없습니다.
④반 교사: ④반 교사 2명 중 2명, 영아 출석인원 10명 중 10명으로 이상 없습니다.
⑤반 교사: ⑤반 교사 2명 중 2명, 영아 출석인원 10명 중 10명으로 이상 없습니다.
⑥반 교사: ⑥반 교사 3명 중 3명, 영아 출석인원 21명 중 21명으로 이상 없습니다.
⑦반 교사: ⑦반 교사 3명 중 3명, 영아 출석인원 21명 중 21명으로 이상 없습니다.
⑧반 교사: ⑧반 교사 3명 중 3명, 영아 출석인원 21명 중 21명으로 이상 없습니다.
⑨반 교사: ⑨반 교사 2명 중 2명, 유아 출석인원 30명 중 30명으로 이상 없습니다.
⑩반 교사: ⑩반 교사 2명 중 2명, 유아 출석인원 30명 중 30명으로 이상 없습니다.
⑪반 교사: ⑪반 교사 1명 중 1명, 유아 출석인원 20명 중 20명으로 이상 없습니다.
⑫반 교사: ⑫반 교사 1명 중 1명, 유아 출석인원 20명 중 20명으로 이상 없습니다.
⑬반 교사: ⑬반 교사 1명 중 1명, 유아 출석인원 20명 중 20명으로 이상 없습니다.
⑭반 교사: ⑭반 교사 1명 중 1명, 유아 출석인원 20명 중 19명은 이상 없으나,
　　　　 유아 1명 부상자가 있습니다.
간 호 사: ⑭반에 부상자가 있습니다. 응급처치를 실시하겠습니다. 구급차를 불러 주세요.
사 무 원: (지정 병원에 연락을 하며) 여기는 ○○구 ○○동 ○○어린이집입니다.
　　　　 오늘 지진으로 인하여 대피하던 중 부상자가 발생했습니다.

나머지 보육교직원: 모두 여기에서 계속 대피해 주세요.

⑭반 교사: (부상자가 있을 때) 안녕하세요. ○○○학부모님 맞으시죠?
　　　　 ○○어린이집 ⑭반 담임교사입니다.
　　　　 어린이집 내에서 흔들림을 감지하고, 강도 4.5의 지진이 발생하여 어린이집 외부 지정
　　　　 장소로 대피했습니다.
　　　　 대피를 하는 도중 ○○○이 부상을 입어 지정 병원으로 후송하였습니다.
①~⑬반 교사: (부상자가 없을 때) 안녕하세요. ○○○학부모님 맞으시죠?
　　　　 ○○어린이집 ○반 담임교사입니다.
　　　　 어린이집 내에서 흔들림을 감지하고, 강도 4.5의 지진이 발생하여 어린이집 외부 지정
　　　　 장소로 대피했습니다.
　　　　 ○반 모두 부상자 없이 지정장소로 안전하게 대피 완료했습니다.

원　　　장: 오늘 우리나라 전역에 강도 4.5의 지진이 발생하여 지진재난경보가 발령되었습니다.
　　　　 어린이집에는 보육교직원 36명과 영유아 245명이 있었습니다.
　　　　 (시계를 확인하며) 오늘 지진 대피 훈련 시간은 총 ○○분 소요되었습니다.
　　　　 차례를 지켜 다시 각 반으로 돌아가시기 바랍니다.

20

#1. 원장실

원　　　장: (기상청 홈페이지를 확인하며) 모든 교직원 여러분께 안내말씀 드립니다.
우리 ○○어린이집이 있는 ○○ 지역에 오늘 오전 9시 30분부터 대설주의보가 발효되었습니다.

#2. 사무실

사 무 원: (일기예보를 보며) 기상청 홈페이지와 일기예보에 의하면 앞으로 5cm 이상의 눈이 더 쌓일 것으로 예상됩니다.

#3. 현관

사 무 원: (미끄럼 방지대와 미끄럼주의 표지판을 설치한 후) 현관에도 눈이 쌓여 미끄러지는 사고를 방지하기 위해 미끄러지는 방지대와 미끄럼주의 표지판 설치를 완료하였습니다.

#4. 보육실

⑤, ⑥, ⑬반 교사: (비상연락망, 비상연락 휴대폰을 챙기며) 저는 비상연락망과 비상연락 휴대폰을 확인했습니다.

간 호 사: (비상구급함을 챙기며) 저는 비상구급함을 확인했습니다.

①~⑭반 교사: (부모에게 연락하며) 안녕하세요. ○○어린이집 ○반 교사입니다.
오늘 오전 9시 30분부터 ○○ 지역에 대설주의보가 발효되었습니다.
기상청에 따르면 앞으로 5cm 이상의 눈이 더 쌓인다고 합니다.
폭설로 인해 ○○○이 안전하게 귀가하도록 어린이집에 직접 오셔서 하원을 도와주셨으면 합니다.
○○○의 하원은 몇 시쯤 가능하겠습니까?
눈이 많이 와서 길이 미끄러우니 가급적 대중교통을 이용해 주시기 바랍니다.

#5. 식당

사 무 원: 비상식량과 식수, 보일러 상태를 확인해 주세요.

조 리 원: (비상식량과 식수를 확인하며) 비상식량 ○○개, 생수 ○○병을 조리실에 보관 중입니다.
(보일러 상태를 확인하며) 보일러실 안 보일러 작동에 이상 없음을 확인했습니다.

#6. 보육실

①반 교사: 각 반 인원현황을 보고해 주세요.
②반 교사: ②반 6명 모두 등원하였습니다.
③반 교사: ③반 10명 중 5명 등원하였습니다.
④반 교사: ④반 10명 중 8명 등원하였습니다.

⑤반 교사: ⑤반 21명 중 17명 등원하였습니다.
⑥반 교사: ⑥반 21명 중 13명 등원하였습니다.
⑦반 교사: ⑦반 21명 중 20명 등원하였습니다.
⑧반 교사: ⑧반 21명 중 15명 등원하였습니다.

⑨반 교사: 각 반 인원현황을 보고해 주세요.
⑩반 교사: ⑩반 30명 중 27명 등원하였습니다.
⑪반 교사: ⑪반 20명 중 15명 등원하였습니다.
⑫반 교사: ⑫반 20명 중 18명 등원하였습니다.
⑬반 교사: ⑬반 20명 중 16명 등원하였습니다.
⑭반 교사: ⑭반 20명 중 14명 등원하였습니다.

#7. ①, ⑨반 보육실

원　　장: 각 반 인원현황을 보고해 주세요.
①반 교사: 현재 ①반 6명 중 4명, ②반 6명 중 6명, ③반 10명 중 5명, ④반 10명 중 8명, ⑤반 21명 중 17명, ⑥반 21명 중 13명, ⑦반 21명 중 20명, ⑧반 21명 중 15명, 총 88명 등원하였습니다.
⑨반 교사: ⑨반 30명 중 22명, ⑩반 30명 중 27명, ⑪반 20명 중 15명, ⑫반 20명 중 18명, ⑬반 20명 중 16명, ⑭반 20명 중 14명, 총 112명 등원하였습니다.
원　　장: 연장보육이 필요한 인원은 몇 명인가요?
①반 교사: 영아반에서 출석인원 88명 중 48명이 연장보육 필요합니다.
⑨반 교사: 유아반에서 출석인원 112명 중 52명이 연장보육 필요합니다.

#8. ②, ④, ⑥, ⑩, ⑪, ⑬반 보육실

①반 교사: 현재 보육 인원 보고해 주세요.
②, ④반 교사: 현재 영아 출석인원 88명 중 88명은 ②, ④, ⑥반에서 보육하고 있습니다.
⑨반 교사: 유아 보육 인원 보고해 주세요.
⑩, ⑪, ⑬반 교사: 현재 유아 출석인원 112명 중 112명은 ⑩, ⑪, ⑬반에서 보육하고 있습니다.

#9. ⑦, ⑧, ⑭반 보육실

①반 교사: 제설작업 진행상황 보고해 주세요.
⑦, ⑧, ⑭반 교사: 어린이집 현관과 실외놀이터, 어린이집 주변 인도까지 제설작업 완료하였습니다.

#10. 1, 2층 복도

사 무 원: 오늘 ○○ 지역에 발효되었던 대설주의보가 해제되었습니다.
지금까지 대설 상황 훈련을 실시하였습니다.
이상으로 대설 상황 훈련을 마치겠습니다.

20

#1. 원장실

원   장: (기상청 홈페이지를 확인하며) 모든 교직원 여러분께 안내말씀 드립니다.

우리 ○○어린이집이 있는 ○○ 지역에 오늘 오전 9시 30분부터 호우주의보가 발효 되었습니다.

#2. 사무실

사 무 원: (일기예보를 보며) 기상청 홈페이지와 일기예보에 의하면 앞으로 3시간 이내에 60mm 이상의 비가 더 내릴 것으로 예상됩니다.

#3. 현관

⑦, ⑧, ⑭반 교사: (하수구와 배수구를 점검하며) 하수구와 배수구에 누수된 곳이나 막힌 곳이 없 는지 확인하였습니다.

#4. 보육실

⑤, ⑥, ⑬반 교사: (비상연락망, 비상연락 휴대폰을 챙기며) 저는 비상연락망과 비상연락 휴대폰을 확인했습니다.

간 호 사: (비상구급함을 챙기며) 저는 비상구급함을 확인했습니다.

①~⑭반 교사: (부모에게 연락하며) 안녕하세요. ○○어린이집 ○반 교사입니다.

오늘 오전 9시 30분부터 ○○ 지역에 호우주의보가 발효되었습니다.

기상청에 따르면 앞으로 3시간 이내에 60mm 이상의 비가 더 내린다고 합니다.

집중호우로 인해 ○○○이 안전하게 귀가하도록 어린이집에 직접 오셔서 하원을 도 와주셨으면 합니다. ○○○의 하원은 몇 시쯤 가능하겠습니까?

비가 많이 와서 길이 미끄러우니 가급적 대중교통을 이용해 주시기 바랍니다.

#5. 식당

사 무 원: 비상식량과 식수, 에어컨 실외기 상태를 확인해 주세요.

조 리 원: (비상식량과 식수를 확인하며) 비상식량 ○○개, 생수 ○○병을 조리실에 보관 중입니다.

(에어컨 실외기 상태를 확인하며) 에어컨 실외기 작동에 이상 없음을 확인했습니다.

#6. 보육실

①반 교사: 각 반 인원현황을 보고해 주세요.

②반 교사: ②반 6명 모두 등원하였습니다.

③반 교사: ③반 10명 중 5명 등원하였습니다.

④반 교사: ④반 10명 중 8명 등원하였습니다.

⑤반 교사: ⑤반 21명 중 17명 등원하였습니다.

⑥반 교사: ⑥반 21명 중 13명 등원하였습니다.

⑦반 교사: ⑦반 21명 중 20명 등원하였습니다.

⑧반 교사: ⑧반 21명 중 15명 등원하였습니다.

⑨반 교사: ⑨반 30명 중 22명 등원하였습니다.

⑩반 교사: ⑩반 30명 중 27명 등원하였습니다.

⑪반 교사: ⑪반 20명 중 15명 등원하였습니다.

⑫반 교사: ⑫반 20명 중 18명 등원하였습니다.

⑬반 교사: ⑬반 20명 중 16명 등원하였습니다.

⑭반 교사: ⑭반 20명 중 14명 등원하였습니다.

#7. ①, ⑨반 보육실

원   장: 각 반 인원현황을 보고해 주세요.

①반 교사: 현재 ①반 6명 중 4명, ②반 6명 중 6명, ③반 10명 중 5명, ④반 10명 중 8명, ⑤반 21명 중 17명, ⑥반 21명 중 13명, ⑦반 21명 중 20명, ⑧반 21명 중 15명, 총 88명 등원하였습니다.

⑨반 교사: ⑨반 30명 중 22명, ⑩반 30명 중 27명, ⑪반 20명 중 15명, ⑫반 20명 중 18명, ⑬반 20명 중 16명, ⑭반 20명 중 14명, 총 112명 등원하였습니다.

원   장: 연장보육이 필요한 인원은 몇 명인가요?

①반 교사: 영아반에서 출석인원 88명 중 48명이 연장보육 필요합니다.

⑨반 교사: 유아반에서 출석인원 112명 중 52명이 연장보육 필요합니다.

원   장: 집중호우 대비상황 보고해 주세요.

①반 교사: 하수구와 배수구, 에어컨 실외기 점검 완료하였고, 비상식량 ○○개, 생수 ○○병을 조리실에서 보관 중입니다.

#8. I, 2층 복도

사 무 원: 오늘 ○○ 지역에 발효되었던 호우주의보가 해제되었습니다.

지금까지 집중호우 상황 훈련을 실시하였습니다.

이상으로 집중호우 상황 훈련을 마치겠습니다.

바. 비상대피도

지하 1층 1층 2층

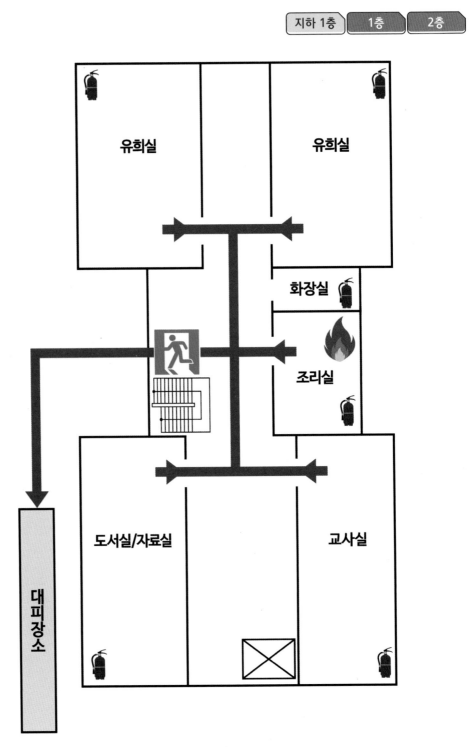

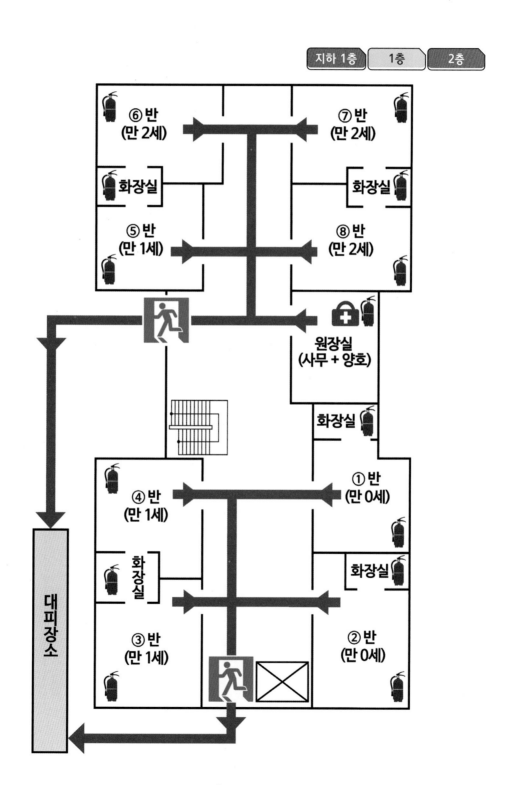

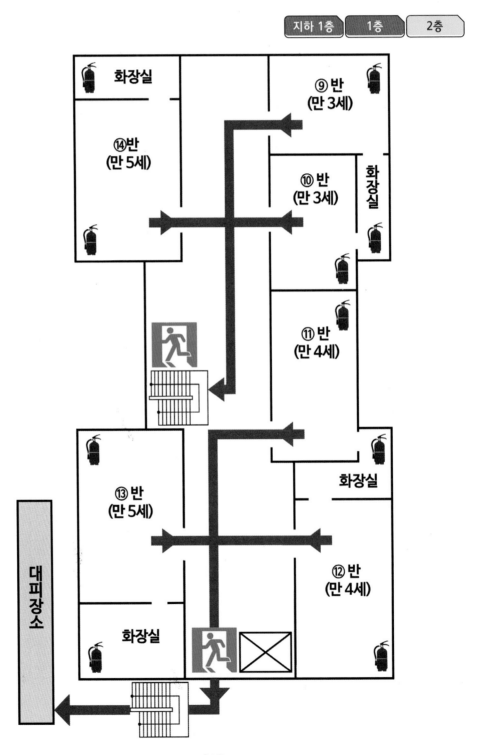

| 업무카드 | 비상연락망 | 비상대피도 |

_____ 반 교사 _____

원 장☎__-__-__　　소방서☎__-__-__
경찰서☎__-__-__　　병 원☎__-__-__

상황		업무
평상시		
재난시	공통	1. 위기상황 전파 2. 현 위치 초동대응 3. 비상대피로 확보 및 대피 유도
	화재·지진	
	폭설·집중호우	

| 업무카드 | 비상연락망 | 비상대피도 |

_____ 반 비상연락망

원 장☎__-__-__　　소방서☎__-__-__
경찰서☎__-__-__　　병 원☎__-__-__

이름	연락처

| 업무카드 | 비상연락망 | 비상대피도 |

어린이집 비상연락망

원 장☎__-__-__　　소방서☎__-__-__
경찰서☎__-__-__　　병 원☎__-__-__

교직원 구성	성명	연락처

| 업무카드 | 비상연락망 | 비상대피도 |

지하 1층 비상대피도

원 장☎__-__-__　　소방서☎__-__-__
경찰서☎__-__-__　　병 원☎__-__-__

20

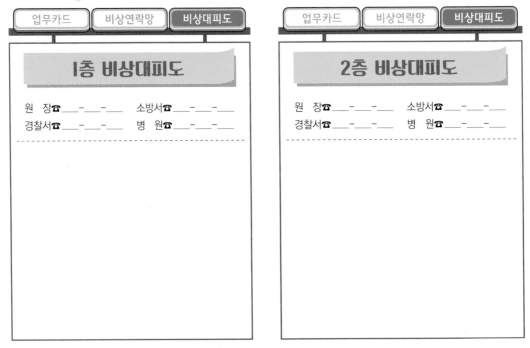

| 업무카드 | 비상연락망 | **비상대피도** |

1층 비상대피도

원 장☎__-__-__   소방서☎__-__-__
경찰서☎__-__-__   병 원☎__-__-__

| 업무카드 | 비상연락망 | **비상대피도** |

2층 비상대피도

원 장☎__-__-__   소방서☎__-__-__
경찰서☎__-__-__   병 원☎__-__-__

※ 개인별 업무카드는 소책자 형태로 제작하여 휴대
※ [부록]의 사례를 참조하여 재난발생 시 개인별 역할을 구체적으로 분담하되, 상황에 따라 유동적으로 대처할
    수 있도록 작성

| 21 | 300명 | 직장 어린이집 | 전용 | 3층 | 조리원 ○ |

🖐 가. 기본현황

보육 정원	연령별 반구성								교직원	보육교직원 구성			
	①반 (만 0세)	②반 (만 1세)	③반 (만 1세)	④반 (만 1세)	⑤반 (만 2세)	⑥반 (만 2세)	⑦반 (만 2세)	⑧반 (만 2세)		원장		보육교사	
300명	6명	10명	10명	10명	21명	21명	21명	21명	41명	1명		30명	
	⑨반 (만 3세)	⑩반 (만 3세)	⑪반 (만 4세)	⑫반 (만 4세)	⑬반 (만 4세)	⑭반 (만 5세)	⑮반 (만 5세)	⑯반 (만 5세)		영양사	간호사	조리원	사무원
	30명	30명	20명	20명	20명	20명	20명	20명		1명	1명	7명	1명

🖐 나. 평상시 재난 관련 업무분담표

다. 재난 시 업무분담표

담당자		화재 발생 시	지진 발생 시	폭설 발생 시	집중호우 발생 시
원장		• 지휘 · 명령 · 총괄 • 응급기관 연락 • 화재 장소 확인 • 지자체 보고 및 보고서 작성(외부)	• 지휘 · 명령 · 총괄 • 응급기관 연락 • 지진 진원지 확인 • 지자체 보고 및 보고서 작성(외부)	• 지휘 · 명령 · 총괄 • 지자체 보고 및 보고서 작성(외부)	• 지휘 · 명령 · 총괄 • 지자체 보고 및 보고서 작성(외부)
1층	①반 교사 (만 0세)	• 비상시 비상벨 작동 및 원내 전달 • ①반 대피유도 및 1층 최종점검	• 비상시 비상벨 작동 및 원내 전달 • ①반 대피유도 및 1층 최종점검	• (영아 보육 총괄)	• (영아 보육 총괄)
	②반 교사 (만 1세)	• (대피 후 만 1세 보육 총괄) • ②반 대피유도	• (대피 후 만 1세 보육 총괄) • ②반 대피유도	• (만 1세반 보육)	• (만 1세반 보육)
	③반 교사 (만 1세)	• ③반 대피유도	• ③반 대피유도	• 미끄럼주의 표지판 설치	• 현관문, 창문 점검
	④반 교사 (만 1세)	• 현관문 개방 • ④반 대피유도	• 현관문 개방 • ④반 대피유도	• 현관문, 창문 점검	• 현관문, 창문 점검
	⑤반 교사 (만 2세)	• (대피 후 만 2세 보육 총괄) • ⑤반 대피유도	• (대피 후 만 2세 보육 총괄) • ⑤반 대피유도	• (만 2세반 보육)	• (만 2세 보육)
	⑥반 교사 (만 2세)	• ⑥반 대피유도	• ⑥반 대피유도	• 제설작업	• 하수구, 배수구 점검
	⑦반 교사 (만 2세)	• ⑦반 대피유도	• ⑦반 대피유도	• 제설작업	• 하수구, 배수구 점검
	⑧반 교사 (만 2세)	• 비상문 개방 • ⑧반 대피유도	• 비상문 개방 • ⑧반 대피유도	• 제설작업	• 하수구, 배수구 점검
2층	⑨반 교사 (만 3세)	• 비상시 비상벨 작동 및 원내 전달 • ⑨반 대피유도 및 2층 최종점검	• 비상시 비상벨 작동 및 원내 전달 • ⑨반 대피유도 및 2층 최종점검	• (유아 보육 총괄)	• (유아 보육 총괄)
	⑩반 교사 (만 3세)	• (대피 후 만 3세 보육 총괄) • ⑩반 대피유도	• (대피 후 만 3세 보육 총괄) • ⑩반 대피유도	• (만 3세반 보육)	• (만 3세반 보육)
	⑪반 교사 (만 4세)	• (대피 후 만 4세 보육 총괄) • ⑪반 대피유도	• (대피 후 만 4세 보육 총괄) • ⑪반 대피유도	• (만 4세반 보육)	• (만 4세반 보육)
	⑫반 교사 (만 4세)	• 비상문 개방 • ⑫반 대피유도	• 비상문 개방 • ⑫반 대피유도	• 미끄럼주의 표지판 설치 • 비상문, 창문 점검	• 비상문, 창문 점검
	⑬반 교사 (만 4세)	• ⑬반 대피유도	• ⑬반 대피유도	• 제설작업	• 하수구, 배수구 점검
	⑭반 교사 (만 5세)	• (대피 후 만 5세 보육 총괄) • ⑭반 대피유도	• (대피 후 만 5세 보육 총괄) • ⑭반 대피유도	• (만 5세반 보육)	• (만 5세 보육)
	⑮반 교사 (만 5세)	• ⑮반 대피유도	• ⑮반 대피유도	• 미끄럼주의 표지판 설치 • 현관문, 창문 점검	• 현관문, 창문 점검
	⑯반 교사 (만 5세)	• ⑯ 반 대피유도	• ⑯ 반 대피유도	• 제설작업	• 하수구, 배수구 점검
영양사		• 대피유도 및 보육 보조	• 대피유도 및 보육 보조	• 비상식량 확인	• 비상식량 확인 • 전기콘센트 점검
간호사		• 응급처치 및 지정 병원으로 긴급후송 • 구급약품 관리	• 응급처치 및 지정 병원으로 긴급후송 • 구급약품 관리	• 응급처치 및 지정 병원으로 긴급후송 • 구급약품 관리	• 응급처치 및 지정 병원으로 긴급후송 • 구급약품 관리
조리원		• 가스 차단 • 전기 차단	• 가스 차단 • 전기 차단	• 난방시설 확인	• 가스 점검 • 냉방시설 확인
사무원		• 관계기관 통보 • 보고서 작성(내부) • 화재 발생 상황 수시 파악 • 주요 서류 및 물건 반출	• 관계기관 통보 • 보고서 작성(내부) • 지진 발생 상황 수시 파악 • 주요 서류 및 물건 반출	• 폭설 상황 수시 파악 • 보고서 작성(내부)	• 호우 상황 수시 파악 • 보고서 작성(내부)

21

라. 재난유형별 비상대피훈련 계획

| 화재 | 지진 | 폭설 | 집중호우 |

훈련명	비상대피훈련	훈련일	○○○○년 ○○월 ○○일
훈련 참가자	보육교직원 (41) 명 / 영유아 (300) 명	훈련시간	○○시 ○○분
훈련종류	화재 대피 실제 훈련		
훈련목표	• 화재 발생 시 행동요령을 이해한다. • 훈련을 통해 안전한 대피방법을 연습한다. • 실제 화재 발생 시 안전하게 대피한다.		
재난상황 시나리오	조리실에서 점심식사 준비 중 화재 발생으로 대피		
훈련 전 점검	• 훈련 계획의 내용 숙지　• 소화기 위치 파악 • 재난 시 업무분담 숙지　• 어린이집 앞 표지판 부착 • 대피로 동선 파악　　　（비상대피훈련 중-집결지 안내）		
훈련내용	1. 화재경보 사이렌　　　　　3. 부상자, 사상자 확인 및 응급처치 2. 대피경로로 대피, 대피장소 집결　4. 부모에게 연락 　(영유아 인원 확인)　　　　5. 훈련 종료		

	훈련	평가 중점 내용
훈련계획 세부내용	**1. 화재 상황 인지 및 알림**(화재경보 사이렌)	
	❶ 조리원 발화 발견 • 화재 첫 발견자는 불이 났음을 주변에 신속하게 알림 • 소화기 사용하여 조기 진화 시도 • 가스 및 전기 차단 • 조리실 문 닫고 ①반(만 0세)으로 이동	육성 및 경보기 소리 전달 여부 소화기 사용
	❷ 원장(지휘·명령·총괄) • 화재장소 파악 후 응급기관(119) 연락	위치, 상황 설명
	2. 화재 시 매뉴얼 진행	
	[1단계] 각 반 영유아 대피 시작 • 화재경보 사이렌과 동시에 대피 시작 • 대피 시 양쪽 벽으로 이동하여 통로 가운데 소화출입로를 확보함 • 보행이 어려운 영아는 교사가 안고 대피 • 각 반 교사는 비상연락망을 가지고 대피 • 현관문, 비상문에 먼저 도착한 교사가 현관문, 비상문 개방 • 각 반 인원 확인 후 원장에게 보고	질서 유지하며 대피

훈련				평가 중점 내용
훈련계획 세부내용	**각 반 대피 시작**			**대피시간**
1-❶	대피로	1층	현관문	③, ④, ⑤, ⑥반	
			비상문	①, ②, ⑦, ⑧반	
		2층	현관문	⑨, ⑩, ⑮, ⑯반	
			비상문	⑪, ⑫, ⑬, ⑭반	
	영유아 선두 대피유도			④, ⑧, ⑨, ⑫반 교사	
	영유아 후미 대피유도			①, ②, ③, ⑤, ⑥, ⑦, ⑩, ⑪, ⑬, ⑭, ⑮, ⑯반 교사	
	구급약품 소지			간호사	
1-❷	**현관문, 비상문 개방**				**대피한 영유아 수**
	현관문 개방			④반 교사	
	비상문 개방			⑧, ⑫반 교사	
1-❸	**각 반 대피 완료**				
	영유아 후미 대피유도, 각 반 보육실 문 닫고 대피			①, ②, ③, ⑤, ⑥, ⑦, ⑩, ⑪, ⑬, ⑭, ⑮, ⑯반 교사	
	최종 점검 후 대피			①, ⑨반 교사	
	영유아와 정해진 장소에 집결			전체 보육교직원	

훈련		평가 중점 내용
[2단계] 부상자, 사상자 확인 및 응급처치		**부상자 응급처치/ 구급차 후송**
2-❶	**응급처치**	
	부상자 확인 후 응급처치 실시, 구급차 후송	간호사	
	관련기관(인근 병원 등) 연락, 사상자 확인	사무원	
2-❷	**각 반 대피 지속**	
	영유아와 안전한 곳에서 대피 지속	①, ②, ③, ④, ⑤, ⑥, ⑦, ⑧, ⑨, ⑩, ⑪, ⑫, ⑬, ⑭, ⑮, ⑯반 교사, 조리원	
[3단계] 각 반 영유아 부모에게 연락		**연락시간/ 응대 태도**
3-❶	**부모 연락**	
	비상연락망 이용하여 부모에게 연락	①, ②, ③, ④, ⑤, ⑥, ⑦, ⑧, ⑨, ⑩, ⑪, ⑫, ⑬, ⑭, ⑮, ⑯반 교사	
3. 화재 대피 훈련 종료		
• 화재 대피 훈련 종료 안내		**대피시간**

※ 부상자가 없을 경우 [1-❶ → 1-❷ → 1-❸ → 3-❶] 순으로 진행

출처: 보건복지부보육기반과(2016). 비상대피훈련 시나리오를 재구성하여 제시함.

| 화재 | 지진 | 폭설 | 집중호우 |

훈련명	비상대피훈련	훈련일	○○○○년 ○○월 ○○일
훈련 참가자	보육교직원 (41) 명 / 영유아 (300) 명	훈련시간	○○시 ○○분
훈련종류	지진 대피 실제 훈련		
훈련목표	• 지진 발생 시 행동요령을 이해한다. • 훈련을 통해 안전한 대피방법을 연습한다. • 실제 지진 발생 시 안전하게 대피한다.		
재난상황 시나리오	②반 보육실에서 먼저 흔들림을 감지하여 어린이집에 알리고 대피(강도 4.5)		
훈련 전 점검	• 훈련 계획의 내용 숙지 • 소화기 위치 파악 • 재난 시 업무분담 숙지 • 어린이집 앞 표지판 부착 • 대피로 동선 파악 (비상대피훈련 중−집결지 안내)		
훈련내용	1. 재난위험경보 사이렌 4. 부상자, 사상자 확인 및 응급처치 2. 지진 행동요령 진행 5. 부모에게 연락 3. 대피경로로 대피, 대피장소 집결 6. 훈련 종료 　(영유아 인원 확인)		

	훈련	평가 중점 내용
훈련계획 세부내용	**1. 지진 상황 인지 및 알림**	
	❶ ②교사 지진 감지 　• 지진 첫 감지자는 지진이 발생했음을 주변 및 원장에게 신속하게 알리고 지진 시 행동요령을 진행함 ❷ 원장(지휘 · 명령 · 총괄) 　• 어린이집 전체에 지진 비상상황 알림(재난위험경보 사이렌 울림) ❸ 조리원 　• 가스 및 전기 차단 • 조리실 문 개방 　• ①반(만 0세), ②, ③, ④반(만 1세)으로 이동	지진 상황 전달 여부 어린이집 전체에 지진 상황 알림
	2. 지진 시 매뉴얼 진행	
	[1단계] 지진 시 행동요령 진행 • 주변에 방석이나 이불 등 쿠션감 있는 것으로 머리 보호	

1-❶	문 개방	
	각 반 보육실 문 개방	①, ②, ③, ④, ⑤, ⑥, ⑦, ⑧, ⑨, ⑪, ⑩, ⑫, ⑬, ⑭, ⑮, ⑯반 교사
	현관문 개방	④반 교사
	비상문 개방	⑧, ⑫반 교사

	훈련				평가 중점 내용
훈련계획 세부내용	1-❷	전체 영유아가 자세를 낮추고 머리 보호			지진 시 행동요령 숙지
		쿠션 아래로(이불 속 등) 대피		①, ②, ③, ④, ⑤, ⑥, ⑦, ⑧반(영아반)	
		책상 밑으로 대피		⑨, ⑩, ⑪, ⑫, ⑬, ⑭, ⑮, ⑯반(유아반)	
	1-❸	흔들림이 멈출 때까지 대기(2분 정도)			
		흔들림의 정도를 살핀 후 흔들림이 멈추면 대피경보 사이렌 울림		원장(안전관리책임관)	
	[2단계] 각 반 영유아 대피 시작(대피경보 사이렌) • 흔들림이 멈춘 후 사이렌이 울림과 동시에 대피 시작 • 보행이 어려운 영아는 교사가 안고 대피 • 각 반 교사 비상연락망 가지고 대피 • 각 반 인원 확인하여 원장에게 보고				질서 유지하며 대피
	2-❶	각 반 대피 시작			
		대피로	1층	현관문	③, ④, ⑤, ⑥반	대피시간
				비상문	①, ②, ⑦, ⑧반	
			2층	현관문	⑨, ⑩, ⑮, ⑯반	
				비상문	⑪, ⑫, ⑬, ⑭반	
		영유아 선두 대피유도		④, ⑧, ⑨, ⑫반 교사	
		영유아 후미 대피유도		①, ②, ③, ⑤, ⑥, ⑦, ⑩, ⑪, ⑬, ⑭, ⑮, ⑯반 교사	
		구급약품 소지		간호사	
	2-❷	각 반 대피 완료			대피한 영유아 수
		최종점검 후 대피		①, ⑨반 교사	
		영유아와 정해진 장소에 집결		전체 보육교직원	
	[3단계] 부상자, 사상자 확인 및 응급처치				부상자 응급처치/ 구급차 후송
	3-❶	응급처치			
		부상자 확인 후 응급처치 실시, 구급차 후송		간호사	
		관련기관(인근 병원 등) 연락, 사상자 확인		사무원	
	3-❷	각 반 대피 지속			
		영유아와 안전한 곳에서 대피 지속		①, ②, ③, ④, ⑤, ⑥, ⑦, ⑧, ⑨, ⑩, ⑪, ⑫, ⑬, ⑭, ⑮, ⑯반 교사, 조리원	
	[4단계] 각 반 영유아 부모에게 연락				연락시간/ 응대 태도
	4-❶	부모 연락			
		비상연락망 이용하여 부모에게 연락		①, ②, ③, ④, ⑤, ⑥, ⑦, ⑧, ⑨, ⑩, ⑪, ⑫, ⑬, ⑭, ⑮, ⑯반 교사	
	3. 지진 대피 훈련 종료				
	• 지진 대피 훈련 종료 안내				대피시간

※ [1-❶]에서 현관문 및 비상문 개방에 실패했을 경우 대피유도자는 동선을 변경하여 대비
※ 부상자가 없을 경우 [1-❶ → 1-❷ → 2-❶ → 2-❷ → 1-❸ → 4-❶] 순으로 진행
출처: 보건복지부보육기반과(2016). 비상대피훈련 시나리오를 재구성하여 제시함.

화재	지진	폭설	집중호우

훈련명	비상대응훈련	훈련일	○○○○년 ○○월 ○○일
훈련 참가자	보육교직원 (41) 명 / 영유아 (300) 명	훈련시간	○○시 ○○분
훈련종류	폭설 대응 실제 훈련		

훈련목표	• 대설 발생 시 행동요령을 이해한다. • 훈련을 통해 안전한 대비방법을 연습한다. • 실제 대설 상황 시 안전하게 대비한다.
재난상황 시나리오	등원 후 눈이 내려 5cm 두께의 눈이 쌓이고 눈이 계속 오는 상황 • 대설주의보: 24시간 신적설량이 5cm 이상 예상될 때 • 대설경보: 24시간 신적설량이 20cm 이상 예상될 때 　(산지는 30cm 이상 예상될 때)
훈련 전 점검	• 제설작업 도구 점검(빗자루, 염화칼슘 또는 모래, 미끄럼주의 표지판)
훈련내용	1. 대설 상황 알림　　　　　　　　5. 각 반 상황 파악 2. 대설 시 매뉴얼 진행　　　　　6. 제설작업 3. 기상정보 청취　　　　　　　　7. 종료 4. 부모에게 연락

	훈련	평가 중점 내용
훈련계획 세부내용	**1. 대설 상황 인지 및 알림**	
	❶ 원장(지휘·명령·총괄) 　• 기상청 홈페이지 및 일기예보 참고하여 상황 예측 　• 어린이집 전체에 대설 상황 알림	어린이집 전체에 대설 상황 알림
	2. 대설 시 매뉴얼 진행	
	[1단계] 대설 시 행동요령 진행 • 마실 수 있는 물 공급처가 동결될 것에 대비 • 미끄럼주의 표지판 설치	연락시간/ 응대 태도

1-❶	어린이집 시설점검	
	기상정보 들으며 기상상황 수시 파악	사무원
	현관에 미끄럼 방지대 깔기	

1-❷	각 반 부모 전화 연락		비상식량 및 식수 확보 보일러 상태 점검
	대설주의보(대설경보) 상황 안내		
	하원 가능 시간 문의 (석식 준비 및 비상식량 예측)	①, ②, ③, ④, ⑤, ⑥, ⑦, ⑧, ⑨, ⑩, ⑪, ⑫, ⑬, ⑭, ⑮, ⑯반 교사	
	하원 시 어린이집에 안전하게 도착할 수 있도록 주의사항 안내		

훈련계획 세부내용	훈련			평가 중점 내용
	1-❸	식량 및 보일러 확인		제설작업 숙지
		비상식량 및 식수 확인, 보일러 상태 점검	조리원	
	1-❹	상황 보고		
		각 반 정보 취합하여 원장에게 보고	①, ⑨반 교사	
		연장보육 및 비상식량 등 상황 정리하여 보고		
	1-❺	보육 지속 및 제설작업 진행		
		영유아 안전 보육 담당	②, ⑤, ⑩, ⑪, ⑭반 교사	
		제설작업 담당	⑥, ⑦, ⑧, ⑬, ⑯반 교사	
	3. 대설 상황 훈련 종료			
• 대설 상황 훈련 종료 안내				

출처: 보건복지부보육기반과(2016). 비상대피훈련 시나리오를 재구성하여 제시함.

| 화재 | 지진 | 폭설 | **집중호우** |

훈련명	비상대응훈련	훈련일	○○○○년 ○○월 ○○일
훈련 참가자	보육교직원 (41) 명 / 영유아 (300) 명	훈련시간	○○시 ○○분
훈련종류	집중호우 대응 실제 훈련		
훈련목표	• 집중호우 발생 시 행동요령을 이해한다. • 훈련을 통해 안전한 대비방법을 연습한다. • 실제 집중호우 상황 시 안전하게 대비한다.		
재난상황 시나리오	등원 후 비가 내려 60mm 높이로 잠기고 비가 계속 오는 상황 • 호우주의보: 3시간 강우량이 60mm 이상 예상될 때 또는 12시간 강우량이 110mm 이상 예상될 때 • 호우경보: 3시간 강우량이 90mm 이상 예상될 때 또는 12시간 강우량이 180mm 이상 예상될 때		
훈련 전 점검	• 하수구, 배수구 관리 도구 점검(집게)		
훈련내용	1. 집중호우 상황 알림 2. 집중호우 시 매뉴얼 진행 3. 기상정보 청취 4. 부모에게 연락	5. 각 반 상황 파악 6. 하수구, 배수구 점검 7. 종료	

	훈련	평가 중점 내용
	1. 집중호우 상황 인지 및 알림	
훈련계획 세부내용	❶ 원장(지휘 · 명령 · 총괄) • 기상청 홈페이지 및 일기예보 참고하여 상황 예측 • 어린이집 전체에 집중호우 상황 알림	어린이집 전체에 집중호우 상황 알림
	2. 집중호우 시 매뉴얼 진행	
	[1단계] 집중호우 시 행동요령 진행 • 빗물이 범람될 것에 대비	

	기상상황 파악 및 시설점검	
1-❶	기상정보 들으며 기상상황 수시 파악	사무원
	하수구, 배수구 점검	⑥, ⑦, ⑧, ⑬, ⑯반 교사

	각 반 부모 전화 연락	
1-❷	호우주의보(호우경보) 상황 안내	①, ②, ③, ④, ⑤, ⑥,
	하원 가능 시간 문의 (석식 준비 및 비상식량 예측)	⑦, ⑧, ⑨, ⑩, ⑪, ⑫,
	하원 시 어린이집에 안전하게 도착할 수 있도록 주의사항 안내	⑬, ⑭, ⑮, ⑯반 교사

평가 중점 내용: 연락시간/ 응대 태도

훈련			평가 중점 내용
1-❸	식량 및 실외기 확인		비상식량 및 식수 확보 실외기 상태 점검
	비상식량 및 식수 확인, 실외기 상태 점검	조리원	
1-❹	상황 보고		
	각 반 정보 취합하여 원장에게 보고	①, ⑨반 교사	
	연장보육 및 비상식량 등 상황 정리하여 보고		
3. 집중호우 상황 훈련 종료			
• 집중호우 상황 훈련 종료 안내			

(훈련계획 세부내용)

출처: 보건복지부보육기반과(2016). 비상대피훈련 시나리오를 재구성하여 제시함.

마. 재난유형별 비상대피훈련 시나리오   화재 지진 폭설 집중호우

#1. 조리실
조 리 원: (조리실의 발화를 발견하고 화재경보기를 울리며) 불이야! 불이야!

#2. 원장실
원　　장: (119에 연락을 하며) 여기 ○○구 ○○동 ○○어린이집에서 불이 났습니다.
불은 점심식사를 준비하던 조리실에서 발화한 것으로 보입니다.
근처에는 (알기 쉬운 큰 건물)이 있습니다.
제 전화번호는 ○○○-○○○○-○○○○입니다. 어린이집에는 보육교직원 41명과 영유아 300명이 있습니다.

#3. 보육실
모든 보육교직원, 영유아: 불이야! 불이야!

④반 교사: ③, ④, ⑤, ⑥, ⑨, ⑩, ⑮, ⑯반은 1층 현관문으로 대피하겠습니다. 저와 ⑨반 교사는 선두에서 대피를 유도할 테니, ③, ⑤, ⑥, ⑩, ⑮,⑯반 선생님은 후미에서 대피를 유도해 주세요.

③, ⑤, ⑥, ⑩, ⑮, ⑯반 교사: (후미에서 잔류인원 확인 후 대피하며) 저는 후미에서 대피를 유도합니다.

⑧반 교사: ①, ②, ⑦, ⑧반은 1층 비상문으로 대피하겠습니다. 저는 선두에서 대피를 유도할 테니, ①, ②, ⑦반 교사는 후미에서 대피를 유도해 주세요.

①, ②, ⑦반 교사: (후미에서 잔류인원 확인 후 대피하며) 저는 후미에서 대피를 유도합니다.

⑫반 교사: ⑪, ⑫, ⑬, ⑭반은 2층 비상문으로 대피하겠습니다. 저는 선두에서 대피를 유도할 테니, ⑪, ⑬, ⑭반 교사는 후미에서 대피를 유도해 주세요.

⑪, ⑬, ⑭반 교사: (후미에서 잔류인원 확인 후 대피하며) 저는 후미에서 대피를 유도합니다.

⑤, ⑥, ⑬, ⑭반 교사: (비상연락망, 비상연락 휴대폰을 챙기며) 저는 비상연락망과 비상연락 휴대폰을 가지고 대피하겠습니다.

간 호 사: (비상구급함을 챙기며) 저는 비상구급함을 가지고 대피하겠습니다.

#4. 대피 장소
①반 교사: 어린이집 1층 인원 최종점검하겠습니다.
1층 최종점검 결과, 모든 인원 대피 완료했습니다. 이상 없습니다.
⑨반 교사: 어린이집 2층 인원 최종점검하겠습니다.
2층 최종점검 결과, 모든 인원 대피 완료했습니다. 이상 없습니다.

원　　　장: (각 반 교사를 향해) 담임교사는 각 반 인원을 확인해서 알려 주세요.
①반 교사: ①반 교사 2명 중 2명, 조리원 1명 중 1명, 영아 출석인원 6명 중 6명으로 이상 없습니다.
②반 교사: ②반 교사 2명 중 2명, 조리원 2명 중 2명, 영아 출석인원 10명 중 10명으로 이상 없습니다.
③반 교사: ③반 교사 2명 중 2명, 조리원 2명 중 2명, 영아 출석인원 10명 중 10명으로 이상 없습니다.
④반 교사: ④반 교사 2명 중 2명, 조리원 2명 중 2명, 영아 출석인원 10명 중 10명으로 이상 없습니다.
⑤반 교사: ⑤반 교사 3명 중 3명, 영아 출석인원 21명 중 21명으로 이상 없습니다.
⑥반 교사: ⑥반 교사 3명 중 3명, 영아 출석인원 21명 중 21명으로 이상 없습니다.
⑦반 교사: ⑦반 교사 3명 중 3명, 영아 출석인원 21명 중 21명으로 이상 없습니다.
⑧반 교사: ⑧반 교사 3명 중 3명, 영아 출석인원 21명 중 21명으로 이상 없습니다.
⑨반 교사: ⑨반 교사 2명 중 2명, 유아 출석인원 30명 중 30명으로 이상 없습니다.
⑩반 교사: ⑩반 교사 2명 중 2명, 유아 출석인원 30명 중 30명으로 이상 없습니다.
⑪반 교사: ⑪반 교사 1명 중 1명, 유아 출석인원 20명 중 20명으로 이상 없습니다.
⑫반 교사: ⑫반 교사 1명 중 1명, 유아 출석인원 20명 중 20명으로 이상 없습니다.
⑬반 교사: ⑬반 교사 1명 중 1명, 유아 출석인원 20명 중 20명으로 이상 없습니다.
⑭반 교사: ⑭반 교사 1명 중 1명, 유아 출석인원 20명 중 20명으로 이상 없습니다.
⑮반 교사: ⑮반 교사 1명 중 1명, 유아 출석인원 20명 중 20명으로 이상 없습니다.
⑯반 교사: ⑯반 교사 1명 중 1명, 유아 출석인원 20명 중 19명은 이상 없으나,
　　　　　유아 1명 부상자가 있습니다.
간 호 사: ⑯반에 부상자가 있습니다. 응급처치를 실시하겠습니다. 구급차를 불러 주세요.
사 무 원: (지정 병원에 연락을 하며) 여기는 ○○구 ○○동 ○○어린이집입니다.
　　　　　오늘 화재로 인하여 대피하던 중 부상자가 발생했습니다.
나머지 보육교직원: 모두 여기에서 계속 대피해 주세요.

⑯반 교사: (부상자가 있을 때) 안녕하세요. ○○○학부모님 맞으시죠?
　　　　　○○어린이집 ⑯반 담임교사입니다.
　　　　　점심식사 준비 중 조리실에서 발화를 발견하여 어린이집 외부 지정장소로 대피했습니다.
　　　　　대피를 하는 도중 ○○○이 부상을 입어 지정 병원으로 후송하였습니다.

①~⑮반 교사: (부상자가 없을 때) 안녕하세요. ○○○학부모님 맞으시죠?
　　　　　○○어린이집 ○반 담임교사입니다.
　　　　　점심식사 준비 중 조리실에서 발화를 발견하여 어린이집 외부 지정장소로 대피했습니다.
　　　　　○반 모두 부상자 없이 지정장소로 안전하게 대피 완료했습니다.

원　　　장: 오늘 ○○구 ○○동 ○○어린이집에서 불이 났으며, 불은 점심식사를 준비하던 조리
　　　　　실에서 발화한 것으로 보입니다.
　　　　　어린이집에는 보육교직원 41명과 영유아 300명이 있었습니다.
　　　　　(시계를 확인하며) 오늘 화재 대피 훈련 시간은 총 ○○분 소요되었습니다.
　　　　　차례를 지켜 다시 각 반으로 돌아가시기 바랍니다.

21

50명 미만 어린이집	50명 이상 100명 미만 어린이집	100명 이상 어린이집

화재	지진	폭설	집중호우

#1. ②반 보육실

②반 교사: (②반 보육실에서 흔들림을 감지하고) 어린이집 건물이 흔들리고 있습니다. 지진 시 행동요령을 진행하겠습니다.

#2. 원장실

원   장: (재난위험경보 사이렌을 울리며) 현재시각 우리나라 전역에 지진재난경보가 발령되었습니다. 강도 4.5의 지진이 발생하였습니다.

#3. 조리실

조 리 원: (가스 및 전기 차단기를 내린 후) 조리실 내의 가스 및 전기 차단을 완료했습니다. 조리실 문을 열고 ①, ②반으로 이동하겠습니다.

#4. 보육실

①~⑧반 교사: (쿠션과 이불로 머리를 보호하며) ○반 친구들! 모두 쿠션 아래와 이불 속으로 대피하세요.

⑨~⑯반 교사: (책상 밑으로 들어가 머리를 보호하며) ○반 친구들! 모두 책상 밑으로 대피하세요.

#5. 원장실

원   장: (대피경보기를 작동하며) 지진의 흔들림이 멈추었습니다. 모두 어린이집 밖 지정장소로 대피하세요.

#6. 보육실

④반 교사: ③, ④, ⑤, ⑥, ⑨, ⑩, ⑮, ⑯반은 1층 현관문으로 대피하겠습니다. 저와 ⑨반 선생님은 선두에서 대피를 유도할 테니, ③, ⑤, ⑥, ⑩, ⑮, ⑯반 선생님은 후미에서 대피를 유도해 주세요.

③, ⑤, ⑥, ⑩, ⑮, ⑯반 교사: (후미에서 잔류인원 확인 후 대피하며) 저는 후미에서 대피를 유도합니다.

⑧반 교사: ①, ②, ⑦, ⑧반은 1층 비상문으로 대피하겠습니다. 저는 선두에서 대피를 유도할 테니, ①, ②, ⑦반 선생님은 후미에서 대피를 유도해 주세요.

①, ②, ⑦반 교사: (후미에서 잔류인원 확인 후 대피하며) 저는 후미에서 대피를 유도합니다.

⑫반 교사: ⑪, ⑫, ⑬, ⑭반은 2층 비상문으로 대피하겠습니다. 저는 선두에서 대피를 유도할 테니, ⑪, ⑬, ⑭반 교사는 후미에서 대피를 유도해 주세요.

⑪, ⑬, ⑭반 교사: (후미에서 잔류인원 확인 후 대피하며) 저는 후미에서 대피를 유도합니다.

⑤, ⑥, ⑬, ⑭반 교사: (비상연락망, 비상연락 휴대폰을 챙기며) 저는 비상연락망과 비상연락 휴대폰을 가지고 대피하겠습니다.

간 호 사: (비상구급함을 챙기며) 저는 비상구급함을 가지고 대피하겠습니다.

#7. 대피 장소

①반 교사: 어린이집 1층 인원 최종점검하겠습니다. 1층 최종점검 결과, 모든 인원 대피 완료했습니다. 이상 없습니다.

⑨반 교사: 어린이집 2층 인원 최종점검하겠습니다.

　　　　　2층 최종점검 결과, 모든 인원 대피 완료했습니다. 이상 없습니다.

원　　장: (각 반 교사를 향해) 담임교사는 각 반 인원을 확인해서 알려 주세요.

①반 교사: ①반 교사 2명 중 2명, 조리원 1명 중 1명, 영아 출석인원 6명 중 6명으로 이상 없습니다.

②반 교사: ②반 교사 2명 중 2명, 조리원 2명 중 2명, 영아 출석인원 10명 중 10명으로 이상 없습니다.

③반 교사: ③반 교사 2명 중 2명, 조리원 2명 중 2명, 영아 출석인원 10명 중 10명으로 이상 없습니다.

④반 교사: ④반 교사 2명 중 2명, 조리원 2명 중 2명, 영아 출석인원 10명 중 10명으로 이상 없습니다.

⑤반 교사: ⑤반 교사 3명 중 3명, 영아 출석인원 21명 중 21명으로 이상 없습니다.

⑥반 교사: ⑥반 교사 3명 중 3명, 영아 출석인원 21명 중 21명으로 이상 없습니다.

⑦반 교사: ⑦반 교사 3명 중 3명, 영아 출석인원 21명 중 21명으로 이상 없습니다.

⑧반 교사: ⑧반 교사 3명 중 3명, 영아 출석인원 21명 중 21명으로 이상 없습니다.

⑨반 교사: ⑨반 교사 2명 중 2명, 유아 출석인원 30명 중 30명으로 이상 없습니다.

⑩반 교사: ⑩반 교사 2명 중 2명, 유아 출석인원 30명 중 30명으로 이상 없습니다.

⑪반 교사: ⑪반 교사 1명 중 1명, 유아 출석인원 20명 중 20명으로 이상 없습니다.

⑫반 교사: ⑫반 교사 1명 중 1명, 유아 출석인원 20명 중 20명으로 이상 없습니다.

⑬반 교사: ⑬반 교사 1명 중 1명, 유아 출석인원 20명 중 20명으로 이상 없습니다.

⑭반 교사: ⑭반 교사 1명 중 1명, 유아 출석인원 20명 중 20명으로 이상 없습니다.

⑮반 교사: ⑮반 교사 1명 중 1명, 유아 출석인원 20명 중 20명으로 이상 없습니다.

⑯반 교사: ⑯반 교사 1명 중 1명, 유아 출석인원 20명 중 19명은 이상 없으나,

　　　　　유아 1명 부상자가 있습니다.

간 호 사: ⑯반에 부상자가 있습니다. 응급처치를 실시하겠습니다. 구급차를 불러 주세요.

사 무 원: (지정 병원에 연락을 하며) 여기는 ○○구 ○○동 ○○어린이집입니다.

　　　　　오늘 지진으로 인하여 대피하던 중 부상자가 발생했습니다.

나머지 보육교직원: 모두 여기에서 계속 대피해 주세요.

⑯반 교사: (부상자가 있을 때) 안녕하세요. ○○○학부모님 맞으시죠?

　　　　　○○어린이집 ⑯반 담임교사입니다.

　　　　　어린이집 내에서 흔들림을 감지하고, 강도 4.5의 지진이 발생하여 어린이집 외부 지정 장소로 대피했습니다.

　　　　　대피를 하는 도중 ○○○이 부상을 입어 지정 병원으로 후송하였습니다.

①~⑮반 교사: (부상자가 없을 때) 안녕하세요. ○○○학부모님 맞으시죠?

　　　　　○○어린이집 ○반 담임교사입니다.

　　　　　어린이집 내에서 흔들림을 감지하고, 강도 4.5의 지진이 발생하여 어린이집 외부 지정 장소로 대피했습니다.

　　　　　○반 모두 부상자 없이 지정장소로 안전하게 대피 완료했습니다.

원　　장: 오늘 우리나라 전역에 강도 4.5은 지진이 발생하여 지진재난경보가 발령되었습니다.

　　　　　어린이집에는 보육교직원 41명과 영유아 300명이 있었습니다.

　　　　　(시계를 확인하며) 오늘 지진 대피 훈련 시간은 총 ○○분 소요되었습니다.

　　　　　차례를 지켜 다시 각 반으로 돌아가시기 바랍니다.

21

#1. 원장실

원　　장: (기상청 홈페이지를 확인하며) 모든 교직원 여러분께 안내말씀 드립니다.
　　　　우리 ○○어린이집이 있는 ○○ 지역에 오늘 오전 9시 30분부터 대설주의보가 발효
　　　　되었습니다.

#2. 사무실

사 무 원: (일기예보를 보며) 기상청 홈페이지와 일기예보에 의하면 앞으로 5cm 이상의 눈이 더
　　　　쌓일 것으로 예상됩니다.

#3. 현관

사 무 원: (미끄럼 방지대와 미끄럼주의 표지판을 설치한 후) 현관에도 눈이 쌓여 미끄러지는 사고
　　　　를 방지하기 위해 미끄러지는 방지대와 미끄럼주의 표지판 설치를 완료하였습니다.

#4. 보육실

⑤, ⑥, ⑬, ⑭반 교사: (비상연락망, 비상연락 휴대폰을 챙기며) 저는 비상연락망과 비상연락 휴대폰
　　　　을 확인했습니다.
간 호 사: (비상구급함을 챙기며) 저는 비상구급함을 확인했습니다.

①~⑯반 교사: (부모에게 연락하며) 안녕하세요. ○○어린이집 ○반 교사입니다.
　　　　오늘 오전 9시 30분부터 ○○ 지역에 대설주의보가 발효되었습니다.
　　　　기상청에 따르면 앞으로 5cm 이상의 눈이 더 쌓인다고 합니다.
　　　　폭설로 인해 ○○○이 안전하게 귀가하도록 어린이집에 직접 오셔서 하원을 도와주
　　　　셨으면 합니다.
　　　　○○○의 하원은 몇 시쯤 가능하겠습니까?
　　　　눈이 많이 와서 길이 미끄러우니 가급적 대중교통을 이용해 주시기 바랍니다.

#5. 식당

사 무 원: 비상식량과 식수, 보일러 상태를 확인해 주세요.
조 리 원: (비상식량과 식수를 확인하며) 비상식량 ○○개, 생수 ○○병을 조리실에 보관 중입니다.
　　　　(보일러 상태를 확인하며) 보일러실 안 보일러 작동에 이상 없음을 확인했습니다.

#6. 보육실

①반 교사: 각 반 인원현황을 보고해 주세요.
②반 교사: ②반 10명 모두 등원하였습니다.
③반 교사: ③반 10명 중 8명 등원하였습니다.
④반 교사: ④반 10명 모두 등원하였습니다.
⑤반 교사: ⑤반 21명 중 16명 등원하였습니다.
⑥반 교사: ⑥반 21명 중 14명 등원하였습니다.

⑦반 교사: ⑦반 21명 중 20명 등원하였습니다.
⑧반 교사: ⑧반 21명 중 18명 등원하였습니다.
⑨반 교사: 각 반 인원현황을 보고해 주세요.
⑩반 교사: ⑩반 30명 중 28명 등원하였습니다.
⑪반 교사: ⑪반 20명 중 14명 등원하였습니다.
⑫반 교사: ⑫반 20명 중 16명 등원하였습니다.
⑬반 교사: ⑬반 20명 중 14명 등원하였습니다.
⑭반 교사: ⑭반 20명 중 16명 등원하였습니다.
⑮반 교사: ⑮반 20명 중 15명 등원하였습니다.
⑯반 교사: ⑯반 20명 중 16명 등원하였습니다.

#7. ①, ⑨반 보육실

원　　장: 각 반 인원현황을 보고해 주세요.
①반 교사: 현재 영아반 ①반 6명 중 6명, ②반 10명 중 10명, ③반 10명 중 8명, ④반 10명 중 10명, ⑤반 21명 중 16명, ⑥반 21명 중 14명, ⑦반 21명 중 20명, ⑧반 21명 중 18명, 총 102명 등원하였습니다.
⑨반 교사: 현재 유아반 ⑨반 30명 중 22명, ⑩반 30명 중 28명, ⑪반 20명 중 14명, ⑫반 20명 중 16명, ⑬반 20명 중 14명, ⑭반 20명 중 16명, ⑮반 20명 중 15명, ⑯반 20명 중 16명, 총 141명 등원하였습니다.
원　　장: 연장보육이 필요한 인원은 몇 명인가요?
①반 교사: 영아반에서 출석인원 102명 중 62명이 연장보육 필요합니다.
⑨반 교사: 유아반에서 출석인원 141명 중 108명이 연장보육 필요합니다.

#8. ②, ⑤, ⑩, ⑪, ⑭반 보육실

①반 교사: 현재 보육 인원 보고해 주세요.
②, ⑤반 교사: 현재 영아 출석인원 102명 중 102명은 ②, ⑤반에서 보육하고 있습니다.
⑨반 교사: 유아 보육 인원 보고해 주세요.
⑩, ⑪, ⑭반 교사: 현재 유아 출석인원 141명 중 141명은 ⑩, ⑪, ⑭반에서 보육하고 있습니다.

#9. ⑥, ⑦, ⑧, ⑬, ⑯반 보육실

①반 교사: 제설작업 진행상황 보고해 주세요.
⑥, ⑦, ⑧, ⑬, ⑯반 교사: 어린이집 현관과 실외놀이터, 어린이집 주변 인도까지 제설작업 완료하였습니다.

#10. 1, 2층 복도

원　　장: 오늘 ○○ 지역에 발효되었던 대설주의보가 해제되었습니다.
　　　　지금까지 대설 상황 훈련을 실시하였습니다.
　　　　이상으로 대설 상황 훈련을 마치겠습니다.

50명 미만 어린이집	50명 이상 100명 미만 어린이집	100명 이상 어린이집

화재	지진	폭설	집중호우

#1. 원장실

원   장: (기상청 홈페이지를 확인하며) 모든 교직원 여러분께 안내말씀 드립니다.
우리 ○○어린이집이 있는 ○○ 지역에 오늘 오전 9시 30분부터 호우주의보가 발효되었습니다.

#2. 사무실

사 무 원: (일기예보를 보며) 기상청 홈페이지와 일기예보에 의하면 앞으로 3시간 이내에 60mm 이상의 비가 더 내릴 것으로 예상됩니다.

#3. 현관

⑥, ⑦, ⑧, ⑬, ⑯반 교사: (하수구와 배수구를 점검하며) 하수구와 배수구에 누수된 곳이나 막힌 곳이 없는지 확인하였습니다.

#4. 보육실

⑤, ⑥, ⑬, ⑭반 교사: (비상연락망, 비상연락 휴대폰을 챙기며) 저는 비상연락망과 비상연락 휴대폰을 확인했습니다.

간 호 사: (비상구급함을 챙기며) 저는 비상구급함을 확인했습니다.

①~⑯반 교사: (부모에게 연락하며) 안녕하세요. ○○어린이집 ○반 교사입니다.
오늘 오전 9시 30분부터 ○○ 지역에 호우주의보가 발효되었습니다.
기상청에 따르면 앞으로 3시간 이내에 60mm 이상의 비가 더 내린다고 합니다.
집중호우로 인해 ○○○이 안전하게 귀가하도록 어린이집에 직접 오셔서 하원을 도와주셨으면 합니다. ○○○의 하원은 몇 시쯤 가능하겠습니까?
비가 많이 와서 길이 미끄러우니 가급적 대중교통을 이용해 주시기 바랍니다.

#5. 식당

사 무 원: 비상식량과 식수, 에어컨 실외기 상태를 확인해 주세요.

조 리 원: (비상식량과 물을 확인하며) 비상식량 ○○개, 생수 ○○ 병을 조리실에 보관 중입니다.
(에어컨 실외기 상태를 확인하며) 에어컨 실외기 작동에 이상 없음을 확인했습니다.

#6. 보육실

①반 교사: 각 반 인원현황을 보고해 주세요.

②반 교사: ②반 10명 모두 등원하였습니다.

③반 교사: ③반 10명 중 8명 등원하였습니다.

④반 교사: ④반 10명 모두 등원하였습니다.

⑤반 교사: ⑤반 21명 중 16명 등원하였습니다.

⑥반 교사: ⑥반 21명 중 14명 등원하였습니다.

⑦반 교사: ⑦반 21명 중 20명 등원하였습니다.

⑧반 교사: ⑧반 21명 중 18명 등원하였습니다.

⑨반 교사: ⑨반 30명 중 22명 등원하였습니다.

⑩반 교사: ⑩반 30명 중 28명 등원하였습니다.

⑪반 교사: ⑪반 20명 중 14명 등원하였습니다.

⑫반 교사: ⑫반 20명 중 16명 등원하였습니다.

⑬반 교사: ⑬반 20명 중 14명 등원하였습니다.

⑭반 교사: ⑭반 20명 중 16명 등원하였습니다.

⑮반 교사: ⑮반 20명 중 15명 등원하였습니다.

⑯반 교사: ⑯반 20명 중 16명 등원하였습니다.

#7. ①, ⑨반 보육실

원　　장: 각 반 인원현황을 보고해 주세요.

①반 교사: 현재 영아반 ①반 6명 중 6명, ②반 10명 중 10명, ③반 10명 중 8명, ④반 10명 중 10명, ⑤반 21명 중 16명, ⑥반 21명 중 14명, ⑦반 21명 중 20명, ⑧반 21명 중 18명, 총 102명 등원하였습니다.

⑨반 교사: 현재 유아반 ⑨반 30명 중 22명, ⑩반 30명 중 28명, ⑪반 20명 중 14명, ⑫반 20명 중 16명, ⑬반 20명 중 14명, ⑭반 20명 중 16명, ⑮반 20명 중 15명, ⑯반 20명 중 16명, 총 141명 등원하였습니다.

원　　장: 연장보육이 필요한 인원은 몇 명인가요?

①반 교사: 영아반에서 출석인원 102명 중 62명이 연장보육 필요합니다.

⑨반 교사: 유아반에서 출석인원 141명 중 108명이 연장보육 필요합니다.

원　　장: 집중호우 대비상황 보고해 주세요.

①반 교사: 하수구와 배수구, 에어컨 실외기 점검 완료하였고, 비상식량 ○○개, 생수 ○○병을 조리실에서 보관 중입니다.

#8. I, 2층 복도

원　　장: 오늘 ○○ 지역에 발효되었던 호우주의보가 해제되었습니다.

지금까지 집중호우 상황 훈련을 실시하였습니다.

이상으로 집중호우 상황 훈련을 마치겠습니다.

21

바. 비상대피도

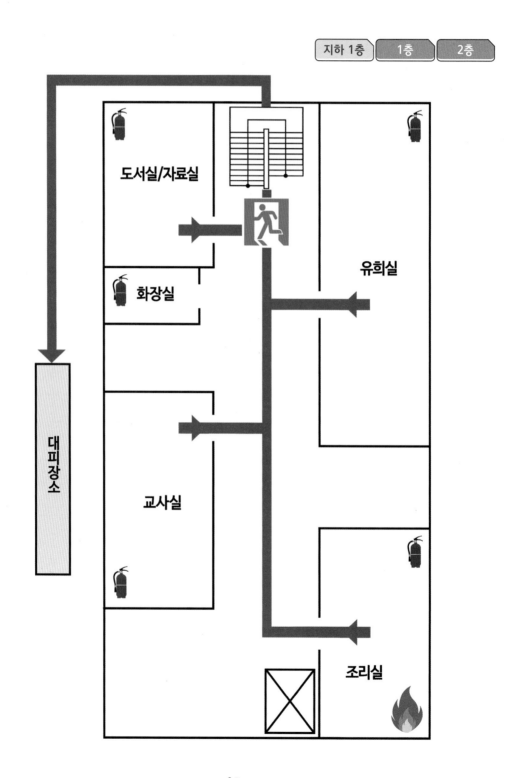

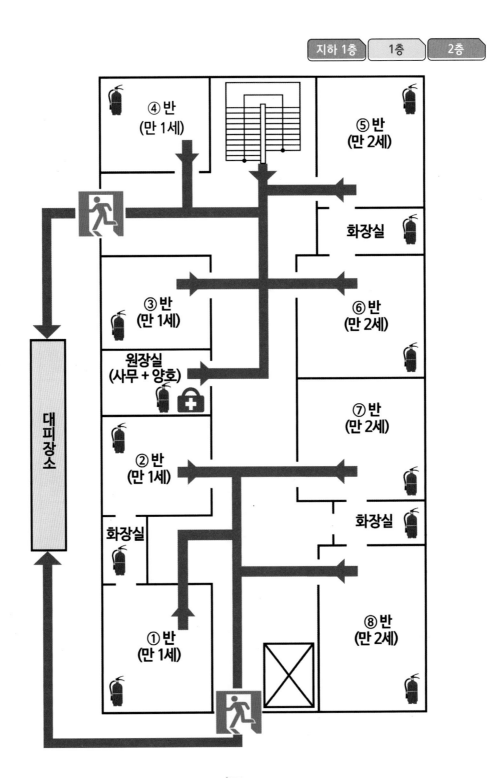

지하 1층   1층   2층

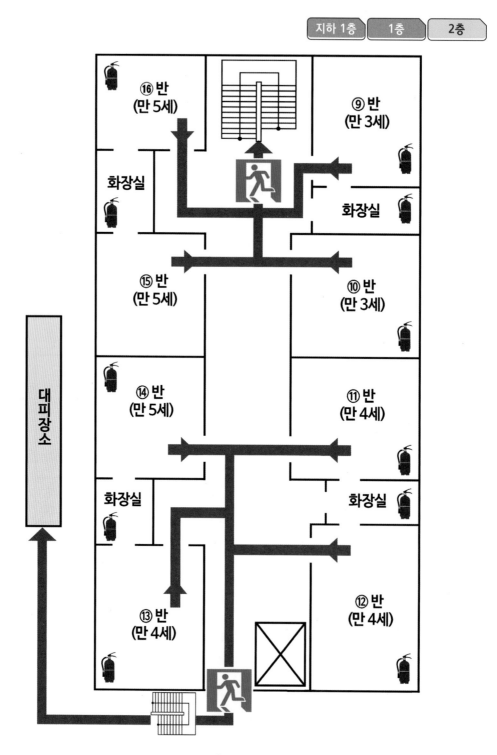

🖐 사. 개인별 업무카드 및 비상연락망

업무카드	비상연락망	비상대피도

_____ 반 교사 _____

원 장☎__-__-_   소방서☎__-__-_
경찰서☎__-__-_   병 원☎__-__-_

상황		업무
평상시		
재난시	공통	1. 위기상황 전파 2. 현 위치 초동대응 3. 비상대피로 확보 및 대피 유도
	화재·지진	
	폭설·집중호우	

업무카드	비상연락망	비상대피도

_____ 반 비상연락망

원 장☎__-__-_   소방서☎__-__-_
경찰서☎__-__-_   병 원☎__-__-_

이름	연락처

업무카드	비상연락망	비상대피도

어린이집 비상연락망

원 장☎__-__-_   소방서☎__-__-_
경찰서☎__-__-_   병 원☎__-__-_

교직원 구성	성명	연락처

업무카드	비상연락망	비상대피도

지하 1층 비상대피도

원 장☎__-__-_   소방서☎__-__-_
경찰서☎__-__-_   병 원☎__-__-_

21

455

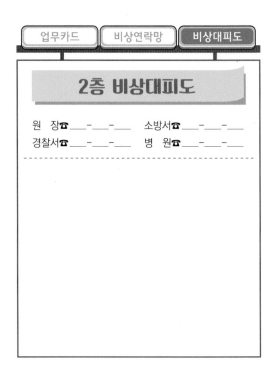

| 업무카드 | 비상연락망 | 비상대피도 |

1층 비상대피도

원 장☎＿＿-＿-＿＿   소방서☎＿＿-＿-＿＿
경찰서☎＿＿-＿-＿＿   병 원☎＿＿-＿-＿＿

| 업무카드 | 비상연락망 | 비상대피도 |

2층 비상대피도

원 장☎＿＿-＿-＿＿   소방서☎＿＿-＿-＿＿
경찰서☎＿＿-＿-＿＿   병 원☎＿＿-＿-＿＿

※ 개인별 업무카드는 소책자 형태로 제작하여 휴대
※ [부록]의 사례를 참조하여 재난발생 시 개인별 역할을 구체적으로 분담하되, 상황에 따라 유동적으로 대처할
　　수 있도록 작성

부록

1층 비상시 대피방법

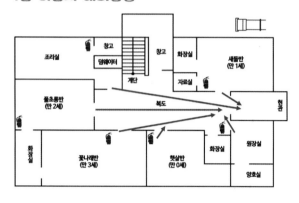

2층 다목적실에서 화재 발생 시
1층 계단에서 화재 발생 시

- 비상대피로를 확인한다.
- 전체 원아 및 보육교직원은 현관으로 안전하게 대피한다.

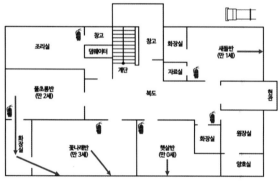

1층 복도에서 화재가 발생 시

- 각 반 출입구를 닫는다.
- 외부 놀이터로 연결되어 있는 창문을 이용하여 어린이집 밖으로 대피한다.
- 풀초롱반의 경우 화장실을 이용하여 옆 반으로 이동하여 창문으로 대피한다.

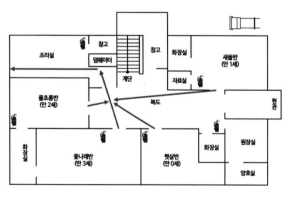

1층 실외놀이터에서 화재 발생 시

- 현관 대피를 할 수 없기 때문에 전체 원아 및 보육교직원은 복도로 나와 조리실 뒷문으로 대피한다.
- 담당자는 조리실의 화기 스위치 전원을 끄고, 대피로를 확보하여 대피를 유도한다.

2층 비상시 대피방법

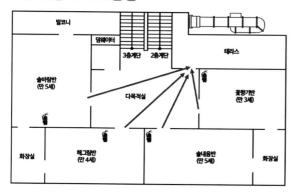

1층 계단, 복도, 현관에서 화재 발생 시
- 1층 대피가 어렵기 때문에 전체 원아 및 교직원은 2층 테라스에 설치된 비상미끄럼틀을 이용하여 어린이집 건물 외부로 대피한다.

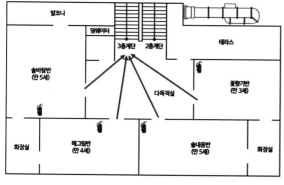

1층 실외놀이터에서 화재 발생 시
- 현관이나 비상미끄럼틀을 사용할 수 없기 때문에 3층 옥상으로 대피한다.
- 담당자는 비상대피로의 출입구를 확보하여 전체 원아 및 보육교직원의 대피를 유도한다.

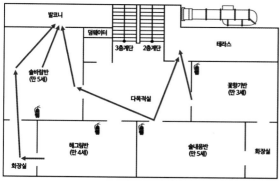

2층 다목적실에서 화재 발생 시
- 솔바람과 해그림반은 솔바람반 옆에 있는 발코니로 대피하여 구조를 기다린다.
- 꽃향기와 솔내음반은 2층 테라스로 나와 비상미끄럼틀을 이용하여 1층 놀이터로 대피한다.

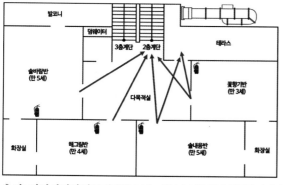

각 반 보육실에서 화재 발생 시
- 담당자는 출입구를 확보하여 보육실 밖으로 나와 2층 계단과 비상미끄럼틀을 이용하여 1층으로 내려와 외부로 대피한다.
- 출입구 쪽에서 화재가 발생했을 경우 화장실을 이용하여 옆 반으로 이동하여 대피한다.

출처: 어린이집안전공제회(2016). 2016 어린이집 안전관리백과 소방 · 재난 · 자연재해.

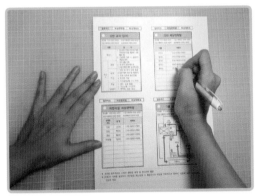

① 개인별 업무카드 및 비상연락망에 내용을 적는다.

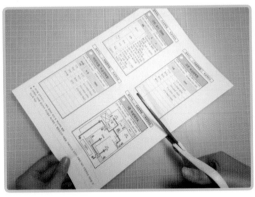

② 적은 종이를 알맞은 크기로 자른다.

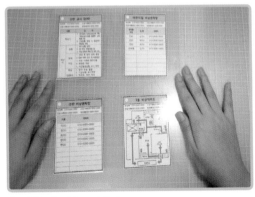

③ 자른 카드를 코팅한다.

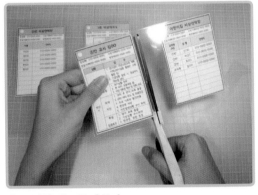

④ 코팅한 카드를 자른다.

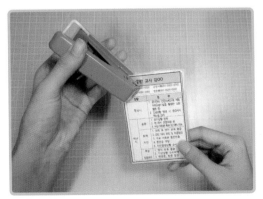

⑤ 카드를 모은 후, 뚫을 부분을 펀치로 뚫는다.

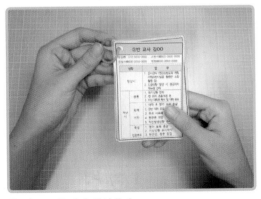

⑥ 링으로 묶어서 완성한다.

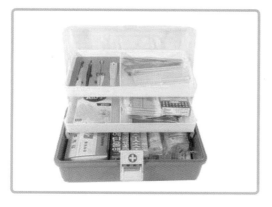

〈구급상자〉

〈휴대용 구급 파우치〉

〈벽걸이 응급구급함〉

〈구급가방〉

부록 4. 재난배낭

국가	재난배낭	품목	
한국	출처: http://cuscuz.kr/	• 세면도구 • 수건 • 미니 라디오 • 비상용 구급함 • 손전등 • 배낭 • 전자 라이터 • 멀티 툴 • AA 건전지 • AAA 건전지 • 호루라기 • 나침판 • 파이어 스틱 • 유성매직	• 미니양초 • 물티슈 • 자바라물통 • 일회용마스크 • 안전모 • 모포 침낭 • 방수시트 • 은박담요 • 핫팩 • 우의 • 파라코트 • 장갑 • 테이프
미국	출처: https://www.redcross.org/	• 플래시 라이트 및 배터리 • 충전기 • 멀티 툴 • 비상식량바 • 비상 급수 주머니 • 휴대용 물 용기 • 비상용 호루라기 • 마스크 • 테이프 • 손 살균제 • 알루미늄 담요 • 치약 • 칫솔	• 빗 • 비누 • 샴푸/바디워시 • 펜 라이트 • 구급용품 • 응급처치가이드북 • 장갑 • 플라스틱 밴드 • 붕대
일본	출처: https://www.amazon.co.jp/	• 다기능 라디오(라이트, 충전기) • 비상용 생수 • 비상용 양갱 • 통조림 빵 • 식품가열제 • 비상용간이화장실 • 알루미늄 담요 • 멀티 툴 • 에어 베개 • 마스크 • 귀마개 • 슬리퍼 • 비상 급수 봉투	• 장갑 • 우의 • 테이프 • AAA 건전지 • 샴푸 • 구급세트 • 긴급 연락망

저자 소개

성미영(Sung Miyoung)
2002년 서울대학교 대학원에서 아동학 전공 박사학위를 받았고, 2003년
부터 2015년까지는 서경대학교 아동학과 교수로 재직했으며, 2016년부터
는 동덕여자대학교 아동학과 교수로 재직 중이다. 도시 침수 대비 유아 안전
교육프로그램 개발, 유아의 기후변화 대응능력 향상 프로그램 개발, 맞춤형
유아 재난안전교육 매뉴얼 개발, 한국형 유아 재난안전관리 정책모델 구축
등 아동재난안전관리 분야의 연구를 수행하고 있으며, 서경대학교 강의우수
교원, 보건복지부장관 표창 등을 수상한 바 있다. 저·역서로는 『아동안전관
리』(2판, 공저, 학지사, 2018), 『맞춤형 유아 재난안전교육 매뉴얼』(학지사,
2017), 『아동 재난안전 관리』(공역, 북코리아, 2017), 『보육교사론』(공저,
학지사, 2015) 등이 있으며, (사)한국국민안전산업협회 이사, 한국보육학회
이사 등의 대외활동을 하고 있다.

재난유형별 영유아교육기관 비상대피훈련 매뉴얼
Child Care Centers' Emergency Evacuation Training Manual
by Disaster Types

2019년 6월 20일 1판 1쇄 인쇄
2019년 6월 30일 1판 1쇄 발행

지은이 • 성미영
펴낸이 • 김진환
펴낸곳 • **(주)학지사**
　　　　　 04031 서울특별시 마포구 양화로 15길 20 마인드월드빌딩
대표전화 • 02)330-5114　　　팩스 • 02)324-2345
등록번호 • 제313-2006-000265호

홈페이지 • http://www.hakjisa.co.kr
페이스북 • https://www.facebook.com/hakjisa

ISBN 978-89-997-1941-7 93370

정가 28,000원

출판 · 교육 · 미디어기업 학지사

간호보건의학출판 **학지사메디컬** www.hakjisamd.co.kr
심리검사연구소 **인싸이트** www.inpsyt.co.kr
학술논문서비스 **뉴논문** www.newnonmun.com
원격교육연수원 **카운피아** www.counpia.com